当代齐鲁文库·山东社会科学院文库
THE LIBRARY OF CONTEMPORARY SHANDONG
SELECTED WORKS OF SHANDONG ACADEMY OF SOCIAL SCIENCES

山东社会科学院◎编纂

近代中日关系与朝鲜问题

王如绘◎著

中国社会科学出版社

图书在版编目（CIP）数据

近代中日关系与朝鲜问题／王如绘著．—北京：中国社会科学出版社，2016.1

ISBN 978-7-5161-7708-2

Ⅰ.①近… Ⅱ.①王… Ⅲ.①中日关系—国际关系史—研究—近代②朝鲜问题—研究—近代 Ⅳ.①D829.313②D831.2

中国版本图书馆 CIP 数据核字（2016）第 041329 号

出 版 人	赵剑英
责任编辑	冯春凤
责任校对	张爱华
责任印制	张雪娇
出　　版	中国社会科学出版社
社　　址	北京鼓楼西大街甲 158 号
邮　　编	100720
网　　址	http://www.csspw.cn
发 行 部	010-84083685
门 市 部	010-84029450
经　　销	新华书店及其他书店
印刷装订	环球东方（北京）印务有限公司
版　　次	2016 年 1 月第 1 版
印　　次	2016 年 1 月第 1 次印刷
开　　本	710×1000　1/16
印　　张	24.5
插　　页	2
字　　数	398 千字
定　　价	99.00 元

凡购买中国社会科学出版社图书，如有质量问题请与本社营销中心联系调换
电话：010-84083683
版权所有　侵权必究

《山东社会科学院文库》编委会

主　　任：唐洲雁　张述存
副 主 任：王希军　刘贤明　王兴国（常务）
　　　　　姚东方　王志东　袁红英
委　　员：（按姓氏笔画排序）
　　　　　王晓明　刘良海　孙聚友　李广杰
　　　　　李述森　李善峰　张卫国　张　文
　　　　　张凤莲　张清津　杨金卫　侯小伏
　　　　　郝立忠　涂可国　崔树义　谢桂山
执行编辑　周德禄　吴　刚

《山东社会科学院文库》
出版说明

　　党的十八大以来，以习近平同志为总书记的党中央，从推动科学民主依法决策、推进国家治理体系和治理能力现代化、增强国家软实力的战略高度，对中国智库发展进行顶层设计，为中国特色新型智库建设提供了重要指导和基本遵循。2014年11月，中办、国办印发《关于加强中国特色新型智库建设的意见》，标志着我国新型智库建设进入了加快发展的新阶段。2015年，在中共山东省委、山东省人民政府的正确领导和大力支持下，山东社会科学院认真学习借鉴中国社会科学院改革经验，大胆探索实施"社会科学创新工程"，成为全国社科院系统率先全面实施哲学社会科学创新工程的地方社科院之一。近一年来，山东社会科学院在科研体制机制、人事管理、科研经费管理等方面大胆改革创新，相继实施了一系列重大创新措施，为山东新型智库建设勇探新路，并取得了明显成效。

　　《山东社会科学院文库》（以下简称《文库》）是山东社会科学院"创新工程"重大项目，是山东社会科学院着力打造的《当代齐鲁文库》的重要组成部分。该《文库》收录的是我院建院以来荣获山东省优秀社会科学成果一等奖及以上的科研成果。首批出版的《文库》收录了孙祚民、戚其章、马传栋、路遇、韩民青、郑贵斌等全国知名专家的研究专著15部。这些成果涉猎历史、哲学、经济学、人口学等领域，以马克思主义世界观、方法论为指导，深入研究哲学社会科学领域的基础理论问题，积极探索建设中国特色社会主义的重大理论和现实问题，为推动哲学社会科学繁荣发展发挥了重要作用。这些成果皆为作者经过长期的学术积累而打造的精品力作，充分体现了哲学社会科学研究的使命担当，展现了潜心治学、勇于创新的优良学风。这种使命担当、严谨的科研态度和科研作风值得我们认真学习和发扬，这是山东社会科学院深入推进创新工程和新型智库建设的不竭动力。

实践没有止境，理论创新也没有止境。我们要突破前人，后人也必然会突破我们。《文库》收录的成果，也将因时代的变化、实践的发展、理论的创新，不断得到修正、丰富、完善，但它们对当时经济社会发展的推动作用，将同这些文字一起被人们铭记。《文库》出版的原则是尊重原著的历史价值，内容不作大幅修订，因而，大家在《文库》中所看到的是那个时代专家们潜心探索研究的原汁原味的成果。

《文库》是一个动态的开放的系统，以后，我们还会推出第二批、第三批成果……《文库》的出版在编委会的直接领导下进行，得到了作者及其亲属们的大力支持，也得到了院相关研究单位同志们的大力支持。同时，中国社会科学出版社的领导高度重视，给予大力支持帮助，尤其是责任编辑冯春凤主任为此付出了艰辛努力，在此一并表示最诚挚的谢意。

本书出版的组织、联络等事宜，由山东社会科学院科研组织处负责。因水平所限，出版工作难免会有不足乃至失误之处，恳请读者及有关专家学者批评指正。

《山东社会科学院文库》编委会
2015 年 11 月 16 日

目　录

序 …………………………………………………………………（1）
第一章　朝鲜问题的产生 ………………………………………（1）
　第一节　列强觊觎朝鲜与中朝宗藩关系 ………………………（1）
　　一　殖民主义者投石问路 ……………………………………（1）
　　二　大院君的内外政策 ………………………………………（3）
　　三　法、美舰队侵朝 …………………………………………（6）
　　四　中朝宗藩关系遇到的挑战 ………………………………（10）
　第二节　明治维新以后日本的"征韩论" ……………………（14）
　　一　明治以前的朝日关系与"征韩论"萌芽 ………………（14）
　　二　明治政府征韩外交的酝酿与实施 ………………………（19）
　　三　一次流产的侵朝阴谋 ……………………………………（24）
第二章　朝鲜被迫开放 …………………………………………（31）
　第一节　日本胁迫朝鲜订立《江华条约》……………………（31）
　　一　闵妃执政与"云扬舰事件" ……………………………（31）
　　二　中日首次交涉朝鲜问题 …………………………………（35）
　　三　《江华条约》的缔结 ……………………………………（41）
　　四　清政府政策的评价 ………………………………………（45）
　第二节　清政府开始重视朝鲜问题 ……………………………（48）
　　一　"联日"幻想的破灭 ……………………………………（48）
　　二　清政府积极筹议朝鲜问题 ………………………………（52）
　第三节　朝鲜向西方国家开放 …………………………………（57）
　　一　朝鲜对外政策的转变 ……………………………………（57）
　　二　朝鲜与美国等国订约 ……………………………………（61）

第三章　壬午兵变与中日关系 （67）
第一节　朝鲜的士兵起义——壬午兵变 （67）
一　《江华条约》之后朝鲜的社会状况 （67）
二　壬午兵变的经过 （70）
第二节　清政府抢先处置朝鲜兵变 （73）
一　日本对朝鲜兵变的反应 （73）
二　清政府出兵的酝酿和准备 （76）
三　清政府出兵与中日交涉 （82）
第三节　壬午兵变的后果与影响 （88）
一　《济物浦条约》与《修好条规续约》 （88）
二　中国对《济物浦条约》的反应及李鸿章的善后政策 （93）
三　日本加紧扩军备战 （98）

第四章　日本参与策划的朝鲜甲申政变 （102）
第一节　甲申政变的起因 （102）
一　日本扶植下的朝鲜开化独立党 （102）
二　朝鲜政局的动荡 （107）
三　日本对朝鲜和中国的外交攻势 （110）
第二节　政变与反政变 （115）
一　政变的策划 （115）
二　政变的经过 （120）
三　中国军队与朝鲜军民的反政变 （125）
第三节　甲申政变的后果与影响 （130）
一　朝日《汉城条约》 （130）
二　中日《天津条约》 （138）

第五章　列强角逐中的朝鲜 （150）
第一节　英俄两国在朝鲜的争斗 （150）
一　朝鲜引俄自卫 （150）
二　英国占领巨文岛事件 （159）
第二节　中日两国对朝关系的调整 （169）
一　日本利用中国控制朝鲜的政策 （169）
二　李鸿章1885年对朝鲜的新举措 （176）

第三节　宗主权的加强 ································ (183)
　　一　"第二次朝俄密约"事件 ····················· (183)
　　二　袁世凯在朝鲜的作为 ························ (191)
　　三　关于"朝鲜中立论" ························ (199)

第六章　日本向大陆扩张野心毕露 ····················· (205)
第一节　日本对朝鲜的经济掠夺和"防谷令"赔偿案 ··· (205)
　　一　日本对朝鲜的经济掠夺 ····················· (205)
　　二　"防谷令"赔偿案 ·························· (210)
第二节　日本大陆政策的形成与扩军备战 ············· (218)
　　一　日本大陆政策的形成和对外侵略的舆论 ······· (218)
　　二　日本的扩军备战 ··························· (226)
第三节　金玉均事件 ································ (235)
　　一　金玉均在日本的流亡生活 ··················· (235)
　　二　金玉均遇刺 ······························· (240)
　　三　金玉均事件的影响 ························· (246)

第七章　日本千方百计挑起战争 ························ (252)
第一节　东学党起义及中日出兵 ······················ (252)
　　一　东学道及其"伸冤"运动 ··················· (252)
　　二　东学党农民起义 ··························· (255)
　　三　朝鲜请清政府出兵 ························· (260)
　　四　日本乘机出兵 ····························· (269)
第二节　袁世凯与大鸟的撤兵交涉 ···················· (275)
第三节　日本的开战政策 ···························· (285)
　　一　"共同改革朝鲜内政"的圈套 ··············· (285)
　　二　日本逼迫朝鲜"改革"内政 ················· (294)
　　三　占领朝鲜王宫事件 ························· (304)

第八章　从列强调停到中日宣战 ························ (316)
第一节　清政府摇摆于和战之间 ······················ (316)
第二节　清政府乞请列强调停与干涉 ·················· (326)
　　一　求俄干涉的落空 ··························· (326)
　　二　英国调停的失败 ··························· (332)

三　美国及其他列强的态度 …………………………………（339）
  第三节　日本正式挑起对中国的战争 ……………………………（344）
   一　丰岛海战 ……………………………………………………（344）
   二　成欢之战 ……………………………………………………（348）
   三　中日宣战 ……………………………………………………（352）
第九章　甲午战争以后的中、日、朝关系 ……………………………（356）
  第一节　日本的吞并朝鲜之路 ……………………………………（356）
  第二节　甲午战后的中朝关系与日本侵略延边 …………………（364）
结束语 ……………………………………………………………………（367）
后　记 ……………………………………………………………………（374）

序

在中国近代史研究中，中日关系是一个极其重要的课题，应该占有突出的地位。而近代中日关系的研究又是与对朝鲜问题的研究不可分开的。所以，近百年以来，近代中日关系与朝鲜问题始终成为中外历史学者研究的热门课题。

但是，现在看来，这些研究固然取得了相当的成绩，而全面系统的研究尚付之阙如。从已经出版的有关论著来看，研究者主要着重于某一阶段的研究，如日本学者田保桥洁教授所著《近代日支鲜关系の研究》（1930年朝鲜京城帝国大学刊印），内容起于1885年《天津条约》签订，迄于1894年中日宣战；华裔学者彭泽周所著《明治初期日韩清关系の研究》（日本东京塙书房1969年出版），内容起于1876年《江华条约》签订，迄于1882年朝鲜的壬午兵变；中国学者陈伟芳教授所著《朝鲜问题与甲午战争》（三联书店1959年出版），内容起于《江华条约》签订，下限稍延至1895年三国干涉还辽；林子候教授所著《甲午战争前之中日韩关系》（台湾嘉义玉山书局1990年出版），内容则起于壬午兵变，迄于1894年金玉均被刺事件。其他有关著作皆类于此，不必细举。长期以来，未能见到一部全面论述有关近代中日关系与朝鲜问题的专著问世，对于历史学界来说，不能说不是一件莫大的憾事。本书的出版正好弥补了史学研究的此项缺陷，这是特别令人高兴的。

我比较仔细地阅读了全部书稿，觉得此书还是很有特色的。大致说来，主要有以下几点：

其一，论述全面，上限和下限的确定比较合理。本书除去必要的背景叙述和介绍外，主要内容是从"征韩论"写起。作者这样写是有道理的。

当1870年"征韩论"甚嚣尘上之际，日本外务省即提出了三种可供选择的对朝方案：第一，先行断交，充实国力，做征韩的准备；第二，派军舰逼迫朝鲜开港，订立自由往来条约，如不听，则即行征讨；第三，先与中国订立平等条约，使朝鲜自然列于下位，然后再签订日朝条约。1871年日本政府遣使来华，与李鸿章签订了《中日修好条规》，正是其第三方策的实施。本书作者认为："《中日修好条规》的签订，使日本实现了对华交涉的最初目的，从而使对清政府恪守藩属之礼的朝鲜处于下位。这也就打开了与朝鲜交涉的方便之门。从这个意义上来说，近代中日关系的开篇，就是受到朝鲜问题影响的。"这是颇有见地的。至于下限，作者写到日本吞并朝鲜前一年，即1909年中日签订的《图们江中韩界务条款》，这样便将近代中日关系与朝鲜问题的全貌完整地呈现于读者的面前。这也是本书不同于其他有关专著之处。全书布局谋篇方面的这种尝试，是值得肯定的。

其二，紧扣全书的主题和主线，建立自己的观点体系。不言而喻，本书既以近代中日关系与朝鲜问题为题，其内容必是论述日本通过不断在朝鲜挑起事端，进而逐步实现其侵略中国的图谋。1868年明治天皇睦仁登基伊始，即开始推行"武国"方针，以对外扩张的大陆政策为基本国策。本书认为，如果说《中日修好条规》的签订表明近代中日关系的开篇即受朝鲜问题影响的话，那么，1876年的《江华条约》便是日本推行大陆政策如愿迈出的第一步。其后，日本沿着这条路继续走下去：通过1882年的《济物浦条约》获得了在朝鲜的驻兵权；通过1885年的《朝日汉城条约》将日本在朝鲜以警卫使馆名义的驻兵权变为永久驻兵权；通过同年的《天津条约》又获得了对朝鲜的派兵权，随后即加紧了入侵大陆的军事准备，于1894年7月23日以武力占领朝鲜王宫，将朝鲜完全掌握在手中；终于通过甲午战后的1910年的《韩日合并条约》真正将朝鲜变为自己的殖民地。从此，日本便以朝鲜为侵略中国的桥头堡，开始了肆无忌惮的长期侵略中国大陆的活动。这样，作者通过对上述一系列条约的论述，既显示出日本侵朝整个过程的阶段性，又表明日本侵朝只不过是侵略中国的前奏罢了。

其三，力求做到史论较好的结合，或寓论于史，或论出于史，通过条分缕析将论点建立在坚实的史料基础之上，使读者确有信服之感。如以19世纪20世纪70年代初李鸿章对日态度的变化为例，作者指出：先是日本使臣柳原前光来华，以中日同受西方列强欺凌，"实有迅速同心协力的必要"的话进行诱惑，使李鸿章萌发了联日的想法。及至1874年日本发兵入侵台湾，李鸿章又觉得日本"诚为中国永远大患"，态度来了个180度的大转弯。《江华条约》签订后，日使森有礼来天津，更以日本欲与中国"并力拒俄"的话相诱惑，使李鸿章又产生了联日防俄的想法。及至日本正式吞并琉球，李鸿章的"联日"幻想彻底被粉碎，这才转而主张"联俄慑日"，态度又来了个180度的大转弯。通过这些分析，读者可以清楚地看到，无论是李鸿章还是清朝最高决策层，由于昧于世界大势，对日本的侵略野心缺乏警惕，未能确立一条长远的正确的对外方针，以致在对日交涉中时常摇摆不定，上当受骗，被日人玩弄于股掌之上。类似的分析在全书中所在多有，不再一一列举。所有这些，构成了全书中最有特点的篇章。其中有的观点曾写成专文在《历史研究》杂志上发表，产生了广泛的影响。

  基于以上所述，我认为，此书的出版是值得重视的。书中新见迭出，多发前人之所未发。语云：学贵创新。其斯书之谓也！当然，作者在本书中所构建的观点体系，还只是一家之言，有抛砖引玉之功，不一定即视为定论，尚有待于进一步的讨论。无论如何，本书的出版，对于此项课题的研究来说，起到了推进的作用，也必将推动此项研究的继续深入发展。这是可以预期的。

  古人称："以史为鉴，可以知兴替。"诚哉斯言！我相信，通过阅读此书，认真总结其历史经验教训，将会收到启迪之益。为此，我十分乐意向读者推荐此书，并为之序。

戚其章
丁丑四月于济南

第一章 朝鲜问题的产生

第一节 列强觊觎朝鲜与中朝宗藩关系

一 殖民主义者投石问路

在西方资本主义列强侵入东亚的初期，朝鲜还是一个鲜为人知的国家。它除和中国存有宗藩关系，和日本、琉球保有交邻通信关系外，和世界上其他国家都处于隔绝状态。因而，在西方人的眼中，朝鲜是一个神秘的地方，有人用"隐士之国"（The Hermit Kingdom）来称呼它。

西方殖民主义者觊觎朝鲜由来已久。自18世纪末叶起，一些西方国家就经常派遣武装商船到朝鲜的港口和沿海岛屿，强行要求通商。但在当时，列强在东亚开拓市场的主要对象是中国和日本，还没有更多的精力去对付朝鲜。于是欧洲的天主教徒捷足先登，有效地渗透进了朝鲜半岛。

早在18世纪，天主教就经由中国传到了朝鲜。但是，朝鲜的教会只是作为中国教会的一个部分而存在，那里还没有欧洲的传教士。随着欧洲各国对朝鲜欲望的发展，罗马天主教廷也对朝鲜采取了积极政策。1831年，教皇格里高里十六世宣布设立朝鲜主教区，并任命法国传教士为主教。1835年，第一个法国传教士罗伯多禄（P. P. Maubant）潜入朝鲜，此后又有两名法国教士接踵而至。他们频繁地开展传教活动，并和一些失意的封建贵族拉上了关系，在政府官吏中发展信徒。1838年，天主教信徒已达9000人。在朝鲜的教会中，麇集了一批对政府不满的人。早在法国传教士潜入之前，一些天主教徒就"欺官吏，犯法律"，有的甚至写信给北京的法国教会，请求罗马教皇派遣军队六七万人，驾兵舰前来占领朝鲜。① 法国传教士的大肆活动，引起民间舆论的不满和官府的注意。李朝政府为巩固统治，于1839年3月以宪宗名义发布"斥邪纶音"，实行禁教。于是，乔装成朝鲜人的3名法国传教士被查出而处死，同时被杀的还有近80名朝鲜教徒。

1840年，中英爆发鸦片战争。腐败的清政府抵挡不住英国的坚船利炮，被迫与英国订立城下之盟。美、法两国趁火打劫，与英国一起，胁迫清政府签订了第一批丧权辱国的条约。中国是当时亚洲最为强大的封建帝国，中国的壁垒被攻破，朝鲜便完全暴露在西方列强面前。

法国早就希望在朝鲜取得军事和商务方面的利益。1846年，法国政府以7年前3名法国传教士在朝鲜被杀一事为借口，派出3艘军舰到朝鲜进行威胁和试探。这支小舰队的司令塞西罗致书朝鲜政府，要求对杀死传教士一事进行赔偿，并力图使朝鲜口岸对法国商业开放。由于海路不熟，法国军舰没有达到目的，只测量了部分海岸就离去了。1847年，塞西罗经过精心准备，率领3艘军舰再次进入朝鲜沿海，准备采取进一步的行动。但当驶至全罗道附近群岛间时，忽有两舰触礁沉没。两舰人员600名，全部登上附近的隔音岛。朝鲜官吏对遇险人员进行了救助，供给衣食，同时采取了严密的防范措施。事件发生后，朝鲜政府针对塞西罗的无理要求，拟定了一件复文，自北京转送驻在澳门的塞西罗，大意谓："朝鲜非有恨于大法国与法人，此次法人遭难于海上，我贷之以土地，保护抚慰，无所不至。然同是法人，如彼教士，变其服，捏其名，昼伏夜出，其所交好，苟非叛贼，即犯罪囚徒；苟非囚徒，即市井无赖，相与窃谋窜入我域内，其居心阴险可知。此犹可忍，其奈我国家之大法何？"② 这是朝鲜与西方国家首次公文往复。

从1849年开始，在朝鲜沿海出没的外国军舰和商船急剧增加。1850年2月，一艘国籍不明的外国军舰对江原道蔚珍、竹边沿岸进行炮击，打死打伤朝鲜群众多人。1851年，法、美商船分别侵入济州岛大静县和东莱龙唐浦。1854年，坚持锁国政策200余年的日本，被美国军舰冲开了

---

① 张存武等编：《近代中韩关系史资料汇编》第八册，台北，国史馆1984年出版，第697页。

② 同上书，第704—705页。

大门，朝鲜朝野益加震惊。当年，沙俄军舰驶入元山和图们江口一带进行测量。1855年，法国军舰对从图们江口到釜山的整个朝鲜东海岸进行了探测。同年，英国军舰和英国商船也分别侵入釜山和通川。1856年，数百名法国士兵搭乘军舰在洪州古代岛前面的长古岛登陆，对岛上居民进行炮击和烧杀抢掠。此后，这群法国士兵又窜到黄海道丰川沿岸，重复他们的野蛮行径。

当时正是李朝哲宗时代。朝鲜的封建统治者对西方列强的不断来犯深感不安。1860年，又发生了对朝鲜局势有重大影响的两件大事。一是英法联军攻入北京，焚毁圆明园，咸丰皇帝逃往热河，清政府被迫投降，与英法等国签订条约，许以通商、传教等大量利益。二是俄国乘机胁迫清政府订立条约，正式把黑龙江以北、外兴安岭以南以及乌苏里江以东纵跨10余个纬度、面积100万平方公里的土地割让给俄国。俄国的边界，由此直抵图们江口而与朝鲜相接。这些消息接连传到汉城，朝鲜王室大为震动。在他们看来，被奉为上国的中国都败给了英、法、俄这些西方国家，朝鲜的前途，不能不使人担忧。而且，从前远道而来叩关的俄国，忽焉已成紧邻，朝鲜外患的危机，已有迫在眉睫之感。

正当西方国家纷纷叩门之际，朝鲜的国势也日益衰败，封建制度内部出现了严重的统治危机。朝廷戚臣当道，士祸党争愈演愈烈，两班贵族的封建剥削更加残酷。朝鲜王室不仅不能励精图治，反而更加肆意挥霍，纵情于声色犬马，国家纲纪益加废弛。由此引起社会激烈动荡，农民起义此伏彼起。

二 大院君的内外政策

1863年2月，哲宗病逝。哲宗无嗣，立年方12岁的李熙为王，是为高宗。高宗的生父李昰应，本为王族支系，这时被封为兴宣大院君，实际上掌握了国家的权力。

李昰应上台掌权，是李朝统治阶级内部斗争的结果。他在哲宗时代受外戚安东金氏的压制，对势道①政治及朝鲜王室数百年来的积弊深恶痛绝。他比较了解世俗民情，性格刚毅果断，勇于任事。掌权后，为抑制和

---

① 势道，亦称"世道"，一种外戚专权的政治现象。

打击安东金氏的政治势力，建立以他本人为中心的中央集权体制，在内外政策方面多有兴革。

在内政方面，大院君极力废除外戚专权的势道政治，罢黜了金氏集团的一批大臣。为扩大封建王权的统治基础，他改革世代相承的用人制度，标榜"以才择官，四色平等"。所谓"四色"，是李朝官僚贵族内部长期形成的被称作"老论"、"少论"、"南人"、"北人"的四个派别。他们以地域和政见的不同，呼朋引类，深相结纳，排斥异己，猎取官位，一荣俱荣，一损俱损。大院君对垄断着政府主要官职的老论和少论派采取了抑制政策，安插那些长期失势的南人和北人派出任大臣，从而巩固了自己的权力。外戚和老论、少论派在地方两班中势力很大。地方两班又以书院为其窟穴。因而，书院常常成为两班儒生上下呼应，以所谓"清议"诽谤国政，制造政治舆论，煽动派阀党争的地方。书院的创建者因有朝中显宦作背景，随时有进入中央权力核心的可能。书院还滥用各种特权，欺官虐民，横行乡里。大院君在站稳脚跟以后，多次对书院进行整顿。1871年，又公布了《书院撤废令》，宣布只保留47所赐额书院，其余600余所书院全部关闭。这一举动给鱼肉百姓的地方两班很大打击，在一定程度上缓解了人民群众对封建地主阶级的反抗。

为了加强王权和树立自己的权威，大院君上台伊始，就着手重建16世纪日本入侵时被焚毁的景福官。为了筹集巨额的建筑费用，他强行征收所谓"愿纳钱"，加倍征收"结头钱"（土地税），还铸造没有任何财力支持的"当百钱"，以高出实价95%的币值强行流通。自1865年至1867年，历时近3年，每天有数千名工役在工地劳作，耗资2500余万两白银，这座庞大的宫殿才告建成。重建景福官的结果，与大院君的愿望恰恰相反，国库耗之殆尽，广大人民群众的生活更加贫困化，因而加速了封建统治体制危机的到来。

1871年，大院君为了扭转财政困难，废除了实行多年的军布制，而代之以户布制。所谓"军布制"，是对普通百姓家16岁至60岁的男丁征收的一种苛税。在实际征收的过程中，连16岁以下的儿童、60岁以上的老人甚至死者都征税，因而有"黄口征布"、"白骨征布"等多种名目，而富有者都是乡任、儒任、校任，没有军布负担。改为户布制以后，地方两班和普通百姓均需按户纳税。同时，还废止了引起民怨的城门税。在大院君执政期间，朝鲜国家财政状况比以前有所好转，国库相对充实。

为了强化封建统治，大院君还下令编纂各种法典，改革一些政令和礼俗。

在对外政策方面，面对日益险恶的国际环境与西方国家特别是北方俄国的威胁，大院君政府推行了一种极端的攘夷锁国政策。

首先是严边禁。大院君下令各地官员高度警惕外国船舶的出现，严禁同外国人通商。在对外贸易活动中，加强了检查制度，连清朝经义州进口的北货，和日本经东莱进口的倭货，都严格进行查验，不准在这些货物中夹杂西洋商品。

其次是加强国防。为应付外敌入侵，大院君对军队体制进行了一些改革，废除了名存实亡的备边司，恢复了早已撤销的三军府，在全国各地征募士兵，制造和购买枪炮、弹药和战船，整军备战。在江华岛、乔桐岛、永宗岛及西海岸一带的主要城镇，都修筑了炮台及其他军事设施，并增派军队进行守护。为了抵御来自日本的威胁，加强了东莱一带的防务。为了防止俄国南下，也加强了北方庆兴一带的防务。

最后是禁教。20 世纪 60 年代初的哲宗末造，由于政治腐败和惧外心理，一度教禁松懈。天主教乘机在朝鲜境内迅速发展，有法国传教士 13 人进入朝鲜。至 1865 年，教徒总数高达 23000 人。他们一方面从事传教活动；另一方面在汉城办学兴医，笼络人心。1864 年以后，由于俄患日逼，有的贵族也加入教会，并上书大院君，要求联盟英、法以防沙俄。[①] 在朝鲜统治者看来，天主教会的大规模发展，对朝鲜的国家安全是一个极大的威胁，于是大院君政府下令重申厉行教禁。自 1866 年 1 月开始，在全国各地对欧洲传教士和天主教徒进行了大搜捕。在三年之间，有 12 名法国教士被捕，其中 9 人遇害；有 12 万名教徒被捕，8000 人被处死。

大院君采取如此极端的攘夷锁国政策，除害怕封建统治秩序不稳外，也与朝鲜当时经济落后、生产力低下有一定关系。由于工商业不发达，农业歉收，国内产品短缺，大院君害怕通商会造成国内物资更加匮乏，出现难以支撑的局面。这种心情，在 1866 年（同治五年）朝鲜国王给清朝的文书中就曾经表露过，而在 1871 年给清朝礼部的咨文中说得更加明白：

---

① 张存武等编：《近代中韩关系史资料汇编》第八册，第 709 页。

"从前别国不知朝鲜之风土物产，每以通商之说来缠屡矣。而本国之决不可行，客商之亦无所利，曾有同治五年咨陈者。敝邦之海域偏小，天下之共知也。民贫货俭，金银珠玉，原非土产，米粟布帛，未见其裕，一国之产，不足以支一国之用。若复流通海外，耗竭域内，则蕞尔疆土必将岌岌而难保矣。况国俗俭陋，工手粗劣，未有一件货物堪与别国交易。本国之决不可行如此，客商之亦无所利如彼，而每有通商之意，盖由别国远人未谙未详而然尔。"①

三　法、美舰队侵朝

　　大院君的极端排外主义的禁教措施，恰为法国侵略朝鲜制造了借口。当时在朝鲜境内的法国传教士，只有一个名叫利德尔（F. Ridel）的侥幸逃出，雇一小船于1866年7月7日到达烟台，第二天即往天津向法国驻亚洲舰队司令罗兹（P. C. Roze）作了报告。罗兹急赴北京，向法国驻华代理公使伯洛内（C. H. M. Bellonet）报告了情况。伯洛内一面致电本国政府，力主用武力攻打朝鲜，一面照会总理衙门恭亲王奕䜣，称："于本年三月间，高丽国王突发一令，将该处法国主教二人及传教士九人，并本地传教士七人，其习教之男妇老幼无数，尽行杀害。如此残暴，自取败亡。因其系属中国纳贡之邦，是以本国命将兴师，以讨有罪，理合知会贵亲王。""所有本国各路兵船，不日即可齐集朝鲜，暂取其国。后来再立何者为王，以守此土，仍听本国谕命施行。"总理衙门见事态严重，于是复照伯洛内，答应从中排解，反对法国出兵，称："本爵查朝鲜国僻处海隅，素知谨守，现在未知何故有杀害教民之事。今贵大臣以贵国兴师缘由知照本爵，足征贵大臣敦睦之谊。惟两国交兵，均关民命，本爵既知此事，自不能不从中排解。该国果有杀害教众等事，似可先行据理查询究因何故，不必遽启兵端。"② 接着，清朝礼部又将总理衙门照会移咨朝鲜，以达出面排解之意，并使朝鲜有所准备。

　　但伯洛内无意等待清政府出面排解的结果，在未接到法国政府训令的情况下，1866年9月就迫不及待地派出了远征舰队，进行军事试探。三

---

①　台北近代史所编：《清季中日韩关系史料》第二卷，近代史所1972年版，第175页。
②　同上书，第27—28页。

艘军舰在罗兹的率领下,由利德尔引路,开进南阳湾。进入江华海峡后溯汉江而上,直抵杨花津、西江。法舰在汉江上测量航道,侦察地形,并向汉城发射了几枚炮弹。汉城军民十分震惊。朝鲜政府立即召开紧急军事会议研究对策,命令御营中军李容熙加强汉江一带的防务。法舰滞留旬日,完成了侦察任务,遂于10月1日返航烟台。

伯洛内原在非洲法属殖民地任武官,具有殖民主义掠夺者的典型性格、粗暴、傲慢、诡谲,还喜欢虚饰浮夸。法舰回航后,伯洛内调集军舰7艘、陆战队600人,正式向驻华外交团宣布封锁汉江下游和朝鲜西海岸。10月13日,罗兹率舰队到达勿淄岛驻泊。第二天,以两舰开抵江华岛,所载水兵在江华岛登陆。

江华岛是汉江口外的一个大岛,上置江华府。岛上树木葱郁,丘陵起伏。山上建有宫殿,为朝鲜国王夏日避暑之地。江华城城垣高厚,营造坚固,环城皆有炮眼。朝鲜军知法国兵至,在城上整装列队,严阵以待。10月16日,法军从正门攻城,炮击之后,以悬梯登城。由于双方武器相差悬殊,江华城终于失守。17日,法军又袭击通津府,府丞李公濂未作抵抗,弃城逃走。

18日,罗兹向朝鲜政府发出最后通牒,要求赔偿因法国传教士被杀造成的损失,严惩与该事件相牵连的三个大臣,缔结通商条约。朝鲜训练大将李景夏致书罗兹,郑重声明:"变服微行,窃窥人国,以破其关禁,不问为何国之人,其罪当死,此天下之大法也。"① 不承认杀教士不当,拒绝了罗兹的要求。朝鲜政府把法国军舰来犯的消息通报全国,调兵遣将,制造武器,加强了汉江下游和西海岸的防务。爱国群众义愤填膺,纷纷要求政府坚决抵抗。"爱国之士痛论宜全国威,终乃悬示国门,益决攘夷之志,大旨谓:我国人苟与法夷媾和,不问谁何,皆以逆党论,立诛之。"② 很多平民群众响应政府号召参加了义勇队。

为了防止法国军舰溯汉江而上占领汉城,朝鲜军队用木筏封锁了汉江。10月26日,罗兹以120人组成的先遣队在江华岛对面的通津海岸登陆,企图向汉城推进。但法兵刚一登陆,就遭到一支仅50余人的朝鲜义

---

① 张存武等编:《近代中韩关系史资料汇编》第八册,第716页。
② 同上书,第715页。

勇兵的阻击，法军死2人，伤25人，余者不敢前进，败退舰上。

由各道招募的义勇兵陆续向前线集结。一支主要由北方猎户组成的约800人的义勇兵队，在千总梁宪洙的统率下，登上江华岛，据险防守，并袭击法国军舰。11月7日上午，罗兹派陆战队160人登陆，企图消灭义勇队，并占领全岛。义勇队在鼎足山城阻击敌军，奋力拼杀，给敌人以歼灭性打击。法军死伤32人，抵挡不住，只好退逃甲串镇。11月10日，罗兹决定从朝鲜撤军。他们逃离江华岛时，破坏和烧毁了很多古迹和民居，还抢走大量历史文献和金银财宝。法国这次侵略朝鲜，以失败而告终。

抗击法国侵略的胜利，鼓舞了朝鲜人民的斗志，但也助长了大院君为首的朝鲜统治者极端排外主义的情绪，使之不能客观地估计自己的力量和分析世界形势。

美国是对朝鲜发生兴趣最早的国家之一。早在1845年2月12日，美国纽约州议员、众议院海军委员会主席普拉特向众议院提出的《关于开放朝鲜的议案》中就宣称："这个一向隐遁的国家的港口和市场，对我国商人和海员的事业欲形成刺激的时代已经到来。"① 后来，由于发生对墨西哥的战争和内战，美国暂时未能对朝鲜采取行动。美国正式做出侵略朝鲜的计划始于19世纪60年代初。"当审议美国从1865年到1870年在东亚取得海军基地的问题时，就曾预定朝鲜为未来的美军基地之一。"② 而美军正式侵朝，则以"舍门将军号商船事件"为导火线。

1866年8月，在天津的美国商人普雷斯顿组织了一个海盗集团，乘坐"舍门将军（General Sherman）号"双桅夹板船开进大同江。船上共有24人，其中一人是前一年曾潜入朝鲜传教的英国基督教传教士托马斯。这个海盗集团声称到朝鲜是为了和平通商。但其中很多人穿着军装，船上装备了两门大炮和其他武器。"舍门将军号"进入大同江后，遭到朝鲜官员的抗议。但这群海盗置之不理，于22日经万景台而上，直至平壤附近侦察地形，准备盗掘平壤附近的古代王陵。传说建都平壤的各朝王陵中，都有大量珍宝和金银陪葬。27日，入侵者袭击了监视他们行动的朝鲜船只，并扣押了前来进行交涉的朝鲜监营中军李玄益，开炮打伤10余名群众，还抢劫物资，

---

① 曹中屏：《朝鲜近代史》，东方出版社1993年版，第21页。
② 朝鲜科学院历史研究所：《朝鲜通史》下卷，吉林人民出版社1975年版，第19页。

凌辱妇女。8月31日，平壤附近百姓忍无可忍，组织起来，与平安监营的士兵一起，对"舍门将军号"进行了袭击，把这群海盗从甲板上赶入舱中，救出李玄益，然后放火将船焚毁，普雷斯顿等全被烧死。

1868年，又发生了一起美国人盗掘陵墓事件。为首者是美国驻上海领事馆的翻译詹金斯。他听说大院君的父亲南延君的陵墓中埋藏有大量珍宝，企图盗取。还打算将南延君的尸骨盗出，作为交换条件对大院君进行讹诈，迫使大院君同意美国通商传教，并付出一大笔赎金。他与德国商人奥贝特合谋，组织了一个120人的大海盗集团。詹金斯告诉美国驻上海的总领事西华，他去朝鲜的目的，是请朝鲜政府遣使臣赴欧洲与各国订约，并要求讲清"舍门将军号"船上人员被杀的原因。于是西华为之提供了所需船舶、人员、武器和一切经费。1868年4月，这群海盗乘坐一艘名为"中国号"的1000吨级的商船，携带各种轻重武器，开进牙山湾。在到达行担岛后，又换乘小火轮，至德山郡九万浦登陆。他们伪称自己是俄国士兵，袭击了德山郡衙署，抢取军器，然后赶到伽倻洞南延君陵，开始挖掘。由于墓穴坚固，他们没有如愿以偿，加之附近群众纷纷赶来，他们只好停止盗掘，退回船上。

如果说上述两起盗墓事件还只是在美国侵略政策支配下不完全具有官方性质的行动，那么，在这期间，美国政府也已着手进行侵朝的准备。1867年3月，美国国务卿西华德（W. H. Seward）曾向法国建议，两国联合组成一支远征军队征服朝鲜。但法国由于面临普鲁士进攻的威胁，对这一计划没有同意。此后，美国以调查"舍门将军号"事件为由，先后两次派军舰到朝鲜，对朝鲜政府进行威胁。美国公使馆、美国驻上海总领事馆积极策划了侵略朝鲜的阴谋。1870年，美国国务院正式训令，由美国驻华公使镂斐迪（F. F. Low）和美国亚洲舰队司令罗杰斯（J. A. Rodgers）负责侵朝计划的实施。

1871年2月至3月间，美国公使镂斐迪多次照会清政府总理衙门，要求转递给朝鲜国王的信件。清政府屈从其请，允为代寄。镂斐迪在信件中声明，将带一支舰队前往朝鲜，商议订立保护美国商船条约，并威胁说："本国以和睦来，望以和睦相待。若多方拒绝，实自招不睦。"[①] 与此

---

① 《清季中日韩关系史料》第二卷，第159页。

同时，镂斐迪和罗杰斯开始调集美国驻泊中国和日本海面的5艘军舰，组成远征舰队。舰队携有大炮85门、水兵1230名，提前集结在日本长崎，在未接到朝鲜国王复书的情况下，即于5月16日开始向朝鲜进发。

美国舰队于5月23日开近江华岛，一面测量水道，一面派小股美兵登陆窥探。数日后，朝鲜政府派官员到美舰求见。镂斐迪和罗杰斯以来员无政府委派文凭及品位较低为由，拒绝会见。6月1日，美舰队驶入江华岛内侧，驻守岛上的朝鲜军队进行了自卫。80门土炮一齐向敌舰射击。美军在狭窄的水面上很难施展，有两艘军舰被击伤。

6月10日，美国舰队再次向江华岛扑来。下午，美军在猛烈炮火掩护下开始登陆，占领了岛上的草芝、广城两镇。朝鲜守岛部队与义勇兵同美军展开激烈战斗。美军凭借火力优势，一连攻占5座城镇。但由于朝鲜军民顽强战斗，不断袭扰，美军无法在岛上站稳脚跟，只好撤到舰上，开往勿淄岛。

美军盘踞勿淄岛，一面修理损伤的舰艇，一面准备再次发动进攻。朝鲜也采取措施，严阵以待，并封锁美军的淡水来源。经过20余日的对峙，镂斐迪终于认识到，企图"诱使朝鲜政府就签订一个条约而进行谈判的一切努力归于失败"①。

法国、美国侵朝，均以失败而告终。大院君认为这是他的攘夷锁国政策的胜利，因而事后命把刻有"洋夷侵犯，非战则和，主和卖国"和"戒我万年子孙"字样的斥和碑树立在汉城中心以及全国各主要城镇。这固然有利于朝鲜民族意识的增强，但同时也助长了排外情绪和盲目自信。

四 中朝宗藩关系遇到的挑战

有清一代，中国与朝鲜之间存有宗藩关系。随着西方列强频频叩打朝鲜的大门，这种宗藩关系也遭遇到日益猛烈的挑战。

宗藩关系亦即封贡关系，是中国与周边国家旧有的一种国家关系，起源于中国汉代，初行于内部封国，后延及少数周边国家，如日本境内的倭奴等国。至于明代，中国与亚洲几十个国家建有封贡关系。清代的宗藩关系是明代宗藩关系的遗绪，与中国保持这种关系的国家还有10个以上。

---

① 曹中屏：《朝鲜近代史》，第25页。

在这种关系中,中国被尊奉为"天朝上国",藩属国的君主要接受中国皇帝的册封;藩属国要奉中国的"正朔",即使用中国的年号和历法;藩属国君主要向中国朝廷朝贡;中国对藩属国负有"排难解纷"的义务,当藩属国遭受外敌入侵而求援时,中国要派兵帮助御敌;当藩属国内部发生变乱时,中国也往往应邀出兵,帮助恢复其秩序;而对其统治阶级上层的矛盾,则多采取调解的方式。

宗藩体制是亚洲特有的一种国家关系体制。有人将其称之为"天朝礼治体系"[①]。即中国的封建王朝把"礼"的观念扩展到对外关系上,实行儒家所谓"远人不服,则修文德以来之;既来之,则安之"[②],从而与周边国家缔结了这样一种以中国为中心向四周辐射的体制。毫无疑问,这是一种封建的、具有等级制形式亦即不平等的关系。

但是,尽管这种关系以中国为中心,但还不能简单地说中国对周边藩属国进行统治;尽管这种体制以"礼"的观念为核心,但也还不能说它靠道德教化来维系。宗藩关系,实际上是中国封建统治者与周边国家统治者之间,为了各自的国家利益而缔建的。从政治上和军事上来说,这种关系接近于同盟关系,中国是其盟主。不过这种同盟关系不是这一体制中所有国家之间互相承诺权利义务,而是各个国家分别同中国发生承诺关系。藩属国由于加入这一同盟,就取得了强大的后盾,减少了遭受别国侵犯的危险,在国内的统治也因此而较易稳固。中国则不仅取得了"天朝上国"的名义,更重要的是保障了边疆地区的安全与稳定。从经济上来说,藩属国实际上把与中国缔结封贡关系当成了同中国进行商品交易的手段。在清代,藩属国的每一次朝贡,都取得清廷的"回赐",这种"回赐"的原则是"薄来厚往",一般都比贡品的价值高出许多。而且,由封贡关系产生了朝贡贸易,随同贡使到中国进行贸易的商队,可享受免税待遇,获利丰厚。清政府并不希望藩属国频繁朝贡,而是依据与中国关系密切的程度而给他们规定了不同的次数,如朝鲜每年数贡,琉球、越南两年一贡,暹罗三年一贡,苏禄五年一贡,南掌(老挝)、缅甸十年一贡。但这些国家却常常从获利出发,突破定制,增加朝贡的次数。如缅甸在1795—1800年

---

① 黄枝连先生著有《天朝礼治体系研究》三卷,中国人民大学出版社1992—1995年出版。
② 《论语·季氏》。

的五年中就入贡3次。① 这些使团在中国多则经年，少则数月，所有吃住行费用，均由中国负担。清政府为接待贡使，花去大批的人力财力，所以随着经济的衰败和入贡次数的增加，越来越觉得不堪其扰，有时只好加以限制。藩属国同中国的边境贸易，也是这些国家发展经济所必需的。

由此可以看出，宗藩关系与西方观念中的宗属关系即宗主国与殖民地的关系是根本不同的。质言之，藩属国是独立国家，具有独立自主地处理本国内政外交的权利，中国任其自理，一般不予干预，更不在这些国家派驻官员、驻军以及进行经济掠夺。

早在明朝初年，朝鲜李朝的开国者李成桂就受到明太祖的册封。朝鲜的历史学家写道："李朝统治者把朝鲜与明朝统治阶级的外交关系，看作巩固自己阶级统治和维持政权的一种辅助手段，在处理这种关系时，虽然也有时表现得过于卑躬屈节，然而朝鲜政治上的自主并没有因此而受到过丝毫损伤。"② 这是对中朝宗藩关系的恰当评价。16世纪末叶，日本的封建主丰臣秀吉发动了侵朝战争。明朝军队应邀赴朝，与朝鲜军队并肩作战，经过6年的拼杀，终于把日本侵略者逐出朝鲜。这成为中朝关系史上的一段佳话。

清朝与李氏朝鲜的封贡关系始于清崇德二年（1637年）。清政府允许朝鲜一年四贡（冬至、正朝、圣节、岁币），说明中国把与朝鲜的关系看得比与任何其他国家的关系都更加重要。清朝与李朝在度过最初短暂的磨合期之后，即进入两国关系平稳发展的时期，直到近代以前，没有遇到过什么意外情况。清政府充分尊重朝鲜的主权，朝鲜对清政府也被认为是"情真谊实，名分不敢稍紊"③。两国的友好往来有了很大发展，边境地区公私贸易十分活跃。

但是到了近代，中朝关系受到了挑战。19世纪60年代以后，西方国家在阴谋插足朝鲜时，总是利用中朝宗藩关系一事大做文章。有的企图否认中国的宗主地位，分裂中朝同盟，反对中国尽其保护朝鲜的义务；有的则表面上承认朝鲜为中国属国，企图假中国之手，达到其胁迫朝鲜开放的

---

① 余绳武：《殖民主义思想残余是中西关系史研究的障碍》，《近代史研究》1990年第6期。
② 朝鲜科学院历史所编：《朝鲜通史》上册，吉林人民出版社1962年版，第164页。
③ 《清季中日韩关系史料》第二卷，第234页。

目的。朝鲜问题不仅是朝鲜本身的命运问题,也直接关系到中国的安全。在开始一段时间,清朝统治者表现得懵懵懂懂,少有识见,胶执宗藩关系的旧制,遇事只是头痛医头,脚疼医脚,不仅不能未雨绸缪,甚且饮鸩止渴,剜肉补疮。其处置不当约有两点:

首先,清政府对朝鲜没有尽到应尽的指导义务。这一时期正是中国"洋务运动"发轫的阶段。经过第二次鸦片战争的打击,清朝统治阶级中一些人突然猛醒过来,发现他们所处的时代是"数千年来未有之变局",面对的敌人是"数千年来未有之强敌"。他们开始承认西方国家在很多方面是先进的,主张"借法自强",在行动上,变被迫开放为主动引进,开始郑重其事地同西方国家打交道,向西方学习。从世界大势来看,朝鲜的开放,也只是个时间问题。大院君所实行的那一套极端保守主义的攘夷锁国政策,最终是要碰壁的。朝鲜既系中国外藩,清政府对它的影响力还是巨大的。从朝鲜的前途出发,清政府应该劝告朝鲜采取较为开放的自强政策。如果这样,1866年1月大院君屠杀外国传教士和天主教徒的惨剧就不会发生;更重要的是,朝鲜如能迅速开放自强,增加抵御外侮的能力,也许日后不会被当时并不十分强大的日本所吓倒,与日本签订屈辱的《江华条约》,最后招致灭国之祸。

其次,清政府在西方国家面前故意淡化中朝宗藩关系,逃避责任。1865年初,法国公使柏尔德密(J. G. Berthemy)曾要求清廷行文朝鲜,令其允许法国传教士前往传教。此后法国多次提出同一请求。总理衙门总是回称:"朝鲜虽系属国,向只遵奉正朔,岁时朝贡,所有该国愿否奉教,非中国所能勉强,碍难遽尔行文。"① 1866年夏,法国为报复大院君杀死传教士,决定出兵侵朝。7月14日,署任法国公使伯洛内在给总理衙门的照会中重复了上述答复,并据以声称:"是以本大臣于存案牢记此言而未忘,兹当本国与高丽交兵,自然中国亦不能过问,因与彼国原不相干涉也。"② 清政府竟无以作答。1871年奕䜣等在会见美国公使镂斐迪时,竟说出朝鲜"虽系属国,但有名无实"的话。此语被美使抓住大做文章,

---

① 《清季中日韩关系史料》第二卷,第29页。
② 同上书,第27—28页。

总署不得不在复照中对此语重加解释。[①] 清政府为免除外交上的负担,把中朝关系说得若即若离,含含糊糊,似乎宗属关系徒具形式,这显然给觊觎朝鲜的各国留下口实。法国出兵犯朝,就是以总理衙门的话为挡箭牌,阻止清政府出面干涉。此后,日本及一些西方国家阴谋侵朝所采取的主要策略,就是不承认清政府所解释的中朝关系为宗属关系。

清政府的这种处置方式,固然与其对外一贯软弱妥协的外交路线有关,但其对宗藩关系的传统观念的固守,也是一个重要原因。清政府坚持的只维持宗属名义、对属国内政外交一般不予过问的原则,是宗藩体制的旧原则,只能行之于海禁未开的旧时代。与起源于欧洲的近代国际法原则是抵触的。按照国际法的原则,一个国家如果在内政、外交上具有完全的主权,那么它就是一个自主国家,而不是别国的属国。如果是属国,它就没有完全主权,宗主国对属国的内政、外交均有干涉之权,特别是外交。这既是宗主国的权利,也是宗主国的义务。当然,清政府没有必要、也绝不应该去仿效西方国家,把藩属国当成附庸国。但是,面对西力东渐的世界大势,清政府和李朝政府在处理两国关系问题上,本应考虑如何因应挑战,变通旧制,密切关系,加强联合,以对付共同的敌人。然而,清政府与李朝政府对此却迟迟未能醒悟。尽管此后法、美等西方国家由于国际、国内局势的变化未再对朝鲜实施侵扰,但在不久之后,与中朝两国同处东方的日本开始推行"征韩"外交,企图以朝鲜为突破口,实现其"大陆雄飞"的梦想。其首先采取的策略,便是否定中朝之间的宗藩关系。

第二节 明治维新以后日本的"征韩论"

一 明治以前的朝日关系与"征韩论"萌芽

朝鲜与日本的关系,与日本的文明史一样悠久。朝鲜有着灿烂的民族文化,又大量接受了先进的中国文化,并把这些文化源源不断地传播到日本。中国与日本的文化交流,早期主要是通过朝鲜半岛。中国文化与朝鲜文化输入日本,使这个海上民族脱离了洪荒时代,迈上了文明之途。正如一位日本学者所说:"朝鲜人民是传授农业、陶器、纺织等进步生产方法

---

① 《清季中日韩关系史料》第二卷,第234、244页。

和文字、学问的恩人。"①

朝鲜无负于日本,日本却有愧于朝鲜。历史上,日本列岛的统治者曾多次发动侵略朝鲜的战争。而且,在日本,"想把朝鲜置于日本统治之下的情绪,一有机会就要爆发出来"②。所以,朝鲜民族对日本怀有很深的戒备心理,防范綦严。

从李朝开始,朝鲜在处理对日交往问题上采取了一些新措施。朝鲜利用日本积极要求进行贸易的心理,向日本幕府及部分藩主颁发勘合印(图书)和通信符。日本人到朝鲜贸易,必须持有这些证件,否则不准入境。领到图书和通信符的,主要是九州西部的一些地方实力派。他们由此得以垄断对朝贸易,所以非常拥护这项政策。其中对马藩主宗氏受惠最大。对马岛距朝鲜最近,是日本与朝鲜交往的关钥。朝鲜对宗氏采取怀柔政策,不断给以利益和特权。后来,宗氏便取代各藩主和幕府,成为日朝通交的唯一机关。宗氏为牟取利益,不惜卑躬屈节,接受了朝鲜国王赐予的印信,这等于承认自己是李朝的藩臣。宗氏所得利益有:每年可派50只船(岁遣船)前往朝鲜贸易,并从朝鲜领取200石米豆的恩赐;除将军、管领等使者外,凡从日本乘船前往朝鲜者,均须持有宗氏的文引(证件)。宗氏可以通过限制贸易品的品种数量来实行垄断,可以对贸易品课税,可以征收发放文引的手续费。日朝贸易只在朝鲜一方进行,逐渐固定在釜山浦。宗氏在釜山建有办事机构,称"草梁倭馆"。其后300余年间,它是朝日间唯一的交涉场所。

16世纪末,发生了丰臣秀吉大举侵略朝鲜的战争。日本战败后,德川幕府掌握了政权,同朝鲜恢复了邦交。但朝鲜益加畏忌,采取了进一步的限制措施。按照规定,日本幕府不能直接向朝鲜派遣使节,有关幕府、藩主与朝鲜政府之间的外交礼仪,日方只能由对马藩派"参判使"代办。参判使不能进入朝鲜京城,只能停留在釜山或东莱,在那里等待朝鲜国王派出的品位不高的"抚慰官"的接见。宗氏把持的图书、通信符制度依然保留下来,但岁遣船减为20艘。"草梁倭馆"的日本人受到严格限制,行动不得超过规定的一个狭小范围。倭馆所需蔬菜及其他日用品,朝方每

---

① 井上清:《日本军国主义》第二册,商务印书馆1985年版,第39页。
② 信夫清三郎:《日本政治史》第一卷,上海译文出版社1988年版,第14页。

天在馆前开市供给，薪炭则免费赐予。宗氏从朝鲜得到的好处减为岁赐米豆 100 石，其实仍很可观。

显然，在朝日交往中，日本一方是积极的。为了取得贸易上的利益，日本甘愿接受屈辱的礼仪，甚至容忍宗氏对朝鲜执藩臣之礼。而朝鲜有中国为依托，在经济上不依赖与日本的贸易，因而把邦交维持在最低限度，处处防范，唯恐日本势力再次侵入。这种局面维持了 200 多年。

在此两个多世纪的过程中，日本本身也实行了严格的"锁国"政策。早在 16 世纪，就有一批西方殖民者来到日本进行贸易，他们分属于葡萄牙、西班牙、英国、荷兰等国。西方殖民者给日本带来了基督教。基督教的迅速传播引起了日本社会的动荡，一些信奉基督教的封建领主开始与幕府分庭抗礼，西方的科学文化知识也形成了对儒学及日本本土文化的冲击。德川幕府从 1633 年开始多次发布锁国令，严格禁止除荷兰以外的所有西方国家的船只靠岸（荷兰人不传教），严禁基督教。日本实行"锁国"政策，使自己在国际上十分孤立。统治阶级要获取自己缺乏的高档消费品，除荷兰商人外，只有同朝鲜开展贸易。

19 世纪 50 年代，西方列强迫使日本开国。自此，日本与朝鲜的关系开始发生变化。

当时，西方国家中最急于向日本扩张的有两个，一是沙俄；二是美国。沙俄主要是蚕食日本北方领土，美国则希望在日本建立一个基地，以利其在亚洲、太平洋地区进一步扩张。1853 年 7 月 8 日，美国东印度舰队司令佩里，根据美国国务院的指令，率舰队开进日本江户湾的浦贺港。舰上的大炮做好实战准备后，佩里率数百名水兵登岸，逼迫幕府官员接受美国国书。1854 年 2 月，佩里率舰队重来，终于逼迫幕府屈服，双方在神奈川（横滨）签订了《日美神奈川条约》。此后 4 年间，美国又连续两次强迫日本签订不平等条约。10 余个西方国家纷纷效尤，援例同日本订约。在这些条约中，日本同意开放下田、箱馆（函馆）、长崎、神奈川、新潟、兵库等港口，辟江户、大阪为商埠，允许外国人在上述地方居住、租赁房屋，允许自由贸易，制定协议关税，承认领事裁判权，同意在江户等地派驻外国公使、领事等。这些条约的签订使日本陷入严重的半殖民地化危机。

日本开国后，对外贸易迅速发展。大量西方廉价的工业品涌入，日本的农产品及其他工业原料源源输往海外。由于日本农产品的产量不能满足出口需要，引起物价飞涨，通货膨胀。当时日本金银比价为1∶5，欧美的金银比价是1∶15，日本的黄金价格比国际市场低得多。外国资本家就用外国银币大量套购日本黄金，牟取暴利，导致日本黄金大量外流。由此，国内的阶级矛盾和民族矛盾骤然加剧，幕府的封建统治处于内外交困之中。于是，尊王攘夷派应运而起。这派人尊崇神武天皇，反对幕府政治，主张抵抗外国资本主义的侵略，带有浓厚的排外主义色彩。这派人有些非常保守。但也有些是具有初步资本主义思想的人，具有浓厚的民族主义色彩，成为明治维新改良主义思潮的先驱者。

即使是在改良主义者中，也有人在主张攘夷的同时，主张对外扩张，侵略朝鲜和中国。

具有这种倾向的著名人物是吉田松阴。吉田松阴（1830—1859）是幕末著名的启蒙思想家。他通过举办"松下村塾"，培养了许多参加倒幕和建立维新政权的重要政治活动家，如久坂玄瑞、高杉晋作、木户孝允、伊藤博文、山县有朋、井上馨等。吉田松阴是一个攘夷论者，但他知道日本的国力抵挡不住西方列强的侵略，于是拼命鼓吹日本要富国强兵，进行海外扩张。他说："现在要加紧进行军备，一旦军舰大炮稍微充实，便可开拓虾夷，封立诸侯，乘隙夺取堪察加、鄂霍次克海，晓谕琉球，使之会同朝觐，一如内地诸侯。且令朝鲜纳人质、进朝贡，有如古盛之时。割北满之地，收南台、吕宋诸岛，以示渐进之势。"[①] 早在1855年吉田松阴还被关押在长州藩的野山狱中时，他就在信件中表示："我与俄、美媾和，既成定局，不可由我方决然背约，以失信于夷狄。但必须严订章程，敦厚信义，在此期间养蓄国力，割据易取之朝鲜、满洲和中国，在贸易上失于俄、美者，应以土地由朝鲜和满洲补偿之。"[②] 从这些话中可以看出，吉田松阴并没有想出"攘夷"的办法，他所能教给自己学生的，仅仅是进行海外扩张，侵略朝鲜和中国，用侵略得来的利益，去弥补因受西方列强侵略而造成的损失。这是一种对强盗下跪、对弱者逞凶的哲学。

---

① 井上清：《日本军国主义》第二册，第7页；渡边几治郎：《日本战时外交史话》，千仓书房1938年版，第7—8页。

② 同上书，第7页。

1861年3月，发生了沙俄军舰侵占对马岛芋崎浦的事件。由于英国的干涉，俄舰在半年后撤走。对马的安全问题成为日本关心的一件大事。对马藩主与长州藩主是亲戚，双方就保卫对马问题进行过探讨。对马藩士大岛友之允与长州藩士桂小五郎（即木户孝允）找到幕臣胜海舟，向其寻求对策。胜海舟与他们商讨的结论是：为保证对马安全，必须征服朝鲜，作为第一步，首先提议与朝鲜建交和结盟，如果朝鲜不听，就用武力征服。关于这件事，胜海舟在其日记中多有记载。如："向司农监察解说征韩之深义。今日城中有此议论，俗吏大哗，皆不同意。""大岛友之允来，征韩之议，因循不决，叹息时机之将失。"① 胜海舟等人的这些活动，成为日本"征韩论"的萌芽。

随着民族矛盾的加深和攘夷运动的高涨，国内反对幕府的情绪也日渐激烈。幕府的儒臣山田方谷为此提出了"转内讧为外征，把士气转向对外"的建议，支持征韩的主张。幕府的老中（最高执政官）板仓胜静采纳了这一建议，于1863年6月间派胜海舟前往对马，刺探朝鲜国内的情况，准备相机侵朝。同年8月，幕府派发动"文久政变"，把尊王攘夷派从朝廷中驱逐出去，从而稳住了阵脚。外征已无必要，实力也不足，侵朝之事也就暂时作罢。

第14代将军德川家茂死后，德川庆喜于1867年1月继任幕府将军。他听说法国侵朝、美国商船在朝被焚等情况后，受法国公使洛舒的挑动，企图利用这个机会，在朝鲜与法、美之间进行调停，借以自我标榜，并诱使朝鲜向日本开放。2月间，幕府决定派外国总奉行平山敬忠前往朝鲜办理此事。

平山未及成行，又发生了另一件影响朝日关系的事件。

1866年12月间，香港一个被称作日本名儒八户顺叔先生的人，在广州的英文报纸《中外新闻》上发表一篇短文，中称："近来日本国武备频盛，现有火轮军舰八十余艘，海外有讨朝鲜之志。朝鲜王每五年必至江户拜谒大君，各献贡，是即古例也，朝鲜王废此例久，故发兵责其罪。"此人还向香港报界发表谈话，宣扬日本正在进行政事风俗的革故鼎新，加强武备，选派留学生到英国学习，江户政府督理船务将军中滨万次郎上月特

---

① 井上清：《日本军国主义》第二册，第8页。

至上海制造火轮船。八户顺叔还说:"国中共有二百六十名诸侯,前由大君诏至江户京师会同议政务,要整武备,大震国威,以征不庭,现有兴师往讨朝鲜之志。"① 八户顺叔所言,尽管不是事实,但也非凭空杜撰。这可能是对幕府扩充军备的一种推测,其背景是幕府和很多藩士中普遍存在的征服朝鲜的欲望。

清政府的总理衙门曾令通商大臣和各税务司搜集外国报纸所刊重要消息按月咨报,所以上述情况很快为清廷掌握。奕䜣等人认为,日本自败于西方国家后,"旋即发奋为雄,学造兵船,往来各国,志不在小"。如果报纸所说属实,那么事情就非常严重。因为西方国家进攻朝鲜,不过是为传教通商,加上西方国家之间互相牵制,所以未必就会侵占其土地;日本则不然,"设朝鲜为日本所据,则与中国相邻,患更切肤"②。所以奏请饬下礼部,密咨朝鲜国王预为防范。

朝鲜国王接到清朝礼部咨文后,即令礼曹参判李沇应向日本幕府发出严正质询。幕府令对马藩主宗义达致信李沇应,说明报纸消息纯系"伪妄无根之说",同时告知,派往朝鲜的使节,现在已经准备启行。当时大院君正在坚决实行其排外主义政策,并不想与法、美妥协,对日本的疑虑也未消失,反而因为日本急于派遣使节而增加了戒心。于是,朝鲜干脆借灾荒、洋祸及瘟疫流行为由,拒绝幕府派使。后来幕府曾决定派平山敬忠强行渡朝,但由于国内局势变化,没有成行。

二 明治政府征韩外交的酝酿与实施

1868年1月,日本明治天皇政府成立。新政府正集中力量进行内战,外交方面也主要是为取得西方列强的支持而进行工作,无力顾及朝鲜问题,只是决定仍旧由对马藩主宗氏负责对朝鲜的交往事务。

但在国内战争基本获胜之后,明治政府就开始策划对付朝鲜的办法了。曾与大岛友之允、胜海舟策划过"征韩"的长州藩士木户孝允,这时已成为新政府中的要角。政府的对朝政策,以他为主进行策划。1869年1月26日,他向左大臣提出他的朝鲜政策,强调"征韩"的必要。他

---

① 《清季中日韩关系史料》第二卷,第52—53页。
② 同上书,第54页。

说:"希望速定天下之方向,遣使至朝鲜,问彼之无礼,若彼不服,则鸣其罪,攻其土,以大张神州之威。届时,则天下之陋习忽焉一变,远定目标于海外,随之,百工器械真正与事俱进,一洗竞窥内部、谤人之短、责人之非而不自省之恶习。至于必将广增国土,自不待言也。"① 木户还在给统筹新政府军务的军务官副知事大村益次郎的信中详细阐发过他要求征韩的思想。他写道:"希望专以朝廷之力,主要以兵力开辟韩地釜山。当然,此举不可能有物产金银之利,甚至或有所损失,但皇国之大方向因此确立,亿万人之眼目将为之一变,海陆军各种技术将有实际进展。如欲兴皇国于他日,维持万世,除此以外,别无他策……韩地之事乃皇国建立国体之处,推广今日宇内之条理故也。愚意以为如为东海生辉,应从此地始。倘一旦动起干戈,不必急于求成,大致规定年年入侵,得一地后,要好自确定今后策略,竭尽全力,不倦经营,不出两三年,天地必将为之一变,如行之有效,万世不拔之皇基将愈益巩固矣。"② 木户孝允侵略朝鲜的鼓吹毫无掩饰之处。在他看来,侵略朝鲜可以扩大疆土,可以促进国内产业的发展,可以激励海陆军的壮大,但最根本的是要"推宇内之条理",就是要解决日本国内的政治混乱问题,把日本人的注意力引向国外。当时日本藩国林立,各自拥兵自重,呈现诸侯割据的局面。各藩军队中充满了对新政府不满的人。维新以后,农民、商人等平民大众的生活并未得到改善,不满情绪日渐增长。这些问题,应当依靠深化国内改革来解决。但是,木户孝允等人的思路却是要引导日本走侵略别国的道路。木户的思想有其根源。如前所述,1863 年,他与大岛友之允去请教胜海舟时,胜海舟提出的"征韩论",就是企图把尊王攘夷派的目光引向海外,以挽救幕府的统治。

除了日本国内原因促使明治政府策划侵略朝鲜外,对俄国侵占朝鲜的疑虑也是原因之一。为此,日本政府采取的第一个步骤就是与朝鲜修复邦交。

1868 年 10 月,政府命令对州藩把王政复古、明治改元一事通知朝鲜。11 月,对州藩决定派家老樋口铁四郎为大修大差使,前往朝鲜完成

---

① 信夫清三郎:《日本政治史》第二卷,上海译文出版社 1988 年版,第 210 页。
② 井上清:《日本军国主义》第二册,第 54 页。

这一使命,并事先通过釜山的草梁馆向朝鲜东莱府使送交了通知书。嗣于1869年1月23日,樋口前往釜山,带去维新告知书,欲送交朝鲜礼曹参判。告知书中说:

> 爰我皇上登极,更张纲纪,亲裁万机,而贵国之于我交谊已久矣,宜笃恳款,以归万世不渝,是我皇上之诚意也。乃差使阶,以寻旧悃,惟希照亮。①

朝鲜方面负责对日交涉事务的倭学训导安东晙、别差李旲文等阅过前后两封书信的抄件后,见与以往日本书契在体例上差别极大,十分震惊,拒绝接受这些书信的正式文本,并拒绝给樋口等人以使节待遇。

这两封书信与以往日本文书有哪些差别呢?第一,对马藩主宗义达的称呼,过去一直是"日本国对马州太守拾遗平义达",现在变成了"日本国左近卫少将平朝臣义达"。朝鲜一直坚持只与对马岛联系的原则,这样一变,宗义达的身份已不是代表对马藩。第二,对朝鲜方面的称呼,原有"大人"字样,现在直呼作"礼曹参判公"。第三,文中称天皇为"皇",天皇的谕命为"敕"。在朝鲜看来,只有朝鲜的"上国"清朝的皇帝才有资格称"皇"用"敕"。第四,书信未加盖朝鲜颁发的文印。第五,其他措词也与以往不同,在朝鲜看来有轻慢之处。

朝鲜方面认为原来两国的约定垂二三百年,是"金石不刊之文","百神共证不渝之盟",一字一句也不能违背。实际上,朝鲜政府不接受日本文书,不仅仅是个文书形式的问题。朝鲜从这两件文书中感到的,是来自日本的威胁。"八户顺叔事件"使朝鲜人仍然心有余悸,幕府强行"修交"的事情也刚过去两年。日本文书中使用"皇"、"敕"字样,不仅使朝鲜感到可能引起清政府的不满,更重要的是,朝鲜认为这种字样"必有臣隶我国的阴谋"②。朝鲜东莱府使请日方改用妥当文字,但日本坚持不改,这更增加了朝鲜的疑虑。

这一时期,正是朝鲜大院君李昰应的攘夷政策取得表面胜利的时期,

---

① 《日本外交文书》第一卷,第二册,第693页。
② 井上清:《日本军国主义》第二册,第51页。

继法国舰队被击退后，美国"舍门将军号"武装商船被歼、"中国号"武装商船被驱逐。日本与西方国家订立条约，提倡向西方国家学习，被朝鲜视为类同夷狄，也在排斥之列。双方都不肯让步，僵持不下，维新告知书被驳回，樋口铁四郎在釜山草梁馆居住经年，毫无结果。

由于朝鲜问题一直没有进展，外务省决定取消宗氏的外交特权，直接办理朝鲜事务。1870年1月7日，外务省派该省大录佐田白茅和少录森山茂等人赴朝，以催问对维新报知书的答复为由，侦察朝鲜国内的情况。外务省授与调查提纲13条，含有极其露骨的政治、军事企图。

佐田白茅3月间回国后，即向外务卿提出征韩的建议书。建议书中说："朝鲜拒我维新报知书，辱我皇国，皇国岂可不遣使问罪？四年前，法国攻朝鲜，取败衂，懊恨无限，必不使朝鲜长久矣。又俄国窃窥其动静，美国亦有攻伐之志，皆垂涎彼金谷云尔。皇国若失斯好机会而与之匪人，则实失我唇，而我齿必寒。故臣痛为皇国倡挞伐也。"① 森山茂也上书说："方今维新告成，四方不得志者皆英气勃勃，蠢焉思动，若移植之于半岛，既可避内乱，又可拓国利于海外，洵一举两得之策也。"②

这时，"征韩论"甚嚣尘上。是年7月，外务大丞柳原前光写作《朝鲜论稿》，也主此论。他写道："皇国乃是绝海之一大孤岛，此后纵令拥有相应之兵备，而保周围环海之地于万世始终，与各国并立、皇张国威，乃最大难事。然朝鲜国为北连满洲、西接鞑清之地，使之绥服，实为保全皇国之基础，将来进取万国之本。若使他国先鞭，则国事于此休矣。且近年来，各国也深知彼地之国情，频繁窥伺者不少，既如俄罗斯者，蚕食满洲东北，其势每欲吞朝鲜，皇国岂能有一日之轻忽，况列圣垂念之地焉？"③

显然，不接受维新告知书并非造成出兵侵朝主张的真正原因。这一点，连外务省的报告中也曾谈道："有人主张借口朝鲜不接受国书的无礼掀起战端。但我国尚未派遣敕使，彼此的交往原系通过甘心忍受屈辱谬例的对州藩进行，因此不能立即以此成为战争的借口。"于是外务省提出了

---

① 《日本外交文书》第三卷，第140页。
② 《玄洋社史》，东京，玄洋社史编纂会1917年版，第37—38页。
③ 《日本外交文书》第三卷，第149页。

三种可供选择的方案：一、利用朝方拒绝维新告知书的机会，暂时断交，使旧的交往方式自然消除，等将来国力充实后，立即着手征韩。二、派木户孝允为国使，率军舰两艘前往朝鲜，责备对方无礼，交涉开港开市，订立自由往来条约，如对方不听，即断然征讨。三、先与中国订约，日中平等后，朝鲜自然列于下位，从中国回来，路过朝鲜王城，再签订日朝条约。①

第一个方案被普遍认为过于"消极"。第二个方案是一个强硬方案，适合木户孝允等长州派的口味。第三个方案被称为迂回方案，代表外务省和岩仓具视、大久保利通等萨摩派的意见。于是，政府中萨、长两派的对立，在外交上就表现为"对清交涉先行论"与"对朝强硬论"的对立。政府内部的斗争，最后是萨摩派占了上风。于是，在外交上，也就采用了先与中国进行修交谈判的策略。

1870年7月，日本政府命令外务权大丞柳原前光和外务权少丞花房义质等人前来中国，要求订约通商，并调查贸易状况。柳原等经上海到天津，先后拜见三口通商大臣成林和直隶总督李鸿章，递交日本外务卿给总理衙门的书信。总理衙门起初不同意签约，答复柳原等说："贵国既常来上海通商，嗣仍照前办理，彼此相信，似不必更立条约，古谓之大信不约也。"② 柳原前光施展外交手段，对李鸿章说："英法美诸国，强逼我国通商，我心不甘，而力难独抗，于可允者允之，不可允者推拒之。惟念我国与中国最为邻近，宜先通好，以冀同心合力。"李鸿章受到诱惑，以为如对日本"推诚相待，纵不能倚作外援，亦可以稍事联络"③，因而上书总理衙门，主张订约。总理衙门恐日本异日求英法居间介绍，不允不可，允之反为示弱，遂奏请订约。清廷经征求曾国藩、李鸿章等疆臣的意见，同意进行谈判。

1871年7月，日本使臣大藏卿伊达宗城、副使柳原前光一行到天津，与清政府代表李鸿章谈判。日本在与西方列强签约时尝尽屈辱，但在与中国谈判时，却企图援引西例，把种种不平等条款写进条约。李鸿章拒绝了

---

① 井上清：《日本军国主义》第二册，第58页。
② 《筹办夷务始末》同治朝，第七十七卷，第37页。
③ 王芸生：《六十年来中国与日本》第一卷，生活·读书·新知三联书店1979年版，第31页。

日方的条约草稿,提出了清政府的草案作为谈判基础。清政府接受了曾国藩的建议,特别反对把最惠国条款写进条文。双方经过多次会谈,终于签订了《中日修好条规》和《中日通商章程》。清廷反对沿用西例,其实很多内容都套用了西方条约,如领事裁判权、协定关税等条款,都写了进去,不过它不是单方面的,而是适用于双方的。所以李鸿章认为这是一部平等条约。

《中日修好条规》的签订,使日本实现了对华交涉的最初目的,即取得与中国平等的地位,从而使对清政府恪守藩属之礼的朝鲜处于下位。这也就打开了与朝鲜交涉的方便之门。从这个意义上来说,近代中日关系的开篇,就是受到朝鲜问题影响的。

三 一次流产的侵朝阴谋

1871年12月,日本政府任命外务卿岩仓具视为全权大使,木户孝允、大久保利通、伊藤博文、山口尚芳等为副使,组成50余人的使节团,赴美欧各国考察。外务卿一职由副岛种臣继任。

日本留守政府在对外方面,继续寻求侵略朝鲜的途径。1872年5月,俄国署任驻日公使布策到日本,日、俄间就库页岛问题展开了谈判。库页岛本为中国领土,明代称"苦夷",为奴尔干土司所辖,清初为宁古塔将军辖境。由于清政府不注意移民垦殖,后来逐渐被日、俄占据,但日、俄间并未划定边界。外务卿副岛种臣在谈判中向布策表示,如果俄国答应不干涉朝鲜内政,允许日本陆战队在俄国领土登陆,为日本入侵朝鲜提供方便,日本将放弃自己在库页岛南半部的主权。[①] 但俄国方面举棋不定,没有明确答复。

这时又掀起了"征台论"。1871年12月,琉球船民遭风飘至台湾,其中一些人遭高山族居民杀害。清政府对逃出人员进行了保护,并饬台湾镇道认真查办。琉球国王对此事并无异议。事隔大半年后,日本鹿儿岛县参事大山纲良得知此事,便上书日本政府,要求抓住这一时机,以日本人被杀为由兴师问罪,侵占台湾。日本政府于是采取措施,吞并琉球以证明被杀者为日本人,并大张旗鼓地进行侵台准备。

---

① 纳罗奇尼茨基等:《远东国际关系史》第一册,商务印书馆1976年版,第182页。

究竟是先侵略朝鲜，还是先侵略台湾，日本政府还没有下定决心。清政府对此两事的态度如何，日本政府还把握不住。恰巧《中日修好条规》到了交换批准文本的时候，又逢同治皇帝亲政典礼，日本须派出使节，于是日本政府决定派副岛种臣出使，利用这一机会对上述两事进行试探。

副岛种臣在华期间，派遣副使柳原前光去总理衙门打探情况。关于台湾问题，总理衙门大臣毛昶熙答称："蕃民之杀死琉民，既闻其事。害贵国人则未闻。夫二岛俱我属土，属土之人相杀，裁决固在于我。我恤琉人，自有措置，何预贵国事，而烦为过问？"柳原反问："贵国已知恤琉人，而不惩台蕃者何？"毛昶熙答："杀人者皆属生蕃，故且置之化外，未便穷治。日本之虾夷，美国之红蕃，皆不服王化，此亦万国之所时有。"[1] 关于朝鲜问题，总理衙门如何答复，清政府没有文字记录。日方记载说，总理衙门的答复是："只要循守册封贡献例行礼节，此外，更与国政无关"；"只有册封贡献之典"，"和战权力之类绝不干预"[2]。当时副岛把侵台问题看得较重，准备抓住"置之化外"一语，断章取义，回国后大做文章。

但副岛回国后，恰值"征韩论"又掀高潮，侵台之举暂被搁置。

日本国内再次掀起"征韩论"，借口是朝鲜侮辱了日本在朝鲜的人员。真相如何呢？

日本政府1870年确定"对清交涉先行"的方针后，并未放松对朝鲜的交涉。10月间，派遣外务少丞吉冈弘毅、森山茂、广津弘信赴朝，带去外务卿致朝鲜礼曹参判的信件，通知王政复古，希望敦笃邻谊。朝鲜坚持旧的对日交往方式，对来使不予接待。1871年7月，日本实行废藩置县，对马藩的"世袭专职"自然取消。年末，在岩仓使团旅外之前，日本政府决定派森山茂等人前往朝鲜，送达日本政府关于通告废藩置县和罢免宗氏世袭专职的信件。森山等人一反过去乘坐帆船的旧习，不顾朝鲜人的嫌恶，乘坐火轮船前往，气焰极盛。但朝鲜方面一如既往，不予理睬，并未因中日间已经订约而有所变化。

---

[1] 王芸生：《六十年来中国与日本》第一卷，第64—65页。

[2] 东亚同文会编：《对华回忆录》，商务印书馆1959年版，第36页；信夫清三郎：《日本外交史》上册，商务印书馆1980年版，第145页。

1872年9月,日本派外务大丞花房义质率两艘军舰赴朝,目的是割断旧的交往方式,手段是清理对马藩所负朝鲜债务,并将草梁馆进行整顿,改称"大日本公馆"。日本军舰还测量了釜山近海。

此后,日本的态度益加蛮横。日本公馆学习俄国人在库页岛及侵略对马时对付日本人的办法,"不顾一切抗议,一扫馆内上下旧弊,补修屋宇,移建房屋,扩展空地",命令到朝鲜进行贸易的船只,"不带执照(宗氏文引)而自由往返",朝鲜如果对此提出抗议,决定告以径向本国外务省提出交涉。①

由此,大量无执照的船只进入朝鲜从事走私贸易。很多东京、大阪的商人来到朝鲜。日本政府对走私贸易进一步采取鼓励的方针,进出口一律免税。走私贸易的规模越来越大,特别是东京的一些大商人进入朝鲜,引起了朝鲜政府的警惕。另外,在日本酝酿已久的"征韩论",也已传入朝鲜。于是,朝鲜政府决定采取措施。

1873年4月底,东京三井组的三名办事员,取得日本外务省的同意,借用对马商人的名义到釜山进行贸易。朝鲜方面发现后立即予以取缔,并从而开始了大规模的缉私行动。东莱府使发布一项命令书,遣人张贴在公馆门前。命令书中说:

  近来彼我相持,一言以蔽之,我则仍依三百年约定,而彼欲变不易之法,是何居心?事若违例,行之本国,亦所难强,何况行于邻国,岂能任意行之乎?彼虽受制于人而不耻,变形易俗,此则不可谓日本之人,不能许其来往我境,所乘船只若非日本旧式,也不许入我港。马州人与我交易,本是一定不易之法,他岛之交易,我国决不许可。潜货冒犯,乃两国所共禁。近见彼人所为,可谓无法之国,而且不以此为羞。我国则法令自在,行之于我境内。留馆商人,欲行条约中事,皆当听施,如欲行法外之事,则永无可成之日。虽欲偷卖一物,此路终不开。我守经奉法,彼亦想无他说,须以此意,洞谕彼中头领,使不至妄错生事。②

---

① 井上清:《日本军国主义》第二册,第66页。
② 《日本外交文书》第六卷,第282页。

这就是所谓的朝鲜"侮日"事件。东莱府使的这个命令书,强调维持传统的朝日关系,谴责日本纵容走私的海盗行径,维护本国主权,完全是正义的。其中即使有攻击日本之处,如说日本"受制于人而不耻",也完全符合事实;说日本"变形易俗",反映了朝鲜的保守落后,但这只是个价值观差异的问题。

这一事件很快就被日本政府作为阴谋侵朝的借口。在外务卿副岛种臣出使中国期间代理省务的外务少辅上野景范得到消息后,立即报告了太政官三条实美,并建议:"或者全部撤出我侨民,或者借强力以临韩廷,使之与我缔结修好条约,两者必择其一。"① 留守政府的一些要角如西乡隆盛、板垣退助等人对此进行过酝酿,均主张乘机对朝鲜采取措施。7月26日,副岛种臣回国,带来了清政府对台湾、朝鲜问题态度的信息。于是,日本留守政府正式召开内阁会议,研究朝鲜与台湾问题。三条实美认为朝鲜的命令书一事"首先有损国威,也事关国耻,再也不能置之不理",主张:"目前为保护我国人民,宜先向该地派置陆军若干,军舰几艘。一旦有事,则下令九州镇台火速支援。此外,尚应派遣使节,依据公理公道,务求实现谈判。"② 参议板垣退助支持三条的意见,主张出兵的强硬派占了上风,并具体定下派出护兵一个大队。

参议西乡隆盛当时正在疗养,没有出席这次会议。他是主张"征韩"的核心人物。当板垣退助将阁议出兵的意向告诉他后,他于7月29日写信给板垣,却表示不同意立即出兵。西乡在信中说:"若先遣军队,则彼方必先要求撤兵,我若不允,则战端即开,此与初旨大变,故余以为宜先酿成作战之口实,断然先遣使节,如彼方加以暴举,则征讨之名可立。"③ 他表示愿意充当赴朝鲜大使,扮演挑起战争的角色,"然以死报国,固已身许"④。

此后,西乡隆盛为策划侵略朝鲜的阴谋,进行了一系列活动。由于西乡的活动,内阁不再审议出兵问题,争论的中心转移到是否派西乡出使上来。

---

① 信夫清三郎:《日本政治史》第二卷,第354页。
② 田保桥洁:《近代日鲜关系研究》上卷,宗高书房1972年复印本,第320页。
③ 王信忠:《中日甲午战争之外交背景》,国立清华大学1937年版,第8页。
④ 信夫清三郎:《日本政治史》第二卷,第364页。

1873年8月3日，西乡上书三条实美，要求内阁开会全面研究台湾和朝鲜问题。他认为应该首先解决朝鲜问题。因为明治政府从建立那一天起，对朝鲜的政策就"无意于谋求和睦"，今天正值朝鲜"骄横傲慢之时"，如果改变初衷，畏缩不前，"岂不招天下嘲笑，谁又得而兴隆国家乎？"他强调说："今吾辈之论，决非好事而乱作主张，乃因迄今之势已发展至此，倘若不能贯彻最初之意旨，则将贻羞于永世。今之时者，一切人事已尽，应断然派使节，公布其无理于天下之时也。前此之一直忍耐，正有待于今日也。故不揣冒昧，务请派余为使，敢保决无招致国辱之事，请速即评议决定为盼。"①

8月14日，西乡致信板垣退助，请其为之说项："派遣小弟之事，若在先生处犹豫不决，必将又拖延时日，敬希出面干预，排除异议，派遣小弟。舍此则断难实现开战，故用此温和之计，引彼入我彀中，必将带来开战之机。"② 西乡在挑动对手打仗方面，是一位行家。1867年，他就曾策动一批浪人向庄内藩等幕府方面挑战，掀起讨幕战争。

8月16日，西乡拜访了三条，把他的思想表达得更为清晰明确。他说："此时决非立即开战之时，战争应分两步走。今日之势，从国际公法追究，虽亦有可讨伐之理由，然彼尚有辩解余地，且天下人更不知底里。今我丝毫不抱战争之意，仅责其轻薄邻交，且纠正其前此之无礼，并示以今后拟厚结邻邦之深意。本此宗旨派遣使节，彼必不仅气势凌人，甚至将杀害使节。其时，天下人皆将奋起而知其应予讨伐之罪，非至此地步不能了结。此时则思乱之心转向国外，移作兴国之远略，此固无庸申论。"③

有人认为，把这时西乡的论点看作"征韩论"是不对的。这种说法很难成立。上述西乡的言行说明，西乡不是不主张发动侵朝战争，而是主张"战争应分两步走"。比起那些主张立即出兵"保护"侨民的人来说，西乡表现得更加老谋深算。西乡主张侵朝，有着特殊的背景。当时日本国内进行了一系列改革，如废藩置县、征兵、整顿身份制等，都触犯到士族

---

① 信夫清三郎：《日本政治史》第二卷，第365页。
② 同上书，第373页。
③ 同上。

的利益，因而引起这一阶层的极大不满。萨摩藩出身的西乡，企图把士族的不满转向对外侵略战争，并通过领导战争，在国内建立士族军国主义的独裁统治。所谓使"思乱之心转向国外，移作兴国之远略"，就是这个意思。

经过西乡隆盛和板垣退助等人的积极活动，三条实美终于同意将西乡的意见提交内阁讨论。8月17日，内阁会议正式做出决定，派遣西乡担任赴朝大使。数日后，这一决定得到天皇批准，但要等出国考察的岩仓具视回国后再正式公布。

正当西乡隆盛以为"现无横生枝节之忧"而踌躇满志、准备行囊的时候，事情却因岩仓具视等人9月13日的回国而发生了变化。

本来，以岩仓具视为首的"外游派"与留守政府之间早就存在着矛盾。在岩仓使团出国之前，这两部分人曾达成一个协议，即在使团回国之前，国内政治不搞大的举措，尤其是不搞大的人事变动。但留守政府并没有遵守协议。西乡隆盛和板垣退助极力在政府中扩大势力，增补了属于自己一派的人做参议，并把属于大久保一派的井上馨逐出大藏省。岩仓一行在外考察1年零10个月，回国一看，政治上的主导权已经落在留守政府手里。外游派通过出国考察，决定按照普鲁士的官僚专制主义模式来推进日本资本主义的发展，他们对西乡等人企图建立的士族军国主义统治极为反感。但外游派近两年来没有参与国内的工作，所担负的唯一外交使命——修改条约也都遭到失败。留守政府在国内多有兴革，在对清政府的交涉中也取得令人瞩目的成绩。在这种情况下，外游派当然很害怕西乡隆盛一派在对朝政策上再度取得成功。如果那样，留守政府的政治地位就会进一步巩固，外游派便永无出头之日了。于是，岩仓具视、大久保利通、木户孝允等便联合起来反对西乡隆盛出使。外游派内部也是矛盾重重，木户与大久保之间就经常是水火不容。但他们在夺取权力方面有了共同的利益，所以开始采取统一的行动。

外游派反对遣使的理由，在大久保利通10月间所写的一份意见书中表达得最为完整。大久保举出七大理由反对"朝鲜之役"，中心意思是日本国内危机四伏，急需加强内治，遣使朝鲜必然导致战争，这有可能使国内政治混乱，财政疲敝，葬送维新以来的事业，还可能使俄国乘机南下，使掌握日本外债最多的英国干涉内政。[1]

遣使论争终于发展成一场激烈的宫廷政争。在这场斗争中,外游派充分施展政治权术,使天皇支持他们的意见,从而攫取了权力。遣使问题被无限期搁置。于是,西乡、板垣一派5位参议辞职。

这场争论和斗争,是发生在日本统治阶级上层的一场权力斗争。斗争的结果,使西乡隆盛等人策划的一次侵朝阴谋宣告流产。但这场斗争本身并不是要不要侵略朝鲜的斗争和争论。前面已经述及,外游派中坚之一的木户孝允,长期以来一直是"征韩论"的代表人物。他们在企图打倒政敌时,突然一反常态,打出反对"外征"的旗号。而对手刚被击败,他们唾沫未干,就又开始出兵台湾和朝鲜了。

---

[1] 信夫清三郎:《日本政治史》第二卷,第390—391页。

第二章 朝鲜被迫开放

第一节 日本胁迫朝鲜订立《江华条约》

一 闵妃执政与"云扬舰事件"

朝鲜大院君李昰应推行的内外政策，虽然在一定程度上起到了民族自卫的作用，但因其极端保守落后，所以在实行过程中处处碰壁，致使国内政局严重动荡。国王李熙的王妃闵氏对大院君专权用事极为痛恨，乘机于1873年底把大院君赶下了台。

闵妃16岁入宫，并不受李熙宠爱，特别是李氏宫人生下一子后，因面临世子及日后东宫册立问题，更加愁闷。她为扭转困境，发愤攻读文史典籍，研究政治策略，谨慎处理宫中关系，争取国王李熙的宠爱。她强作笑颜的伪装逐渐见效，并因亲缘关系得到大院君之妻府大夫人的同情与保护。由于她的苦心周旋和经营，其近亲及族人闵升镐、闵奎镐、闵谦镐、闵台镐等先后被委以高官。她还进而起用安东金氏、丰壤赵氏戚族的一些成员，使势道政治呈死灰复燃之势，从而与大院君发生了尖锐的矛盾。1874年，闵妃产下一子，在宫中的地位更加巩固。

1873年4月发生所谓"侮日"事件以后，日本准备"征韩"，消息传来，一些朝野人士对大院君的"斥倭"政策发生疑虑。闵妃集团借机离间大院君与李熙的父子关系，组织对大院君内外政策的攻击。1873年12月14日，闵氏一派的官员崔益铉向国王上疏，猛烈攻击大院君的政策，声称："晚近以来，政变旧章，人取软熟；大臣六卿无建白之议，台谏侍从避好事之谤，朝廷之上，俗论咨行。"[①] 在闵妃的蛊惑下，李熙称

---

① 《李朝高宗实录》，十年癸酉十月二十五日。

赞该上书是"出于衷曲戒予之辞,极为嘉尚"。22日,受到鼓舞的崔益铉再次上疏,明目张胆地要求大院君下台,主张:"惟在亲亲之列者,只当尊其位,厚其禄,勿使干预国政。"① 两天后,李熙虽以冒犯宗亲、有违伦常大义的罪名将崔益铉流放,但却接受其建议,乘机宣布亲政。实权于是转移到闵妃为首的"诸闵"手中。这在朝鲜历史上被称作"癸酉政变"。

由于大院君主张锁国,闵妃便反其道而行之,标榜与日本缓和,以排斥大院君势力,收买人心。其族人闵奎镐被任命为大邱监司,统辖临近日本的庆尚道,并负责对日交涉。原任庆尚道观察使和东莱府使郑显德,倭学训导安东晙,因系大院君亲信,主张对日强硬,而遭到罢免。新任东莱府使朴齐宽和倭学训导玄昔运上台后,一反郑、安之所为,采取了一系列缓和对日关系的措施,对草梁倭馆的日本人明显给予尊重,并解除了对日本洋木棉进口的限制。

日本的士族官僚所主张的征韩速行论,虽然在1873年10月受到"内治派"官僚的批判而失败,但征韩征台的舆论反而在士族中更加盛行,日本国内的政治局势也发生严重动荡。1874年1月14日,"征韩党"的武市熊吉等10人,在赤坂的十字路口狙击了右大臣岩仓具视,原因是岩仓对征韩有异议。2月,"征韩党"又在佐贺发动叛乱,宣称"奉锦旗,诘问朝鲜无礼"②。其实,当时日本的官僚政府也正在策划征台征韩。为此,1874年1月26日,政府任命参议兼内务卿大久保利通和参议兼大藏卿大隈重信为蕃地取调委员。他们共同拟定了《向朝鲜派遣数人之宗旨》的备忘录。在备忘录附件中,他们写道:"自御一新以来,曾数度向朝鲜遣使,彼屡拒之,可谓国耻。今又遣使,以示公谊,尽至诚,然彼若仍不同意,则将兴问罪之师,故不可不预先妥为计划。"备忘录还提出要侦察朝鲜国情,称:"其国情如何、兵备虚实,应搜集其版图等,以备他日谋划之参考。"③ 他们还于2月6日完成了《关于处理台湾蕃地要略》,提出了侵略台湾的详细计划。不久,日本发动了侵台战争。同时,日本政府于

---

① 《李朝高宗实录》,十年癸酉十一月三日。
② 信夫清三郎:《日本政治史》第二卷,第440页。
③ 同上书,第426页。

5月间派出外务省六等出仕森山茂去朝鲜探听情况。森山茂到釜山后，了解到闵妃上台后对日政策的变化，便派部下回东京向政府汇报，加速进行迫使朝鲜开国的准备。

日军侵台后期，盛传其将移师侵朝。清政府的一些官员对此十分关心。7月，办理台湾等处海防钦差大臣沈葆桢函告总理衙门："据洋将日意格云，日本尚有五千兵于长崎，台湾退兵后，将从事高丽。法、美与高丽前隙未解，必以兵船助之。高丽不足以敌三国。若中国能令高丽与法、美立约通商，则日本势孤，不敢动兵，高丽之民得保全。"奕䜣等据以上奏，称："查日本觊觎朝鲜，匪伊朝夕，外国新闻纸屡言之，日意格所言，未必无因。若日本果欲逞志朝鲜，兼有法、美相助，势难漠视。至与法、美立约通商之说，从前各国屡有此意，历经臣衙门婉转阻止。今既有所闻，谊应从实告知。拟请旨饬下礼部，酌量密咨朝鲜国王，豫筹办理。"8月初，朝鲜政府收到清政府的咨文，满朝惊惧。对于与法、美立约通商，新任领议政李裕元表示无法接受。8月7日，当国王李熙询及对清朝咨文的看法时，李裕元不以为然地说："总理衙门欲报我国之有事，则只言有事而已，何为以通商等说，有若恐动而诱之者乎？"①但他却反而主张与日本妥协，于8月11日奏称："我国与日本，结邻通信三百年，无一衅端，有百和好，书契之以礼，赠给之以时，毫无相失。忽于三年之间，无故阻隔，今则无异闭关绝约。我国尚不知其所由，只信一训导之言，任其所为，渠自得意……臣意釜山前训导安东晙，发遣府罗将拿来，严核正罪。"②李裕元的这一奏章，把朝日关系恶化的责任，一股脑儿地全都推到大院君及安东晙身上，目的很明显，就是要国王采取媚日行动以换取朝鲜的安全。于是闵妃一派逮捕安东晙，罗织罪名将其处死，将其首级挂到釜山草梁倭馆门前示众，以讨好日本。还以兵曹判书赵宁夏的名义秘密致信日本公馆长森山茂，表示了可以接待日本外务省官员的意思。9月3日，倭学训导玄昔运等会见森山茂，就建立邦交问题进行了协商。双方同意，由日本重新发出书契，作为建立邦交的开端。

森山回国报告了朝鲜的情况。1875年2月，日本政府派森山茂为理

---

① 《李朝高宗实录》，十一年甲戌六月二十四日；二十五日。
② 同上书，十一年甲戌六月二十九日。

事官，广津弘信为副理事官，携带外务卿和外务大丞的书信赴朝。日本政府指示森山，要以日本的太政官与朝鲜国王为对手进行修交。这就是说，日本一开始就企图把两国关系置于不平等的位置上。

森山茂到釜山后，准备递交书信。新任东莱府使黄正渊见日本理事官乘坐轮船而来，身穿西式燕尾服，书信中又有"大日本"、"皇上"等字样，一时不知所措，请示政府给予明确指示。当时朝鲜中央政府中还有一些大院君派的人物，大院君本人也从外地赶回汉城，一时间反对接受文书的声音甚高，以致闵妃一派也不敢明确表示态度。朝鲜政府给东莱府使的指示含糊其词，府使不得要领，只得拒绝接受日本的文书。

4月22日，广津弘信向日本外务省建议，派军舰一二艘，在对州与朝鲜之间"往返巡逻"，"测量海路"，进行示威，以配合森山在釜山的谈判。① 日本政府采纳了这一建议，派出春日、云扬和第二丁卯三舰开往朝鲜近海，以"航海演习"为名进行挑衅和恫吓。5月25日，云扬舰未经通知就开进了釜山港。东莱府使提出抗议，但森山茂公然声称，云扬舰之来，是为了保护外交官的安全。此后，云扬舰对朝鲜东部海岸进行了测量。

9月间，云扬舰开始测量西海岸至中国牛庄间的航道。9月20日，该舰驶入江华海峡进行测量。有日军20人乘坐小艇，逼近江华岛草芝镇炮台，企图登岸。江华海峡在汉江口外，距京城汉城极近，是朝鲜的国防要塞。自法、美舰队侵朝以来，这里一直处于封锁状态，事前未经许可，任何船只都不能通过。草芝镇炮台的朝鲜守备队见小船上有人企图登陆，便开炮射击，以示有备。云扬舰也以炮还击。双方均无伤亡。当天下午，云扬舰溯江而上，击毁了朝鲜永宗岛上的炮台，登陆洗劫了永宗镇，然后返回长崎。

这就是所谓"云扬舰事件"，或称"江华岛事件"。日本方面装出一副受害者的模样，宣称云扬舰突然遭到朝鲜炮台的袭击。其实，这完全是强词夺理。日本在朝鲜沿海甚至钻到朝鲜内海进行测量，完全是侵犯朝鲜主权的海盗行为。朝鲜军队对任何无故闯入自己领海的外国军舰都有权开炮，这是捍卫自己主权的正当防卫。事实上，当时朝鲜军队并未搞清对方

---

① 《日本外交文书》第八卷，第72页。

是哪国军舰。两三天以后，朝鲜政府仍未弄清真相。9月22日，朝鲜议政府启言："异舶之溯入内洋，未知其意之何居，系何国之人，缘何来泊。"23日，三军府也奏称："与年前抢掠之番船一类也。"① 日本的行动，完全是有意识的挑衅行为。对此，日本史学家渡边胜美评论说："虽把受炮火所击辩解为既突然又完全出乎意料，但受炮击并非突然或出乎意料，而是预谋盼望受炮击。所以我认为，受炮击不仅不出乎我国意料，而且是我国所盼望的。"②

"云扬舰事件"的消息传到东京，日本军国主义者认为终于找到了征韩的绝好口实，因而欣喜若狂。10月5日，参议木户孝允向天皇上奏称："臣深恐内治未洽，曾主先内后外之论，且朝鲜亦无应惩之罪。今则暴击我舰，分明与我为敌。于是乎，虽我之内治未洽，亦不能只顾其内而弃其外。"③ 他建议派使赴华，设法使清政府放弃"交际相亲、患难相关"的"羁属"关系，然后以武力问罪的态势派遣大使，与朝鲜政府谈判，并主动要求担任这一职务。11月，森山茂、广津弘信也向政府提交了向朝鲜派使问罪的建议。于是，日本政府首先在11月10日任命外务少辅森有礼为特命全权公使，令其到中国试探清政府的态度。接着，又连续将准备派遣使节赴朝追究"责任"一事通知各国驻日公使，并取得了支持。外务卿寺岛宗则无耻地对美国公使说，这种处理办法与1854年佩里率美国舰队来到下田迫使日本开国的情形是一样的。

本来，11月初已经内定木户孝允派充赴朝使节，但木户于11月13日突发脑溢血症，导致左足瘫痪。于是，日本政府于12月任命陆军中将兼参议黑田清隆为特派全权办理大臣，元老院议官井上馨为副大臣，担当上述使命。

二　中日首次交涉朝鲜问题

日本特命全权公使森有礼于1876年1月5日抵北京，交接礼毕，即于1月10日前往总理衙门会见恭亲王奕䜣，面交节略一件。该节略首先

---

① 《李朝高宗实录》，十二年乙亥八月二十三、二十四日。
② 转引自南昌龙《〈江华条约〉的历史背景及其实质》，载《日本史论文集》，辽宁人民出版社1985年版。
③ 《善邻始末》卷二，转引自曹中屏《朝鲜近代史》，第48页。

歪曲"云扬舰事件"真相,继而陈述日本派赴朝鲜修交使节屡次被拒情形,然后宣布,日本政府已派全权办理大臣往朝鲜责问其心意所在,并派一二军舰护从使臣,并声称:"本大臣窃祈朝鲜国以礼接我使臣,不拒我所求,以能永保平和也。若不然,事遂至败,则韩人自取不测之祸必矣。"这段话就是威胁总理衙门,如果朝鲜不同意签订条约,日本便要用兵。节略中故意回避朝鲜为中国属国问题,诡称:"惟以事关邻并,宜将此案缘由与我旨趣所向告之大清政府,以昭我政府与大清政府推诚无隐之意也。"① 森有礼还口头向总理衙门提出,欲派员由北京"同中国官前往朝鲜",请发给护照。②

早在1875年12月初,担任北洋大臣兼直隶总督的李鸿章就已得知森有礼来华的消息,并从美国驻天津副领事毕德格处得知森有礼"专为高丽事而来,欲请中国居间调停"。李鸿章当即表示:"高丽虽我属邦,向不干预其国政,且条约载明彼此所属邦土不可侵越,中国只有劝日本不可违约兴兵,不便令高丽必与议和。"③ 李鸿章并将此意函告总署。李鸿章这里所讲的条约,是指1871年他与日本大藏卿伊达宗城签订的《中日修好条规》。其中第一条即写明:"嗣后大清国、大日本国倍敦和谊,与天壤无穷,即两国所属邦土亦各以礼相待,不可稍有侵越,俾获永久安全。"其中"所属邦土"即指朝鲜而言。对于日本侵朝的野心,清政府早有认识,写入这一条,按照李鸿章的说法,就是"实欲预杜此意"④。

总理衙门在接到森有礼提交的节略后,自然以《修好条规》作为与森有礼交涉的基本依据,反对日本对朝鲜的武力要挟。1月13日,奕訢具节略对森有礼作出正式答复,首先辨明朝鲜的无辜,然后针对日本的恫吓,严肃指出:"中国之于朝鲜,固不强预其政事,不能不切望其安全。"这等于说,日本如果动武,中国不能坐视。复文驳斥了森有礼的强词夺理,最后表示:"唯希贵大臣转致贵国政府,不独兵不必用,即遣使往问

---

① 《清光绪朝中日交涉史料》(故宫博物院1932年排印本)(1)附件二,第一卷,第2页。
② 《清光绪朝中日交涉史料》(2),第一卷,第4页;《清季中日韩关系史料》第二卷,第265页。
③ 《李文忠公全集》,译署函稿,第四卷,第30页。
④ 《李文忠公全集》,译署函稿,第一卷,第49页。

一节，亦须自行筹画万全，务期两相情愿，各安疆土，终守此修好条规两国所属邦土不相侵越之言，是则本王大臣所切盼者也。"①

提出派员同中国官赴朝鲜，是森有礼在与总理衙门交涉中的第一方案。在森有礼看来，如果这一方案能够实现，那么，打开朝鲜大门这个日本外交上多年来的难题，便会变得非常简单。奕䜣除顾虑日本用心险恶外，还认为，由中国派员陪外国人去朝鲜，有违两国交往定制，实在没有先例，故以"向来无此办法"②予以拒绝。森有礼见总理衙门不同意派员赴朝直接交涉，于是便退了一步，提出："适值本国特派办理大臣将赴朝鲜，务希贵国行文朝鲜，准本大臣限本国专使在朝鲜办事间，由京派员前往见该办理大臣，以通本大臣所期之诚意，贵衙门即发护照，应无碍难。"其实，中国如果行文朝鲜，同意森有礼派员赴朝鲜会见日本使臣，那就等于对日本赴朝逼胁一事表示了理解，总理衙门当然不会同意，所以随即于14日函复森有礼，拒绝行文及发给护照。③森有礼还请清政府"代为递寄朝鲜信函"，也被总署以"曾经礼部奏准，凡外国文信，概勿转递"为由予以回绝。④

森有礼见第一方案失败，于是推出第二方案——否定中朝宗属关系。1月15日，森有礼照会总署，首先歪曲1月10日奕䜣的谈话："据贵王大臣云，朝鲜虽曰属国，地固不隶中国，以故中国曾无干预内政，其与外国交涉，亦听彼自主，不可相强等语。"接着提出："由是观之，朝鲜是一独立之国，而贵国谓之属国者，徒空名耳。……因此，凡事起于朝鲜、日本间者，于清国与日本国条约上无所关系。"1月18日，奕䜣复照森有礼，指出1月10日会晤中并未说过也不可能说出朝鲜"不隶中国"的话，《修好条规》中所载"所属邦土"，"朝鲜实属中国所属之邦之一，无人不知"，不能认为日本有事于朝鲜于《修好条规》"无所关系"⑤。

总理衙门见日本来者不善，事关紧要，应尽速告知朝鲜，使之早有准备，于是在1月17日便将此事上奏。奏折叙述朝、日起衅及森有礼来华

---

① 《清光绪朝中日交涉史料》（1）附件三，第一卷，第3页。
② 《清光绪朝中日交涉史料》（2），第一卷，第4页。
③ 《清季中日韩关系史料》第二卷，第265—266、269页。
④ 《清光绪朝中日交涉史料》（2），第一卷，第4页。
⑤ 同上书，附件一、附件二，第4—5页。

交涉经过后提出:"臣等查朝鲜虽隶中国藩服,其本处一切政教禁令,向由该国自行专主,中国从不与闻。今日本国欲与朝鲜修好,亦当由朝鲜自行主持。惟使臣森有礼既到臣衙门面递节略,自应转行朝鲜,俾得知有此事。如蒙俞允,即由臣衙门照录往来节略,照案咨送礼部转交。"当天,清廷准奏后,总理衙门即行文礼部,要求"迅速备文转交朝鲜,事关紧要,万勿刻迟"①,可见总理衙门对此事的重视。

"由朝鲜自行主持",是依据清政府对待朝鲜事务的一贯原则。但这样做会产生何种后果,清廷不会无所顾虑。为此,总理衙门在17日的奏折后还附有一件夹片,历数近十年来西方国家要求清政府居间与朝鲜交涉及法、美侵朝之事,然后说:"嗣闻法、美两国兵船往攻朝鲜均未得志,近数年间西洋各国使臣亦未以前往朝鲜之说来臣衙门饶舌。"回顾这一段历史,用意是很明显的,即认为朝鲜能够顶得住西方的打击,便也能顶得住日本的要挟。附片还提到日本"近日一切改从西法,人心不齐,莠民乱兵时思窃发,朝廷不能驾驭",虽系推测日本侵朝原因之词,实际上也在暗示日本不足为惧。夹片最后还表示,要本《修好条规》之言对日本"力为劝阻"②。

森有礼对总理衙门则步步紧逼,1月19日又向奕訢提出一件照会,内称:

> 因思贵王大臣所以引条规所属邦土不相侵越之意者,盖就将来我国与朝鲜国交涉,凡有该国政府及其人民向我所为之事,即由贵国自任其责之谓也与?若谓不能自任其责,虽云属国,徒空名耳,则我自不得不伸其理,于条规有何关系哉?③

森有礼在这里提出了一个不容清政府回避的问题,即中国在中朝宗属关系中的权利义务问题。森有礼认为,如果朝鲜果为中国属国,那么中国就应为朝鲜的外交行为负责。如果那样,朝鲜的拒使问题,江华岛炮击问

---

① 《清季中日韩关系史料》第二卷,第272页。
② 《清光绪朝中日交涉史料》(1)附件一,第一卷,第1页。
③ 《清光绪朝中日交涉史料》(2)附件三,第一卷,第5页。

题,以及今后朝日关系中出现的一切问题,清政府都应负责,朝日交涉便会变为中日交涉。如果中国不为朝鲜的外交行为负责,那么,日本认为朝鲜"非礼",自然可以采取包括出兵在内的一切自己认为合适的行动,那么,《修好条规》第一条便成为一句空话。森有礼这一套道理,是为其侵略朝鲜制造借口,完全是强盗逻辑,但却符合当时国际法的规定。奕䜣等人对宗属关系中的权利义务问题并未深入研究过,经森有礼这么一问,一时竟想不出恰当的说法来回答。恰于1月21日森有礼去保定拜访李鸿章,直到1月29日,总理衙门才复照说:"朝鲜为中国属国,中外共知;属国有属国分际,古今所同。"[①] 这等于什么都没说。

森有礼则咬住不放,于2月1日再次照会总署,要求明确解释前此提出的问题,否则便将视朝鲜为一独立之国,朝日关系之事与《中日修好条规》无关。总理衙门延宕10余日,直到2月12日才以奕䜣名义作出一个答复,称:

> 查朝鲜为中国所属之邦,与中国所属之土有异,而其合于《修好条规》"两国邦土不可稍有侵越"之言者则一。盖修其贡献,奉我正朔,朝鲜之于中国应尽之分也;收其钱粮,齐其政令,朝鲜之所自为也。此属邦之实也。纾其难,解其纷,期其安全,中国之于朝鲜自任之事也。此待属邦之实也。不肯强以所难,不忍漠视其急,不独今日中国如是,伊古以来所以待属国皆如是也。

这一复照,是把中朝宗属关系说得最为清楚的一次,特别是强调了中国为属邦纾难解纷的责任。复照还指责森有礼:"今贵国之于朝鲜,犹期无事,而与我中国先开辩难之端,揆之事理,似非所宜。至于中国苟有可为之处,自由本王大臣早筹酌办,以期彼此相安,正不待贵大臣再三言之也。"[②]

在这次复照之前,总署曾向日本公使馆郑永宁透露,"前接节略业经抄录奏明由礼部转行朝鲜",同时声明,"朝鲜接到行知后如何办法,中

[①] 《清光绪朝中日交涉史料》(2) 附件四,第一卷,第5页。
[②] 同上书,附件六,第6页。

国不能过于勉强"①。森有礼接到照会后，虽仍重复了过去的观点，但已不打算再辩论下去。至此，总理衙门与森有礼的交涉遂告一段落。

这里还有必要述及李鸿章的态度。李鸿章的态度与奕䜣等总理衙门大臣有一定差异。李鸿章早就认为，"朝鲜能拒西洋，国小而完"，只是一种特定情况下出现的现象，是因为"法美皆志不在此"②。而日本则是蓄谋已久，志在必得。就国力和军力来说，朝鲜根本不是日本的对手。所以，李鸿章一面主张拒绝日本的无理要求，一面又担心朝鲜依然采取深闭固拒的态度而招致战争。

就在得知森有礼来华的消息后不久，即1月9日，李鸿章恰巧收到朝鲜前领议政李裕元的一封信。李裕元是国王李熙的叔父，在朝鲜地位显要，秋间奉使来华，返国时途次永平府，作致李鸿章书一封，连同礼品数件一起留交知府游智开，请其转寄李鸿章。信的内容仅为表达仰慕之情，显然意在接纳这位清朝权臣。

李裕元的来信，无疑使李鸿章触发了灵感：为了避免在朝鲜发生战争，除对日本进行严肃交涉外，还可乘机对朝鲜进行一些劝说，使其认清世界大势，放弃锁国政策。因而即作复函，寒暄而外，"略及外交之意"说："东方为中华屏蔽，方今海滨多故，尚冀努力加饭，益摅忠谟，宏济时艰，实所厚望。日本与贵国疆宇相望，迩来交际如何？中土幅员过广，三面环海，揆厥形势，既未能闭关自治，不得不时加防备。"③ 复函措词虽然婉转，但意思还是清楚的，就是认为在目前"海滨多故"的形势下，已经不可能再闭关自治了，讽示朝鲜因时制宜，采取灵活的对外政策，既要跟日本建立正常的邦交，又必须时刻对其加以提防。

1月19日，李鸿章又致函总署，提出他对朝鲜问题的顾虑："日本派使臣带兵船前往问罪，而朝鲜新受炮台攻毁之辱，不肯平和接待，均在意料之中。两相怨怒，衅端已肇，则兵端易开。度朝鲜贫弱，其势不足以敌日本，将来该国或援前明故事，求救大邦，我将何以应之？虽执条规责问日本不应侵越属国，而彼以关说在先，中国推诿不管，亦难怪其侵越，又

---

① 《清光绪朝中日交涉史料》（2），第一卷，第4页。
② 《李文忠公全集》，译署函稿，第一卷，第45页。
③ 《李文忠公全集》，译署函稿，第四卷，第32页。

将何以制之？即仍永远两不过问，而使朝鲜失望，日本生心，似已薄待属国邻交，显示天下以不广，更恐朝鲜为日本陵逼，或加以侵占，东三省根本重地遂失藩蔽，有唇亡齿寒之忧，后患尤不胜言。"他提出的对策是："似宜由钧署迅速设法，密致朝鲜政府一书，劝其忍耐小忿，以礼接待，或更遣使赴日本报聘，辨明开炮击船原委，以释疑怨，为息事宁人之计。至该国愿与日本通商往来与否，听其自主，本非中国所能干预。"① 但总理衙门不以为然，并未采纳其建议。

1月24日，李鸿章在保定督署接见森有礼，双方进行了长时间的谈话。李鸿章对森有礼的观点进行了批驳，对总理衙门起到了很好的配合作用。

三 《江华条约》的缔结

1876年1月6日，黑田清隆、井上馨等及陆海军官多人率水兵800名，乘坐3艘军舰和4艘轮船，从品川港出发前往朝鲜。临行，太政大臣三条实美授以训令，内容为："一、全权使节应以与彼结约为主旨，如彼能允我修交通商之要求，即可视为对于云扬舰事件之赔偿，不必再行苛求。二、缔结和约之成议，必须在云扬舰事件结案之先。三、炮击云扬舰事件如系出自朝鲜政府之命，则我要求应苛而且急。如若出自地方官吏之擅举，韩廷亦不得不负相当责任。四、若朝鲜政府对于炮击云扬舰事件不负责任，对续修旧交亦不表诚意，反更加我以暴举，污辱我政府荣威，则使臣出以临机之处分，要之切勿为韩人惯用之依违迁延手段所误。五、如和交果成，则不但要求取消德川之旧例，应更进而促成下列条件之实现：（1）日本与朝鲜缔结永久亲睦之盟约，彼此允以对等之礼接待。（2）两国臣民得于两政府规定之场所，自由贸易。（3）朝鲜政府开放釜山，准彼我人民自由贸易，且须于江华府及都府近旁选择运输便利之处，为日本侨民居住贸易之地。（4）在都府与釜山及其他日人贸易场所之间，日人可以自由往来，朝鲜政府允予以便利。（5）日本得遣军舰及商船，测量朝鲜海岸任何地方。（6）为保存彼我亲睦起见，两国互派使臣驻京，日本使臣与礼曹判书可执对等之礼节。（7）为防止彼我人民之纷争起见，

---

① 《李文忠公全集》，译署函稿，第四卷，第30—32页。

日本得置领事官于贸易之地,以管理贸易之臣民。"①美国驻日公使平安将美国人泰勒所著《佩里远征日本小史》一书赠给井上馨,并怂恿说:"只要您读好这本书,并照此行事,定能在朝鲜取得成功。"②黑田等人到达釜山后,要求加派两大队(800名)陆军。陆军卿山县有朋亲自赶到下关,设立"征韩事务局",命令熊本、广岛两镇台做好出师准备,待机而动。日本政府还命令法国法律顾问巴桑纳(G. Boissonade)研究国际公法上可以开战的条件。

日本政府通过釜山倭馆通知朝鲜政府:"日本国全权大臣将前往江华岛与贵国秉权大臣会议。若大臣不出迎,将直进京城。"③朝鲜王廷惊恐不已,遂于1月28日任命判中枢府事申櫶、都总府副总管尹滋承为谈判代表,准备去江华府同日本谈判。2月10日,黑田清隆一行在江华府登陆。

2月11日,朝、日双方代表在江华府西门内练武堂开始谈判。黑田清隆首先质问朝鲜炮击云扬舰及屡次拒使的原因,其势汹汹,并假称日本已有4000名军队抵达朝鲜,还有2000名后备军,以采取战争手段相威胁。这天正是日本纪元节,驻泊在岸边的日本舰队借口鸣礼庆祝,乱放舰炮,为黑田清隆一行助威。12日午后,开始第二次会谈。日方再次指责朝鲜非礼,要求朝鲜政府书面致歉。然后拿出《通商修好条约》草稿13条,要求朝方同意。申櫶等以事关重大须请示政府,与日方约定10日后答复。大院君力促申櫶、尹滋承拒绝日本的要求,甚至发有"日若率兵来击,可率家奴却之"一类的豪语。④大儒崔益铉也上疏反对签约。爱国军民在全国各地举行集会,表示要坚决击退"倭贼"。从2月14日开始,朝鲜国王召见时原任大臣研究日本所提条件。右议政朴珪寿及清语译官吴庆锡力主承认日本要求,但领敦宁府事金炳学、判中枢府事洪淳穆等坚持反对议和。其他一些大臣如领议政李最应、左议政金炳国及参判闵奎镐等,虽有妥协之心,但慑于大院君的威势,不敢有所主张。会议久久不决。后来,朴珪寿又通过李最应、闵奎镐向国王申述其主张,闵妃乘机怂

---

① 《岩仓公实记》下卷,东京,1923年版,第311—312页。
② 朝鲜科学院历史所:《朝鲜通史》下卷,第35页。
③ 《日本外交文书》第九卷,第3号。
④ 王信忠:《中日甲午战争之外交背景》,第12页。

恿李熙下谕同意。于是李最应乃于2月19日宣布，正式授予谈判代表以协商权。2月20日，朝鲜代表再与日方交涉，提出删改条约的意见，日本方面同意将无关紧要的地方删去，条约遂基本商定，名为《修好条规》，史称《江华条约》。此后朝鲜政府态度又有动摇，黑田清隆一行扬言归国，撤至舰上，以决绝相要挟。朝鲜政府只得表示顺从，于2月26日在条约上签字。

《江华条约》共12款，主要内容为：（1）"朝鲜国系自主之邦，保有同日本国平等之权。"（2）朝鲜除开放釜山外，在20个月之内，在"京圻、忠清、全罗、庆尚、咸镜五道沿海之地，择定便于通商之港口两处"，在开港之地，"准听日本人民往来通商，就该场所赁借地面，营造家屋；或租所有朝鲜人民屋宅，亦可各随其意"。"两国既经通好，彼此人民任凭自己意见贸易，两国官吏毫无关系，不得或立贸易限制，或行禁阻。"（3）朝鲜国沿海所有岛屿岩礁，"应准日本国航海之人自由测量海岸，审其位置深浅，编制图志"。（4）两国互派公使，日本公使驻朝鲜首都汉城。日本有权在通商口岸派驻领事，"遇有两国交涉事件，该官与该地方长官会商办理"，日本人在通商口岸犯罪，"其干涉朝鲜国人民事件，总归日本国官员查办，彼此各据本国律例裁断"。[①]

本来日本所提条约草稿中有"最惠国待遇"条款。在交涉中，朝鲜代表声明朝鲜无意与日本以外的其他国家缔结条约、进行贸易，因而日本方面同意不正式写入条文。

《江华条约》是一个非常不平等的条约，是对朝鲜主权的严重践踏。它为日本对朝鲜进行经济掠夺、政治控制、军事侵略提供了依据和方便条件。它是朝鲜一步步沦为日本帝国主义殖民地的开端。

在《江华条约》诸条款中，第一条"朝鲜国系自主之邦，保有同日本国平等之权"一段最为要害。这是日本军国主义为侵略朝鲜而精心策划的一个阴谋。日本把这段话写进条约，并不是为了尊重朝鲜主权，也不是为了显示朝鲜与日本地位平等。它是针对中朝宗藩关系而发，是对这一关系的否定。本来，中朝宗属关系是中朝两国之间的关系，它不依赖第三国的承认而存在。但是，当日本承认朝鲜为自主国并且朝鲜接受了这种承

---

① 《清季中日韩关系史料》第二卷，第313—316页。

认之后，朝鲜就不能再作为中国属国的身份与日本交往。在朝日交涉中，也就等于否定了中朝宗属关系。朝鲜国小而贫，无法与日本抗衡。日本之所以久久不敢对朝鲜用兵，主要是惧怕中国的干涉。《江华条约》之后，日本对朝鲜的交涉，都是直接谈判，反对中国居间或参与。这等于把朝鲜隔离开来，然后进行宰割。日本的大陆政策，是以侵略朝鲜为起点的，所以，《江华条约》实际上是日本推行大陆政策迈出的第一步。18年后，中日之间爆发了甲午战争。追寻甲午战争的导因，实应以《江华条约》为起点。

根据《江华条约》6个月内两国"应另设立通商章程"及对现有各款"补添细目"的规定，1876年7月，日本政府任命外务大丞宫本小一为理事官赴朝鲜汉城，与朝鲜委任的讲修官议政府堂上赵寅熙进行了谈判。宫本小一提出，要求朝鲜同意日本人经朝鲜旱路前往中国。此事关系中国，朝鲜未敢擅许。日方提出在汉城建筑公使馆，以备日使久住。朝鲜以从无外国使臣留驻都城之例，对开馆一事更感到威胁很大，因而坚不同意。日方又提出，在拟开的两处口岸之外，允许日本人在外道八处随意行商。朝方认为这已超出条约范围，无法同意。双方的谈判共举行了12次，历时匝月，最后于8月24日签署了《修好条规附款》和《准日本国人民在朝鲜国指定各港贸易规则》。

《修好条规附款》共11款，其主要内容为：(1)"釜山草梁项日本公馆，从前由朝鲜国派人守门设门，今悉裁撤。"釜山港由埠头起算，直径朝鲜里10里以内，准日本人游历，"买卖该地及日本国物产"，其余二港亦照此例。但釜山至东莱府（30里）"虽在限程之外，特准往来"。(2)日本人在通商口岸租地居住，如系私产，即与该地主面议定价；如系官产，即照朝鲜人纳官之租额。日本人在通商口岸可雇朝鲜人佣工。(3)日本国各货币可与朝鲜人"所有物产交易"，允许日本人"使用运输朝鲜国铜货币"。(4)日本船只在朝鲜沿海遇难，日本领事可经旱路前往出事地点。如有各国船舶遇险，漂到朝鲜沿海，朝鲜"如愿将该漂民送还本国，由朝鲜国政府送交驻扎各港口之日本国管理官，转送归国"①。

这最后一条的规定，目的在于打破以往经中国遣送各国遇险船员的传

---

① 《清季中日韩关系史料》第二卷，第333—335页。

统做法，诱使西方列强通过日本与朝鲜交往。

《贸易规则》共 11 则，其中包括日本商船进出朝鲜口岸的程序及交纳港税的细则；卸装货物的细则；关于"准载米石杂粮进口出口"的规定，以及关于严禁鸦片进口的规定等。[①]

《附款》与《贸易规则》为日本对朝鲜的政治控制和经济掠夺进一步开辟了道路。

四 清政府政策的评价

日本军国主义者通过逼迫朝鲜缔结《江华条约》，打开了朝鲜的大门，取得了梦寐以求的胜利。反观清政府对这一问题的处理方式，不能不说是有很大的失误。而其根本的失误，在于其所采取的不干涉政策。

举例来说，当森有礼来华之后，提出请派员同中国官员共赴朝鲜之时，奕䜣等如果突破定制，将计就计，派员赴朝，那么朝、日之间的谈判就会在中国的参与之下甚或主持之下进行。那么，中朝之间的宗属关系，不用争辩即可得到进一步的确认；朝日之间的条约，也会与《中日修好条规》比较接近，朝鲜的损失，断然不会如此惨重。即使不派员前往，如清政府同意为之介绍，同时秘密致函朝鲜国王，授以机宜，朝鲜如碍于名分，不加拒绝，则结果也会比《江华条约》好得多。

清政府采取不干涉政策，原因在于，一昧于国际公法；二昧于朝鲜政府的动向。

奕䜣等与森有礼的争论，是中国坚持中朝同盟、反对日本侵略朝鲜与日本军国主义者反对中朝同盟、阴谋侵略朝鲜的一场外交斗争。但在表面上却又一次反映了传统的宗藩观念与资本主义国际法观念的冲突。在与英、法、美等国打交道时，奕䜣等坚持传统宗藩观念，反对居间斡旋，不干涉朝鲜的自有之权，由于特定的历史条件，没有造成严重后果。但是，以这种经验作指导，早晚是要碰壁的。宗藩观念与国际法的宗属观念如方凿圆枘，无法沟通。在列强争雄、西力东渐的资本主义时代，那种带有封建"德化"色彩的传统国家关系观念，越来越得不到认同，已是大势所趋。奕䜣等总理衙门大臣对此懵然无知。李鸿章比奕䜣也高明不了多少。

---

① 《清季中日韩关系史料》第二卷，第 335—337 页。

他虽然反对"两不过问",主张劝说朝鲜"息事宁人",但同时又认为"该国愿与日本通商往来与否,听其自主,本非中国所能干预"①。以理而论,参照国际法的规定变通中朝关系旧制,有利于巩固两国同盟关系,不给日本及西方列强以口实。清政府计不出此,为人所乘;朝鲜取得"独立"之名,祸乱之机也随之而至!

奕䜣、李鸿章当时对国际法虽非毫无知识,但也知之有限。早在1864年,同文馆总教习丁韪良就翻译过美国人惠顿的《国际法原理》,定名为《万国公法》,在奕䜣的支持下,总理衙门曾刷印了300部。但奕䜣大概以为有此一书,即可办理对外交涉,所以此后10余年间,未再组织过国际法著作的翻译。国际法学本来就是学派林立,法规又缺乏确定一致的原则,仅仅依据一部著作,根本无法对国际法有一个本质的理解。洋务派官僚的通病,是学习西方的皮毛外貌,不肯穷究理法,而且叶公好龙,对于西方思想中与中国传统观念、体制冲突的东西,往往加以摈弃。奕䜣等不知变通处理中朝宗属关系以卫护朝鲜的利益,不仅反映了他们对国际法有关原则的无知,而且反映了他们死抱住传统不放、不碰得头破血流便不肯改换脑筋的事实。

对朝鲜政府的动向,清政府也不甚了了。总理衙门奕䜣等人与李鸿章对朝鲜问题的看法虽有一定差异,但他们都认为朝鲜对日本会坚持深闭固拒的强硬态度。他们由于一向对朝鲜内政不闻不问,对于大院君下台后闵妃集团执行的媚日政策竟然一无所知。"云扬舰炮击事件"发生后,日朝关系异常紧张,但朝鲜从未向中国通报情况。清政府是从日本驻华代理公使郑永宁的函中得知云扬舰事件消息的。近代以来,凡发生西洋舰船侵入朝鲜海域的情况,朝鲜无一例外地要向中国通报——"洋匪滋扰,移咨中国,即近例然。"② 日本人虽不被视为"洋匪",但"云扬舰事件"的严重程度却不下于"洋匪滋扰"。闵氏政权显然担心清政府阻止其向日本妥协,所以不向清政府通报朝日起衅的情况。如果清政府了解朝鲜政府的这些动向,也许会采取稍微积极一些的措施。

在朝鲜半岛两个国家的部分历史学家中,流行一种说法,即:朝鲜与

---

① 《李文忠公全集》,译署函稿,第四卷,第32页。
② 《李朝高宗实录》,八年辛未五月十七日。

日本签订《江华条约》，与清政府的劝说有关。如朝鲜科学院历史研究所所著《朝鲜通史》中说："朝鲜政府对日本强盗的侵略行动，起初只作消极反抗；随后分成主战与主和两派，争论不休。这时清政府又劝告说：与日本作战对朝鲜不利。结果，朝鲜政府未能采取积极的外交方针，竟派申櫶、尹滋承等人去江华府，同日本人开始谈判。"[①] 韩国著名历史学家姜万吉教授在其所著《韩国近代史》一书中写道："挑起云扬舰事件的日本，为清除清朝对它进入朝鲜的阻碍，以朝鲜与清朝之间的从属关系为由，首先向清朝追究云扬号事件的责任。受到欧洲各国侵略折磨的清朝，生怕事态扩大，便劝说闵氏政权与日本签订条约。因此，朝鲜政府经过多次的谈判，最后签订了《江华条约》（1876年）。"[②] 国外还有人并非全无根据地认为，《江华条约》的签订与李鸿章的劝说有关。其实，这些说法都是不能成立的。

如前所述，清朝礼部在1876年1月19日曾向朝鲜转咨过一次文件，其中包括总理衙门的奏折，及森有礼与总理衙门来往节略各一件。朝鲜于2月5日收到此项咨文。[③] 此后，根据总理衙门的奏准，礼部又向朝鲜转咨过一次文件。其中包括总理衙门与森有礼往复辩论的照会7件，北洋大臣李鸿章与森有礼问答节略一件。由北京发出的时间是2月27日，即《江华条约》签字的第二天，而朝鲜收到咨文则迟至3月16日。[④] 因而可以肯定，第二次咨文与《江华条约》的签订毫无关系。那么，1月19日礼部发出的咨文，是朝日议约期间清廷行文朝鲜唯一的一次。而其内容，如前面已经叙述过的，根本没有劝告朝鲜签约的意思。

李鸿章致李裕元书，当然是意在讽示朝鲜采取灵活外交政策，与日本建立正常邦交的。李鸿章此信，动机和内容都无可挑剔，其中并无要朝鲜不顾权益苟且订约的意思。而据考证，该信当由贡使捎交李裕元时，已是1876年的3月底，即《江华条约》签订一个多月之后。[⑤]

因而，《江华条约》的签订，与清政府的劝告无关。

---

① 《朝鲜通史》下卷，第35页。
② 姜万吉：《韩国近代史》，东方出版社1993年版，第183—184页。
③ 《清季中日韩关系史料》第二卷，第307页。
④ 同上书，第299、321页。
⑤ 王如绘：《〈江华条约〉与清政府》，《历史研究》1997年第1期。

耐人寻味的是，《江华条约》签订之后，朝鲜并未将条约全文或主要内容咨报清朝。《江华条约》的具体内容，清政府是由德国公使巴兰德、日本公使森有礼先后提交的条约文本中得知的。直到1876年4月19日前后，清政府才收到朝鲜国王陈述条约签订过程的咨文。这件咨文，词语含混，有关条约的具体内容，只有如下数语："条约有具，以其称号之有所嫌碍，故大事小事只用两国臣僚平等通信；以其互市交易非今创行，故许其港口通商，划有界限，以安主客；以其混淆无别，易致滋事，故不许携带他国客商及奇技淫巧物事。纲领节目，大略如是。"① 从这几句话中，实在无法看出原约的面目。朝鲜政府深知，条约第一款订明朝鲜为"自主之邦"，以及条约签署时间不用清朝年号，有失藩属之道，是难以面对清政府的。所以不敢呈递原文，只好以寥寥数语略作敷衍。如果清政府事前真有要其与日本订约的劝告，咨文肯定会以故作赞扬的语气大加征引，以为卸责地步。咨文中没有任何这种痕迹，更可证明所谓"劝告"是子虚乌有之事。

第二节　清政府开始重视朝鲜问题

一　"联日"幻想的破灭

清政府开始重视朝鲜问题，与对日关系不断恶化有关。中日修交之后，清政府对日本一直采取联合与笼络的政策，但日本对中国的态度，却如李鸿章后来所说，"始以巧言恬我，继以虚声疑我，其坚韧狡狯情状，令人莫测其端"②。

1870年日本派柳原前光来华要求修交，本非为了两国友好，而是为侵略朝鲜开辟道路。但柳原前光拜访李鸿章时，却声称中日两国同遭西方列强欺凌，命运相似，"实有迅速同心协力的必要"③。李鸿章受其诱惑，第二天就致函总理衙门，表示"日本距苏浙仅三日程，精通中华文字，其兵甲较东岛各国差强，正可联为外援，勿使西人倚为外府"④。尽管李

---

① 《清光绪朝中日交涉史料》(3) 附件一，第一卷，第10页。
② 《李文忠公全集》，译署函稿，第八卷，第5—6页。
③ 东亚同文会编：《对华回忆录》，商务印书馆1959年版，第29页。
④ 《李文忠公全集》，译署函稿，第一卷，第3页。

鸿章当时也说过"日本近在肘腋,永为中土之患"的话,但从其奏折看,对日本的好感是跃然纸上的。如他认为:"庚申、辛酉后,苏浙糜烂,西人迫胁,日本不于此时乘机内寇,又未乘危要求立约,亦可见其安心向化矣。"这段话反映了李鸿章对日本情形的无知。第二次鸦片战争前后,日本没有参与侵华,决不是其"安心向化",而是其国内混乱,幕府自顾不暇。李鸿章强调对日本"笼络之或为我用,拒绝之则必为我忧",建议"推诚相待,俯允立约,以示羁縻"[1]。李鸿章的"联日"思想由此萌芽。

1871年9月,中日双方签订了《修好条规》,第二年5月,日本便派柳原前光前来要求改约。主持交涉的李鸿章非常气愤,斥其"两国初次定约,最要守信,不能旋允旋改",坚决拒绝。日使理屈词穷,怏怏而归。

1873年2月,日本外务卿副岛种臣来华换约,另怀鬼胎,"想在批准交换修好条规而外,更解决台湾问题"[2]。1874年4月,日本政府任命陆军中将西乡从道为台湾事务都督,任命大隈重信为台湾事务局长官,美国人李仙得为该局出仕。5月2日,西乡从道率3000军队从长崎港出发,22日开始在琅𤩹登陆,对当地人民进行烧杀掳掠。

清政府得知日军侵台消息后,派沈葆桢为"钦差办理台湾等处海防兼理各国事务大臣",要他"带领轮船兵弁,以巡阅为名",前往台湾察看,又命福建布政使潘霨帮同办理。同时,向美国公使提出交涉,要他们撤出帮助日本的人员。

日军在台湾的侵略行动并不顺利。当时日本实力有限,当地人民的反抗非常英勇,清军的部署也给日军以很大威慑。有561名日本士兵传染疫病致死。日本处于骑虎难下、进退两难的境地,所以使出另外一手,先后派出柳原前光和大久保利通使华,以进行外交讹诈。

柳原前光到北京后,对总理衙门进行恫吓,扬言日本"决不废止其事",然后以威胁的口吻对总理衙门进行试探:日本在台湾如果"定不退兵,中国究欲如何办法"?总理衙门竟不敢明确作答,只说:"此等不和好之话,不应说,亦不能答。"[3] 日本从这一答复中看出清政府并无在台

---

[1] 《李文忠公全集》,奏稿,第十七卷,第53—54页。
[2] 东亚同文会编:《对华回忆录》,第33页。
[3] 《筹办夷务始末》,同治朝,第九十六卷,第31、47页。

湾作战的决心，因此更加变本加厉地进行要挟。10月11日，大久保利通限期5天要中国提出解决台湾问题的办法，否则即行回国，暗示从此将使战争升级。但在随后的谈判中，逐渐流露真情，表示可以撤兵，但由于日本为此事"费尽财力"，要中国偿费，使日本"不致空手而回"。经过一番折冲，清政府竟与日本签订《北京专条》，承认台湾人民所杀琉球船民为"日本国属民"，承认日本出兵侵台为"保民义举"，并以抚恤被害难民、留用日本所修道路、房屋等名义，赔给日本白银50万两。

清政府对日本侵台一事的处理是极为屈辱的。有的外国人因此讥笑清政府说："这种和解的确注定了中国的命运，它向全世界宣告着，这是一个富有的帝国，它准备给钱但是却不准备打仗。"① 清政府未始不感到屈辱，其所受刺激是强烈的，从此才真正对日本有所戒备。李鸿章痛切地指出，日本"伺我虚实，诚为中国永远大患"②。昔日的"联东方形势"、"以东制西"的幻想破灭了。由此才开始筹议海防，作防日的准备。

日本1876年胁迫朝鲜签订《江华条约》，使中国对日本野心的认识更进一步。日本为麻痹中国，由日使森有礼过天津时会晤李鸿章，告以"黑龙江东岸，俄人方鸠集蒙古、高丽人民，开拓日广，日本现于土满江（图们江）置领事府，实虑俄人南侵高、日地界，方欲与中国、高丽并力拒俄，岂肯同室操戈，自开衅隙？"其后，副岛种臣又到天津，向李鸿章表示日本"防俄之吞噬甚切"，使李鸿章以为"其愿与中国并力亦属实情"。③

从19世纪70年代初开始，沙俄在西北边疆的威胁日益严重。《江华条约》签订之后，俄国新闻媒介表示："对于接近俄国边界地域的这种纠纷，政府是不能熟视无睹的。"而英国报纸则宣传："俄国决定增派舰队，……陆军准备与日本占领南朝鲜相呼应，侵入北朝鲜。"④ 李鸿章受国际上俄国准备南下舆论的影响，对森有礼、副岛种臣等人的欺骗信以为真，再次准备"联日防俄"。1877年春，日本发生士族叛乱时，日本政府

---

① 马士：《中华帝国对外关系史》第二卷，生活·读书·新知三联书店1958年版，第301页。
② 《李文忠公全集》，奏稿，第二十四卷，第26页。
③ 《李文忠公全集》，译署函稿，第六卷，第31—32页。
④ 信夫清三郎：《日本外交史》上册，商务印书馆1980年版，第160页。

指示其驻天津副领事池田宽治向李鸿章商借子弹平乱，李鸿章借给10万粒。1878年，李鸿章致书朝鲜太师李裕元，劝其联日防俄。信中称日本君臣"鉴于国小多难，或不敢复勤远略"，"日本近以俄人有事四方……其于贵国既无恶意，似欲联为辅车，引为唇齿，颇疑贵国不肯倾诚相待"，并提醒李裕元警惕俄国威胁，与日本"蠲细故而扩远图"。①

但是，李鸿章等清朝官僚的这一幻想，随着日本正式吞并琉球而彻底破灭了。

琉球自明初即受中国册封，至万历年间，日本进攻琉球，迫使琉球向鹿儿岛称臣，于是琉球便处于两属的状态。明治维新后，日本于1872年10月宣布琉球为藩国，任命琉球国王尚泰为琉球藩王，并列入日本华族。1875年5月，日本禁止琉球向中国进贡及接受清朝皇帝册封。1876年5月，又接管了琉球的司法权和警察权。琉球王尚泰派紫巾官向德宏等到中国乞援。驻日公使何如璋主张采取强硬态度，他于1878年5月间致函李鸿章，指出日本"阻贡不已，必灭琉球，琉球既灭，行及朝鲜"，"又况琉球迫近台湾，我苟弃之，日人改为郡县"，"台澎之间将求一夕之安不可得"。李鸿章则认为，"琉球以黑子弹丸之地，孤悬海外，远于中国而迩于日本"，"若再以威力相角，争小国区区之贡，务虚名而勤远略，非惟不暇，亦且无谓"，②对琉球问题采取消极态度。当时清政府正因伊犁问题同沙俄进行交涉，日本瞅准这一机会，乘人之危，于1879年4月宣布废除琉球藩，改为冲绳县，将琉球国王及世子迁往东京。

何如璋立即将这一情况报告总理衙门，并建议清政府在沿海各省陈兵备战，撤回使节，以示交涉决心。但总理衙门只采取了"据理与条约向其辩论"③的敷衍态度。后来，美国前任总统格兰特来华游历，并将转赴日本。奕䜣、李鸿章等请其在中日间进行调停。格兰特到东京后，受到日本政府的热情款待，提出先由日本同意的所谓"两分琉球"方案。日本以接受格兰特调停的方式提出，将琉球南部两座荒岛宫古岛和八重山岛划归中国，并同时要求修改中日通商条约，增加利益均沾条款，使日本人能

---

① 《庸庵全集》外编，卷三，上海醉六堂石印本，第39页。
② 《李文忠公全集》，译署函稿，第八卷，第4、5页。
③ 《清光绪朝中日交涉史料》(32)，第一卷，第30页。

入中国内地贸易。当时中俄关系紧张，清政府惧怕沙俄与日本联合，所以已经初步同意日方要求。

正在这时，曾纪泽在俄国彼得堡的交涉获得初步成果，中俄紧张关系缓解，清政府对日俄联合的顾虑已经解除，于是开始回避与日本正式签订协议的问题。日本公使宍户玑以撤退回国对清政府进行恫吓，日本外务卿井上馨也以战争相威胁。国内反对向日本妥协的舆论腾起。军机大臣左宗棠奏请"严防沿海，毋为感本所乘"，有人甚至提出请征日本以张国威。①李鸿章也彻底抛弃了"联日"幻想，改而主张"联俄慑日"了。

二　清政府积极筹议朝鲜问题

日本吞并琉球，下一个吞并目标必然是朝鲜，中国朝野人士普遍有此看法。于是一些官员开始筹划朝鲜问题的处理办法。

1879年6月，福建巡抚兼总理各国事务大臣丁日昌上《条陈海防事宜折》，其中提出朝鲜与西方各国订约通商，是免被日本灭国的出路。原奏称：

> 朝鲜不得已而与日本立约，不如统与泰西各国立约。日本有吞噬朝鲜之心，泰西无灭绝人国之例，将来两国启衅，有约之国皆得起而议其非，日本不致无所忌惮。若泰西仍求与朝鲜通商，似可密劝勉从所请，并劝朝鲜派员分往有约之国，聘问不绝。②

当时朝鲜接连发生拘禁法国传教士事件，引起法国公使向总理衙门喋喋不休的交涉，清政府不得不变通旧制，由礼部行文朝鲜，要求放人。同时，英国为防止俄国南下，也企图挤进朝鲜。英国驻华公使威妥玛频频给总理衙门施加影响，声称："朝鲜若不与各国交通，必为琉球之续。"③受到这两个因素的促动，总理衙门感到朝鲜对西方开放已是大势所趋，对丁日昌的建议极表赞成，所以于1879年8月21日奏称："日本恃其诈力，

---

① 《清光绪朝中日交涉史料》(81)，第二卷，第39页。
② 《清光绪朝中日交涉史料》(33)附件一，第一卷，第32页。
③ 季南《英国对华外交》一书记威妥玛的话说："中国的各个藩属小国的继续坚持闭关自守……不论对中国还是对它们本身，都是一种危险的根源。"见该书中译本，第77—78页。

雄视东隅，前岁台湾之役未受惩创，今年琉球之废益张气焰。臣等以事势测之，将来必有逞志朝鲜之一日，即西洋各国，亦必有群起而谋朝鲜之一日。中国将往助而心有未逮，将坐视而势有不能。"① 于是请饬李鸿章设法将丁日昌的意见转至朝鲜。

在此前后，两江总督刘坤一也多次致函总理衙门、李鸿章及驻日公使何如璋，主张："务劝朝鲜结好泰西，以杜日、俄窥伺。该国万一有警，中国亦应明目张胆，遣兵赴援，为该国策安全，即为中国固封守。"②

军机处发布的"上谕"肯定了总理衙门的意见，要求李鸿章将丁日昌的建议，作为自己的意见对朝鲜"婉为开导"③。清政府决定由李鸿章出面办理此事，一是碍于体制，不便以朝廷旨意明示朝鲜政府；二是李鸿章与朝鲜太师李裕元有过书信往还。

对于朝鲜向西方开放，李鸿章早有此意。《江华条约》签订之后，他感到西方各国迟早要步日本后尘，朝鲜如果继续采取深闭固拒的态度，必然引起麻烦，所以在复书李裕元时就曾提出："西洋英俄诸国，专务通商，地球以内几无不到。兹日本既导先路，诸国或思步其后尘。彼亦明知贵国物产非丰，洋货销路不畅，而欧洲风气，每以多开口岸互相矜耀，或虽得请以去，旋因贸易无益而迟迟不至者亦间有之。此中操纵机括，谅老成谋国者必能措置咸宜也。"④ 1878 年初，李鸿章复书李裕元劝其联日抗俄时，曾表示"仆揆度大势，泰西英美各邦相距尚远，志在通商，无利人土地之心"⑤，已含有希望朝鲜向西方开放以对抗俄国的意思。这是李鸿章"以夷制夷"政策在朝鲜问题上的初次表露。

李鸿章认为，"日本恃其诈力，嚣然不靖，琉球既为所废，朝鲜有厝火积薪之势，西洋各国又将环视而起，自不能不为借箸代筹"⑥，"丁日昌所陈各节，为朝鲜计，实为中国计"。他预料，如果朝鲜接受中国的建议，接下来要做的事情很多，"该国于约章利病素未深究，立约之时或不

---

① 《清光绪朝中日交涉史料》(33) 附件一，第一卷，第 32 页。
② 《清季外交史料》第二十四卷，第 16 页。
③ 《清季中日韩关系史料》第二卷，第 361 页。
④ 《庸庵全集》外编，卷三，第 38 页。
⑤ 同上书，第 39 页。
⑥ 《李文忠公全集》，译署函稿，第九卷，第 34 页。

能不代为参酌，朝鲜臣民未谙洋情，骤与西人杂处，欲其措置悉协，永无瑕衅，亦尚难保，仍应由中国随时随事妥为调处"①。可以看出，清政府这时的对朝政策已将发生很大的变化，由消极放任向着积极干预转变。

李鸿章奉旨后，即请薛福成代拟致李裕元一信，于8月26日发出。信中首先揭露日本对于中、朝两国的领土野心，指出中国远较日本强大，"自忖可以制之"，而朝鲜一方面应"密修武备，筹饷练兵，慎固封守"，另一方面应"不动声色，善为牢笼，凡交涉事，宜恪守条约，勿予以可乘之端"。接着指出：朝鲜财力有限，"即令迅图整顿，非旦夕所能见功"，在这种情况下，一旦有事，中国即竭力相助，而路途遥远，恐缓不济急。尤其令人担心的是，如果日本和英、美、法或俄国勾结起来，朝鲜就势成孤注，问题就更加严重了。由此，信中提出："贵国既不得已而与日本立约，通商之事已开其端，各国必将从而生心，日本转若视为奇货。为今之计，似宜用以毒攻毒、以敌制敌之策，乘机次第亦与泰西各国立约，借以牵制日本……日本之所畏服者，泰西也。以朝鲜之力制日本，或虞其不足，以统与泰西通商制日本，则绰乎有余。"信中还说，这样做"不但牵制日本，并可杜俄人之窥伺"。

李鸿章还向李裕元宣传了一番国际法，说什么不得无故夺灭人国是西方的"通例"，声称英、法、德、美等国"本无他志，不过欲通商耳，保护过境船只耳"。这都是故意为西方列强粉饰。他还建议朝鲜派员向有约之国"通聘问，联情谊"，倘使日本有侵占无礼之事，"终可邀集有约各国公议其非，鸣鼓而攻"②。李鸿章的主张，是一种均势思想，是企图使朝鲜在列强互相牵制的夹缝中苟延残喘。无论日本、俄国，还是英、法、德、美等国，都是资本主义国家，其侵略掠夺的本质是相同的。显然，朝鲜依靠这样一种政策，无法从根本上避免受人摆布的命运。

生活在一个长期封闭的社会里的李裕元，并不像李鸿章想象的那样"晓畅时务"。他对李鸿章的一套说教很不以为然。他在给李鸿章的复函中，对西学猛烈抨击，说："泰西之学有异吾道，实乖民彝，则尝畏之如烈火，避之如毒矢，敬而远之如鬼神。"针对李鸿章的"以毒攻毒，以敌

---

① 《清季外交史料》第十六卷，第12—13页。
② 同上书，第14—17页。

制敌"之说，他声称："今要制敌，而我先受敌；要攻毒，而我先中毒。窃恐一遇毒而不复起也，奚暇以制敌乎？"针对李鸿章"无故夺灭人国"为泰西公法所不许的说法，他反驳说：日本灭琉球，欧洲列邦没有兴琉球于既灭，是公法不适用呢，还是日本不好对付，以致各国不能贯彻公法呢？①

朝鲜虽然不同意与西方国家订约，但对讲求武备、练兵制器一事却很感兴趣，于1880年10月中旬派赍奏官卞元圭来华，请求选送明通干练之员到天津学习军械制造，或由中国派员前往朝鲜教习。李鸿章对此甚为热心，认为这是引导朝鲜开放的好机会。卞元圭到天津后，李鸿章对其多方开导，并令有关人员与之议定：朝鲜选派38人分入天津机器局东、南两局学习军器制造，选派精明强壮弁兵40人，分隶亲军枪炮营内学习操练。另又议定，由中国帮助，对汉城现有军队3万人进行整编，并代购德、英等国武器进行装备，所做整军购械计划至为详尽。②但卞元圭归国后，此事未见实行，大约由于经费短绌（需银22万余两），又遇到日本的竞争所致。

先是，7月末，朝鲜派修信使金弘集访日。当时正值中俄因伊犁交涉关系紧张，俄国在中国西北、东北附近集结了大批部队，其海军司令勒索夫斯基也率舰队驻泊海参崴进行威胁。国际舆论盛传俄国将夺取朝鲜的永兴湾。日本因怕俄国南下，提醒朝鲜要注意防俄。金弘集在日期间，中国驻日公使何如璋劝朝鲜联络外交，否则有灭国之忧。金弘集颇为所动。何如璋又令使馆参赞黄遵宪作《朝鲜策略》一文（在朝鲜被称作"册子"），"设为问答论难之辞，先告以防俄，而防俄在亲中国、结日本、联美国，以图自强"③。金弘集归国时，将《朝鲜策略》带交朝鲜政府。国王李熙与领议政李最应对《朝鲜策略》中所说道理深以为然，很愿照办，但李裕元等一批原任及现任大臣对与西方订约通商仍然顾虑重重。

何如璋得悉此情，于11月18日作《主持朝鲜外交议》一文，上呈总理衙门，主张对朝鲜采取更加积极的政策。文章说，对待朝鲜问题，有

---

① 《清季中日韩关系史料》第二卷，第398—400页。
② 同上书，第416—436页。
③ 同上书，第438页。

上、下两策。上策为在朝鲜设立驻扎办事大臣，其内政外交均由中国为之主持，"庶外人不敢觊觎"。何如璋也认为此办法不能马上实行，具有现实性的是采取"与天下万国互均而维持之"的下策，即令朝鲜与西方国家订约通商。但是，何如璋认为，这里还有一个如何订约的问题。他说：

> 尝考泰西属国，皆主其政治。每谓亚细亚贡献之国，不得以属土论。又考泰西通例，属国与半主之国与人结约，多由其统辖之国主政。又考泰西通例，两国争战，局外之国，中立其间，不得偏助，惟属国乃不在此例。今欲救朝鲜俄吞灭之急，不得不借他国之力，以相维持。然听令朝鲜自行与人结约，则他国皆认其自主，而中国之属国，忽去其名，救急在一时，贻患在他日，亦不可不预为之计也。

显然，何如璋是接受了日本与朝鲜订约时宣称朝鲜系"自主之国"以切断中朝宗藩关系的教训。由此，何如璋提出两条办法：一、立即派遣一干练明白能悉外交利害之员，往朝鲜代为主持订约，"庶属国之分，因之益明，他日或有外隙，而操纵由我"。二、由总署奏请谕旨，饬朝鲜国王与西方国家订约，并饬其在条约开头声明："兹朝鲜国奉中国政府命愿与某某国结约。"①

何如璋通过研究国际法，感到必须把中朝宗属关系纳入国际法的系统，才能名正言顺，力图按照西方宗属模式处理中朝关系，这从外交斗争的角度来看，是有利的。但总理衙门和李鸿章在收到《主持朝鲜外交议》一文后，对何如璋最后所提两条办法均不表示赞成。

嗣后，何如璋收到朝鲜前修信使金弘集来信，得知朝鲜的态度正在发生变化，"现众论虽未可曰通悟，殊不比往时矣"。又朝鲜派往日本的密探委员卓挺植告诉何如璋，朝鲜"国主与领相二三大臣决意外交，以惮李裕元之故，未能遽发，若得中国劝谕之力，事必有成"。因而，何如璋于1881年2月1日再函总署，请总署寄书朝鲜，劝令与西方国家订约。②

2月6日、7日，英国驻华公使威妥玛连续两天到总理衙门，面称：

---

① 《清季中日韩关系史料》第二卷，第439—442页。
② 同上书，第451—453页。

"俄国交界,朝鲜最近,难保不乘衅动兵,为朝鲜计,惟急与各国通商,庶可补救,拟请由中国礼部行知该国,准西洋有约各国遣员到朝鲜境,查看通商情形,再与定约。"①

经何如璋迭次建议,及威妥玛的促动,总理衙门终于下了决心,由奕䜣等上"体察朝鲜近日情形,亟宜联络外交,拟请变通旧制以便相机开导"折。奏折指出,过去与朝鲜公牍来往,均由礼部办理,不但旷费时日,而且不利保密。建议此后凡涉及洋务者,由李鸿章与出使日本大臣直接与朝鲜通递文函,相机开导,并将办理情形随时报告总理衙门。② 从此,李鸿章成为处理朝鲜问题的主要负责人,中国对朝鲜的政策,也变得积极而有力起来。

第三节 朝鲜向西方国家开放

一 朝鲜对外政策的转变

如前所述,朝鲜对外政策发生较大变化,是从1880年10月初金弘集访日归来开始的。金弘集访日,有三点值得注意。一、中国驻日使节和日本方面均提醒金弘集,俄国是中日朝三国的共同威胁,俄国无论侵略日本还是侵略中国,朝鲜都将首当其冲,希望朝鲜设法自保。二、何如璋、黄遵宪劝告金弘集,朝鲜为避免遭受俄国侵略,应调整对外政策,进一步密切同中国的关系,听从中国的指导,结好日本,与美国等国建交,并设法自强。三、日本对金弘集及其随行人员的接待倍加热情,使金弘集对日本的看法发生了很大变化,认为日本不再是朝鲜的主要威胁。对此,何如璋等也予以证实。③

金弘集归国后,朝鲜朝野震动。10月11日,朝王李熙临朝,领议政李最应启奏,主张听从中国公使何如璋及黄遵宪的劝告,与美国等国建交,并对反对派进行了攻击。所奏大意为:"上国公使诸条论辩,与我之

---

① 《清季中日韩关系史料》第二卷,第454页。参见季南《英国对华外交》,商务印书馆1984年版,第81页。

② 《清季外交史料》第二十五卷,第1—3页。

③ 参见《李朝高宗实录》,十七年庚辰八月二十八日条。

心算相符，不可一见而束阁者也。防御之策，自我岂无所讲磨，而公使册子①论说若是备尽，既给予我国，则深有所见而然也，固可以采用。然我国人必不信之，将为休纸矣。且今年六月米利坚之来东莱也②，彼若以书契呈莱府，则自莱府受之，未为不可；呈礼曹，则自礼曹受之亦可也。而该府使自以谓雠国，拒而不受，仍为传播于新闻纸，为天下嘲笑。其在柔远之义，不当若是。我国风习本来如此，每所闷叹。虽以西洋各国言之，本无恩怨，而初由我国检人辈之招引，以致衅隙。大抵洋船一来，则人皆以邪学为借口之端。而洋人之来往中国久矣，未闻中国之人染为邪学也。所谓邪学，当斥之而已。至于生衅则不可矣。且诸宰之安躯保家，同是所欲，而进无一策，退有后言。臣以为俄人一朝渡来，则人必曰'内修外攘'，然修攘非一朝一夕之可为也。顾今器械财用不及他国之万一，而及今之务，莫如怀远人而安社稷也。"③

接着，朝鲜赍奏官卞元圭来华。李鸿章亲自接见，向其讲述国际形势以及朝鲜因不谙外情造成的危害，以图"破其惑而使之自强，开其意而使之自悟"④。此后，朝鲜对外开放的政策得以确定。

李鸿章奉旨主持朝鲜事务后不久，朝鲜委员李容肃奉国王命随贡使来华，于1881年2月18日赴天津谒见李鸿章，带交该国《请示节略》一册。李容肃的目的，主要是就外交问题向李鸿章请示机宜。

朝鲜方面的请示与李鸿章的答复主要有如下一些问题：

一、关于防止日本贸易垄断问题。黄遵宪《朝鲜策略》中有"令华商乘船来开港各口通商，以防日人垄断"之语。朝鲜以"上下胥愿倘邀上国商人来会开港诸处，互相交易"为辞试探李鸿章的口气。李鸿章答以如允各国通商，日本自然无从垄断，华商贸易当然也不应禁止。

二、关于如与西方国家订约，朝鲜如何做到不丧失利权的问题。这是朝鲜鉴于日本侵朝的教训，顾虑最大的问题。李鸿章早在上年10月间接见卞元圭时就提出，各国见朝鲜向日本开埠，必然接踵而至，要朝鲜早做

---

① 即黄遵宪所作《朝鲜策略》。
② 指美国代表薛斐尔到釜山呈递要求美朝建交的信件一事，详后。
③ 《清季中日韩关系史料》第二卷，第462—463页。李熙与李最应当廷问答的详细内容见该书442—445页。又见《李朝高宗实录》十七年庚辰九月初八日条。
④ 《清季外交史料》第二十三卷，第35页。

准备,"重加税则,利可在我,妥定条约,害亦有限"①。李鸿章重申这一看法,并令道员马建忠代拟《与外洋通商约章节略》一册,交李容肃带回。李鸿章早作筹划之说,不为无见,但一个国家没有强大的实力,专靠折冲樽俎,根本不可能保护自己的利权,做到独立自主。

三、关于釜山、元山两港的税率问题。朝鲜昧于外情,开港后一直没有对日本的进出口货物征税。上年经李鸿章提醒后,感到此事的重要,于是再来询问税率。李鸿章告诉朝鲜,不要援中国税则为例,因为中国过去与外国所订值百抽五的税率,是极不平等的。西方国家制定税率的依据,是商品的畅销程度,高的可达百分之三十乃至百分之百。现在朝鲜对各种货物的畅销程度暂时无法确定,可制定一个试行办法,进口货值百抽十,出口货值百抽五,试行三五年后,再与各国重订税率。关于税关的设置,朝鲜暂时无此经验与能力,李鸿章唯恐"日本窥知朝鲜未谙西洋语言文字及税务事宜,难保不以管税一职自荐充当",因而建议朝鲜雇用西人,随同朝鲜所派管关官员料理收税。李鸿章还令人收集中国所有通商章程、税则税额条款交李容肃带回。

四、关于朝鲜国旗的式样。朝鲜一向并无国旗。根据国际交往的需要,黄遵宪在《朝鲜策略》中建议朝鲜船舶悬挂国旗,其式样可袭用中国龙旗,或在龙旗图案上略加点缀。朝鲜拟用与中国龙旗相仿的"画龙方旗",李鸿章表示同意,并令在启用之前将尺寸颜色绘具图式咨明。对于清政府来说,这是强化中朝宗藩关系的措施。作为朝鲜一方来说,这标志着已萌生走出国门的意识。

五、关于对日外交礼仪问题。日朝订约时,规定只由朝鲜礼曹与日本外务省来往,1880年11月,日本代理公使花房义质升任公使,携日本国书要求觐见朝王,朝王勉强予以接见。国书中称朝王为"大朝鲜王",自称则为"大日本国大皇帝"及"朕"。朝王认为这种称谓低日本一等,不知在复日本国书时如何措辞。李鸿章认为,世界各国称谓本不统一,有的称帝,有的称王,还有其他一些称谓,并无高低贵贱之分。朝鲜久受中国册封,"如有报答日本之书,理应仍用封号",按照西洋通例,这样做并不失体。

---

① 《清季中日韩关系史料》第二卷,第433页。

六、关于日使驻京和仁川开港问题。日本国书中有日使驻朝京汉城的请求，花房义质复挟迫朝鲜开放仁川。由于日本的胁迫，这两个问题当时已成事实。李鸿章认为，公使驻京，已经载入《江华条约》，且为各国惯例，不应拒绝。仁川开港如已答应，也宜践守前诺。①

李容肃的中国之行，表示朝鲜已接受了清政府的劝告，希望中国在外交方面给予指导。同时，朝鲜的政体也有所改革，依照中国的军机处和总理衙门，创设了统理机务衙门，由李最应与左议政金炳国为总理大臣。闵妃集团的成员均担任要职。下设各司中，有交邻司、通商司、机械司、军物司、船舶司等名目，显示出以闵妃集团为主的朝鲜政府希望效法清政府的洋务运动，变法自强，并联络邦交。

李鸿章虽然尽其所能，给朝鲜以指导，但他一味寄希望于促使朝鲜开放后以夷制夷的政策，并未提出有效抵抗日本势力侵入朝鲜的可靠办法。由于对俄国威胁的片面宣传，反而助长了日本势力的侵入。

金弘集自日本回国后，与朝王李熙有一段对话，颇耐人寻味：

金弘集："……以故清使②亦以自强相勉矣。"

国王："自强是富强之谓乎？"

金："非但富强为自强，修我政教，保我民国，使外衅无从以生，此实自强之第一先务也。"

王："清使亦以俄罗斯为忧，而于我国事多有相助之意乎？"

金："臣见清使，几次所言，皆此事，为我国恳恳不已也。"

王："彼人虽欲与我国同心合力，而此何可深信乎？即要我亦行富强之术而已。"

金："彼情诚不可深信，而惟以我国不识外事为悯矣。"

王："琉球国间已复国云耶？"

金："此事存嫌，未尝问人，而传说已废其国为县云矣。"③

---

① 《清季中日韩关系史料》第二卷，第484—490页。
② 指中国驻日公使何如璋与参赞黄遵宪。
③ 《李朝高宗实录》，十七年庚辰八月二十八日。

从这段对话可以看出，朝鲜对于"天朝"中国不无疑虑。鸦片战争之后清政府屡遭外敌侵略以及频频对外妥协、丧失权益的状况，朝鲜都知之甚详。从近处说，中国不能对付一个小小的岛国日本而保琉球，又怎么能对付俄、日两国而保朝鲜呢？闵妃集团虽然在清政府的影响下希望有所兴革，但同时对朝鲜的自强自立并无信心。他们具有很强的依附性，希望得到中国政府的具体的支持。但是，清政府由于自身财政拮据，以及对形势缺乏准确的判断，没有给予经济的或军事的援助。因而，在朝鲜政府中萌生出亲日倾向。

二 朝鲜与美国等国订约

1871年美国侵朝失败后，没有马上采取报复行动。这是因为美国当时还没有建成一支强大的海军，在中国和朝鲜附近也没有自己的海军基地。要武力解决朝鲜问题，必然付出很高的代价，这在美国纳税人和选民中肯定会遭到强烈反对。所以，美国政府改而采取支持日本逼迫朝鲜开国的政策。①

日本于1876年通过《江华条约》打开了进入朝鲜的大门，但其支持者美国并未因此得到直接的利益。因而，美国挤进朝鲜的愿望越来越强烈。呼声最高的是美国的东北各州和加利福尼亚州。

当时，日本正在努力制造一种垄断朝鲜外交的态势。美国打算挤进朝鲜，靠直接交涉显然是无法奏效的，于是希望通过一直受其支持的日本来与朝鲜交涉。

1878年10月，美国政府做出决定，派海军司令薛斐尔（R. W. Shufeldt）随同海防舰"太康德洛加号"出访，任务首先是访问非洲、亚洲一些沿海小国及印度洋上的岛屿，然后到朝鲜订立通商条约。行前，美国海军部长汤普森训令薛斐尔，"访问朝鲜几处地方，以求用和平方法打开对该政府的谈判……只要以和平妥协的办法对待该国，则不难获致开放该国几处口岸对美通商的结果"②。这一消息见诸报端，同文馆很快就将其译送总理衙门，其文为："美国现在特简水师提督某，作为全权钦差便

---

① 纳罗奇尼茨基等：《远东国际关系史》第一册，第180—181页。
② 丹涅特：《美国人在东亚》，商务印书馆1962年版，第388页。

宜行事大臣，附扎美国公司轮船，由美国启程，前往亚非利驾西海滨一带。巡阅后，直过印度洋，遍历中国、暹罗之东海滨一带，直抵高丽议立通商条约。美国此次遣使，特授与全权者，以便该大臣巡历各小国，凡有利于本国通商者，随时议立通商条约章程云。"①

1880年4月，薛斐尔乘"太康德洛加号"舰抵达日本长崎。此前，美国政府已训令其驻日公使平安，向日本外务省请求，给薛斐尔出具赴朝鲜交涉的介绍信件。薛斐尔的到来，引起了日本政府极大的恼怒和不安，因为日本政府唯恐其独占朝鲜的局面"会由于第三者不受欢迎的登场而受到损害"②。5月14日，薛斐尔来到釜山，釜山的日本领事近藤真锄按照政府的要求，只答应为其转递信件。薛斐尔的致朝鲜国王书被送交朝鲜东莱府使，东莱府使拒绝接受。于是薛斐尔回到日本。美国公使平安请求日本外务卿井上馨设法帮忙，井上馨将薛斐尔致朝鲜国王书连同他本人的一封信转给朝鲜礼曹，并要求薛斐尔在长崎等候回信。这一次，礼曹也拒绝接收。薛斐尔感到，日本并无促使朝鲜开放与世界各国通商的诚意，而只不过是假借交涉提高自己的地位。③

当时清政府正致力于促使朝鲜与西方国家订约，当听说薛斐尔通过日本与朝鲜订约受阻后，便电告驻日公使何如璋转达美使平安，邀请薛斐尔来华。李鸿章答应帮助薛斐尔对朝鲜进行劝说，还流露出聘请薛斐尔担任海军职务的意向。薛斐尔在得到这些允诺后，便率舰返回美国。

1881年6月，薛斐尔再度来华，要求李鸿章实践前诺，李鸿章要其留津缓待机会。

不久，朝鲜委员司译院副司值李应浚到津办事，李鸿章令津海关道郑藻如写一节略，劝朝鲜派员到天津来与薛斐尔会谈，等谈出头绪后，再奏派大员同往朝鲜直接签约，让李应浚带交朝鲜政府。冬间，朝鲜派金允植、卞元圭带领学徒到天津学习，顺便到保定谒见李鸿章，报告说，朝鲜国内对开放一事议论纷纭，联美之举，会遭到日本、俄国的反对，本国人也不乐闻，朝王受到压力，恐国人归咎，恳请中国皇帝明降谕旨，以便朝

---

① 《清季中日韩关系史料》第二卷，第355页。
② 纳罗奇尼茨基等：《远东国际关系史》第一册，第196页。
③ 丹涅特：《美国人在东亚》，第388页。

鲜先期晓谕，弹压舆论，然后从事。李鸿章不以为然，再为开导，令卞元圭归告朝王。①

1882年1月，美国政府再度赋予薛斐尔与朝鲜订约的全权。同时，朝鲜国王密谕金允植，请李鸿章代朝鲜主持与美国议约之事，并寄呈了朝鲜机务大臣草拟的约稿。于是，李鸿章由保定到天津，开始具体主持朝美议约。

在朝美议约中，清政府最为关心的是中国的宗主权问题。薛斐尔所提草案，欲以《江华条约》为蓝本，把朝鲜看作独立自主之国；朝鲜所提草案，虽与美国方案相差很大，但也未提出朝鲜为中国属邦。李鸿章认为，与美国订约是朝鲜与西方订约的首例，若不于此约中挑明中朝宗属关系，"将来各国效尤，久之将不知朝鲜为我属土，后患甚长"②，因代朝鲜拟一条约草稿，其中第一款为：

> 朝鲜国为中国属邦，而内政外交事宜，向来均得自主。今兹立约后，大朝鲜国君主、大美国伯理玺天德俱平行相待，两国人民永敦和好。若他国偶有不公及轻侮之事，必彼此援护，或从中善为调处，俾获永保安全。③

其余各款的拟订，李鸿章接受过去中国与西方列强订约的教训，尽量顾及朝鲜利权。如第四款："……至美国商民前往朝鲜国准开口岸贸易，若照欧美各国通例，原应归地方官管辖。惟朝鲜国与美国政制攸殊，现尚未订改东西交涉公律，是以朝鲜国政府暂许美国商民归领事官管辖。至美国船主诸色人等如有上岸滋事，应由地方官会同领事官妥为弹压。"④ 虽未能废除领事裁判权，但声明它是不符合国际法的临时规定，还是较中国以往所订不平等条约有所前进。另外，关于海关税率的规定、关于租界"仍归朝鲜版图，不得有碍地方官治理之权"的规定，关于禁止鸦片贸易的规定，都充分考虑了朝鲜的利益，避免了中国以往条约的流弊。

---

① 《清季外交史料》第二十六卷，第14—19页。
② 《清季中日韩关系史料》第二卷，第548页。
③ 同上书，第552—553页。
④ 同上。

双方的谈判即以李鸿章代拟的约稿为基础。第一阶段在天津进行。虽然朝鲜有代表金允植、鱼允中参加，但主要是李鸿章、周馥、马建忠等人与薛斐尔进行交涉。争议最大的是第一款。薛斐尔虽不公开反对朝鲜为中国属国，但却反对把"朝鲜国为中国属邦"写入条文。他的借口是：朝鲜既然得以自主，美国即可与之订约，不必承认其为中国属国；朝鲜订约须奉中国皇帝旨意，美国也不必过问；朝美两国平等议约，不必写入第三国。而且其中"彼此援护"等语，含有"中美两国公保朝鲜一国"的意义，他所奉本国训条是"专立通商条约"，并无议立援护条约之权。① 清政府介绍朝美议约的本意，含有加强中国宗主权的成分，所以李鸿章坚持写入此条。薛斐尔也不让步，说写入此条，美国国会不可能同意，美国政府也不会批准。由于李鸿章一再坚持，薛斐尔为打破僵局，答应电致本国政府请求训示。这是一个小小的花招。美国政府的复电久等不至，于是双方成立妥协，暂时空出有争议的第一款，其他各款基本取得一致。

李鸿章感到将"朝鲜国为中国属邦"写入条约已不可能，于是与薛斐尔协商，拟俟条约签字后，另由朝鲜照会美国外交部，声明"朝鲜久为中国藩属，内政外交向来归其自主"，薛斐尔表示同意。李鸿章还采取了另外一条措施，即于约稿后"提明光绪八年字样，稍显出奉中朝正朔"②。

关于朝美通商条约的实质性谈判在天津已经结束，于是第二阶段的谈判转移到朝鲜进行。朝、美双方均要求中国派员随同赴朝，而李鸿章也担心"若不派员同往，恐主客之间形迹隔阂，易生疑衅，或再有他人从旁唆耸，约事无成，而日俄强邻转得遂其离间侵凌之诡计"，于是奏派"精明干练、于交涉公法研究素深"的候选道马建忠赴朝，并令北洋水师记名提督丁汝昌酌带兵船偕同东驶，"以壮声势而杜要挟"③。

1882年5月8日，马建忠、丁汝昌率威远、扬威、镇海三舰抵朝鲜仁川，薛斐尔11日率美国军舰至。朝鲜政府派申櫶、金弘集为全权代表参加会谈。申櫶、金弘集对条约草案基本满意，仅对米粮出口以及个别措

---

① 《清季中日韩关系史料》第二卷，第558页。
② 《李文忠公全集》，译署函稿，第十三卷，第31—32页。
③ 《清季外交史料》第二十七卷，第13页。

词提出修改意见。原拟约稿内的第一款,这时又发生争议。薛斐尔以"有碍平行体制,且本国电复未到"为词坚持不同意写入。于是三方议定,"由朝鲜国王另备照会,于未经立约之前先行声明"①。

5月22日,朝美条约签字。同时,朝鲜以国王名义提交一件照会,其文为:"大朝鲜国君主为照会事。窃照朝鲜素为中国属邦,而内治外交向来均由大朝鲜国君主自主。今大朝鲜国、大美国彼此立约,俱属平行相待,大朝鲜国君主明允将约内各款必按自主公例认真照办。至大朝鲜国为中国属邦,其分内一切应行各节,均与大美国毫无干涉。除派员议立条约外,相应备文照会。"② 所署时间为光绪八年三月二十八日即公历1882年5月15日,看上去似乎早于条约签字七天。

当薛斐尔与朝鲜议约时、英、德等国也做好了与朝鲜订约的准备。5月27日,马建忠正准备登舟返国之际,英国公使馆参赞懋德(C. T. Maude)偕议约使臣、英国驻中国舰队司令韦力士(G. O. Willes),由两艘军舰护送抵朝鲜。他们持有李鸿章致马建忠的信件,要求马建忠协助与朝鲜订约。在马建忠的斡旋下,朝鲜派兵曹判书赵宁夏为议约正使、金弘集为副使参加谈判。马建忠与英国代表议定,一切遵照朝美条约办理。6月6日,朝英条约签字。7月间,马建忠又陪同德国使节再度赴朝,依照朝美条约签订了《朝德条约》。英、德两国政府均拒绝批准所签条约。1883年10月间又逼迫朝鲜重新改订了一些条款。其后,意大利、俄国于1884年,法国于1886年,奥地利于1892年分别与朝鲜签订了类似的不平等条约。

清政府介绍西方各国与朝鲜订约,在当时的历史条件下,尚不失为明智之举。对朝鲜来说,它避免了日后因西方列强强行与之通商而可能引起的武装冲突,以及随之而来的苛刻条件。朝美条约尽管是不平等条约,但由于它相对来说条件不那么苛刻,所以被大多数西方外交家抨击为"草率的条约"。英国对这一条约尤为不满,说它"最坏的是美国保证不从事鸦片贸易"③。正因为如此,以其为蓝本的朝英、朝德条约才未能得到英、

---

① 《清光绪朝中朝交涉史料》(101),第三卷,第9页。
② 同上书,附件二,第13页。
③ 季南:《英国对华外交》,第83页。

德政府的批准。另外，中国通过介绍西方国家与朝鲜订约，对朝宗主权有所加强。英国历史学者季南写道："有人曾认为，薛斐尔挫败了李鸿章要他明白承认中国有宗主权的要求，可是单凭他在天津进行谈判这件事，实际上就承认了这一点。"[①] 西方列强口头上不承认中国的宗主权，但一切定约事宜都由中国主持，签字时又由中国派员监视，各国均接受了朝鲜声明为中国属邦的照会未予退回，条约后使用中国纪年，都说明这些国家在事实上承认了朝鲜为中国属邦。

---

① 季南：《英国对华外交》，第 83 页。

第三章　壬午兵变与中日关系

第一节　朝鲜的士兵起义——壬午兵变

一　《江华条约》之后朝鲜的社会状况

《江华条约》之后，日本对朝鲜的侵略更加变本加厉。1877年10月，日本代理公使花房义质率军舰到朝鲜，经过侦察和测量，选定永兴湾的元山和汉城门户的济物浦作为通商口岸。日本选定这两处地方，不仅考虑到有利于通商，更重要的是要控制朝鲜的这两处战略要地。日本的要求遭到朝鲜人民的强烈反对，朝鲜政府在群众压力下，也一度拒绝日本的要求，但最终还是屈服了，元山于1879年5月，仁川于1880年12月先后开放。

朝鲜开放后，日本商人大量涌入朝鲜，把持了朝鲜的对外贸易。根据《朝日修好条规附款》和《贸易规则》赋予的特权，日本商人在朝鲜通商口岸从事进出口贸易根本不用缴纳关税，日本货币可以在朝鲜通商口岸自由流通，低值的朝鲜铜币，日本人可以任意运输回国，用作铸造日币的材料。由此，日本商人大获其利。通商口岸开放以前，在1875年度的朝日贸易额中，朝鲜对日本的出口额为68930元，来自日本的进口额为59787元，进出口总额为128717元。在通商口岸开放后的短短几年里，朝日贸易额急剧增长。1881年度，朝鲜对日本的出口额为1882657元，来自日本的进口额为1944737元，进出口总额为3827394元。仅仅6年间，贸易总额就增长了29倍，由出超变为入超。[1] 当时日本国内的生产力还很低下，日本商人输入朝鲜的商品，大部分都是欧美货。在这些货物中，棉

---

[1] 申国柱：《近代朝鲜外交史研究》，转见林子候《甲午战争前之中日韩关系》，嘉义，玉山书局1990年6月版，第13页。

布、棉纱、染料等日用品占了85%，其余也都是日用金属制品、食品及其他日用消费品。这些商品涌入朝鲜，破坏了朝鲜的城乡手工业，造成大量农民和城市手工业者破产，促进了朝鲜传统生产方式的解体。

朝鲜作为一个封建的小农经济的国家，在被卷入商品货币关系之后，不得不以农产品作为出口的主要商品。据统计，在1877年7月至1882年6月的5年间，朝鲜对日本的出口总额为509万余元，其中除货币和金银外，大米、大豆等农产品和水产品约占90%，此外就是生丝、药材及其他工业原料。① 当时日本的工业化正在起步，城市人口越来越多，对大米的需求量激增。日本国内生产的大米，供应本来不足，这时更加紧张。朝鲜大米价格便宜，运输方便，符合日本人的食用习惯，所以日本政府和商人很重视从朝鲜进口大米。同时，日本为了赚取外汇，还向国外出口一部分优质米，而这部分亏空，也依靠从朝鲜进口大米来补足。朝鲜的粮食本来就没有剩余，大量的稻米和水产品的出口，造成食物匮乏，米价暴涨，人民生活每况愈下。

在进行经济侵略的同时，日本还不断试探着对朝鲜进行政治的控制和文化的渗透。1880年11月，日本公使花房义质开始常驻汉城。花房义质极力向朝鲜国王及政府要人讲述国际形势，赠送武器，并到处鼓吹朝鲜应该编练日本式的军队。1881年2月，花房义质又发表声明说，日本对维护朝鲜的独立极为关心，要求朝鲜聘请军事顾问团，并向日本派遣留学生；进而又要求租借绝影岛，认为"若能使之成为我海军之驻地，则他日我海军力量足以控制朝鲜海峡时，将有无限方便"②。在花房的引诱下，朝鲜政府成立了日本式的军队"别技军"，聘请日本少尉军官堀本礼造为军事教官。1881年5月，朝鲜还向日本派出一个30余人的"绅士游览团"，到日本进行了为时两个多月的考察，考察内容涉及政治、外交、军事、税务、矿业、工业等诸多方面。考察团的成员，有朴定阳、鱼允中、徐光范、洪英植等，后来大都成为亲日的开化独立党人。

这时朝鲜国内的情况非常复杂。闵妃集团掌权后，大院君一派的势力仍很强大，对闵妃集团形成威胁。为了进一步挫败政敌，巩固自己小集团

---

① 据朝鲜科学院历史研究所著《朝鲜通史》下册，第45页。
② 《日本外交文书》第十四卷，第350页。

的利益，闵妃集团继续抨击锁国政策，以开放、开化相标榜。1881年3月，朝鲜对政体进行改革，仿照中国的军机处和总理衙门，创设了统理机务衙门，下设交邻、通商等12司，以领议政李最应为总理大臣，后又改为同文、军务、通商等6司，各司长官均由闵党充任。实行这样的改革，如果是为了自立自强，当然是件好事。但其实不然。闵妃集团的这一措置，与接受清政府向各国开放的劝告有关。闵妃集团同意向各国开放，主要是希望通过这一途径保住其国祚王统，这恰恰反映出他们对自己民族的前途缺乏信心。对于日本的武装侵略，闵妃集团屈辱地接受，但胸中尚有不满；而当日本采取软的一套，即表面友好以施展其政治、文化影响时，他们就干脆认贼为友。建立"别技军"，频频派使节和考察团赴日，都是闵妃集团向日本靠拢的表现。1881年12月，闵妃集团又对军制进行了改革，把原有的6个营改编为武卫、壮御2营，还计划购进一大批武器。

朝鲜政府的财政，本来就不充裕。由于封建官僚和地主土豪的私有土地不断扩大，国家收入减少，国库日渐空虚。日本资本主义的侵入，使朝鲜政府的财政更加难以维持。在这种情况下，朝鲜政府再拿出钱来增设行政机构、改编军队、购买武器，频繁地接待日本外交使团，派出使团赴日考察，以及派匠工学生到中国学习，无疑都进一步增加了财政的困难。而闵妃集团长期以来沉醉于迷信和欢乐，这时仍不知收敛，继续大肆挥霍宫廷和政府的经费。为了增加收入，朝鲜政府公开卖官鬻爵，巧立名目横征暴敛，把沉重的负担转嫁到人民群众身上。壬午兵变以后，朝鲜国王被迫发布"罪己诏"，其中说："粤自嗣服以来，大兴土木，勒敛民财，使贫富俱困，是予之罪也。屡改钱币，多杀无辜，是予之罪也。毁撤祠院，忠贤不祀，是予之罪也。玩好是求，赏赐无节，是予之罪也。过信祈禳之事，虚糜帑藏，是予之罪也。用人不广，宗戚是崇，是予之罪也。贿赂公行，贪墨不惩，穷民愁苦之状莫达于上，是予之罪也。储胥久虚，军吏失哺，贡价积欠，市井废业，是予之罪也。"[①] 这部分反映了闵妃集团在内政上存在的问题。在这种情况下，不仅劳动人民困苦万状，就连很多下级官吏和士兵也长期领不到"俸米"。因此，广大人民群众对日本侵略和封

---

① 中国史学会主编：《中国近代史资料丛刊·中日战争》（以下简称《中日战争》）第二册，第377页。

建虐政深恶痛绝,各地接连不断发生反日事件和反对朝鲜政府对外妥协的斗争。

二 壬午兵变的经过

朝鲜汉城驻军约近万人,有半数的士兵是住在京郊的柱寻里、梨泰院两村,"聚族而居,世世为兵"①。这种居住方式使他们和市民有着密切的联系。朝鲜军制改革以后,军心一直不稳。军制改革的一项内容是裁减兵员。很多被裁减的士兵成为失业者,穷困无以为生,因而对政府不满。军制改革的另一项内容是训练新军。朝鲜政府除委托日本教官编练别技军外,又在京城两班子弟中选拔了100余名优秀青年,称为士官生徒,接受日本的军事训练。新军在薪饷、服装、武器装备上都比旧式军队优越,旧军士兵相形见绌,难免愤愤不平;进而想到新军方兴未艾,旧军不知何日裁撤,瞻念前途,益增惆怅。这些军人由于和市民杂处,对日本的侵略、政府的腐败、人民的疾苦,都有切肤之感。

壬午兵变的导火线是俸米问题。朝鲜政府由于财政困难和米价暴涨,采取了克扣军人薪俸的办法。到1882年7月,汉城的士兵已有13个月没有关饷。长期不发薪俸,使士兵家庭陷于衣食无着的境地,士兵的不满情绪与日俱增,已有一触即发之势。鉴于这种情况,负责军队粮饷的宣惠厅堂上②兼兵曹判书闵谦镐决定调运一部分粮食。7月19日,全罗道的糟米运到,闵谦镐命令先给军队发放一个月的俸米。但是,都俸所仓库厅的仓吏营私舞弊,发给士兵的全是积年陈米,有的已经霉变,其中掺有大量砂石、米糠,且斤量不足。受此非人待遇,士兵们怒气难咽,拒绝领取。武卫营原属训练都监的下级军士金春永、柳卜万、郑义吉、姜命俊等人更是义愤填膺,殴打了仓吏和值班人员,并带领士兵到军资监等处进行了示威。

闵谦镐得知消息后,不仅没有去查清仓吏的问题,平息士兵的怨怒,反而不问青红皂白,便下令捕役拘捕了金春永等人,交给捕盗厅非刑拷打后,准备处以极刑。训练都监的士兵闻讯后,群情汹汹,决定采取措施,

---

① 《东行三录》,神州国光社1951年版,第85页。
② 掌握京城军政各方衣食所需及俸禄的长官。

向政府示威。金春永之父金长孙、柳卜万之弟柳春万为训练都监下级军官，他们为营救自己的亲人向汉城各营求援，各营纷纷响应。

7月23日，各营同时到武卫大将李景夏官邸前请愿，控告闵谦镐横拿无辜。李景夏属于大院君一派，对闵氏集团不满，同情士兵们的行动。他一面修书转告闵谦镐，一面放士兵到安国洞闵邸示威。示威队伍在闵邸前发现仓吏，仓吏见事不好，躲进闵邸门内。士兵们抓住了这些贪官污吏上下串通的证据，更加气愤，一举冲进闵邸，将其捣毁。很多城市贫民怀着对封建官吏的愤恨，参加了捣毁闵邸的行动。闵谦镐本人则早已逃入宫中。

柳春万、金长孙等人见事情闹大，于是前往云岘宫请求大院君予以支持。大院君李昰应认为这是推翻闵妃集团的极好机会，决定利用士兵起义达到个人目的，所以表面上要求士兵解散，而暗中支持士兵扩大事态，授以密计，并派心腹许煌变着军服带刀指挥士兵行动。[①]

于是各营士兵和部分市民在柳春万、金长孙的指挥下，集中到东别营，正式宣布起义。他们首先占领了军火库，夺取枪械，把自己武装起来。正在昌德宫仁政殿祈雨的国王李熙，听到消息后立即做出姿态，宣布罢免都俸所堂上沈舜泽及宣惠厅堂上闵谦镐的职务，并命令武卫大将李景夏前往镇抚。起义士兵没有理睬李景夏的抚慰，全部开往捕盗厅，将金春永等从牢中救出，接着又袭击义禁府，砸开监狱，释放了因反对政府政策获罪的儒生白乐宽及一些无辜百姓。然后大军分四路行动：一队袭击并捣毁了西大门外的京畿监营，欲杀观察使金辅铉未得，乃打开武器库，分发武器。一队专门袭击闵氏一派两班贵族的住宅，金辅铉、闵台镐、韩圭稷等数十人的住宅被捣毁。一队奔赴别技军受训的下都监，搜出准备化装逃跑的日本教官堀本礼造，予以处决。寄寓在下都监的日本陆军留朝语言学生冈内恪、池田平之进及自费留学生黑泽盛信等3人逃走，在南大门又遭遇起义军民，被殴打致死。一队与市民群众联合，包围了西大门外清水馆的日本公使馆。

在起义群众包围日本使馆之前，别技军指挥官尹雄烈即已得到起义群

---

① 田保桥洁：《近代日鲜关系研究》，1940年版，第772页。

众"欲杀尽日人"①的消息，随即遣人给日本公使花房义质送去一信，说"乱民成群，正与军队互斗，似有意冒犯日本诸公，倘侵袭公馆，即希以枪剑自卫"。接着，朝鲜差备官李承谟又来通知："奇变忽起，公使及以下诸员皆须速避后山。"②在李承谟再次催促时，日本使馆要求朝鲜政府派兵护卫。此后，群众陆续在使馆后面的山丘上及使馆前方的城墙上、下集聚。使馆内的朝鲜雇工一逃而光。下午5时半左右，士兵和群众开始围攻使馆，从山上往使馆内投掷石头和火种，也有的用枪和弓箭等武器进行攻击，喊杀声震天动地。留在馆内的日方人员共有28名，他们凭借先进的武器，一直坚持到半夜。他们幻想朝鲜政府会派兵来援救，但一直没有等到。起义兵民烧毁了附近的民房，大火延烧到使馆的房屋。于是花房义质决定弃馆突围。午夜12时，日本馆员放火烧使馆，全副武装从正门冲出。他们原拟赴王宫，但走到南门，发现城门紧闭，于是转赴杨花津。花房等心有余悸，不敢久留，抢夺民船渡河后继续奔逃，于24日下午3时到达仁川。初，仁川府使给以招待，但两个小时后，汉城武卫营军官郑义吉率起义士兵赶到，向仁川府使传达了"大院君的命令"，与仁川府兵及当地群众一起联合袭击花房等人，打死数人。花房等突围逃至济物浦，又乘船逃至月尾岛。26日，花房等觅到英国测量船"飞鱼号"，遂搭此船抵长崎。

24日，汉城的起义兵民继续扩大战果。不仅壮御营的士兵参加了起义军，连别技军的士兵也都纷纷倒向起义军一边。他们和枉寻、梨泰等村民一起在东别营集合后，首先袭击了大院君的胞兄统理机务大臣李最应的住宅，将李最应杀死，然后冲进王宫，将国王和王妃围困在重熙堂。闵妃慌忙装扮成宫女，侥幸逃出，由其党羽帮助，逃至忠清道忠州牧闵应植的乡第躲避。军民在宫中搜闵妃不得，搜出闵派大臣闵谦镐、金辅铉等，立予处死。

国王李熙不知所措，只好派人召大院君入宫。25日，大院君率长子、新任武卫大将李载冕入宫，重掌政权。为恢复秩序，大院君出面劝慰士

---

① 《东行三录》，神州国光社1951年版，第61页。
② 《近藤真锄手记事变录》，见《中日战争》第二册，第452页。

兵,并请国王下罪己诏书,表明导致这次事变,有国王的责任,并免予惩办起义者。还宣布废除武卫营、壮御营、别技军,恢复训练都监、龙虎营、御营厅、总戎厅,许诺发给欠饷。起义士兵仍然不肯罢休。他们认为,不处死闵妃,就留有后患,因而继续占领王宫,并寻找闵妃下落。大院君也不知闵妃去向,后来在重熙堂后发现有闵妃乘坐的大轿已被砸烂,为稳定人心,于是宣布闵妃已死,为之举行国葬。至此,起义士兵才退回军营。

第二节 清政府抢先处置朝鲜兵变

一 日本对朝鲜兵变的反应

日本驻朝鲜公使花房义质于7月29日午夜在长崎登陆后,立即致电外务卿井上馨,报告日本使馆人员被袭击的经过。井上馨接到电报后,立即向太政大臣三条实美作了报告。7月30日,日本政府召开内阁会议,研究对策。内阁顾问、萨摩派的黑田清隆等人主张派出讨伐大军,对朝开战。他们的目的是借机占领朝鲜,并进而挑起与中国的战争,不仅一举解决朝鲜问题,而且彻底解决琉球问题。陆军的元老、参事院议长、长州派的山县有朋原则上同意出兵,但他认为对中国发动战争的准备还没有做好,这次应该只以朝鲜为对手,确保战略要地。参议、外务卿井上馨考虑到欧美国家在朝鲜问题上与日本存在矛盾,因而主张慎重处理。他的意见是派遣军舰作谈判的后盾,待谈判失败后再讨论出兵问题。[①] 内阁会议通过了井上的提案,决定仍派花房义质为全权大臣负责与朝鲜交涉,向朝鲜提出谢罪及赔偿的要求,以强大的陆海军保护花房执行任务;井上馨到下关,直接指挥花房的行动。

内阁会议后,井上馨训示在下关待命的花房:向停泊在元山港的盘城号军舰传达命令,就地保护侨民;向釜山派出天城舰,前田总领事偕往,保护当地侨民;派近藤真锄领事赴仁川,调查堀本礼造等8名日本教官的下落,了解兵变后汉城的情况,并与仁川府使进行预备交涉的工作;派日进、金刚两舰及水兵150人到仁川,保护近藤并沟通消息;花房去仁川

---

① 信夫清三郎:《日本外交史》上册,第191页。

时,再带陆军300名,与当地水兵配合,前往汉城。① 井上馨仍认为不足,又与代理陆军卿山县有朋、海军卿川村纯义协商,决定派遣护卫兵。陆军方面,由东京镇台派出骑兵一个小队、辎重兵一个小队及宪兵若干人至福冈,和熊本镇台所属的兵士组成混合旅团,由高岛鞆之助少将指挥;海军方面,决定除金刚、日进外,再加派比睿、清辉共四舰,由仁礼景范少将指挥。②

8月7日,井上馨亲自来到下关,授给花房义质一纸训令。其中说:

首先要区别此次事变究竟是凶徒对朝鲜政府的暴动?还是单独对日本官民的暴动?

若是对朝鲜政府的暴动时,尚要区别如下两种情况:第一,政府已将凶徒诛戮。第二,政府与凶徒相持,未分胜败。在第一种情况下,应及时向朝鲜政府作适当的谈判。在第二种情况下,则我暂且立于局外,专以陆海军占有通商口岸地区,保护我国居留人民,等待其内乱终局后再向其政府或新政府开谈判。但在这一期间如得到向政府开谈的机会时,可用照会或面晤的方式提出我们的要求,以期能在短时日内讨灭凶徒,早日满足我国要求,不得怠慢。至于是否以邻邦交谊来援助政府,干涉其内乱,则属于公法外的临时措施,现在尚难预言。

若是纯为反日本官民的暴动,则朝鲜政府是有重大责任的,但亦须区别如下三种情况:第一,朝鲜政府并非对日本心怀不善,而在防御上力有未及。第二,政府发觉凶徒暴动,而疏于防止,事后又不以交谊为重,不积极采取措施加以处分。第三,政府与凶徒行为一致。例如证实凶徒的行为是政府或当局者所教唆。

在第一种情况下,朝鲜政府虽不能免其对我国怠慢之责,但还情有可原,因此,我所提出的要求亦须公平适当,不必提出过重的要求。在第二种情况下,朝鲜政府应负辱我国旗的责任,因此,我应提

---

① 戚其章主编:《中国近代史资料丛刊续编·中日战争》[以下简称《中日战争》(续编)]第九册,第14页。

② 《公爵山县有朋传》中册,东京,原书房1980年版,第903—906页。

出较重的要求,同时,我谈判的态度亦不妨急遽激烈些。在第三种情况下,我办理的态度应极为激烈急迫,提出强硬的赔偿与处分,虽超出了和平处理的范围,亦所难免。

目前彼之情况尚未完全了解,故我使臣应取的地位亦难肯定,政府特授与使臣以临机应变处理之权,根据事情缓急,采取不同措施。使臣应善体政府之意,不得怠慢,立与所派的陆海军同往仁川港,上陆后,首先发照会文件与其外交机关。可派近藤领事往见仁川府尹,嘱其转致政府。此时如仍不能发现真实情况,可速与陆海军同进京城,与其有全权相当的高级官吏面议,期以时日,求得能令我满意的处分。

当这时,若暴徒再逞凶乱,对我有意外侵犯行为时,不问朝鲜政府的处置如何,不妨以我护卫的军队加以充分镇压,以示惩罚,但由于尚未向朝鲜政府宣战,镇压只限于保护自身的安全与进退,此时使臣仍应保持平和的地位。

若是朝鲜政府抛弃对我的好意,并非因凶徒阻碍而对我臣不加接待,或对我施以不可忍耐的无礼接待,或者开议后尚言语支吾,故意包庇凶徒不加处分,再或对我所要求的谈判不肯承诺,则其有意破坏和平已属明显,我政府不得已只有采取最适当的最后措施。在此时,使臣应致以最后通牒,声明彼国的罪名,然后与陆海军共同退到仁川港,占据适当地点,迅速将事件情况上报,以待政府指示。

若是万一清国或其他各国前来干涉,要求调停仲裁时,使臣可答以未奉政府接受外国干预此事的命令,加以明确拒绝。

如认为朝鲜政府确无伤和之意,并且认为使臣若以诚意来保全两国的大局,对将来永久的邦交得到保证能够有所裨益时,则可与彼国相当高级官员议签能达到要求和保证的条约,兹授与我使臣以临时换约后请批准的全权。

开议以前应先探听堀本中尉等人安否,并保护釜山、元山津、仁川各港的侨民。这是使臣应特加注意之事,兹不详述。①

---

① 《中日战争》第二册,第418—420页。

井上馨还指令花房义质向朝鲜政府提出如下请求：（1）朝鲜政府正式道歉；（2）对受害者家属偿付抚恤金；（3）逮捕并法办肇事者，罢免并处分政府有关人员；（4）赔偿日本的损失，并偿付派遣军队的费用；（5）如经调查，明确朝鲜政府负有重大责任时，则要求割让对马海峡的要冲巨济岛和日本海的郁陵岛；（6）若朝鲜政府不接受以上要求，可占领仁川作为保障。①

8月8日，东京、熊本两镇台派出的陆军在福冈编成混成旅团，做好了战斗准备。山县有朋还经天皇批准，向全军管区下达了征集令。"这次动员是日本军队首次为对外作战而进行的动员，它首次显示出日本军队以西南战争的胜利为转折点，已将其基本任务从对内战争转为对外战争。"② 由于有了这种全军动员的背景，日本对朝鲜的要求又加码了。8月9日，井上馨指示花房，对赔偿追加4个条件：（1）开放咸兴、大邱和邻近汉城的杨花津等朝鲜腹地的要地；（2）承认外交官的内地旅行权；（3）处分元山、安边府伤害日人事件的肇事者并赔款；（4）对通商章程进行有利于日本的修改。③ 这是企图借此机会一举解决所有悬案。

8月12日，花房率高岛鞆之助、仁礼景范及一个大队的步兵，由4艘军舰护送，到达仁川。

二 清政府出兵的酝酿和准备

清政府在朝鲜向不设官，所以兵变的消息迟至8月1日才由驻日公使黎庶昌电知。黎庶昌所知也很有限，仅从日本外务大辅吉田清成口中听到朝鲜"乱党"围攻了日本使馆。当时李鸿章因母丧丁忧回原籍合肥，所遗北洋大臣兼直隶总督一职，由两广总督张树声署理。黎庶昌8月3日闻讯后，立即电知张树声，并报告了日本"现拟派兵舰三只前往查办此事"的动向。紧接着，黎庶昌又发一电，敦促清政府采取措施，电文为："日本兵船即赴高丽，中国似宜派兵船前往观变。"

张树声接电后，同意黎庶昌的意见，认为"日本兵船驶往，自系借

---

① 信夫清三郎：《日本外交史》上册，第192页。详见《日本外交文书》第十五卷，第228—230页。

② 同上书，第192页。

③ 田保桥洁：《近代日鲜关系研究》上卷，第794—795页。

题威吓，期遂其大欲"，一面命令北洋水师提督丁汝昌预备快船两号、军舰一号待命，一面报告总理衙门，建议除派丁汝昌前往外，再飞饬"熟习交涉事宜能达权变之文职大员"马建忠一同前往，相机办理。① 同时，张树声又令津海关道周馥会见奉派来华的朝鲜官员金允植、鱼允中，借以了解情况。金、鱼二人在得知朝鲜发生事情后，联系到上年发生的李载先、安骥泳密谋夺权之事，很快意识到其国内发生的不会是一次单纯的排日事件，极可能同时是一场内乱。金、鱼二人当时都是闵妃集团的成员，害怕大院君一派东山再起。于是他们以"若国内有事而不能自定，日本人借端突入干预要挟"为说辞，极力撺掇清政府出兵干预。他们对周馥说："烦乞中国饬派兵船几只、陆军千名，戒严以待。更乞快轮一只，派行中人先往探回……如或不幸而如所料，则伐叛讨逆，扶危定乱，并自中国主之，即敝邦之深愿也，至幸也，毋使日人乘机取便焉。"② 紧接着，张树声又收到黎庶昌的电报，电文为："日船于十七八先后赴高，水兵七百余，另有步兵七百。外务卿井上馨亲往督办，已于昨日动身。日廷虽非决策用兵，然众情甚嚣，实在准备，我兵船之去，似宜从速"③。张树声把金允植等所提供的情况和日本迅速出兵联系起来，感到事态非常严重。他向总理衙门报告说：如果朝鲜发生的是一次单纯的排日事件，那么只能是一次民间行为，朝鲜政府不会卷入，不管日本如何要挟，"若办理得法，或尚不致成难了之局"。但如果确实像金允植、鱼允中所讲是一次内乱的话，"则亦不无可虑"，"日人夙谋专制朝鲜，朝臣阴附日人者亦复不少……今使朝鲜内乱蜂起，而日兵适至，彼或先以问罪之师，代为除乱之事。附日之人，又乘机左右之。日之兵力，虽仅千余，以平朝鲜乌合乱党，固自有余。日有大功于朝，又重以围馆逐使之案，酬报为难，将遗后患。而以我王属邦，今日得代平其乱，亦恐益长朝人附日者之气，而于中国字小之义有缺。日人愈得肆其簧鼓之谋"④。张树声向总理衙门请示，如果朝鲜政府求助中国，应如何办理。

8月4日，黎庶昌的电报又传来朝鲜王宫与日本使馆"同日被击"的

---

① 《清季中日韩关系史料》第二卷，第734—735页。
② 同上书，第750页。
③ 同上书，第749页。
④ 同上书，第748页。

消息，对朝鲜局势所做的推测已经成为事实。张树声立即把这一重要情况报告总理衙门。总理衙门5日收到张树声报告后，马上就做出反应，完全赞成张树声派兵"平乱"的意见，6日复函张树声说："中国若不及早派兵前往，诚恐坐失机宜，以后事变迭生，更难收拾。且朝鲜王官被击，我师更可以援护属邦为正义，而日本使馆在我属邦受惊，于谊亦应护持，暗以伐日人借事居功问罪得肆要挟之谋。"并要求张树声"即行选派将弁，酌调兵船，临机迅赴"①。7日，总理衙门将此事上奏。8日，"上谕"批准出兵："著张树声酌派水陆两军，迅赴事机，如兵船不敷调派，即咨南洋大臣添拨应用，并调招商局轮船运载陆师，以期迅速。"②

在此期间，张树声一直在进行紧张的出兵准备：命令在旅顺口的北洋水师提督丁汝昌率威远、超勇、扬威三舰回航烟台；电饬欲赴安徽向李鸿章请示机宜刚行至沪上的马建忠迅速到烟台与丁汝昌会面；函约驻山东登州的淮军庆字各营统领、帮办山东军务广东提督吴长庆到津晤商，以使其承担"平乱"的任务；电嘱江海关道邵友濂禀明南洋大臣左宗棠，预备登瀛洲、驭远（后改澄庆）两轮待命。③

8月5日，金允植写信给津海关道周馥，揭发大院君李昰应，信中说："兴宣君李昰应是寡君之本生父也。寡君奉康穆王妃命入承康穆王统，兴宣君乃私亲也。兴寅君乃兴宣之兄也。素日诡谋，即图夺权柄之计。而自甲戌以来，结党蓄谋，形迹屡著，再次放火于王宫，或使人冲火于国戚信臣之家，指目皆归，而以其处不死之地，且十年秉政之余，气焰尚畏，不敢谁何。而不逞趋附之徒，实繁有党，显然拥护，与国为敌。昨年逆魁李载先即兴宣之子也，诸囚供案，屡发兴宣之阴谋，而寡君置之不欲闻，止诛余党。盖昨年逆党私立三号，一天字号，犯宫废立之事也；一地字号，芟灭国王信臣及干涉外务之人也；其一蜂字号，即逐出日人之事也。因事机先泄，不得遂意。今闻逐使之举与犯宫同时并作，是其去年余谋，皎然易知。若乱党不即散灭，嗣后事将无所不至矣……且伏念李中堂体天朝字小之仁，庇护小邦，无异内服，凡有人心，宜当感激铭骨，而

---

① 《日本研究》第9号，第97页。转引自王信忠《中日甲午战争之外交背景》，第40页。
② 《清光绪朝中日交涉史料》（114），第三卷，第32页。
③ 《中日战争》第二册，第217—218页。

顾此凶党无端诟骂，嗾其群不逞之徒，屡疏毁斥，寡君随发严惩，怨毒愈深……"① 金允植有意把朝鲜士民上书中对李鸿章劝朝鲜对外开放的抨击，说成是受李昰应指使，显然是为了加深清政府对大院君的反感。

在已知的复杂局面中又牵出一个大院君来，使得张树声等人颇感踌躇。他们对大院君与日本的关系一无所知，还以为大院君是个亲日派，中国出兵镇压可能引起日本的干预。为此，张树声令周馥当天再次会见金允植，详询大院君的情况及探讨出兵机宜。周馥在笔谈中提出："惟李某向与日人密好，若此举阳逐日人，阴谋篡夺，借日人之力，以遂其攘位之私。我兵声罪致讨，济弱扶倾义也，而牵涉日人，日人或以李党为傀儡，诬正为邪，昵仇为恩，使我师不能撒手讨贼，日人与李党是非淆乱，彼时必得有贵国臣民伸大义者襄助一切，更易为力也。"金允植指出："李党之与日人相好，断无是理……上国声罪致讨，不患无辞，彼乌合乱党，何敢撄锋，日人亦应同愤，必无助彼之理。"请周馥放心。周馥就出兵数量问题征求金允植的意见，金允植答称："以愚所见，彼方新得柄，人心未定，不过一千人足以办事，亦不必打仗，以'弹压乱党，镇守王京'为辞先致书于政府，晓谕勿惊，则必不敢动。既入京城，便可围住其第，以康穆王妃命数其罪，而赐之死，则名正言顺。为国除害，此一机会也。"可见金允植对问题的考虑已十分细密。他唯恐清政府犹豫不决，进一步敦促说："若李某得柄，日人之来，必不肯先行乞和，或恐有些少打仗之事。继此以往，日人所为，实难预料，因以上岸直进，借名讨乱，以至干预国事，谁能保其必无邪？所以愿中国速派兵丁，毋在日人之后者也。"②

金允植的这些说辞果然很起作用。张树声由此认定李昰应是朝鲜"乱党"的首领。他向总理衙门报告说："窃惟李昰应如果显为悖逆，势焰方张，谅非该国遽能自定。如犹在暗中主持布置，则朝鲜不去此人，后患终无底止，亦非该国王所能自了。即使乱党暂平，而日本一边，诚如来谕，必不免一番狡展，亦必须有兵力相当，始易调停就范。综筹统计，是

---

① 《清季中日韩关系史料》第二卷，第771—772页。
② 同上书，第770—771页。

（非）续调陆师，事无可止。"①

8月8日夜，张树声又收到黎庶昌一电："高丽乱党杀王妃及闵氏大臣等十三人，王无恙，王父大院厅执政，兵宜速往，为无（应作'无为'）日人所先。闻美约有不批准之议。高事定后应由我主持国事，庶交涉顺手。"这一电报证实了金允植的猜测，张树声由此不仅相信大院君"果为乱首"，而且认定大院君反对清政府的朝鲜政策，"欲坏通商之局"②。黎庶昌在电报中提出的"高事定后应由我主持国事，庶交涉顺手"的意见，是一反过去清政府传统对朝政策的见解。他身居日本，洞悉日本侵略朝鲜的野心；对朝鲜的情况，也较国内的官僚有较多的了解。8月9日，张树声在给总理衙门的报告中，完全肯定了黎庶昌的意见。同日，张树声令周馥再次召见金允植，就用兵的具体问题征询意见。金允植除进一步回答了朝鲜的政治斗争情况、进军路线、粮饷柴草补充等问题外，还主动提出拘捕大院君的方式："先为下谕，饬兴宣前来军前面问事状，若来则不死，不来则举兵讨灭，玉石俱焚。"③

8月9日下午3时，马建忠与丁汝昌乘威远舰率超勇、扬威自芝罘港出发东驶，朝鲜问议官鱼允中于超勇号中随行。8月10日下午入仁川口，未发现异常情况，晚10时许泊月尾岛。日本军舰"金刚号"已先到。

马、丁东来的首要任务是探查事件的真相，所以，泊定后，马建忠即嘱鱼允中派人前往花岛别将金弘臣处探听消息。去人于8月11日凌晨2时回船，未得要领。6时，鱼允中自超勇舰上书面报告说："创乱另有其人。朝臣之涉于外交者，殆无孑遗。至仁川府使亦仰药而死，其他可知。"中午，马建忠召鱼允中笔谈，鱼允中对大院君多所攻击，与金允植所谈相类，而有关事件真相方面，则极为简单。马建忠等还从另外两个渠道得知一些情况：上午8时，新任仁川府使任荣镐派遣军校及花岛别将金弘臣先后来访，均服白色衣冠，马建忠与之笔谈，据称，闵妃已"为乱党所惊"而致死；10时，日本公使馆参赞近藤真锄与金刚舰管领相浦纪道拜访马建忠、丁汝昌，提及："李昰应因兵作乱，往见王妃，进酖以

---

① 《清季中日韩关系史料》第二卷，第769页。
② 同上书，第773页。
③ 同上书，第782页。

弑。现在大权独揽,极为猖獗。"① 马建忠即以从日本方面和反对大院君的闵党分子鱼允中方面所了解到的极为片面且简单的情况,缮禀交丁汝昌于8月12日送回天津,呈张树声。在禀文中,马建忠建议:"惟今之计,莫如仰恳宪台权衡独断,一面出奏,一面檄调陆军六营,即趁威远、湄云、泰安及招商局轮船之在津者东来,乘迅雷之势,直趋王京,掩执逆首,则该乱党等,布置未定,防御难周,摧枯拉朽,当可逆计。"② 马建忠对事件真相的调查失之草率,前后只用了不到一天的时间,他从三个方面约略了解的情况,与行前金允植信及笔谈中的情况吻合,就不再进行深入了解。这大概主要是为一种与日本竞争的紧迫感所驱使。他在给张树声的禀文中反复强调,如果中国略加观望,不为急图勘定,则其害将不堪言。一则恐"乱党"日久蔓延,骤难扑灭;更重要的是,日本军舰不久即将大集汉江,到时候如果中国仍无举措,日本必然先赴汉城,自行查办,"则朝鲜国内必至受其荼毒,而此后日本定乱有功,将益逞强邻之焰……"③马建忠正缮禀间,日本商船已将第一批陆军800名运到仁川。丁汝昌乘威远离开仁川回国时,遥见一日船正将开进仁川口,那便是日本公使花房义质乘坐的明治丸舰。

在天津,张树声及其僚属一直在运筹帷幄,调兵遣将。8月9日,吴长庆到津,张树声与之进行了详细讨论。8月11日,张树声早就准备了出兵的奏疏。8月12日,一直参与策划的幕僚薛福成上书张树声,主张迅即出兵,取疾雷不及掩耳之势,同时对用兵中可能出现的各种问题进行了分析。关于大院君的处置,薛福成主张拘拿来华。师到之时,可召李昰应到舰上问状,乘机羁押。如其伏匿不出,可引兵疾入汉城,一面"平乱",一面遣人开导,恩威并施,谅其必出,出则拘之。薛福成还估计李昰应可能挟王出逃或拼死抵拒,并相应提出了一些应付办法。对于日本军队到朝鲜后的动向,薛福成也估计了多种可能性,并提出了因应的方略。④ 张树声认为薛福成的意见很好,寄给吴长庆令其酌度遵办。以后吴军在朝鲜的行动,多依薛福戚的意见行事。

---

① 《东行三录》,第58页。
② 同上。
③ 《清季中日韩关系史料》第三卷,第791页。
④ 薛福成:《上张尚书论援护朝鲜机宜书》,《庸庵文编》卷二,上海醉六堂石印本。

8月14日，丁汝昌回到天津，报告了朝鲜的情况。于是，用兵的准备基本完成。

三　清政府出兵与中日交涉

壬午兵变发生，日本迅速采取军事行动，中国意识到问题严重，才决定"以天诛天讨，为伐谋伐交之举"①，即借镇压士兵起义之机，遏制日本的侵朝行动，所以在酝酿出兵和出兵之后，都贯穿着中日两国之间的交涉。

8月5日，驻日公使黎庶昌曾照会日本外务省，中国拟派马建忠带兵船三艘前往朝鲜，为朝日两国居间调停。日本署外务卿吉田清成复照表示拒绝。② 8月7日，清政府正式决定出兵后，总理衙门照会署日本驻华公使田边太一："查中国与贵国为盟好邻邦，谊应休戚相关。况高丽为中国属国，遇有此等情形，尤应实力护持，尽我应办之事。现已由本衙门奏明，请由北洋大臣调派水师并陆军，即日东驶，以资镇压调护。"③ 8月9日，黎庶昌将总理衙门的一件电报作为照会送交日本外务省，电文为："朝鲜乱党滋事，本处现已奏请调拨南北洋师船并陆军前往援护，以尽字小之义。日本为我有约之国，使馆在我属邦受警，亦应一并护持，已照会田边署理公使在案。尊处即可据电报函致外务省，俾知中国派兵系保朝护日之意。"④ 日本政府对于照会中称朝鲜为中国"属国"非常反感，更反对中国出兵保护。8月11日，吉田清成照会黎庶昌，坚持《江华条约》的立场，说："查我国与朝鲜立约，待以自主，仍须据约照办；至于使馆，国各自护。现饬花房公使从公办理，不日将有定约。如来文所称派兵护持等事，恐或滋葛藤矣。希将此意，立即转致贵总理衙门，知照再思可也。"⑤ 黎庶昌认为，日本没有理由反对中国派兵保护，8月12日复照驳斥说："查朝鲜之为我属邦，众所共晓，亦在贵外务卿洞鉴之中，无待本大臣赘述。贵国立约，虽许以自主，而中国自待以属邦，此次派兵前往，

---

① 《清季中日韩关系史料》第二卷，第768页。
② 《中日战争》第二册，第444—445页。
③ 《清季中日韩关系史料》第二卷，第764页。
④ 《中日战争》第二册，第444—445页。
⑤ 同上书，第445页。

为属邦正乱，自办己事，本无所谓葛藤；贵使馆即在正乱之中，譬犹人以物寄于子弟家内，而或被盗窃，家长无不查问之理。贵外务卿于此似属误解，容将来文之意转达我总理衙门外，仍请贵外务卿再思可也。"① 吉田清成不欲辩论，即日蛮横地答称："本国据约与朝鲜议办，本与贵国并无相关，违言相当，徒属多事矣。"②

8月12日，日本公使花房义质、陆军少将高岛鞆之助、外务省大书记官竹添进一郎、参事院议官补中山信彬一行乘明治丸到达仁川，当天即通过仁川府使转告朝鲜政府，花房将率兵500名前往汉城，请准备馆舍。马建忠到日舰拜访了花房，花房也到扬威舰回拜了马建忠。马建忠企图阻止花房汉城之行，并暗示将采取措施使朝鲜国王得以自主，然后再行交涉。当马建忠问及日本的意图时，花房带有威胁的口气说："若彼（朝鲜）以好来，则谢罪、惩办乱首、赔兵费、给恤银与日后得保日人安居无事而已，否则事有难以预料者。"③

13日，朝鲜政府派兵曹判书赵宁夏和工曹参判金弘集到仁川。赵、金二人于下午3时到扬威舰拜访了马建忠，当晚又到仁川府署会见了花房义质。赵宁夏、金弘集均属闵党，他们向花房义质献策说："现在大院君专掌政权，主上的圣意一毫也不能通达，贵公使若进京城，最少要率领一大队的兵员，如果兵员少了恐有受轻侮的危险。我今夜回京城谒见主上，当密奏贵公使来我国事，后天我再回到此地。拟请贵公使暂留此地，等候我再来报告。"④ 花房义质答应延期两天入京。

8月15日，花房派一个中队到杨花津。专门接待日使的伴接官尹成镇从汉城赶来，要求缓期入京。赵宁夏、金弘集这时也匆忙赶来，向花房报告说："我们已将贵公使到来的事上奏了；但由于大院君专断国事，主上圣衷无法表达，而且大院君不愿意贵公使领兵进入京城，一定要请驻扎在城外。我的意见，贵公使仍应毅然入京。"⑤ 赵宁夏等人为了反对大院君，为了小集团的私利，竟然和朝鲜民族的敌人相勾结。

---

① 《中日战争》第二册，第447、448页。
② 同上。
③ 《清季中日韩关系史料》第三卷，第847—848页。
④ 《中日战争》第二册，第422页。
⑤ 同上书，第423页。

8月16日晚，花房义质率兵到达汉城，驻扎在南山下泥岘的前禁卫大将李钟承宅第。17日，花房向朝鲜政府提出立即进谒国王。18日，由高岛鞆之助、仁礼景范两少将率领的另一部分陆海军也到达汉城。

8月20日，日本军队聚集在朝鲜王宫前方敦化门外的广场上，花房义质带领近藤真锄，前后各以一个中队护卫，进入昌德宫，在重熙堂谒见国王。花房除指责朝鲜焚馆逐使外，还违反朝鲜的礼仪，直接向国王递上请求事项的文件，限三天为期答复。文件的内容是："第一，自今十五日内，捕获凶徒巨魁及其党与，从重惩办事。第二，遭害者优礼瘞葬，以厚其终。第三，拨与五万元，给与遭害者遗族并负伤者，以加体恤事。第四，凡因凶徒暴举，日本所受损害及准备出兵等一切需费，照数赔偿事。第五，扩元山、釜山、仁川各港间行里程为方百里（朝鲜里法），新以杨花镇为开市场，咸兴、大邱等处，为往来通商事。第六，任听日本国公使、领事及其随员眷从等，游历内地各处事。第七，自今五年间，置日本陆军一大队，以护卫日本公使馆。但设置修缮兵营，朝鲜政府任之。"①之后，花房谒见了大院君，大院君表示：时势已经发生了很大变化，他并不固执过去的锁国政策。

日本的请求文书因不合礼仪又退还到花房手中，令其直接交给奉命与之谈判的领议政洪淳穆。洪淳穆接收文件后，约定在23日午前给以答复。花房威吓说："如过期不作答复，本使即认为朝鲜政府已无继续两国邦交之意。"② 第二天，又补送一款即第八款给朝鲜政府，内容是"特派大官修国书以谢日本"③。

8月21日，大院君政府召开紧急会议。很多官员对日本的无理要求表示愤慨，特别是对花房将文书不交给议政府而直接交给国王的做法，认为是违反国际惯例，是对朝鲜的无礼，决定派遣差备官玄昔运将文书退还花房。并准备动员全国兵力对付日本，采取强硬方针。同时，决定把日本所提要求呈送马建忠，请其入京设法斡旋。22日，洪淳穆致函花房，告知因遇国丧，奉命去勘看山陵吉地，须三四日才能回京。花房见信大怒，

---

① 《中日战争》第二册，第424—426页。

② 同上。

③ 《日本外交文书》第十五卷，第207页。

认为是对他的侮慢，经与高岛、仁礼商量后，向朝鲜国王发出最后通牒，其中说："义质深怪，殿下曩许义质，以会同领相理事，而今又命以他事，使两国公干无由按期讲定。夫焚馆逐使，辱国之甚，非樽俎之可结局。唯我主夙知殿下睦邻盛意攸在，故使义质先图雪冤持旧好，而殿下轻忽两国交际如此，则义质之望殆绝，当归奏事由。但以两国数百年交好，一朝将湮，不得不一言。"① 23日清晨，花房义质率日军离开汉城到仁川。

中国方面，吴长庆奉命后，进行了紧张的准备。庆军先头部队约2000人在登州会齐，其两营一哨8月15日即已登上招商局轮日新、镇东号待命。8月17日，吴长庆、丁汝昌登上威远舰，该舰还载有3哨庆军。另有泰安、拱北两舰载送粮食军械。朝鲜领选使金允植搭乘"日新号"随行。另两营庆军由南洋兵船继送。8月18日中午，全队拔锚启行。20日，到达朝鲜南阳府马山浦。南阳东距仁川120里，因日舰停在仁川，为避免与日军发生冲突，故改泊南阳。大军开到后，吴长庆、丁汝昌即与马建忠商量进兵的步骤。由于花房率日军去汉城已数日，情况不明，决定先由马建忠赴汉城探明情况。恰在此时，马建忠接到大院君函，为花房提出七项要求一事请其赴汉城排解。马建忠认为事机紧迫，于22日薄暮率枪队200名就道，晚宿水原。翌日继进，中途接大院君22日午间所具书信中称："花房以其政府限满需回，拟诘旦出京，促于杨花津备舟以待，其意盖存决裂。"② 其时，日军已撤离汉城，渡汉江赴仁川。是夕马建忠抵汉城，大院君父子在其下榻的南别宫迎候。马建忠了解到一些情况，认为必须避免日、朝之间的决裂，于是24日又匆匆赶赴仁川，与花房会晤。马建忠为避免引起花房的反感，声明"此来非为朝鲜居间调停，不过与君定明朝鲜事势"，并告诉花房："朝鲜国王现既不能自主，而贵公使贸贸然与之议事，无论所议不成，即令已有成议，他日国王复能自主，则所议者仍属空谈。且若于此时与之决裂，则将来恐不独朝鲜政府有所借口，吾国此次以兵前来，惟在惩办乱党，贵国政府想亦闻知，君倘不审可否，亟与乱党定议，吾恐日后自此多事矣！"③ 这实际上是向花房保证要除掉

---

① 《日本外交文书》第十五卷，第197页。
② 《东行三录》，第70页。
③ 《清季中日韩关系史料》第三卷，第861页。

大院君。

本来，花房按外务卿井上馨训令的要求，在发出最后通牒的同时，以海陆军退到仁川港，并占据仁川。正当此时，中国大军开到，数量高出日军一倍，花房担心再实行占领仁川的计划会引起中国军队的干涉，造成军事冲突，后果很难预料，所以临时中止行动，只把军队部署在仁川府与济物浦之间。8月20日，井上馨曾向花房公使发出训令，在对中国政策方面指出："清国如希望善意处理时，可首先以一心劝谕朝鲜政府为宗旨暗中诱导之。清政府以和平主义引导朝鲜政府，不直接做我之媒介，暗中提出使朝鲜政府迅速结束此纷争之办法时，我对此不必干涉，任其行之。"[①]马建忠突然来晤，不仅打消了花房的顾虑，而且为花房准备了一个转圜的台阶。花房不费举手之劳，即实现了井上馨训令中的希望。所以，26日，花房即复函朝鲜领议政洪淳穆，表示再停船两日，等待朝鲜的最后决定。

8月25日午后，丁汝昌率兵卒百名进入汉城南别宫行馆，吴长庆率大军也已兵临城下。日军的撤走，给清军进城提供了一个绝好的机会。马建忠是晚也赶回汉城，连夜与吴长庆、丁汝昌研究诱捕大院君的方案。马建忠到汉城，在大院君看来，是受他之邀前来排难解纷的，所以不仅没有丝毫戒备，反而表示热烈的欢迎。

8月26日，鱼允中、赵宁夏到南别宫行馆。马建忠令鱼允中在馆暂匿，令赵宁夏与国王李熙取得联系，请其放心。中午12时，吴长庆带盛大仪卫入城至南别宫，约马建忠、丁汝昌一同前往云岘宫"拜访"大院君。马建忠建议减从而往，以示无猜。大院君率其子孙迎于门外。吴长庆等执行预定的"先以好言诱之，然后图之"的计划，座中谈笑甚欢，未露任何形迹。大院君果然中计，告别时表示即来回拜。吴、马、丁归后即分头部署。丁汝昌派其习流军40人至水原待命。马建忠写一小纸条给鱼允中，令其傍晚时引导庆字中营营官何乘鳌入王宫保护国王等人的安全。又由亲兵后营营官张光前派军士百人往守城门，以保证信息的畅通，另派部分军士在城内梭巡officer警。吴长庆、马建忠、丁汝昌均到崇礼门外的黄仕林营，这里也安排军士百人、轿夫16人待命。下午4时，天微雨，大院君率数十骑到黄营，吴长庆等引大院君入帐，笔谈约两小时。大院君的随

---

① 《中日战争》（续编）第九册，第14—15页。

从被庆军以计阻于帐外，并解除武装。马建忠见时机已到，突然写道："君六月九日之变，擅窃大柄，诛杀异己，引用私人，使皇帝册封之王，退而守府，欺王实轻皇帝也，罪当勿赦，徒以于王有父子之亲，姑从宽假，请速登舆至马山浦，乘兵轮赴天津，听朝廷处置。"① 李昰应大惧，仓皇四顾。于是，吴长庆、丁汝昌起而出帐，马建忠连忙掖李昰应出。外面军士两行，剑戟森列，马建忠将大院君强纳入事先备好的轿子中，健卒百人立即蜂拥而去，丁汝昌也策马以从。27日晨，到达南阳府马山浦，即将大院君押上登瀛洲舰，由该舰管驾叶伯鋆负责兼程送往天津。

当夜，吴长庆进入城中，下令戒严。27日，在城中张贴以吴、马、丁等人名义发布的告示，说明将李昰应拘往中国的原因，并警告所谓"乱党"。28日，又扣押了李昰应的长子、新任训练大将李载冕，以防其聚兵反抗。李昰应新组建的三军府的领导人武卫大将李景夏、壮御大将申正熙等被免职，一批大院君派的官员被逮捕下狱。然后开始对聚集在梨泰院和枉寻里的起义士兵及群众进行镇压。

镇压起义者的具体部署是：驻南别宫的副将张光前率亲兵后营出小东门，会同右营营官、总兵吴兆有和中营副将何乘鳌围攻枉寻里。梨泰院方面由吴长庆亲自督兵进攻。为了师出有名，由金允植入宫请朝王出具要求代为平乱的手书。29日凌晨2时，金允植带来国王给吴长庆及马建忠的亲笔公函，其中说："乱党所居多在枉寻、利泰两村，幸须整饬部伍，掩其不备，执讯获丑，夬（决）正典刑，以泄神人之愤，以惩枭獍之习，不胜幸甚。"② 朝王还颁布了一道晓谕枉寻里人民的告示。凌晨3时，清军开始行动。枉寻里两面依山，中辟街道。庆军由吴兆有营派兵分扼两头，张光前营入村搜捕。朝鲜起义士兵一半退至山麓，一半凭街垒拼死抵抗，短兵相接，巷战两个多小时。朝鲜士兵英勇不屈，战斗到最后一刻，在失去抵抗能力后，也不肯投降，每每以刀自割其腹，以致肠胃毕露。起义群众死伤数百人，被俘150余人，终于失败。梨泰院方面，吴长庆并未遇到严重的抵抗，只有20余名起义者被俘获。

清政府的这次出兵，坚决果断，占尽机先，有效地粉碎了日本利用士

---

① 《东行三录》，第73页。
② 《清季中日韩关系史料》第三卷，第846页。

兵起义对朝鲜实行武装干涉的阴谋,是对日斗争的一次胜利。但清政府对士兵起义的镇压是非正义的,而逮捕一向亲华拒日的大院君,也无异于挖掉了自己在朝鲜的一股支持力量。

第三节 壬午兵变的后果与影响

一 《济物浦条约》与《修好条规续约》

日本军队撤出汉城,花房义质摆出决绝的姿态给朝鲜政府施加压力,却不在意中国军队迅速开到汉城,使其进退维谷,陷入窘境。马建忠害怕朝日关系另生枝节,赶赴仁川会晤花房,给花房提供了一个转圜的台阶。花房顺水推舟,表示可再等待。第二天,大院君被拘,朝鲜政府便决定与日本恢复会谈。8月28日,朝鲜政府通过仁川府使任荣镐通知日方,朝鲜国王已派定李裕元为全权大臣、金弘集为副大臣,本日可到济物浦日舰上进行谈判。

朝鲜代表行前,其政府曾派户曹判书金炳始征求马建忠对日本八项要求的意见。马建忠答复的大意是:对于八项要求,可分三种情况,有即可许者,有决不可许者,有须变通者。对15日内"惩凶"一事,可以同意,但以不限时日为妙。对厚葬遇害者以及给遇害、受伤者13人支付抚恤金5万元一事,可以同意。对于要求赔偿出兵、损害等费,当力与争辩,若必不得已,可列入抚恤款内,在5万元基础上增加若干。对将日本在元山、釜山、仁川各港的间行里程扩充为方百里,可以同意,但由于朝鲜民心不靖,宜限以数年后再办。对咸兴、大邱开市,因系陆路通商,应当拒绝。杨花津开市,不知有无流弊。对日本公使、领事及其随员眷属等在朝鲜内地游历,按公法可行,为保证安全,必先知会地方官方可。对日本要求在汉城屯驻日军一个大队以护卫使馆之事,万不可许。但日本公使为保身之计,随带若干兵弁在馆内驻扎,尚无不可,只是不宜列入条款内。对于要求谢罪一事,似无不可,只是日本亦应以国书呈国王以吊王妃大臣之难。①

因有些问题尚不明确,奉派议事副大臣金弘集于当晚亲自到南别宫行

---

① 《清季中日韩关系史料》第三卷,第868—869页。

馆向马建忠征询意见，其笔谈概略如下：

> 金：日间所教，间有未明，恤银五万元，而添以兵备之费，宜若干？
> 忠：日本兵舰原有常费，陆兵亦有定饷，调集来此，不过稍加运费；若与恤银统算在内，不过十万元足矣。若贵国国帑可支，则宜一齐交付，以免日后生息之累，若无力齐付，则可摊作几年，仆想花房亦不至以全付相强也。
> 金：杨花津开埠可许乎？
> 忠：若无大弊，何妨许之；仁川已开口岸，杨花津亦不过销仁川出入之货，其实非于仁川外另开一口，况杨花津亦属水路通商，与已开口岸尚属一例，非若大邱、咸兴等地，复滋陆路通商之流弊也，惟议事之时，先可一概不许，必不得已，则可许杨花津通市，而不给兵备之费，抠彼注兹，未始非计。①

8月28日夜10时，朝鲜代表李裕元与金弘集乘小船来到花房义质等人所在之比睿号军舰，双方开始会谈。争议最大的有三个问题。一是军事赔偿和损害赔偿问题。日本在这个问题上耍了一个花招，开始在要求文书中并未言明具体数字，而在会谈开始后提交朝鲜方面的更为具体的条约草案上，即写明为50万元。朝鲜政府在赔偿数字方面一直存有顾虑，但马建忠却认为日本需索不会过巨。这是受了日本外务大书记官竹添进一郎的迷惑。8月16日，当花房义质率兵进抵汉城之后，留在济物浦的竹添进一郎曾奉花房命至超勇舰会晤马建忠。竹添的目的，在于向中国方面施放烟幕，以免引起对日本出兵的干涉。竹添信誓旦旦地向马建忠表示："敝国之意，专在重交谊，非乘人之乱以谋掠夺者，故所求于朝鲜者，不过惩办乱首，并设法以为善后之计"，"朝鲜之贫窭，敝国知之熟矣，决无不堪之事。若使敝国果有贪利之意，则责彼凌辱我国旗之罪，以求过当之偿，或求割岛屿，亦非难事；然而我政府之无此心，弟以百口保之"，"所谓军费者，海陆兵在内国，亦给俸禄，船舰亦各有经费，以实算之，

---

① 《东行三录》，第76—77页。

固非多费，此等事亦系政略，其实非自求偿起见者。至其恤银，亦决无迫以难堪之巨费，以仁始以利终，尚似未察敝国之情"①。对这些外交伎俩，马建忠竟信以为真，当朝鲜代表行前向其提出这个问题时，他一再出示与竹添进一郎的笔谈记录，请朝鲜代表放心。会谈中，朝鲜代表表示，国家帑藏空虚，无可办之力。日方提出，可以用开矿收入偿还，如不能按期兑付，日本要在朝鲜自行开矿，直至足额。朝鲜代表指出，日方屡称派兵来朝之举非欲开衅，专为维持亚洲大局起见，今以赔偿一事要挟，是以仁始而以利终，并请减其数额。日方提出可减少10万元，但今后朝鲜开矿，必延请日本技师、购买日本机械；请日本人帮助架设电线；同意咸兴、大邱开市，以此三条作为交换条件。朝鲜代表认为，如此要挟，不如不减，又以国际公法无此惯例争之，日方终不同意，最后以将"赔偿"改为"填补"二字妥协。二是咸兴、大邱开市问题。朝鲜以和与国从无陆路通商的先例表示坚决拒绝。三是日本在汉城驻兵一个大队以警备日本公使馆问题。日本的这项无理要求，是严重践踏朝鲜主权的行为，朝鲜代表当然表示反对。但在这个问题上，马建忠所出主意起了很坏的作用。马建忠当时被称作海内少有的国际法的专家，但由于沾染淮系集团一贯妥协退让的积习，事先竟提出"该公使为保身之计，随带若干弁兵，在馆内驻扎，尚无不可，惟不宜列入款内"，朝鲜代表在交涉无效的情况下，在马氏的立场上再作退让，同意明确写入"日本公使馆置兵员若干备警事"。

28日夜间的谈判持续到29日凌晨3时，没有议出结果，决定29日午后再议。是午李裕元称病，金弘集如约到比睿舰续议，与日方辩诘。日方蛮横提出第二天中午钤印，遣还金弘集。下午4时，花房等急忙下舰到花岛别将厅会见李裕元，强迫与之再议。30日，在济物浦日本侵略军设置的临时兵营内，李裕元、金弘集被迫在两个条约上签字。

《济物浦条约》的主要条款是：

  第一，自今期二十日，朝鲜国捕获凶徒，严究渠魁，从重惩办事。日本国派员眼同究治，若期内未能捕获，应由日本国办理。
  第二，日本官胥遭害者，由朝鲜国优礼瘗葬，以厚其终事。

---

① 《清季中日韩关系史料》第三卷，第857—858页。

第三，朝鲜国拨支五万元，给与日本官胥遭害者遗族并负伤者，以加体恤事。

第四，因凶徒暴举，日本国所受损害及护卫公使水陆兵费内五十万元，由朝鲜国填补事。每年支十万元，待五年清完。

第五，日本公使馆置兵员若干备警事。设置修缮兵营，朝鲜国任之。若朝鲜国兵民守律一年之后，日本公使视做不要警备，不妨撤兵。

第六，朝鲜国特派大官修国书以谢日本国事。①

又订立《修好条规续约》两条，内容为：

一、元山、釜山、仁川各港间行里程，今后扩为四方各五十里（朝鲜里法），期二年后更为各百里事。自今期一年后，以杨花镇为开市场事。

二、任听日本公使及其随员、眷从游历朝鲜内地各处事。指定游历地方，由礼曹给照地方官，勘照护送。②

前约为善后条约，签字即可生效。后约尚需批准，定于两个月内于东京换文。

《济物浦条约》是朝日关系史上的重要条约，也是对中日关系影响巨大的条约。日本通过条约，可取得一大笔赔款，扩大了商务活动的范围，但最重要的是取得了在朝鲜驻兵的权利。这是日本首次获得国外驻兵权。从此，日本把朝鲜置于自己的刺刀之下，并开始具体地实施其大陆政策。这一伎俩，不过是重演帝国主义列强在德川时代曾经强加给日本的手段。那时，英法军队驻扎横滨，其军营修筑及驻军费用长期由日本政府承担。

中国出兵朝鲜，本来的目的是要防止日本乘机对朝鲜进行侵略，巩固藩屏，强化在朝鲜的宗主权。这一目的却由于《济物浦条约》的签订而没能达到。日本慑于中国的实力而不敢在军事上有所动作，但在外交上却

---

① 《清季中日韩关系史料》第三卷，第965—966页。

② 同上书，第964页。

技高一筹，一方面极力反对中国干预，致使马建忠不能参与日、朝谈判；另一方面，在朝鲜代表与马建忠暂时隔绝的情况下，抓住时机，迅速逼使朝鲜代表签约，使生米做成熟饭。朝鲜代表李裕元、金弘集态度非常软弱，由于内乱还没有彻底平息，他们害怕外患复起，于是屈服于压力，草率签字。后来李鸿章曾当面指责金弘集说："金君何以遽与日本仓促定议？中国大兵在彼坐镇，隐有可恃，所订约款，未免太示以弱。"这一指责是完全正确的。李鸿章还曾问金弘集："卿看国王之意，尚能悔约章改订否？"金弘集答称："国王之意，以为若不许日人和议，深恐决裂，后虽有大兵隐助，而举国一经兵燹，实受其殃。此次定议之受逼，诚有不得已焉者耳。"① 可见朝鲜国王和闵派官员均抱着一种苟且偷安的态度。

当然，在这个问题上，马建忠也负有不可推卸的责任。当时马建忠以宗主国代表的身份出现，受到朝鲜政府的信任，处于可以左右朝鲜政局的地位。正确指导朝鲜与日本谈判是马建忠的职责。但马建忠在朝日交涉上存有息事宁人的想法，又受到花房、竹添等人的迷惑，在事前给朝鲜代表指导时，态度过分乐观，且未向朝鲜代表指明在何种情况下应拒绝签字。在具体条款的指导上，马建忠也有错误。如前述马氏关于驻兵问题的意见，虽与朝鲜代表同意的条款有很大不同，但从本质上来说，都是有损朝鲜主权的，是五十步与百步的问题。另外，马建忠当时本应秘密前赴仁川，暗中给朝鲜代表以指导，但他却把逮捕大院君、镇压朝鲜人民起义当作更为重要的事情，留在了汉城。

条约刚刚签字之后，马建忠、李鸿章等已感到日本要求太多，特别是对赔偿兵费、损失费50万元一事极为反感。但他们后来才意识到，后患最大的乃是驻兵条款。李鸿章言及此事时曾指出："倭兵进扎王城，原约一年为期。吴长庆既平内乱，本可克期撤回，臣因倭兵未撤，遵旨饬吴长庆督军暂住，实密谋钳制之法。现倭兵驻王城仅二百余人，决不至有他患，拟俟明年春间再令吴长庆撤回三营，仍留三营俾资翼卫，俟倭兵一年期满撤尽，庆军乃酌量抽撤，此即救倭约之驻兵也。"② 所谓日本一年撤兵，并非硬性规定，决定权完全操在日本人手中。日本不撤兵，中国为保

---

① 《清季中日韩关系史料》第三卷，第893—894页。
② 《清光绪朝中日交涉史料》（161），第四卷，第33页。

障朝鲜的安全，也不能撤兵，而且朝鲜政府唯恐中国撤兵。翌年3月间，朝鲜国王风闻吴长庆军有撤回之信，即派人赍咨文到天津交涉，要求奏请暂缓撤军。咨文中说："第提督军门羁旅经岁，备尝劳苦，敝邦君臣恒用不安于心。今日启行，虽卜归期，一国大小举怀危惧之思。目下军门之于敝邦，离一步不可，旷一日不可，若卫、霍之势暂撤，彻桑之备或亏，安知无不靖之端乘间而生乎？"① 中日两国军队同驻朝鲜，随时有发生冲突的危险，使朝鲜的局势更加紧张。

二 中国对《济物浦条约》的反应及李鸿章的善后政策

朝鲜的士兵起义被镇压以后，朝鲜国王为感谢中国的支持，决定派赵宁夏为正使、金弘集为副使、瓦署提调李祖渊为从事官前往中国。马建忠与朝鲜代表团同行，9月4日到达天津。避居阴竹县长湖村闵应植宅的闵妃，听到大院君被捕的消息，马上与汉城通了消息，并请求吴长庆派兵护送还宫。9月12日，闵妃在百余名清军的护卫下还抵昌德宫。而后，朝鲜政府进行了改组，统理机务衙门改称机务处，兵曹判书赵宁夏，户曹判书金炳始，护军金弘集、金允植，副护军洪英植，副司果鱼允中，校理申箕善等参与机务处议事，闵妃一派重新掌握了政权。

兵变发生之初，清政府即谕令李鸿章夺情销假视事，但当李鸿章回抵任所时，朝鲜局面已经粗定。对于张树声指挥下采取的各项措施，如诱执大院君、镇压士兵起义，李鸿章均表肯定。对于朝日济物浦所订八条约款，他起初认为"尚属无甚流弊"，只是填补日本军费等50万元太多了一些。但李鸿章很清楚地认识到："朝鲜善后各事关系重要，头绪尚繁"②，还需要他付出很大的精力。他首先奏请在日本兵船、陆军未撤以前，将吴长庆军暂留朝鲜以为牵制。又对大院君进行了审查。大院君态度强硬，坚决否认与兵变有关，并痛诋闵妃集团祸国殃民。李鸿章认为"李昰应积威震主，党羽繁多，业与国王、王妃及在朝诸臣等久成嫌衅，倘再释回本国，奸党构煽，怨毒相寻，重植乱萌，必为后患"③，主张将

---

① 《清季中日韩关系史料》第三卷，第1141页。
② 《清光绪朝中日交涉史料》（137），第三卷，第47页。
③ 《清光绪朝中日交涉史料》（142），第四卷，第4—5页。

李昰应安置保定，永远不准复回，得到了朝廷的批准。

自日本侵略台湾和琉球以后，国内不断有人要求对日本采取制裁措施。壬午兵变发生后，清政府迅速出兵，拘捕大院君，平定起义，处处占日本之先，使得不少人为之一振，认为中国武力可恃，不妨与日人一战。特别是一些主张对外强硬的清流派人士，态度更加激昂。

9月13日，有"铁汉"之称的工科给事中邓承修上书，建议简派知兵大臣驻扎烟台，厚集南北洋战舰轮番出洋梭巡，暂缓撤回朝鲜水陆各军，以成掎角之势，乘机向日本交涉，收回琉球。邓承修要求对日本采取攻势的意见，应该说是可取的。但他在奏疏中认为"以中国土地之大，人民之众，物产之富，贤才之秀出，甲于地球，微论日本蕞尔之区不足与抗，即英法俄德诸邦，亦且逡巡退让，自谓弗如"①，显然对世界大势不甚了了。当时参与吴长庆戎幕赴朝的张謇，也上书要求"乘时规复琉球"②。

时任翰林院侍读的清流健将张佩纶，则上书李鸿章，对《济物浦条约》以及清政府的软弱态度大加抨击。他说："能柔朝鲜而不能折日本，非盟主也。日本不以朝鲜为我属，我即不敢属之，启其蚕食之心。既失之流求，复失之朝鲜，是长日本之狡也。各国与朝鲜约，则中国主之；日本与朝鲜约，则中国不主之：谓朝鲜两属耶？谓中信倭而防西耶？谓中玩西而畏倭耶？是启西洋各国之疑也。夫中国不惮劳师以至朝鲜者，将以存之乎，抑以亡之乎？若徒计诳智取，矜为奇获，视其肤剥袖手不援，是今日之役，乱党杀大臣而朝鲜之股肱亡，中国缚昰应而朝鲜之支干亡，日本劫偿款而朝鲜之脂膏亡，谓之中东内外合力以亡朝鲜可也。然则欲存朝鲜当自折服日本始，折服日本当自改仁川五十万之约始。"③张佩纶还上书清廷，请密定东征日本之计，以日本侵占琉球及要挟朝鲜订约二事为名，令南北洋大臣简练水师，广造战船，令台湾、山东两省疆吏治精兵、蓄斗舰，以与南北洋掎角，并使沿海各督抚训练水陆各军，增置铁船，慎选将领，以备进窥日本。④对朝鲜的善后问题，张佩纶提出六条办法：一、由

---

① 《清光绪朝中日交涉史料》（139），第四卷，第1—2页。
② 《张季直自订简谱》，光绪八年条，见《张季子九录》卷首。
③ 张佩纶：《涧于集》书牍二，第7页。
④ 《清光绪朝中日交涉史料》（147），第四卷，第12页。

中国简派大员任朝鲜通商大臣。二、由中国帮助朝鲜练兵购械。三、对《济物浦条约》要采取补救措施,重要一项是采取钳制日本在朝鲜驻兵之策。四、购造快船两三艘驻守仁川。五、加强奉天的防务。六、在朝鲜永兴湾驻军以防俄。① 张謇也向李鸿章上《朝鲜善后六策》等书,主要内容是:"于朝鲜,则有援汉元菟、乐浪郡例,废为郡县;援周例,置监国,或置重兵守其海口,而改革其内政,或令自改,而为练新军,联我东三省为一气。"②

所有以上这些议论,都反映了一批清朝官僚士大夫对日本不断扩张的忧虑,对清政府妥协退让的不满。尽管他们对外情缺乏了解,有夜郎自大的情绪,甚至还以星象作为主战的论据③,但他们要求给日本以打击或遏制的基本认识是正确的。如果在当时日本羽毛未丰之时,中国倾全力与之一战,胜利的可能性还是很大的,不胜也不会造成以后两次中日战争那样惨重的损失。

这些清流派人士在对待朝鲜善后问题上,都表现出一种浓厚的封建"上国"情绪。这是时代的产物。当时的朝鲜政府是一个腐败无能的政府,他们由于中国的支持而对中国表示忠顺,却并不励精图治,总希望在中国的羽翼下过一种腐化的生活。为了有效地防止日本对朝鲜的侵略,巩固东方屏障,中国朝野人士普遍认为,只有强化对朝鲜的宗主权才是上策,不仅清流派有此看法。而这种看法,从前代中朝关系的旧例中可以找出依据,又与日益流行的国际公法的观念相一致。当时驻日公使黎庶昌也致电张树声,表示:"此次日人满其所欲,朝鲜善后,非仿德国待日耳曼列邦例,去其自主之名,由中国立约通商,不能挽回。"④

李鸿章负责善后,他对清流派人士的主张,有的可以接受,有的则表示反对。在对待日本的问题上,李鸿章同样认为日本是永久大患,主张采取防范措施。但他认为中国兵船的数量虽可与日本相抵,但质量不如日本,而且中国兵船分隶数省,而日本统归海军卿节制,政令画一,若真的跨海数千里与日本较量,实在没有必胜的把握。他不同意张佩纶密定东征

---

① 《清光绪朝中日交涉史料》(157),第四卷,第28—29页。
② 《张季子九录》政闻录,卷三,第35页。
③ 张佩纶:《星象主兵请修德讲武折》。
④ 《李鸿章全集》,电稿一,上海人民出版社1985年版,第11页。

之计的说法，认为"未有谋人之具而先露谋人之形"是兵家大忌，应该"修其实而隐其形"，以免刺激日本。尽管如此，清流派的议论还是帮了李鸿章的忙。李乘机向朝廷指出，户部指拨南北洋海防经费每岁共400万两，如果如数解到，七八年来，水师早已练成，还可多购一些铁甲舰。但有的省厘金收入不足额，有的私自截留，结果每年实际收到的不足四分之一，维持防务还不够，岂能购备大宗船械？因此，请今后每年拨足400万两，如此五年之后，南北洋两支水师可以有成。①

在对待朝鲜的问题上，李鸿章对张謇的《朝鲜善后六策》"嗤为多事，搁置不议"。但对张佩纶的意见，除"理商政"即由中国简派大员任朝鲜通商大臣、"争永兴"即在朝鲜永兴湾驻军防俄两条外，其余四条基本同意。琉球事件以后，中国受日本逼迫，已开始注意强化在朝鲜的宗主权。壬午兵变中国出兵本身，就是强化宗主权的措施。李鸿章虽然不同意清流派人士提出的某些具体措施，但这些人的呼声，无疑对李鸿章采取的旨在强化中国宗主权的朝鲜善后政策有所推动。

李鸿章采取的善后措施，除留吴长庆军继续驻扎朝鲜外，主要还有：

一、向朝鲜借款。朝鲜财政竭蹶，国无一月之储。日本早有给朝借款50万元之议，企图以此为诱饵攫取在朝鲜开发金矿等利权，但遭到朝鲜政府的拒绝。赵宁夏一行到津后，向李鸿章呈递《善后六条》，请李鸿章训示。其中有"理财用"、"扩商务"等项目，欲图有所兴革，但在需款。李鸿章为帮助朝鲜渡过财政难关，并防止日本再度插手，命轮船招商局、开平矿务局总办唐廷枢从两局华商股份中抽出白银50万两，借给朝鲜，取息八厘，分12年还清，以朝鲜关税、红参、矿务等税作抵。②

二、帮助朝鲜整军练兵。壬午兵变以后，朝鲜军队涣散，枪械也大部遗失。社会秩序的维持，基本上由吴长庆的军队负责。朝鲜军队的重建，已成为急迫的要务。赵宁夏等所呈《善后六条》中有"整军制"一条，历述朝鲜军制的沿革及兵变后军队废弛的现状，请李鸿章帮助。恰张佩纶所奏"朝鲜善后六事"中有"预兵权"一条，主张由中国选派教习，代购洋枪，为朝鲜练兵，以防日本。所以李鸿章对朝鲜的请求欣然表示同

---

① 《清光绪朝中日交涉史料》(151)，第四卷，第16—17页。
② 《清季中日韩关系史料》第三卷，第968—970页。

意，令吴长庆就地筹办。同时，还从淮军中筹集12磅铜开花炮10尊、开花子3000颗、炮药1500磅、英制来复枪1000杆、枪药1万磅、大铜帽100万颗，赠送朝鲜政府，以为练兵之用。吴长庆将帮助朝鲜练兵一事交给前敌营务处袁世凯办理。袁世凯经与朝鲜政府协商，决定先成立"新建亲军营"。袁世凯拟订了规章制度，并从朝鲜初选出的2000名壮丁中选留1000名，分为左右两营，各500人。左营由朝鲜官员李祖渊任监督，袁世凯与副将王得功负责教练；右营由朝鲜官员尹泰骏任监督，提督朱先民与总兵何增珠负责教练。

三、订立《中国朝鲜商民水陆贸易章程》。早在5月间，朝鲜国王就派鱼允中、李祖渊等赍咨文来华，要求两国商民在所有口岸通商，文称："顾今外人独擅商利，船舶驶行洋面，惟上国与本邦互守海禁，殊非视同内服之义，亟宜令上国及小邦人民于已开口岸互相贸迁，亦许派使入驻京师，借通情款，以资声势，庶外侮可御，民志有恃。"① 当时清政府已决定接受朝王的请求，订立一个章程，先令马建忠赴朝时顺便考察情况。壬午兵变后赵宁夏等来华，李鸿章便令周馥、马建忠参稽会典掌故和国际贸易成例，拟订章程八条，与赵宁夏、金弘集、鱼允中等进行了会谈，经反复协商，于1882年10月1日正式议定。

该章程在序言中首先载明"朝鲜久列藩封"，"此次所订水陆贸易章程系中国优待属邦之意，不在各与国一体均沾之例"。这显然是针对《江华条约》中"朝鲜为自主之邦"而订。清政府希望通过这种缔结条约的方式，在国际社会确立中朝宗属关系的地位。章程共有八条，主要内容是：（一）由北洋大臣札派商务委员到朝鲜照料本国商民，朝鲜亦派商务委员到天津照料商务。（二）中国商人在朝鲜涉讼，由中国商务委员审断。朝鲜商民在中国涉讼，则由中国地方官审断。（三）禁止到非通商口岸贸易，朝鲜平安、黄海道与山东、奉天等滨海地方，渔船可往来捕鱼，但不得私下进行贸易。渔税两年后议定。（四）允许两国商民入内地采办土货，但要照纳沿途应纳厘税。（五）在鸭绿江两岸选定栅门与义州、在图们江两岸选定珲春与会宁各两处，听边民随时往来交易，设卡征税。（六）严禁鸦片买卖。红参照例准售，税率值百抽十五。（七）开辟中朝

---

① 《清季中日韩关系史料》第二卷，第596—597页。

间每月一次的轮船航班，暂由招商局派出轮船，朝鲜政府贴补部分船费。（八）章程此后如有增删，随时商办。①

四、荐员襄助朝鲜外交等事。早在春间马建忠协助朝鲜与美国订约时，朝鲜国王即嘱其转禀李鸿章，请选派熟悉商务、公法之员，帮同办理外交。赵宁夏9月来华，"亦谆谆以此相属"②。10月间，朝鲜政府感到次年即将与西方各国换约，很多外交问题不知从何下手，因而再派赵宁夏使华，请中国"代聘贤明练达之士"赴朝"随事指导"③。李鸿章于是推荐了前驻天津德国代理领事穆麟德（P. G. vonMöllendorf）。穆麟德在代理领事之前，曾在中国海关工作过五年，因与德国公使巴兰德关系紧张，辞职到李鸿章的幕府工作，深得李鸿章的信任。他到朝鲜的具体任务是担任外交顾问并襄理新设海关事务。同时，李鸿章又推荐马建忠的胞兄马建常同去。马建常懂多种欧洲语文，熟悉国际法，曾任中国驻日本神户理事（领事）。李鸿章派他去的理由，是派洋员"必须有中国委员同往联络钤制"④。

以上措施，尽管很多是接受朝鲜政府的请求，但也有不少是清政府强加给朝鲜的，如《商民水陆贸易章程》中的一些条款。中国的宗主权加强了。但同时也引起了具有独立意识的朝鲜人的不满。中日两国在朝鲜问题上的矛盾也从而更加激化。

三　日本加紧扩军备战

《济物浦条约》签订之后，日本朝野人士大都表示欢欣鼓舞。花房义质回到日本时，在下关、神户、横滨等地，很多政府及民间团体为之举行欢迎会，表示慰劳。花房抵东京时，日本天皇亲赐马车迎接，并派出自己的近卫骑兵沿途警备。接见时，天皇又亲赐敕语对其大加褒奖。

其时，日本的很多报刊也大事鼓噪。被称为日本启蒙思想家的福泽谕吉，亲自为其主编的《时事新报》撰写社论中称："我外交官之敏达，较

---

① 王铁崖编：《中外旧约章汇编》第一册，生活·读书·新知三联书店1957年版，第404—407页。
② 《清季中日韩关系史料》第三卷，第1032页。
③ 同上书，第1038页。
④ 同上书，第1041页。

之世界文明国之外交官吏，毫无逊色。……此次结局之美满，虽使欧洲第一流外交家视之，除小节外，亦不能下些须之批评。"《东京日日新闻》也盛赞花房义质善于折冲樽俎，说："此次谈判颇为周到，天下公众咸认满意。此虽由于我内阁诸公——尤以井上外长为最——训令得宜，但花房折冲之得宜，厥功实伟。"①

同时，一些报刊继续进行反对中国的鼓吹，制造来自中国"威胁"的舆论。《东京日日新闻》的社论中说："此次清国对于朝鲜之处分，乃系向一自主国家劫以兵威之行为，若不加追究而等闲视之，无异承认清国对于朝鲜内政外交不负丝毫责任，而一旦有事，则可施其无限干涉之权。"《每日新闻》的社论说："清国自此干涉后，朝鲜为其属国之口实将益巩固。我国若置而不问，恐日韩关系将从此废绝，而后来之纷纭永无已时。我辈认为清国之所为，影响日韩邦交，望我政府向清廷质问，以防后日有事时更起纠纷。"②

日本朝野之所以对济物浦条约的胜利感到欢欣鼓舞，是因为日本取得这样的外交胜利是出乎意外的，是很侥幸的。它当时的力量，还不足以与中国抗衡。在海军方面，它虽然拥有铁甲舰"扶桑号"、钢架木皮舰"金刚号"和"比睿号"，但其他舰只就很差了。于是，日本政府关心的焦点，转向了进一步扩张军备。

早在壬午兵变发生后不久，代理陆军卿、参事院议长山县有朋就于8月15日提出"欧洲各国距我国较远，痛痒之感并不紧迫"，断定目前不存在欧洲国家入侵的可能性，日本要对付一个"较强弱者"，那么正在"紧邻之处"，日本应以清帝国为假想敌。他还制造中国将成为日本"外患"的神话，说中国"行将乘我之弊"，从目前形势看，清帝国的威胁已发展成为具体的了。山县鼓动说："坐待此种局面之到来，则我帝国将无人可以恃之以维持独立，无人可以与语富强。"③ 极力主张扩张军备。陆军当局在山县有朋的指示下，制订了一个扩军计划，要增设野战炮兵联队、骑兵、工兵、辎重兵等特殊兵种，将过去镇台的两个步兵旅团整编、

---

① 王信忠：《中日甲午战争之外交背景》，第50页；信夫清三郎：《日本外交史》上册，第194页。

② 同上书，第50—51页。

③ 信夫清三郎：《日本外交史》上册，第196页。

扩充为具备在大陆平原作战能力的野战师团。这个兵力一举增加一倍的计划，决定三年后开始实行。

9月间，右大臣岩仓具视在内阁会议上又提出扩大海军的问题。他说，在朝鲜事变中，派遣军舰表现出了困难，"目前既已如此，待至他年清帝国舰队大体完备之日，我们如仍止于今日之状态，则将何以备缓急，实属寒心之至"①。于是，海军卿川村纯义提出一个计划，要求将原定20年内建造60艘军舰的计划，改为从第二年开始8年建造48艘，即平均每年3艘改为8艘。

当时，日本陆海军经费已经高达国家财政预算的27%。要扩大海军，每年还要增加402万元。显然，从国家财政中追加军事预算是不可能的。为此，岩仓具视提出意见书指出："要支付此项费用，除采取非常税收办法外，别无他策。"② 山县有朋也支持岩仓具视的主张。他们明知增加税收必然引起民怨沸腾，但决心压制舆论，坚决推行军备扩张政策。11月，天皇对地方官发布了必须扩充军备的敕谕，12月，又向各省长官发出必须改革以前制定的"休养民力、培植根本"方针的敕谕。于是，扩张军备正式实施。

在进行军备扩张的同时，日本政府企图制定一个对朝鲜的政策。外务卿井上馨在10月间向太政大臣三条实美提出三条意见：一、与条约各国协议，承认朝鲜独立。二、与中国直接谈判，使其承认朝鲜独立。三、对朝鲜政府进行工作，援助朝鲜独立。岩仓具视认为后两条必将导致同中国发生冲突，而目前的当务之急是"扩张我陆海军力"，因而主张采取第一方案，策划各国承认朝鲜独立。③ 11月间，井上馨征求旅欧途中的参议伊藤博文的意见。伊藤博文主张援助朝鲜的独立党即采取第三方案。内阁会议又以目前军备不足和财政困难为由，否定了伊藤博文的意见。

有的论者根据当时日本朝野曾有由列强保证朝鲜独立的舆论，认为当时中国没有有远见的外交家，乘机根除"远东的火药库"。这其实是一种幻想。当时日本的实力与其对朝鲜的强烈欲望之间存在着很大矛盾，所以

---

① 《岩仓公实记》下卷，第910页。

② 同上。

③ 《中日战争》（续编），第九册，第22—23页。

才有人主张采取守势的对朝政策。即使在这种情况下,主张采取攻势政策者也大有人在,伊藤博文便是他们的代表。所以,日本这时的对朝政策,只能是一种摇摆于守势与攻势之间的政策。从长远来说,日本必然采取攻势政策。它冒着人民群起反抗的风险增税扩军,便是明证。而且,日本明治政府从一成立起就鼓吹海外扩张,"征韩论"的叫嚣历久不衰。如果朝鲜真正独立,就封锁了日本的海外扩张之路,它无论如何是不会同意的。守势政策本身,就是一种以守为攻的政策,即企图借西方列强之手剥夺中国对朝鲜的宗主权,以利于日后日本独占朝鲜。即使如此,这种政策在野心勃勃的日本决策者中间也不会成为主流。

事实上,日本政府尽管口头上一再表示对朝鲜问题要处之慎重,但不久,就开始策划在朝鲜发动政变了。

第四章　日本参与策划的朝鲜甲申政变

第一节　甲申政变的起因

一　日本扶植下的朝鲜开化独立党

1880年7月朝鲜派修信使金弘集访日，日本开始对朝鲜采取笼络政策。接着，驻汉城的日本公使花房义质又在朝鲜政府中广泛活动，极力推行其"文化政策"，宣传日本的所谓"文明开化"，主张朝鲜走日本式的改革道路。这一招果然奏效，朝鲜政府中开始出现亲日倾向。

日本很善于在朝鲜官僚阶层中寻找自己的追随者和代理人。一直不遗余力地鼓吹侵略朝鲜的日本启蒙思想家福泽谕吉，很快便发现了朝鲜的青年官僚金玉均。他经由自己豢养的东本愿寺派僧侣寺田福寿，与朝鲜僧侣李东仁联系，并透过此线跟金玉均串通。[①]

金玉均出身于封建贵族家庭，很早就受到实学思想的影响，对世界形势和资本主义文明有一定的了解，萌生了向西方学习、改造朝鲜落后面貌的思想。1872年，金玉均走上仕途。由于他在科举考试中位居榜首，虽然官位不高，却很有些名气，也受到朝鲜国王李熙的重视。1881年，在花房义质的鼓吹下，他上奏朝王，请派员赴日本考察。于是，朝鲜组织了一个30多人的"绅士游览团"赴日，成员有著名人物朴定阳、鱼允中、洪应植、徐光范等。据驻日公使何如璋的报告，朝鲜绅士游览团到日本"专为探察日本一切政治，于外交、兵制均甚留心"，"同行数十人，于军事、税务、矿务、工业各项，分门考究"[②]。游览团访日期间，还访问了

[①]　许介鳞：《近代日本论》，台北故乡出版社有限公司1987年版，第61页。
[②]　《清季中日韩关系史料》第二卷，第508—509页。

位于三田的福泽谕吉邸宅，福泽向他们灌输了日本的"文明开化"思想。游览团对福泽的说教深以为然，当即决定输送朝鲜青年俞吉濬、柳定秀入福泽创办的庆应义塾学习。

游览团在日本大开眼界，对日本资本主义的发展十分钦羡。他们归国后，呼朋引类，声应气求，逐渐在政府中形成了一个主张以日本为楷模进行内政改革的"开化独立党"，也称日本党。其主要人物都是一些青年贵族，如洪应植是领议政洪淳穆的儿子；朴泳孝是哲宗的驸马，官封锦陵尉；徐光范是参判徐相翊的儿子。

1882年春，金玉均受高宗命亲自赴日考察。当到达东京时，福泽谕吉派东本愿寺僧侣寺田福寿前往迎接，并陪伴其到东京。福泽在与金玉均会见时，表示支持其在朝鲜进行改革，并讽示其断绝朝鲜与中国的宗属关系。金玉均则表示希望得到日本的援助。双方意气相投，一拍即合。金玉均在日本的考察时间很长，用了很大精力与日本朝野各阶层人士进行广泛接触。7月下旬，壬午兵变发生，日本公使花房义质率部队赴朝，金玉均搭乘其军舰回国。

壬午兵变后，大院君被拘往中国，坚持锁国攘夷政策的势力受到严重打击。这一事实造成两个后果：一、闵妃一派由于清政府为其排除了政敌，坚决站到了清政府一边，成为所谓"事大党"。二、朝鲜与日本发展关系的障碍消除，开化党公开亮出亲日的旗帜。

由于清政府的倡导，朝鲜政府在壬午兵变前后开始出现开国自强的气象。特别是在1882年八九月间，各地儒生、中小官吏和下级军官掀起了一个"开国上疏"运动，向国王提出16件奏疏，要求进行内政改革，对外通商，广泛吸收近代文明，制器练兵，发展工商业等。[①] 这为开化党的活动提供了条件。

1882年9月，朝鲜派出锦陵尉朴泳孝、副护军金晚植以及徐光范、闵泳翊组成的修信使团到日本谢罪，金玉均作为顾问随行。日本方面认为这是拉拢开化派的一个极好机会，因此对接待工作特别重视。使团动身以前，日本驻朝公使花房义质即致函日本外务大辅吉田清成："今此朝鲜使节之性质，不但异于通常使节，且有特别意义。不管前例如何，在可能范

[①] 朝鲜科学院历史研究所编：《朝鲜通史》下卷，第66页。

围内,请给予亲切招待。彼方若有好感,对交往上将有不少裨益。"① 因此,修信使团到东京后,受到日本政府的殷勤接待。为了赢得朝鲜的好感,日本决定将朝鲜50万元赔偿金的还款期限,由5年改为10年。福泽谕吉、后藤象二郎②等也多次会见使团。福泽对金、朴挑拨说,朝鲜有二千年的文化,却甘心做中国的属国,实在不可理解。他还告诉金、朴:开化独立运动必须建立起文化基础,因此应该振兴洋学与发行报纸。③ 金玉均等认为日本朝野真心实意地支持开化党,于是决心依靠被一般朝鲜人视为"世雠"的日本。金玉均在其日记中对此有明确记载:"时日本政府方注意于朝鲜,视为独立国,待公使颇殷殷。余察知其实心宴事,乃与朴君议,遂倾意依赖于日本……时日本政府加酒草之税,锐意为扩张海陆军。一日余访外务卿,语次,井上言:'今我国扩张军势,非独为我国固本而已,为贵国独立一事,亦有所注意云。'盖日本政府之趋向如是。"④ 朴、金还向日本外务卿井上馨请求借款,井上馨满足了他们的要求,令横滨正金银行贷给17万元。

1883年1月,朴泳孝使节团陪同日本新任驻朝公使竹添进一郎回朝。福泽谕吉的门生牛场卓藏、井上角五郎、高桥正信等受聘随同赴朝,准备帮助朝鲜政府进行"改革"。朴泳孝还雇请了陆军大尉松尾三代治和原田一,以备训练新式军队。金玉均与徐光范继续留在日本,处理未了事宜。竹添进一郎到朝鲜后,于呈递国书时,向高宗呈献了日本天皇赠给朝鲜的村田铳步枪425支,弹药5万发。

亲中国的闵妃一派,对开化派的亲日活动早有觉察,于是益加和清政府派出的吴长庆、袁世凯、马建常以及德国人穆麟德结合起来,处处防范开化派。在朴泳孝、金玉均出国期间,朝鲜政府的机构发生了重大改组,设立了统理交涉通商事务衙门(外衙门)和统理军国事务衙门(内衙门)。外衙门以赵宁夏为督办,金弘集、穆麟德为协办(以后又增加了闵泳翊);内衙门以洪淳穆、金炳国为总理,闵台镐为督办,实权掌握在闵氏集团手中,并听从马建常(初任朝鲜议政府参议,后辞去)、穆麟德的

---

① 转引自林子候《甲午战争前之中日韩关系》,第87页。
② 自由党领袖,曾积极鼓吹"征韩论"。
③ 石川幹明:《福泽谕吉传》第三卷,岩波书店1932年版,第293—297页。
④ 《金玉均甲申日记》,《中日战争》第二册,第459页。

指导。朴泳孝被排斥于内、外衙门之外，回国后任汉城判尹，继又改任广州留守。倾向开化派的鱼允中开始在内衙门任同参议，后来朝廷令其离开中央，派充西北经略使。金玉均归国后，派任东南诸岛开拓使兼捕鲸使。洪英植于4月间被委任邮政局总办之职，但到6月就奉派与徐光范等跟随闵泳翊出使美国。

在困难的处境中，开化派在国内积极争取高宗的支持，在国外争取日本的援助，以展开其"开化独立"事业。他们进行的活动主要有：

一、派遣留学生赴日。当朴泳孝自日本归国时，金玉均因借款问题未办妥而继续留日数月。在福泽谕吉、后藤象二郎的帮助下，金玉均与横滨正金银行签订了一项合同，合同规定，正金银行借款17万元，其中5万元用作偿付壬午兵变中死难日本人的抚恤金，余款除结算谢罪使团在日本的旅费外，用作朝鲜向日本派遣留学生的经费。借款以釜山海关的收入以及端川的沙金矿作担保。金玉均归国后，即上书国王，陈述选拔俊秀子弟到外国留学的必要，得到了批准，于是从中人、常民、乡班子弟中选拔了40人，送往日本。这批人到日本后，交由福泽谕吉进行监督与照顾，有的进入福泽的庆应义塾，大部分进入陆军户山学校学习军事，其余部分进入各种技术学校。派遣留学生，是开化派自觉适应日本征服朝鲜的文化战略的措施。这批人后来大部分成为亲日派。

二、改革警察制度。朴泳孝任汉城判尹时，改革旧的警察制度，设立警巡局，并试图设置治道局，对全国的公路、土木建筑等项事业进行改革。

三、创办邮政制度。洪英植在日本考察期间，对日本的邮政制度很感兴趣，令其部属李商在草成《日本驿递局视察复命书》，回国后上呈高宗，所以后来被任命为邮政局总办。洪英植随闵泳翊赴美归国后，即废除了驿马制度，建立了新的邮政体系。还在汉城附近兴办农场，推广新的农业技术。

四、建立新式军队的尝试。开化派懂得武装的重要，在朴泳孝出任广州留守兼守御营使期间，由日本士官学校毕业的申福模、李圭元、柳赫鲁、郑兰教等人组建了一支规模千人的新式军队，聘请了日本教官进行训练。后来由于朴泳孝被免职，这支军队由闵党分子韩圭稷、尹泰骏收编为亲军前营、后营。1884年4月，从日本学成回国的士官学生提议创办士官学校，遭袁世凯和闵妃一派反对，未果。

五、创办《汉城旬报》。如前所述，福泽谕吉指使其门徒牛场卓藏、井上角五郎、高桥正信等随朴泳孝使团赴朝，准备帮助朝鲜政府改革，尤其注重开化独立运动文化基础的建设。但三位日本人士到朝鲜后，发现事大党势力雄厚而开化派势力孤单，很难有所作为。于是牛场、高桥相继返国。后来井上角五郎进入统理衙门的博文局担任主事，与开化派共同筹划创办了《汉城旬报》，于1883年10月30日发行第1号。该报名义上由金晚植主编，实际上受井上角五郎操纵，成为开化派的喉舌。金玉均曾在该报发表《富国强兵之基础》、《治道论略》等文章。但发刊时的《汉城旬报》系汉文版，只懂朝鲜谚文的普通群众看不懂，只在较高文化层次的人群中流传。

六、向日本举借外债。金玉均初任东南诸岛开拓使时，负责外交和资金筹措等事。先是金玉均旅日期间，日本政府一些人士曾向其表示："若有朝鲜政府谋国债委任状，事可成矣。"后来日本外务大辅吉田清成也使人捎口信给他："若有国债委任状，大事可成，此不可忽。"① 金玉均将此意报告高宗，闵氏集团和穆麟德极力反对，但高宗批准了这一计划，付予300万日元的国债委任状，试图以郁陵岛木材采伐权、东南海岸捕鲸权和东南各岛开拓权等利权作担保向日本举债。于是金玉均再度赴日。当金玉均谒见日本外务卿井上馨时，发现"其言辞气色，顿异前日"。日本方面的态度发生了变化，对待金玉均相当冷漠。变化的原因，按照金玉均的分析主要是：一、驻日公使竹添进一郎与穆麟德过从甚密，听从穆等之言，在金玉均到日之前已有所报告，据说丑诋金玉均所持之委任状是伪物，不可置信。二、数月之间，日本政府对朝鲜的方针突然改变，采取"姑敛手不动"的方针。三、日本政府认为金玉均、朴泳孝是"轻躁浮薄"之辈。② 金玉均处境极为尴尬。他唯恐借不到钱，反会被高宗认为他所说的日本可以信赖云云，是一场骗局，于是向美国驻日公使平安请求支持。经平安斡旋，金玉均委托住在横滨的美国商人莫尔斯在英、美募集外债，结果没有成功。金玉均不得已，又向创立第一国立银行并在釜山设立分行的

---

① 《金玉均甲申日记》，《中日战争》第二册，第459—460页。
② 同上书，第460—461页。

涩泽荣一借款10万或20万日元，但因未能获得井上外务卿的同意，也告失败。金玉均又转而向福泽谕吉求援。福泽介绍其去见后藤象二郎，后藤答应以武力和财力援助。金玉均向后藤表示："如果诉之武力从朝鲜政府驱除事大派，需要借助日本人，而进行改革更需要一笔资金。"后藤告诉金玉均说："象二郎既言之后，决无二言，惟望能得朝鲜国王之宸翰。盖关于朝鲜改革一事，如无韩王全权委任之诏敕，恐群小或将妨碍予之行动而误大事。阁下如真信予，请即设法得之。予必携百万资金及同志之士渡韩，一举扫荡丑类，而安八道之民，置贵国于泰山之安。"[①] 金玉均听后竟很受鼓舞，答应回国请求国王赐诏。由此可知，金玉均等欲依靠日本发动武装政变的企图，这时已经产生。

金玉均回国后，在外衙门富教司任协办，因财政问题与穆麟德经常发生冲突。闵泳翊出访美国，转游欧洲归国，对改革朝政多所建议，金玉均对其建议"有赞成者，亦有驳辩"[②]。闵泳翊力主亲中国，对日本的憎恶常溢于言表，对亲日的金玉均也表示反对。金玉均一筹莫展，只好请求休假，闲居于东郊别墅中。开化党中其他人也郁郁不得志。他们积蓄力量，等待时机，以求一逞。这样的时机，终于出现了。

二　朝鲜政局的动荡

壬午兵变之后，中国在朝鲜驻兵六营，朝鲜内政外交的很多事情，都征求中国驻朝官员的意见。中国在兵变发生后的扶危定倾之功，使朝鲜政府心悦诚服地接受中国的指导。

但是，中国的长期驻军和大量中国商人涌入朝鲜，也会影响到朝鲜人的民族情绪。日本报纸为了煽动反对中国的情绪，大讲中国商人品行不端和士兵风纪不良。实际上，这方面虽然不无问题，但情况并不严重。当时有些驻朝鲜的西方人士便不以日本的宣传为然，有的明确指出："中国驻军秩序井然，同居民相处得极好。"[③] 尽管如此，在士兵和商人中，骄纵的事件也还是难以避免，而有的中国官员的"上国"势派也时有流露。

---

① 《伯爵后藤象二郎传》，第541—542页。转引自王信忠《中日甲午战争之外交背景》，第62页。

② 《金玉均甲申日记》，《中日战争》第二册，第461页。

③ 季南：《英国对华外交》，商务印书馆1984年版，第113页。

1884年上半年，连续发生了两件事情，都给开化党攻击中国的宗主权提供了口实。一是年初发生的"《汉城旬报》事件"。当时有一药局主人崔宅英被穿中国军服的人打死，事后并未抓住真凶。《汉城旬报》在第十、十一两号上连续刊载此一事件的"内幕"，借机煽动反对中国军队的情绪。中国商务委员陈树棠表示，凶犯并非中国士兵，而是朝鲜人冒穿中国军服者所为，对《汉城旬报》提出抗议。最后此案成为悬案。二是5月间发生的"李范晋案"。李范晋是原兵曹判书李景夏的儿子，曾任司谏院正言，三品朝士，因违契引起与华商的房产纠纷。部分华商将其扭送中国驻朝商务公署审办。根据朝鲜的法律，对"朝士"这种具有贵族身份的士绅，一般司法机构不得擅自治罪，"必经禀旨，始乃依律查勘"。而中国商务委员陈树棠却令其部属刘家聪与朝方刑员一同审办。朝方刑员"辞以不奉朝命，且言法司不能擅问朝士"，刘家聪便书写"天子法庭"四字以示威胁。此事招致朝鲜朝野一致的不满，连亲华的金允植都认为，以"违契小事"而将李范晋置之典刑，令人寒心。① 上述事件一发生，开化派便借机大肆渲染。中国在朝鲜的威望呈下降趋势，而开化派的独立活动因之益加扩大。

影响朝鲜政局的另一因素是大院君即将释放回国的传言。此事与中国的政局有关。1883年7月，慈禧太后命醇亲王奕譞参与中法越南交涉事宜。中法交涉本由军机大臣兼总理衙门大臣恭亲王奕䜣主持。奕䜣、奕譞兄弟长期不睦。奕譞因系光绪皇帝生父，自光绪继位后即避嫌不预政事。现在慈禧让奕譞参与议政，明眼人一看就知道是针对奕䜣而来。大院君被拘留在保定，其徒党以为奕譞与大院君地位相似，可能会同情大院君的处境，所以便倾云岘宫中的财宝向奕譞行贿。后来，果然传出醇亲王即将秉政、大院君将于春间被释放的谣言，甚至说清政府将另派三千军队保护大院君，并派驻监国监理国政。本来，大院君被拘后，朝王曾两次派使来华，向清廷要求将大院君释回。不过这只是一种表明"孝治"和维护面子的礼节，是做给朝鲜人看的，其真心则与此相反。当时奉使来华的赵宁夏讲得很明确："论寡君情私，则当以释回为是；若论公义，则不能顾情

---

① 金允植：《云养集》，《中日战争》第二册，第389页。

私矣。"① 听到大院君即将释回的传言，高宗和闵妃集团均感震惊，怀疑中国对朝鲜的政策发生了变化。他们认为，如果中国改而支持大院君，则他们自己必将遭受打击。如果那样，他们只有倒向日本一边才能自救。1884年2月16日，高宗密令前营使韩圭稷前往日本公使馆，谒见代理公使岛村久，以"大院君即将回国、中国同时要派监国来朝"向岛村久进行试探。岛村久对此事将信将疑，未予明确答复。两天后，韩圭稷再晤岛村久，提醒日本："如大院君回国，庆尚道可能发生扰乱，在釜山的日本领事和侨民将遭危险。朝鲜既无保护之力，就希望日本出兵（二三百名）于仁川、元山两港，防止叛乱。"② 4月28日，高宗又遣韩圭稷告岛村久，拟于昌德宫召见岛村久，以提出"以后有事希望日本援助"的要求。但岛村久告诉韩圭稷，这样做不符合外交惯例，朝鲜如果打算这样做，便应派出驻日公使，由公使持朝王的"机密亲书"直接向日本天皇提出请求。高宗拟派赵准永赴日，但岛村久认为赵准永品位不高，请另择他人。后又拟派闵应植出任，但遭返国的闵泳翊反对，未果。由以上情况可以看出，朝鲜政府被大院君释回的谣言搞得十分紧张，倾全力进行应变准备。关于醇亲王取代恭亲王的传言，到4月间果然变成了事实。惴惴不安的闵妃集团并未见有大院君获释的迹象。6月，大院君见被释之传言化为泡影，乃遣其侍从李益瑞到都察院喊冤递呈，要求释放。都察院上奏后，清廷经过合议，不准所请，发布"上谕"说："现在该国祸乱甫平，前往镇抚之军尚未全数撤回，自未便将李昰应释令回国。著李鸿章传知李昰应禀遵前旨，省过安居。该督仍当饬属妥为照料，加意矜恤。"③ 闵妃集团见清廷有此明确的态度，才放下心来。

对朝鲜政局影响最大的，要数中法战争。1883年，由于法国对越南侵略的加深，中法关系再度紧张。8月25日，法、越签订《顺化条约》，规定："越南承认并接受法国的保护权，法国管理越南政府对一切外国的关系，包括对中国的关系在内。"④ 在国内清流人士保藩抗战舆论的压力下，清政府不得不命令云贵总督岑毓英进驻北越，指挥军事。12月，法

---

① 《清季中日韩关系史料》第三卷，第893页。
② 田保桥洁：《近代日鲜关系研究》上卷，第888页。
③ 《清光绪朝中日交涉史料》（200），第五卷，第20页。
④ 马士：《中华帝国对外关系史》第二卷，第387页。

国军队进攻山西中国驻军防地,清军起而抵抗,中法战争正式爆发。4月,以清军接连失利为借口,军机处全班换马,李鸿章也屡遭弹劾。由于战事吃紧,吴长庆军由朝鲜撤退三营还驻中国东北,以备调遣。此后,法国海军进攻台湾基隆,又突然袭击福州马江,驻泊当地海面的30艘中国舰船全部被沉,马尾船厂也被摧毁。中国惨败的消息传到朝鲜,引起朝鲜政府的极大震动。"天朝上国"的威信再次受到影响。越南与朝鲜同为中国的属国,中国不能保琉球于前,不能保越南于后,将来能不能保朝鲜,这确实是令朝鲜朝野人士担忧的问题。开化党抓住朝鲜人的这一心理,大肆活动,宣传中国政府不可信赖,朝鲜应摆脱中国的宗主权而独立,另觅途径。闵妃集团的一些成员对中国的信赖也发生动摇。日本从而进行煽惑,致使朝鲜政府对中国的离心倾向日益增强。驻在朝鲜的袁世凯对此深有感触,他在给李鸿章的报告中描述这一状况说:"朝鲜君臣为日人播弄,执迷不悟,每浸润于王,王亦深被其惑,欲离中国,更思他图。探其本源,由法人有事,料中国兵力难分,不惟不能加兵朝鲜,更不能启衅俄人,乘此时机,引强邻自卫,即可称雄自主,并驾齐驱,不受制中国,并不俯首他人。此等意见,举国之有权势者,半皆如是。独金允植、尹泰骏、闵泳翊意见稍歧,大拂王意,王浸疏远。似此情形,窃虑三数载后,形迹必彰……自中法兵端既开,人心渐歧,举止渐异,虽百计诱导,似格格难入。"[①] 朝鲜政局动荡,人心不稳,造成了开化独立党大肆活动的气候,也造成了日本策动颠覆朝鲜政府的政变的机会。

三 日本对朝鲜和中国的外交攻势

前文已经述及,由于日本的军事实力与其对朝鲜的强烈欲望之间的矛盾,在壬午兵变之后,日本政府中有一派人主张在朝鲜采取守势,即暂时谋求与中国妥协。但另一派人则仍主张采取攻势。具体说来,外务卿井上馨主张采取守势政策,而参议伊藤博文则主张推行攻势政策,负责军事的山县有朋虽然倾向于采取攻势政策,但他认为军事准备尚不充足,不能在朝鲜问题上贸然同中国发生冲突。所以这一时期日本在朝鲜的政策,摇摆于守势与攻势之间。从他们对开化独立党时而热情、时而冷淡的态度中,

---

① 《李文忠公全集》,译署函稿,第十六卷,第10—11页。

也可以看出这种摇摆性。1882年10月朴泳孝、金玉均一行赴日谢罪时，日本不仅热烈欢迎，殷勤招待，还借款17万元给朝鲜，指定其中12万元作为朴泳孝等人的活动经费，以及向日本派遣留学生、为开化党培养干部的费用。但到1883年春，日本的态度就有所变化，自动将在朝鲜的驻军从两个中队减为一个中队（200人）。本来，日本主动启发金玉均，可给朝鲜借款300万日元，但到6月间金玉均去借债时，则又表示拒绝。竹添进一郎1883年1月初刚到朝鲜任公使时，代表日本天皇向朝王赠送步枪425支，弹药5万发，其时，与金玉均等开化派"交正厚矣"[1]，但不久就对金玉均等采取了疏远的态度。

正当日本对朝鲜与中国的外交政策举棋不定的时候，中法关系紧张起来。1883年5月，由茹费里内阁提议，法国议会通过了为数550万法郎的远征越南的军费开支。此后，中法实际进入战争状态。消息传到日本后，主张采取攻势的一派格外高兴，他们指出，法国对越南的关系，和日本与朝鲜的关系完全一样，都是要摧毁中国的宗主权，认为这是天赐良机，应该联合法国，夹击中国。日本自由党是攻势政策的热烈支持者。他们制造一种舆论，说中国是专制国家，而法国是自由主义的政体，因而应支持法国。自由党的机关报《自由新闻》于6月13日扬言，如果爆发中法战争，中国获胜，那么中国"欲乘胜一雪外耻之心，必将迅速转向我国"，主张"如果万不得已，莫如与法国联合起来"。[2]

1883年6月，法国政府命令其驻日公使德理固（一译脱利古）来华谈判越南问题。德理固在华期间，与日本驻华公使榎本武扬鼓吹法日同盟。10月间，德理固亲自会见榎本武扬，"诱以助日改正条约为辞，以琉案未结为例，以日本一国之力，甚难令中国屈服，法国与越南的纠葛和日本与中国纠葛类似，两国戮力合作，必能达成吾人之目的"，还向榎本出示法国政府的电报，"剖析日法同盟之利，若中日进入战争，日本只派陆兵二万足可粉碎中国的军队，法国负责海军及军需品的后援"。德理固告诉榎本："环顾各国，足可让日本信赖结盟者，只有法国和俄国。"[3]

---

[1] 《中日战争》第二册，第460页。
[2] 信夫清三郎：《日本外交史》上册，第200页。
[3] 金正明编：《日韩外交资料集成》第三册，附录五。转引自林子候《甲午战争前之中日韩关系》，第115页。

正在欧洲调查宪法的参议伊藤博文主张不可错过这个好机会，"应联法攻清"。但井上馨虽然赞成法国的观点，却认为不可能实行。①日本这时之所以没有与法国联合，原因有三：一、中、法、越南较量，结果如何还不明朗。二、在军事力量没有超过中国以前，日本不敢孤注一掷。三、当时在国际上有两大轴心互相对立，一为法、俄，一为英、德。英、德在朝鲜、越南问题上支持中国的立场，日本不敢轻易卷入国际纠纷。

尽管日本没有与法国结盟，但在朝鲜的态度却强硬起来。驻朝公使竹添进一郎1883年12月回国休假之后，由岛村久代理公使。岛村根据国际气候和朝鲜局势的变化，一改竹添疏远开化党的立场，积极与开化党和国王的近臣接触，挑动开化党进行所谓"改革"。金玉均日记中对此有所记述，如："一日，余独往日馆，与岛村晤。言离时，岛村时以国家大势言挑之。余乃痛论朝鲜一国不可时日支保之势，又恨日本政府变幻政略如儿戏之事。岛村不以为然：'阁下之前年事，为台竹添不尽通情故也。且政府之疏对阁下，为有竹添报告故也。竹添之疑讶，亦因其时事势而然。我政府之对朝鲜政略，何尝小变？况今东洋大势，为清佛（法）关系甚急，岌岌累卵；君辈如能为国改革，在我政府亦不以为不可。'概其言辞活泼可规。"②显然，竹添与岛村的态度，都不是个人感情的表露。他们都表达了日本政府的意向。

随着中法战争的深入，日本愈加认为有机可乘。特别是马江之战后，不仅在野派的政客激烈主张乘机攻击中国、制服朝鲜，连井上馨也改而倾向攻势政策。1884年7月，自由党的中江兆民和杉田定一等人发表了《国家盛衰取决于外交策略》的意见书，并到中国上海开办东洋学馆教授汉语，培养侵华人才。一同前往中国的樽井藤吉和泉邦彦等人则与参谋本部部员小泽豁郎中尉、代理芝罘领事东次郎等，策划趁中国战败，在福州发动叛乱。将要开始行动，参谋本部下令停止，此项计划未得实行而告吹。③福泽谕吉这时也大肆活动。9月，他乘邮船开赴朝鲜之机，使人将中法宣战的新闻、《时事新报》所载《各国瓜分中国预想图》以及《北京

---

① 信夫清三郎：《日本外交史》上册，第200页。
② 《金玉均甲申日记》，《中日战争》第二册，第462页。
③ 信夫清三郎：《日本外交史》上册，第201页。

梦枕图》等宣传品运往朝鲜。《北京梦枕图》系一锦绘漫画，上画一清朝官员吸食鸦片，各国军队军舰云集，外国士兵或缚其腿，或炙其足，而此清朝官员在枕上吸食如故。此一锦绘的作者为福泽谕吉的外甥今泉秀太郎，福泽谕吉并在上面题词，揶揄中国高枕卧梦，不理会列强的分割。这些宣传品送到朝鲜，亲日派广为传播，并送给高宗观看，因而引起上下骚动。另外，6月22日，自由党总理坂垣退助和后藤象二郎访问法国等欧洲国家回国后，即依照上年与金玉均的约定，进行支持开化派武装政变的准备。9月，他们请求法国驻日公使桑克维提供借款100万美元作为经费，并派出军舰一两艘支援朝鲜政变。他们还写信给侵越法军统帅孤拔以及避居上海的法国驻华公使巴特纳，请求援助。信中说："阁下对于安南（越南）事件若需战士，余辈亦乐予赞助。"孤拔及巴特纳当即回信表示赞同，请他们与桑克维接洽。坂垣、后藤等得到法国许诺后，纠集了一支七八百人的武装，只待开化党送来朝鲜国王的密诏，就要举事。①

后来，后藤象二郎在与伊藤博文的一次谈话中，不慎将自由党的这一计划泄露出来。伊藤、井上等人担心自由党的行动会使政府造成被动，于是一面制止自由党的行动，一面抢先采取措施支持开化派的政变。先是派遣因"《汉城旬报》事件"辞职回国的井上角五郎再度赴朝，疏通金玉均、朴泳孝与日本公使馆之间的关系。接着又于10月间派遣竹添公使返回汉城。

再返汉城的竹添进一郎，用井上角五郎的话来说，"实非前日之竹添进一郎"②。1884年10月30日，竹添刚到汉城，外务督办金弘集及协办金允植就前往拜访，却遭到竹添的揶揄。竹添对金弘集说："吾闻贵国外衙门内，亦为清国奴隶者数人，吾耻之同周旋。"又对金允植说："君素能于汉学，又深有附清之意，何不入仕于清国？"③ 31日，竹添召集岛村久外务书记官和井上角五郎说："我政府已决定攻打中国，对朝鲜也要伺机而动，为了博取人心，已决定将40万美元赔款退还。"④ 同日，金玉均往访竹添，指责竹添对其无端怀疑，竹添面有愧色，对金玉均的言论均表

---

① 王信忠：《中日甲午战争之外交背景》，第63页。
② 《金玉均甲申日记》，《中日战争》第二册，第463页。
③ 同上书，第463页。
④ 信夫清三郎：《日本外交史》上册，第201页。

赞成，劝诱金玉均继续依靠日本，说："凡国之政略，随时而变，应势而动，岂可胶见一隅而已哉！"①金玉均闻言大喜，将竹添的态度一一告知朴泳孝、洪英植、徐光范。他们确认日本对朝鲜的政策发生了大的变化，决定乘机而动，发动政变。11月1日，朴泳孝去见竹添，竹添鼓动他说："清国之将亡，为贵国有志于改革之士，不可失此机。"②

11月2日，竹添觐见朝王，告以日本天皇为改革朝鲜内政起见，自愿取消朝鲜尚未偿付的40万元赔款，并呈献日本赠送给朝鲜的村田铳16支、汽船一艘、山炮两门。礼毕，竹添要求朝王屏斥群臣，称有要言密对。于是只留李祖渊、韩圭稷及竹添的翻译浅山显藏。竹添谈话的大意是：一、退回赔偿金40万元，只能用来整顿军事，为日后独立做准备，不得挪作他用，并力促朝鲜改革内政。二、朝鲜万一发生事变，只要国王提出要求，日本必尽保护之责。③三、中法之战，中国失败，必然走上衰亡的道路，朝鲜切勿卷入战祸，应有所对策。四、抨击中国拘禁大院君。④竹添进一郎的目的很明显，就是要做朝鲜国王的工作，使之在未来的政变中站在日本一方。

为了给开化党鼓劲，竹添做出了与中国决裂的姿态，甚至在大庭广众之下漫骂中国，羞辱中国驻朝人员。11月3日，是庆贺日本天皇诞辰的"天长节"，竹添在新建使馆举行酒会，邀请各国使领人员参加。朝鲜方面只邀请了开化党的金玉均、朴泳孝、洪英植、徐光范，以及负责外交的金弘集、前营使韩圭稷和左营使李祖渊。李祖渊因见竹添居心叵测，借故未去。日本使馆馆员浅山显藏在酒会进行中发表演说，用朝鲜语骂中国人卑鄙无耻，就像是没有骨头的海参。一边骂一边将眼光投向中国商务委员陈树棠。陈树棠不懂朝鲜语，虽知道不是好话，但不便发作。11月4日，竹添到外务衙门交涉贸易章程均沾一事，事后大发议论，攻击中国。当时外务协办尹泰骏在座，竹添羞辱尹说："君与袁世凯相亲，视中国人为君

---

① 《金玉均甲申日记》，《中日战争》第二册，第463—464页。
② 同上书，第464页。
③ 对"发生事变"一语的理解，朝、日双方各有不同。朝鲜方面的理解是万一大院君被释放回国而发生内乱，日本是指将要策划的政变。
④ 田保桥洁：《近代日鲜关系研究》上卷，第925—926页。

上，君忠于中国而不忠本国。"① 两人发生争吵。竹添等人为了贯彻日本政府促成政变的政策，连起码的外交惯例都不遵循，连一点外交人员的风度、人格都不顾了。

第二节 政变与反政变

一 政变的策划

驻朝公使竹添进一郎以前只做过驻中国天津的领事，在日本地位不高，在开化党人看来，他素性优柔审慎，决非好事者流可比。这次回汉城，却一反常态，极力煽动反华情绪，近于疯狂。所以亲日派开始相信，日本的政策就是乘中法战争之机，支持他们发动政变，驱逐中国势力，完成朝鲜独立。

朝鲜国王在接见过竹添进一郎后，即召见诸大臣商议时局问题。闵妃一派的闵泳翊认为，不能因日本取消40万元赔款，就认为日本对朝鲜友好，日本对朝鲜的政策反复无常，不可信赖，主张坚持依赖中国的方针。闵妃同意闵泳翊的看法，嘱其将此意转告袁世凯。接着，高宗又召见三营使李祖渊、韩圭稷、尹泰骏与戚臣闵台镐，他们也表达了与闵泳翊相同的意见。高宗见事大党势力强大，态度明确，未敢明显表露其依赖日本以图"独立自主"的意图。高宗还召见了时任协办军国事务的洪英植与金玉均。金玉均强调早日实现朝鲜独立，闵妃对金的说法极表不满。②

事大党见日本公使馆与亲日派来往频繁，气焰嚣张，十分警觉。他们愈加与袁世凯等中国驻朝人员亲密往来，一起研究对策。闵妃一派已决定将洪英植窜配。③ 袁世凯预感随时有发生事变的可能，令中国驻朝军队进入战备状态，"衣不解带卸履，一如战时"④。朝鲜事大党控制的军队也进入戒严状态。

自10月30日竹添到汉城，仅四五日间，形势急转直下，空气骤然紧张。于是开化党决定先发制人，及早发动政变。11月4日晚，金玉均、

---

① 王信忠：《中日甲午战争之外交背景》，第65页。
② 林明德：《袁世凯与朝鲜》，第44—45页。
③ 田保桥洁：《近代日鲜关系研究》上卷，第928页。
④ 《中日战争》第二册，第467页。

朴泳孝、洪英植、徐光范经过密谋,将岛村久邀至朴泳孝家,由金玉均向岛村久报告他们的"改革"计划。这实际上主要是一个暗杀计划,有三套方案。第一方案,是借新建邮政局落成典礼的机会举行宴会,邀请事大党的要员参加,即席将他们刺杀。第二方案是使刺客化装成中国人,刺杀闵泳穆、韩圭稷、李祖渊三人,然后嫁祸于闵台镐、闵泳翊父子,再将他们除掉。第三方案是收买京畿监司沈相薰,由其出面在山中僻静处的洪英植别墅白鹿洞亭子设宴,即席将事大党一网打尽。① 暗杀成功以后,即请日本公使率兵一个中队进入王宫控制局面。岛村久对金玉均的计划,总体上是同意的,只是针对第二方案提出,杀害韩圭稷、李祖渊恐引起两人部下的报仇。金玉均表示此事不足为虑,只要任命新的三营使,即可控制军队。金玉均担心的主要是中国军队的介入,他说:"问题是日兵入阙,中国兵也会要求入阙,本来可由朝鲜兵予以抵挡,但朝鲜兵平常畏惧中国兵,没有日本的支持恐有困难。"岛村久大包大揽地说:"驱逐在本地的中国兵,我方用一中队兵去应付就不是一件困难的事。"② 经过讨论,由于第二方案过于迂曲,容易弄巧成拙,没有得到一致的同意。第三方案也由于沈相薰的调职而自然取消。这是决定发动政变的最早、最重要的一次会议。

政变计划既定,金玉均第二天便去向英领事、美公使进行游说,以寻求支持。英领事阿苏敦(W. G. Aston)认为,日本进攻中国,于日本无益,日本也未必会进攻中国,竹添所为,好像只是逞强给朝鲜人看。美使福地(L. H. Foote)对金玉均的话似均表赞同,但其真实意图是使金玉均等促使中日两国均从朝鲜撤兵,然后由美国帮助朝鲜进行改革。是日,竹添进一郎会见了朴泳孝、洪英植、徐光范三人。

11月6日晚,开化派的头目在洪英植家彻夜进行讨论。第二天,金玉均以围棋比赛的名义到日本使馆,与竹添密谋,密谋的内容不详,大概与夜间开化派头目所议有关。金玉均与竹添的这次会见,是发动政变关键性的一次会见,金玉均记载说:"大计之决,实在此日之会(其说不可尽

---

① 《中日战争》第二册,第466页。
② 田保桥洁:《近代日鲜关系研究》上卷,第929页。

记）。"①

11月8日夜，开化派头目在金玉均宅聚会，金玉均的心腹李寅钟报告了他所侦得的清军及事大党军队枕戈待旦的情况。第二天，开化派徐载弼往见日本驻朝使馆卫队中队长村上大尉，通报了清军及闵泳翊等朝鲜军队的情况。洪英植、朴泳孝则到日本公使馆，将上述情况向竹添报告。当夜，开化派头目在徐光范家再次密谋，李寅钟等武装人员也参加了，显然已讨论到政变的细节问题。

11月10日，金玉均以赛棋名义邀请竹添公使、岛村久书记官、村上大尉、小林领事等日方多人至其新建宅第，开化派方面有徐光范、朴齐䌹、刘鸿基、洪英植、尹致昊先后与会，双方有所策划。

11月11日夜，日军突然在南山下距下都监不远处进行军事演习，炮声乱作，王室人员及汉城市民均惊恐不已。洪英植对竹添的这种骚扰行为深表疑虑，但金玉均认为：现在我们形势严峻，危如累卵，排除顾虑，一图变革，是基于这种形势的决策。至于竹添来后种种过激的言行，虽然堪忧，但又"安知非反为福也"②。

11月12日，竹添拟定甲、乙两案，向宫内卿伊藤博文和外务卿井上馨请示。甲案为："我日本与中国政府，因政治方向的不同，终不可寄望于敦睦。如果不与中国一战，除其虚傲心，难有真诚的交际。如有这庙议，今日煽动日本党掀起朝鲜内乱，实为上策。盖并非我与中国开战，是借依朝鲜国王之请守卫王宫，击退以刃向国王的中国兵，并无不合之处。"乙案是："今日若以保持东洋和局为宗旨，不与中国掀起事端，任朝鲜自然的发展，是为得策。"③ 简言之，甲案主张煽动亲日派发动内乱，乙案则主张不加干涉。竹添请本国政府选择其中一种，并在附言中极力主张采用甲案，强调在朝鲜"如不使其对我怀抱恐惧之念，则将一事无成；为使其知支那不足惧，必须时时压制亲清派，使之不得抬头"。竹添认为形势十分紧迫，"今后亲清派如再得势，亲日派将陷于殊死之地，必将采

---

① 《金玉均甲申日记》，《中日战争》第二册，第467页。
② 同上书，第469页。
③ 金正明编：《日韩外交资料集成》第三册，第4—7页，转引自林子候《甲午战争前之中日韩关系》，第124页。

取除奸之举"①。后来发生的甲申政变，完全是按照竹添所拟甲案进行的。

开化派对英、美等国的态度始终不得要领，索性由金玉均出面向美国公使福地和英领事阿苏敦斡旋，声称他们将在日本的支持下进行"改革"，实际上是暗示将发动政变。英、美公使对他们的行动已有所觉察。阿苏敦对要求英国支持"断然加以拒绝"②，福地也未表示明确的支持态度。

11月25日下午2时，金玉均单独去见竹添，向竹添详细讲述暗杀"诸闵及数三奸臣"即闵台镐、闵泳翊、闵泳穆及赵宁夏、韩圭稷、李祖渊、尹泰骏的计划，竹添均表赞成。金玉均恐日本政府及竹添中途变卦，特别强调政变的结果如何取决于日本政府是否支持。竹添为释其疑，表示其态度与金玉均同样坚决。关于政变的细节，金玉均主张将国王劫往江华岛，竹添不同意国王离开汉城，认为在王宫中便于日兵守卫。金玉均只好表示同意。金玉均提出，政变之后，最大的难题是缺少资金。竹添认为，日本支援数百万元不成问题，如有急用，可在仁川、釜山、元山及汉城的日本商人手中凑集10余万元。两人商及日本派兵保护问题，决定由朴泳孝持国王要求保护的密诏交日方，即可出兵。竹添表示："假使支那之兵为一千，将我一中队之兵，先据北岳，则可支二周间，若据南山，则二月守备，断可无忧。"③

11月26日，开化党开始进行政变的具体准备。金玉均、朴泳孝及徐光范前往东门外的僧尼寺，召集李寅钟等人开会，告诉他们最近就要举事，做了一些更为细致的部署。井上角五郎参加了这些集会，日本公使馆、警备队都派人与会。第二天，日本警备队中队长村上与徐载弼到金玉均处进行了密谋。

11月29日，朝鲜国王单独召见金玉均。金玉均乘机对国王进行煽动，劝国王乘中法战争的时机，依靠日本谋取独立。

11月30日，开化党人在金玉均宅开会，决定政变的第一步，借邮政局举行典礼的机会在别宫放火。别宫是世子举行婚礼时所居之宫，属重要

---

① 信夫清三郎：《日本外交史》上册，第201页。
② 季南：《英国对华外交》，第162页。
③ 《金玉均甲申日记》，《中日战争》第二册，第476页。

宫殿之一，该宫在徐光范宅第前方，仅隔宫墙，便于下手。朝鲜的惯例，发生火灾后，带兵的将领必须赶赴现场救火，混乱中容易谋杀。举事的时间，定在三四日之内。

12月1日夜，金玉均、朴泳孝、徐光范应竹添之邀前往日本公使馆，洪英植先已在座。但竹添并未露面，而由岛村久代为接见。岛村久说："竹添公使初欲面会诸公矣，其心中已矢决心，既决而又面会，而费言辞，反属无益。今夜权此失礼，以表其心坚如金石。"① 金玉均将在别宫放火的计划告诉了岛村久。岛村久十分赞赏，并询问放火的时间。金玉均表示要在日本邮船千岁丸号抵达仁川以前。当时日本与朝鲜的联系，依靠邮船往来传递信件。汉城与东京之间的邮件，需要两周时间。竹添11月12日所拟甲、乙两案，约在11月26日可以抵达东京，而日本政府的训令，只能候阴历每月二十日到达仁川的班船千岁丸传来。当月二十日为12月7日。金玉均等人害怕日本政府的政策又有变化，所以要在此前发动。

凌晨2时，四人从日本公使馆出来，转往朴泳孝家。开化党参加谋杀行动的"壮士"们正在这里待命，他们中有李寅钟、李圭贞、黄龙泽、李圭完、申重模、林殷明、金凤均、李殷钟、尹景纯等。金玉均等当即宣布，12月4日晚八九点钟在别宫放火，如果下雨，顺延一天。政变的具体安排是：一、放火一事，由李寅钟负责，李圭完、林殷明、尹景纯、崔殷童听其指挥。火大起时举事。为保证行动时间的一致，届时由李寅钟、李熙顺二人放炮为号。二、一般来说，火起后各营使必来救火。但开化党人认为，营使们已有戒备，也有可能不会去救。如各营使参加当晚的邮政局落成宴会，就一定会赶赴火场。因而决定天亮后即由洪英植向他们发出宴会邀请，试探他们的动向，再确定举事日期是否变更。三、谋杀的分工是：闵泳翊由尹景纯、李殷钟执行；尹泰骏由朴三龙、黄龙泽执行；李祖渊由崔殷童、申重模执行；韩圭稷由李圭完、林殷明执行。此八人各携匕首一柄，手枪一支。为确保谋杀成功，又确定每组再配上一名乔装成朝鲜人的日本人。四、由柳赫鲁、高永锡负责侦探和通讯联络。五、由申福楼率前营兵士及其他政变分子43人埋伏在泥洞附近，火起后赶赴昌德宫西

---

① 《金玉均甲申日记》，《中日战争》第二册，第479页。

金虎门把守，待闵台镐、闵泳穆、赵宁夏入宫时，将他们杀死。六、在宫中值勤的前营小队长尹景完率兵卒50人为内应。七、由绰号顾大嫂的宫女在通明殿燃放炸药，制造声势。另由金风均、李锡伊等事先将火药存放宫内仁政殿等数处，以备入宫后点燃。八、火起后，日本使馆派士兵30人，在金虎门和景祐宫之间往来巡护。九、定"天"字为暗号，为使日本人能懂，应呼日语"ヨロシ"。①

参与谋杀的总岛和作等日本人，由福泽谕吉和井上角五郎招募。12月2日，参加谋杀的李寅钟等开化党人，以到鸭鸥亭近处朴泳孝别墅打鸟为名，与4名日本人会面，进行了策划。当日，竹添也派人侦察了景祐宫附近的形势，并使兵士改装工人模样，从泥岘日本警备队往公使馆搬运子弹。12月3日，洪英植探明各营使第二天晚间无事，便向各国公使领事、金弘集及四营使发出请柬，请上述人等于4日午后6时到邮政局赴宴。一场阴谋至此布置就绪。

二 政变的经过

12月4日，新落成的汉城邮政局张灯结彩。日前，洪英植发出了24件请柬，被邀者大部分表示可以参加。其中外籍人士有美国公使福地及书记官司克特、英领事阿苏敦、朝鲜外务协办穆麟德、中国商务委员陈树棠及帮办谭庚尧、日本书记官岛村久及翻译川上立一郎，朝鲜方面有金弘集、韩圭稷、李祖渊、闵泳翊、尹致昊、申乐均、闵丙奭、朴泳孝和金玉均，加上主人洪英植共18人。竹添借故推脱，德国领事曾额德（Zembsch）可能有所觉察而称病，尹泰骏轮值宫中不能参加。

4日晚，客人陆续来到，按时开宴。厨师系日本人，金玉均令其慢慢上菜，以拖延时间。金玉均与岛村久并坐，时时以日语交谈。酒行数巡，规定的放火时间已过，金玉均心中有事，焦躁不安。这时，朴齐䌹来，将金玉均叫出，报告别宫坚固，千方百计放火也未成功，事情紧急，请示办法。金玉均答复说，别宫既然不行，赶快寻找易于延烧的民居草房点火。半小时后，菜已上完，仍无动静，金玉均实在坐不住了，跑出室外张望。

———————
① 《金玉均甲申日记》12月1日条；田保桥洁：《近代日鲜关系研究》上卷，第949—951页。

柳赫鲁又来报告说，又在几处放火，都不成，别宫放火已被发觉，巡捕到处搜查，十分危险，诸壮士都要杀到宴会上来。金玉均怕伤及外国使节，反对到席间杀人，仍要求他们继续放火。这时宴会已近尾声，正上茶果的时候，忽闻外间人声嘈杂，有"失火了"的喊叫声。宴会厅顿时大乱。前营使韩圭稷喊道："我们担任将领的，不能不赶快去救火！"话音刚落，只见闵泳翊从室外踉跄而入，血流满身，旋即倒地。原来，开化党李圭完等人在邮局北邻的民居草房中点火成功，巡捕赶来救火，开化党的"壮士"们见无法抵敌，便撤至邮局门口埋伏。闵泳翊早就心怀疑忌，闻知火起即夺门而出，被埋伏在门外的日本人总岛和作猛砍一刀，继又遭尹景纯刀砍，左耳后及左大腿均受重伤。众人见闵泳翊被刺，各自逃散。穆麟德为闵泳翊包扎后，将其抬回自己的公馆。① 井上角五郎指挥了这场暗杀活动。②

金玉均、朴泳孝等先奔赴日本使馆。岛村久喝令其赶快去王宫采取行动。井上角五郎已命令日本守备队员福岛秀春与开化党政变分子埋伏在王宫的敦义门。金、朴二人入昌德宫后，迫令宦官柳在贤将睡梦中的高宗喊起，然后直接进入高宗寝室。金等对高宗说："清兵作乱，火光满城，屠戮城中，枪剑森列，请急移御避之，并请召日使入卫。"这时，东北方向通明殿内传来猛烈的爆炸声。国王、诸妃及宫中人员被迫跟随金玉均等转移。当行至永肃门时，参加政变的士官生徒在局出身厅附近又制造了一起爆炸事件，接着大呼："外兵大至，不可缓也！"③ 金玉均乘机要求国王写一亲笔信召竹添来保护。在通往曜金门的路上，金玉均掏出铅笔，朴泳孝拿出白纸，高宗在上面写了"日本公使来护朕"④ 七字。朴泳孝连忙拿着纸条奔赴日本使馆。但政变后的朝鲜政府文件中，则声明此纸条为金、朴二人所伪造。

当金玉均等与王、妃进入景祐宫后门时，负责当夜宫中值班的尹泰骏、沈相薰闻变赶来。韩圭稷在邮政局侥幸逃脱后，换了一身普通士兵的

---

① 田保桥洁：《近代日鲜关系研究》，第952—953页。
② 林子候：《甲午战争前之中日韩关系》，第130页。
③ 《清季中日韩关系史料》第三卷，第1559页。
④ 《金玉均甲申日记》，12月4日条。关于国王所书纸条，日方说系"日使来卫"四字，与金说不同。

军装，这时也来到宫中。他们都说外面没有发生大的变乱。眼看开化党制造的"清兵作乱"的神话就要露馅，恰巧仁政殿方向又接连发炮，金玉均借机高声斥责韩圭稷作为营使失职，变乱与其有关。韩圭稷等并未弄清情况，不敢多言，只好默默随进入景祐官。这时，朴泳孝带领竹添进一郎及其军队赶到了景祐官，金玉均等人才松了一口气。

政变分子陆续到景祐宫集中。金玉均让国王与诸嫔妃在大殿中就座，竹添与金玉均等几个头目在国王左右，日本兵在大门内外警戒，前营小队长尹景完率50名营兵站在庭院内外，徐载弼率日本户山军校毕业的郑兰教等13名士官生侍立殿上，李寅钟等"壮士"侍立殿外。金玉均又派10余人到大门外，有大臣闻变而来者，要先交名片，经金玉均的批准，方可进入。后来洪英植与李祖渊来到。朴泳孝故意找碴，指责三营使闻变不带兵前来救驾。尹泰骏声称出去招兵，走至小中门外，被李圭完、尹景纯杀死。李祖渊、韩圭稷要求面见国王，遭严词拒绝，遂出景祐宫后门，被等在门外的政变分子砍杀。接着，闵泳穆、赵宁夏、闵台镐先后求见，一一被拥进大门内日本士兵警戒的地方处斩。至此，事大党的大臣，除闵泳翊被救未死外，均遭血腥的屠杀。允许入宫的人中，只有高宗堂兄李载元没有被杀。金玉均等找他谈话，要他一起组织新政府，他欣然从之。于是，金玉均等令人跟随国王近侍宦官边树向各国使节送信，表示对邮政局受惊一事的慰问，实际上是发出政变已经成功了的通知。不久，美国公使福地派海军士官霍特来见。金玉均向他通报已发生政变，请转告美公使予以支持，很快就得到福地表示承认政变合法的答复。①

景祐宫内，一片混乱。仅内宦、宫女、杂役就有数百人。大殿内外，几无立锥之地。闵妃、大王妃等嫔妃嚷着要回昌德宫，宦官、宫女们也议论纷纷，抱怨不止，毫无惧色。天已渐亮，金玉均见如此纷乱无法办事，便令徐载弼使人将受到国王、王妃信任的权宦柳在贤捆起来，拖到殿上，对着国王、王妃公然宣布其罪状，然后乱剑砍死。国王连呼"勿杀！勿杀"，但无人听从，"血溅壁上，声闻御座"。② 这一招果然见效，殿上满座皆惊，连妃嫔们都被吓得大气也不敢出。政变分子接着又将无用的宦

---

① 《金玉均甲申日记》，《中日战争》第二册，第487—488页。
② 《清季中日韩关系史料》第三卷，第1560页。

官、宫女尽行逐出，使内部完全得到整肃。

5日上午8时，美公使、英领事晋见国王，美公使福地对政变明确表示支持。闵妃以景祐宫狭促无御寒设备、大王妃身体不堪承受为辞，坚持回昌德宫。政变集团无奈，只好使国王、王妃等人暂时迁到稍为宽敞的李载元邸。竹添、福地、阿苏敦都跟随而往。①

在李载元邸，政变集团组成了新政府，并以国王谕旨的形式公布。在新政府中，开化党人攫取了所有最重要的权力，即军事、财政、外交大权。洪英植任左议政，实际主持日常政务；朴泳孝任前后营使兼左捕将；徐光范任左右营使兼代理外务督办、右捕将；徐载弼任兵曹参判兼正领官；金玉均虽然只有一个户曹参判的头衔，但由于户曹判书空缺，实际由他主持户曹，独揽财政大权。领议政以宗室李载元担任，其他受事大党排斥的宗亲，基本上是大院君派的人员，也都给以重用。开化党人力量非常薄弱，这时只好和他们认为最为保守的大院君派结合起来。新政府的组成，与竹添进一郎关系极大。金玉均日记记载："竹添进对大君主，多有所奏，亦以今天下各国之大势形，使内政之不可不改革等事言之。继以'养兵不可不精。今贵国之兵，惟前营稍胜于他营云。此则朴泳孝之所操练；然朴泳孝今无于与，未审何故？为国尽力三人如此废弃不用，则极为可惜'。上即命除朴泳孝为前营使。"② 所以，这样一个政权，完全是日本刺刀逼迫下成立的傀儡政权。

下午2时，德国领事曾额德也被召来。英德两国使节谈话的重点是要求政变集团保护外人，而美国公使福地则表示政变"乃改革之一举"③。直到下午3时，三国使节才离去。

金玉均等人之所以要将国王挟持到景祐宫，是因为昌德宫太大，地形又无险可凭，不便防守。下午4时许，由于闵妃及大王妃坚持要回昌德宫，国王乃乘金玉均不在侧时，请求竹添进一郎允许回昌德宫。竹添对日本守备队的战斗力估计甚高，同意了国王的请求。下午5时左右，国王及政变政府迁回昌德宫。

---

① 《朝鲜京城事变始末书》，《中日战争》第二册，第500—501页。
② 《金玉均甲申日记》，《中日战争》第二册，第490页。
③ 《朝鲜京城事变始末书》，《中日战争》第二卷，第501页。

同一天，政变集团以"谕旨"的形式，公布了他们的政纲，共有 14 条，主要内容是：

1. 要求释放大院君回国，同时废除对中国的朝贡关系。
2. 废止门阀制度，使人民享有平等权利，因才录用官吏，废除贵族特权。
3. 改革地税制度，与民休息，兼裕国用。
4. 废除内侍府及宦官制度。
5. 惩办祸国殃民最为昭著的贪官污吏。
6. 取消各道对国库所负实物债务。
7. 取消奎章阁（掌管王朝重要文献及印信的机构）。
8. 立即设立警察局，以防窃案。
9. 废除惠商公局。
10. 酌情释放部分被关押、流放的人犯。
11. 将军制由四营合为一营，迅速建立近卫军，以世子为陆军大将。
12. 国家财政统由户曹管理，革除其余一切财赋衙门。
13. 政令由大臣、参赞会议决定后发布实行。
14. 除六曹外，政府中一切冗官一律革除。[①]

这14条纲领，从其字面意义来说，主张民族独立，废除封建特权，整顿吏治，改革财政制度，带有一定的进步性。但是，政变集团基本上是一帮年轻的贵族，他们奉为楷模的是日本"明治维新"那样的封建性很强的改革，所以这种进步性是很有限的。从实践上来看，政变集团毫无政治原则，他们在拒绝中国的宗主权的同时，却投入对朝鲜心怀野心的日本的怀抱，依靠日本的武力，采取暗杀的手段，实现其夺取政权的目的。他们严重脱离群众，力量极为薄弱，不得不和朝鲜的最为守旧的派别结合起来。因而，这14条改革纲领，不管政变集团的本意如何，最后只能成为一场卖国政治阴谋的漂亮招牌！

[①]《金玉均甲申日记》，《中日战争》第二册，第491—492页。

三 中国军队与朝鲜军民的反政变

参加邮政局宴会的陈树棠在事变发生后连忙回署,并将目睹的情况迅速通知了驻朝防营总理营务处袁世凯,请其派兵前往处置。袁世凯一面遣人告知防营统领吴兆有,一面集合队伍200名,并亲自统率赶赴邮政局,但这时出事现场已寂无一人。吴兆有派出哨官到宫墙一带巡查,见宫门紧闭,无法探明情况。总兵张光前也亲率兵卒驻扎钟鼓楼一带巡缉。后袁世凯到穆麟德住处,见到重伤的闵泳翊,并得知开化党人发动了政变。再经派员探听,得知邮政局事件之后,开化党已约日本公使带兵逼国王迁到景祐宫中。①

5日午前,中国防营陆续得到更为确切的消息,闵台镐等6大臣已惨遭杀害,国王再迁至李载元邸,政变集团已宣布成立新政府。袁世凯命令所部荷枪实弹,整装待发,一面与吴兆有等联衔致书朝鲜国王,要求入宫保护。政变集团矫旨予以拒绝。这时,美英等国使节通过陈树棠,劝告袁世凯切勿出兵。陈树棠、吴兆有也都认为,虽然中国作为宗主国有保护国王的义务,但在没有得到国王求救以前,不便采取行动。朝鲜大臣金允植、南廷哲等闻变后到中国防营痛哭流涕,请求援助。但议及出兵时,他们以为国王在日本军队掌握之中,如果用武力攻打,"有投鼠之忌"②。因而,袁世凯等决定暂时静观待变。袁世凯致信任旅顺口营务处道员的叔父袁保龄,请其转致李鸿章,报告朝鲜事变的情况;吴、袁又联衔致书李鸿章,请速派重兵援助。

为了做好反政变的充分准备,袁世凯等在5日下午和夜间还做了两件事:

一、争取朝鲜军队。驻汉城朝鲜军队共有四营,左、右两营本为袁世凯所练,前后两营原为朴泳孝请日本人训练。袁世凯秘密将左右两营营官金钟吕、申泰熙招来,"陈说大义,详示利害"③,两营官即表示愿同中国军队一起入宫平乱。

---

① 《清光绪朝中日交涉史料》(236),第五卷,第30页。
② 同上书(240),第五卷,第35页。
③ 《清季中日韩关系史料》第三卷,第1533页。

二、寻求出兵的名义。为了避免让日本抓住把柄而发生冲突，5日夜间袁世凯致书朝鲜右议政沈舜泽，请其以朝鲜政府的名义要求中国防营出兵。沈舜泽接信后立即具书，于6日凌晨送达袁世凯手中。其内容为："朝鲜议政府右议政沈，为祸迫宫禁请急保护事：本月十七日夜，奸臣金玉均等托言宫有中乱，密召日本公使竹添进一郎，带兵入卫，逼王移宫，禁止出入，内外隔绝，至今三日，声息莫通。今闻宰臣六人、中官一人无故屠杀。我王囚辱万端，祸将不测，在外臣民痛恨号泣，莫省所措。乞三营大人袁司马、吴统领、张总兵火速派兵，前来保护，庶见天日复明，结草为期，事急情迫，不知攸裁。此恳中国驻防朝鲜三营大人袁、吴、张麾下。沈舜泽顿首再拜。"① 户曹参判南廷哲、右营中军申奭熙等都于6日晨致书袁世凯，要求中国出兵。

6日，汉城形势变得对政变集团十分不利。政变的消息传出后，士庶军民均感震惊。政变集团毫无群众基础，只能依靠日本人的保护在宫墙以内活动。而在宫墙以外，如袁世凯所描述的那样，"人心益汹汹，军民结聚数十万，将入宫尽杀倭奴"。各种猜测和谣言在城中不胫而走，有的说闵妃已经被杀，有的说开化党将废黜国王，另立新主。袁世凯、吴兆有等"见事已危急，若日兵劫王东去，另立新主，则在此保护弹压，既失一国，又失一君，咎孰大焉"②，于是决定出兵反击，粉碎政变。

出兵之前，袁世凯与吴兆有商量后，派武弁周得武代表吴兆有进宫晋谒国王，以了解宫中的情况，但遭到金玉均、朴泳孝的阻止。袁世凯另外找到前任京畿监司的沈相薰，使其入宫时伺机向国王传递清军将大举入宫的消息。③

为避免出兵后中日冲突及由此而引起的责任问题，6日上午10时左右，吴兆有、袁世凯、张光前联衔致书日本公使竹添进一郎，申述出兵的理由："敝军与贵部驻此，同系保护国王，昨日朝鲜内乱，杀害大臣八九人，现王城内外军民不服，举有入宫环攻贵部之说，弟等既恐国王复惊，又恐贵部受困，用敢率队进宫，一以保卫国王，一以援护贵部，别无他

---

① 田保桥洁：《近代日鲜关系研究》上卷，第975—976页。
② 《清季中日韩关系史料》第三卷，第1538页。
③ 林明德：《袁世凯与朝鲜》，台北，近代史所1970年版，第59页。

意，务请放心。专此奉布。"① 中午，吴、袁等又函请陈树棠，请将致竹添函大体相同的意思通报各国驻朝使节。

中国防营一直在等待竹添公使的回函，直到下午3时还未等到，于是决定发动进攻。根据计划，中国军队兵分三路，吴兆有统一营进攻宣仁门，对昌德宫作左路包抄；袁世凯进攻前门敦化门，对昌德宫作右路包抄；张光前率一营殿后策应。朝鲜亲军左、右两营越后墙入宫。

敦化门方面，袁世凯在发动进攻之前，先命随员训导陈长庆率兵两哨前往求见日本公使，说明出兵原委，日军不仅不予接纳，反而向该军射击。袁世凯指挥所部拼力进攻，夺门而入，直攻国王所在的昌德宫观物轩。朴泳孝驱使朝鲜亲军前、后两营配合日军抗击清军。但刚一接火，前后营即行溃败，大部分逃散，一部分归附袁军，掉转枪口同日军作战。宣仁门方面，吴长庆军顺利攻入，并占领昌庆宫，不仅完成左路包抄，而且牵住日军兵力，使朝鲜亲军左、右两营顺利翻越后墙，直攻昌德宫后背。②

战斗刚一打响，王妃、王世子即出宫逃往北山的关帝庙中躲避，其他王室人员也纷纷出逃。高宗被政变集团挟持，欲逃不能。后因战火逼近昌德宫，高宗乘机率武监及兵丁数人向北山逃走，被金玉均发现。金等将其转移至后苑林中的演庆堂。金玉均企图说服竹添将高宗挟持至仁川，但高宗宁死不肯。袁军攻势猛烈，日军数量远较清军为少，力渐不支，且战且退。竹添、金、朴等人挟持高宗，迁移5次之多，最后到东北角宫墙内。这里由朝鲜别抄军驻守，领兵官为泰安府使洪在羲。别抄军发现奔逃而来的日军，即集中火力射击。金玉均大呼："国王御驾在此！"别抄军怕伤及国王，不再放枪，但将此消息迅速通知了北山的闵妃。这时已是日暮，日军退据城北山下，中国军队占据了城阙内的所有殿阁，到处搜寻国王的下落，未再向日军进攻，因而战斗停止。金玉均一再请示竹添挟持国王去仁川，但竹添见大势已去，不肯答应，并表示要率队撤回公使馆。王妃得知国王下落，遣人在别抄军护卫下来迎接国王，洪英植、朴泳教决定跟随国王出北门前往北山，金玉均、朴泳孝、徐光范、徐载弼等人决定跟随竹

---

① 《清光绪朝中日交涉史料》（280），附件三，第六卷，第28页。
② 《清光绪朝中日交涉史料》（276）附件一，第六卷，第18页。

添去日本使馆。①

中国军队得知国王在北山关帝庙的消息，已是午夜以后。吴兆有、张光前立即赶往，袁世凯则带兵在山下巡逻。高宗受金玉均、洪英植蒙蔽，一直以为这次事变是中国军队作乱，正准备逃跑，见吴兆有、张光前赶来，十分惊慌。经过吴兆有反复说明，才略为安定。吴兆有劝高宗迁往中国防营，以便保护，洪英植借故反对。恰在此时，朝鲜御林军搜得一假扮朝鲜人前来"入侍"的日本人，吴兆有命在阶前杀之。洪英植见状，气焰顿时收敛。吴兆有乘机招肩舆将国王抬走，留下的洪英植、朴泳教及10余名士官生徒均被朝鲜士兵杀死。

国王被迎入崇仁门外李景夏邸暂作休息，继被迎至吴兆有所在的防军左营，在这里开始召集文武大臣议事。7日下午，袁世凯又将国王接到其所在的下都监防营。直到12月10日，袁世凯等见"人心稍定，王意无他"②，才请国王回到昌德宫。

日本公使馆及日本军队参加朝鲜政变，引起汉城军民的极大愤怒。平息政变的战斗打响后，日本公使馆多次受到朝鲜军队和市民的袭击。6日晚间竹添率日军退回使馆后，为防止朝鲜人的袭击而加强了戒备。夜半以后，泥岘的日本警备队总部被朝鲜军民放火烧毁，烈焰冲天，在公使馆即可望见。天亮后，公使馆前后门频遭枪击，市民包围使馆，不断向院内抛掷瓦石。竹添公使及日本军队的行径累及一般日本侨民，有20余人惨遭愤怒的朝鲜人杀害。上午8时，朝鲜督办交涉通商事务金弘集送达竹添进一郎一份照会，指责其率兵入宫，封锁宫门，挟持国王，连杀大臣，阻挡中国防营入宫，先发枪炮，以致宫闱之内成为战场。竹添复照抵赖。当时使馆内聚集的馆员、工役、士兵及为寻求保护而来的侨民共300多人。使馆内没有多余的粮食，市内店门关闭，无处购买，大部分人不得不食粥充饥。处境狼狈的竹添决定弃馆撤往仁川，以请示日本政府。他下令烧掉机密文书，然后照会金弘集，告知撤退一事，并请保护使馆。下午2时30分，馆中人员由村上队长指挥，向西门方向撤退。沿途受到汉城兵民的袭击。日本军队强行打开城门，经麻浦渡汉江，8日晨抵达仁川日本领事

---

① 《金玉均甲申日记》，《中日战争》第二册，第494—496页。
② 《清光绪朝中日交涉史料》（276）附件一，第六卷，第18页。

馆，沿途又受到朝鲜军民的追击。① 此后，又有部分未及逃出的侨民被杀，前往内地考察的日本公使馆武官矶林真三大尉、参谋本部语学生赤羽平大郎等也被杀死。

金玉均、朴泳孝、徐光范、徐载弼等4人跟随日本人逃到仁川。这时日本军舰日进号与邮船千岁丸正停在济物浦港。他们断发易服，扮成日本人，随日本侨民登上千岁丸。不久，外务督办赵秉镐、仁川监理洪淳学与穆麟德奉命前来，要求日方引渡金玉均等4人。竹添进一郎做贼心虚，要求金玉均等离船。千岁丸船长坚决否认金玉均等在其船上，朝鲜方面不敢强行搜查，只好悻悻而归。

从12月7日开始，朝鲜国王与事大党开始恢复王朝的旧秩序。首先颁布金玉均等开化党人的罪状，向各国使节通报情况，表明对事变的态度，接着改组了政府。新政府的名单是：领议政沈舜泽，左议政兼外务督办金弘集，右议政金炳始，吏曹判书李载元，户曹判书金永寿，兵曹判书金允植，工曹判书金有渊，礼曹判书金晚植，刑曹判书洪澈周，督办交涉通商事务赵秉镐，参议交涉通商事务徐相雨，宣惠厅提调鱼允中，前营使李教献，后营使李凤九，右营使闵泳翊，左营使李奎奭，汉城府判尹钟默，户曹参判南廷哲等。至此，开化党人在日本支持下发动的甲申政变，被讥为"三日天下"而宣告彻底失败。

甲申政变是竹添进一郎在没有接到日本政府对其甲、乙两案所作指示的情况下同意发动的。日本政府接到竹添的请示后，于11月28日作出答复，认为"甲策不妥当"②，即不同意让亲日派发动政变。但当这一指示到达朝鲜时，政变已经发生，竹添已撤至仁川。于是有人认为政变是竹添公使个人的冒险主义行为而与日本政府无关。认真分析一下，就会发现，这种说法是站不住脚的。

任何国家的驻外使节，都不可能故意采取违背其本国政府意志的政策，竹添进一郎也不例外。本来他对金玉均等朝鲜开化党很不感兴趣，但奉命重回朝鲜后，态度大变。10月31日第一次会见金玉均，即向其表示

---

① 《中日战争》第二册，第505—507页；《清季中日韩关系史料》第三册，第1547—1548页；田保桥洁：《近代日鲜关系研究》上卷，第980—981页。

② 信夫清三郎：《日本外交史》上册，第202页。

赔罪，并迫不及待地挑动说："若有他国赞助贵国之改革，君等当以为如何？"①暗示日本支持开化党发动政变。5天以后，即11月4日，日本外务书记官岛村久就与金玉均、朴泳孝、洪英植、徐光范等人一起商定了暗杀事大党发动政变的计划。11月12日，竹添即做出甲、乙两案向日本政府请示。从竹添到朝鲜后10余日内的大肆活动来看，他显然奉有日本政府的指示，允许其根据情况采取直至支持亲日派发动政变在内的一切措施，以乘机使朝鲜摆脱中国的宗主权，由日本对朝鲜进行控制。否则，竹添在没有收到日本政府的明确答复的情况下，是绝不敢贸然同意金玉均等发动政变并派军队参与的。

那么日本政府为什么又做出"甲策不妥当"的答复呢？如前所述，日本政府派竹添重回朝鲜，是由于中法战争战局对中国十分不利引起的。但是，事情很快就发生了戏剧性的变化。当竹添进一郎主张策动政变的请示到达日本时，日本政府收到了驻华公使榎本武扬的一份报告，该报告提供了法国要求清政府割让台湾的重要情报。②接着，驻俄公使花房义质也向日本政府提出了一个《关于中法启衅处理台湾之方案》，认为如果法国占领台湾，琉球就会受到法国威胁，主张"应不使法国占领台湾，或不使清政府把台湾割让给法国"，如果这两点都做不到，"则只能由我占领台湾"，这个时机"不求而至，现已成熟"③。台湾是日本政府渴望已久的唇边肥肉。在他们看来，朝鲜问题固然重要，但尚可从长计议，而台湾如果一旦变成法国领土，日本就再也不能得到它，整个南进计划就将化作泡影。于是，日本政府突然改变了对朝鲜的政策，对竹添的甲案给予了否定，而把主要精力投入到处理台湾问题上去。

第三节　甲申政变的后果与影响

一　朝日《汉城条约》

竹添进一郎到达仁川后，派属员木下真弘随千岁丸回国请示。木下

---

① 《中日战争》第二册，第463页。
② 《日本外交文书》第十七卷，第578—579页。
③ 伊藤博文编：《秘书类纂·外交编》中卷，东京，原书房1969年版，第183—186页。

12月13日抵长崎，即依竹添嘱托，向外务省拍发电报两件，报告政变经过，歪曲事实，推卸责任，希图日本政府出兵。

朝鲜政府见竹添率队退据仁川，不无疑虑，由外务督办金弘集致函竹添，请其返回汉城，"暂回高轩，从公妥商"①；继又派督办交涉通商事务大臣赵秉镐、仁川监理洪淳学为正副代表，会同穆麟德前往仁川会见竹添，转达国王的慰问之意，请竹添返任。竹添均表示拒绝。朝鲜政府感到政变责任问题不容回避，于12月10日由赵秉镐照会竹添，全面阐述朝方意见，认为：竹添既未向外署了解政变情况，又未见外署只字之据，即带兵入宫，违反国际惯例；书有"日使来卫"四字的纸条，是"奸人"矫旨之作，未盖有国王印信，不能作为带兵入宫的依据；既已入宫，挟持国王，戕杀大臣等事就无法摆脱干系。"照会"还指出：日本公使馆系日本人自烧，非朝鲜民众所为；日军得以安全撤抵仁川，是朝鲜政府饬谕军民无得妄动的厚意所致；金玉均等"四凶"为日本收留，应请拿交朝鲜地方官。② 竹添复照辩解，强词夺理，不能自圆其说。

朝鲜政府担心日本报复，在与竹添辩驳的同时，曾由国王召见美、英、德三国使节，面托调停朝日关系。为此，美公使福地、英领事阿苏敦、德领事曾额德于12月10日到仁川会见竹添，转达朝方的意见，但竹添拒绝三国使节的斡旋。朝鲜政府见与竹添的交涉难有进展，便决定派礼曹参判徐相雨、协办交涉通商事务穆麟德为特差全权正、副大臣前往日本，撇开竹添，直接与日本政府交涉。竹添得知此事后十分恼怒，照会朝鲜外署，请明白解释不与其交涉的原因。12月20日，赵秉镐复照竹添，指出，朝方连日或当面、或书面与其交涉，均不见采纳，且金玉均等已乘船往日，"此辈必诪张为幻，构我两国之间"，派使的目的，仅在于"杜谗辩奸，保全交好而已"。照会还指出，如果竹添"顿释前憾，俯就所商"，朝方还愿意与竹添恢复谈判。③ 竹添见朝方态度强硬，气焰锐减，22日致函赵秉镐，同意继续商谈。徐相雨、穆麟德也暂缓赴日。

12月5、6两日，吴兆有、袁世凯、陈树棠及茅延年分别致书国内，

---

① 《清季中日韩关系史料》第三卷，第1551页。
② 《清光绪朝中日交涉史料》(276) 附件一，第六卷，第24—25页。
③ 《清季中日韩关系史料》第三卷，第1573页。

报告朝鲜政变情况，由泰安号轮船于12月9日带交旅顺口的丁汝昌，丁于12月10日电告李鸿章，李鸿章即据以电告清廷。清政府这时对朝鲜的具体情况无法弄清，11日寄谕李鸿章，令其与会办北洋事宜吴大澂负责处理朝鲜事件，由吴大澂与两淮盐运使续昌亲赴朝鲜，由李鸿章飞檄吴兆有等，饬其与日本公使从容商办，勿遽与日人开衅。① 15日，再谕李鸿章："此次朝鲜致乱之由尚未得有确信，目前办法，总以定乱为主，切勿与倭人生衅。"对吴大澂赴朝提出的指导思想是："日本于朝鲜本系有约之国，彼如按照条约讲论，中国但将朝鲜肇乱罪魁查明惩办，即可平乱党而息争端。"② 这时清廷认为安危所系仍在南方中法战场，害怕与日本再开衅端，所以态度非常软弱。

日本政府得知甲申政变的消息比清政府略晚。但在接到竹添电报及稍后由木下真弘赍到的公文后，对事件已大体清楚。一些一贯主张侵略中国和朝鲜的朝野人士，在得知甲申政变的消息后非常兴奋，企图借机同中国开战。12月19日的《自由新闻》鼓吹"要迅速出动充分兵力，占领朝鲜汉城"。该报又在12月27日发表《必须把日军之武力显示于世界》的社论，宣扬若出兵朝鲜以显示日本的勇猛，则欧美人敬畏日本，"修改条约等事将可轻易完成"。甲申政变的幕后参与者之一的福泽谕吉，也在12月27日的《时事新报》上撰文，主张"断然诉诸武力，迅速收拾局面"，声称如果一举打败中国，就"将永被遵为东方之盟主"。1885年1月8日，不明真相的东京学生在上野公园集会，大事反华。改进党魁藤田茂吉、尾崎行雄和犬养毅联名向参议兼宫内卿伊藤博文提出态度强硬的意见书，要求"干预朝鲜内政，并设法吞并之"，"今日欲以武力对付朝鲜，则不得不考虑同中国发生纠葛；然为国家计，同中国发生纠葛，乃吾等所最希望者"。③

但是，政府中也有不少人指责竹添在朝鲜的作为。事实上，撇开日本策划及参与甲申政变的大量幕后活动不讲，日本的责任也是非常明显的。连太政官大书记官伊东已代治都不得不承认，竹添公使不待朝鲜政府的照

---

① 《清光绪朝中日交涉史料》(218)，第五卷，第25页。
② 同上书 (238)，第五卷，第31页。
③ 信夫清三郎：《日本外交史》上册，第203—204页。

会，未得本国政府的训令，竟凭国王的一纸"私嘱"而轻率出兵，是超越了公使权限的。但是，伊东已代治认为，竹添是政府任命的全权公使，其作为是代表政府的，"无论招荣致辱，皆政府之责"，谴责竹添的行为，无助于摆脱政府的责任。所以，他主张，事到如今，只有支持竹添，迅速派遣办事大臣处理善后，同时派遣陆海军，以武力去实现竹添公使的目的，使亲日派重掌政权。①

伊藤博文与外务卿井上馨、军方首脑山县有朋经过商议，接受了伊东已代治派遣办事大臣赴朝处理善后的主张。首先派出的是参议井上毅。但伊东派遣陆海军进行干预的主张被否定。日本政府认为，出兵干预有可能导致日本与中国在朝鲜发生战争，其客观作用是在北方牵制中国，而听任法国去占领台湾，这是与日本在南方的利益相冲突的。显然，最佳选择应是寻求朝鲜事件的和平解决。12月17日，日本政府从天津领事原敬的电报中得知清政府已派定吴大澂为钦差大臣前往朝鲜。② 中国驻日公使黎庶昌也向日本提出，共同派大员到朝鲜商办。③ 受此推动，日本阁议于12月19日决定派外务卿井上馨为特命全权大使，赴朝鲜主持与朝鲜和中国谈判。关于谈判的方针，阁议也作了讨论。日本政府预计朝鲜必然追究日本在政变中的责任，若纠缠在这个问题上进行辩解，只能越洗越黑，因而确定了以攻为守的策略：极力避免讨论责任问题，只强调日本使节受朝鲜人的攻击，以及公使馆被焚、侨民被杀，要求朝鲜政府谢罪、赔偿和抚恤。④

井上馨使团由62人组成，其中有外务大书记官近藤真锄，农商务大书记官斋藤修一郎，陆军中将高岛鞆之助，海军少将桦山资纪以及美国顾问等。12月21日，井上馨取得了对朝、对华交涉的全权委任状，28日率两个大队的步兵及7艘军舰驶离下关，30日到达仁川。先期到达的议官井上毅已与竹添率兵进入汉城，并开始同朝鲜外署督办赵秉镐、协办穆麟德谈判。赵秉镐不仅追究竹添率兵入宫的责任，而且指责竹添藏匿政变头

---

① 晨亭会：《伯爵伊东已代治》上卷，第87—89页，转引自信夫清三郎《日本外交史》上卷，第204页。
② 《李鸿章全集》，电稿一，第356页。
③ 《中日战争》第二册，第508页。
④ 田保桥洁：《近代日鲜关系研究》上卷，第1020页。

子金玉均、朴泳孝等。井上馨了解到谈判对日方不利这一情况后，立即传令竹添等暂停谈判，并通知朝鲜政府：日本使团即将到汉城向国王呈递国书。

中国政府的代表吴大澂、续昌乘轮船于12月29日到达朝鲜马山浦，1885年元旦到汉城，先井上馨一步。吴等来朝鲜的目的，固然为了查清朝鲜事件的原委，但更重要的是处理与日本的关系。但是，清政府很清楚，中日两国交涉的内容，只能是中日两国间发生的事情。如果谈判朝鲜问题，日方必然不会接受。所以吴大澂等是以上国官员查办"乱党"的名义来朝鲜的，企图以此表明中国宗主权的存在以及中国对朝、日谈判的关注，并通过对朝鲜政府施加影响来实现清廷的目的。

吴大澂来到汉城，并未认真了解情况，就于1月2日匆匆拜会朝鲜国王，阐述自己对朝日交涉的看法。他对国王劝导说："中朝不愿与邻邦失好，贵国又不能与日本相抗，其势不能不委曲求全，以息事宁人为归结。贵国人心，普天同愤，亦事理之当然，然在贵国王及政府诸君，只可设法开导，晓谕国人，不必与日人为仇，本大臣此次奉命东来，亦以排难解纷为己责，以后如何结束，尚无把握也。"① 在这次谈话中，吴大澂害怕事态进一步扩大的情绪至为明显，为朝鲜对日交涉定下了妥协的调子。此后，吴大澂又连续会见负责外交事务的左议政金弘集，提出四个方面的意见：一、金玉均等4名政变分子逃往日本，必须严究。先由吴大澂备文咨明朝鲜国王严密访查，再由朝鲜政府以此为据向井上馨提出将金等解回朝鲜的请求。二、需向日方辩明：朝鲜国王并未召日兵入卫，"日使来卫"的纸条，系金玉均、朴泳孝伪造，竹添进一郎受了政变分子的愚弄，且日兵本为保护使馆而设，并无翊卫王宫之责，朝鲜群众怀疑其与政变分子同谋，以致互相攻击，是其咎由自取。三、中国防营入宫保护国王，有朝鲜议政府右议政沈舜泽请兵保护的书据。当中国军队行至普通门时，相继遭到政变分子及日本军队的射击，中国军队被迫还击。此事应请日方确查。四、日本公使馆系日使撤馆前自焚，有馆役宋尚吉口供为据，应提请日方注意。②

---

① 《清季中日韩关系史料》第三卷，第1589—1590页。
② 同上书，第四卷，第1633—1635页。

1月3日晚，井上馨率卫兵全队到汉城，宿京畿监营。1月6日，井上馨率日本使团主要成员竹添公使、高岛鞆之助、桦山资纪等谒见国王，呈递国书。礼毕，双方屏退左右，各留要员数人。井上馨提出，最好请国王亲自参加谈判，其次则由朝鲜委任的全权大臣在国王面前会谈。高宗回答说，可委任全权大臣到议政府谈判。井上馨表示，如果委任大臣，则希望其所言皆代表君主，有充分之效力，第二天就要开始。高宗表示同意。井上馨对这次谈判最感棘手的是朝鲜追究日本参加政变的责任问题。政变后朝鲜政府与竹添公使之间的往来公文，已清楚表明了竹添公使及日本军队有不可推卸的责任。吴大澂和朝鲜政府的谈判策略，都是要通过对这些文书的分析，辨明事件的责任。井上馨则认为，以这些往来公文为基础，谈判就会变成双方各自追究对方责任的平等谈判，日本就丧失了主动权。他努力要造成的，是一种日本单方面追究朝鲜责任的态势。所以他忽然对朝王说："关于此次事件贵政府与我办理公使往复之公文俱已阅读，倘殿下亦望以此公文为基础谈判，而以此旨委任大臣，使臣实未能应之，故预奏闻。"① 他还进一步威胁说，如果不依照他的意见办理，他就拒绝谈判，直接回国。②

1月7日，朝鲜国王任命金弘集为全权大臣，并决定由赵秉镐、穆麟德等参加谈判。午后，双方在议政府开始会谈。日方参加者，除井上馨外，还有井上毅，斋藤修一郎等。在互阅委任状副本时，井上馨发现，金弘集的委任状上写有"京城不幸，有逆党之乱，以致日本公使误听其谋，进退失据，馆焚民戕，事起仓猝，均非逆料"之语，要求将这些话删除。金弘集解释说："此文字于我言之，乃对贵政府颇有深意。解说之：'误听其谋'四字，乃竹添公使误于逆党之意。'进退失据'，言该公使离京城赴仁川。其实，该公使帮助逆徒，兹用'误听'二字，即回护该公使，而尊敬日本政府也。"井上馨辩称，这些话均无证据可凭，"无证据，徒以贵政府之疑惑与想象而开争论之端，而我等亦有不少疑惑与想象，彼此争之，何日了结？终局惟有委之武力之一法……"③ 双方辩论达数小时之

---

① 《中日战争》第二册，第511—512页。
② 《清季中日韩关系史料》第四卷，第1615页。
③ 《中日战争》第二册，第512页。

久，没有结果而散。

朝鲜方面坚持追究日本参与政变的责任，使井上馨大伤脑筋。为打破僵局，当晚召来井上角五郎，请他传话给金弘集和金允植："与朝鲜订约，赔偿多寡、措辞如何均不计较，只要不言及变乱之曲在日本则可。"①角五郎拜访金允植说："贵国无事，但矫旨不必言，此为最要紧之事。""我政府之意，不在贵国，在于中国，速办贵国事以后，将向中国讲理。""竹添之错，人或知之，然为碍政府体面，不欲言错，此事甚难办，奈何？"②金允植将这些意思报告了国王和金弘集。

井上角五郎的会外活动显然奏效。金弘集的委任状中删去了涉及日方责任的语言。1月8日上午，双方继续会谈。

中国钦差大臣吴大澂原以为井上馨会来拜见，未料其竟直接与朝鲜交涉，对中国钦使不予理睬。吴大澂当然也未便去见井上馨。但中国钦差大臣在汉城，却听任朝日两国议约而不加干预，显然有自动放弃宗主权之嫌。吴大澂与续昌商量："不如乘其会议之时，直入政府，略与辩论，明示以中国使臣有暗助朝鲜之意，或不致肆意要求，横生枝节。"③

1月8日，朝日双方正在议政府会谈公使馆再建问题时，吴大澂突然闯入。井上馨反应不及，只好起立握手。吴大澂索纸笔书曰："使者奉命来朝查办事件，本与政府有应议之事。贵大使与朝鲜政府商议之事，使者亦可闻其大略。所言公，公言之，此非贵大使与金相国两人之事也。如贵大使有所启问，本大臣自应推诚相与，从容参酌；若不愿与本大臣共议，亦不相强。"因井上馨拒绝与其谈判朝鲜问题，吴大澂又写一纸给金弘集："本大臣此次来朝查办乱党，数日之间，尚无头绪。此案中最关紧要之事，阁下身居政府，岂可置之不理？若避重就轻，即与井上馨大使草草立约，而置乱党于不问，不但大澂有诘责阁下之权，恐举国人心，亦皆愤懑不平。此非了事也，是了事适以生事也，惟执事实图之。"金弘集连忙表示："谨奉教。"④ 于是吴大澂扬长而去。井上馨向金弘集索看吴书，见

---

① 井上角五郎：《汉城之残梦》，第19页，转引自林子候《甲午战争前之中日韩关系》，第155页。

② 《清季中日韩关系史料》第四册，第1617—1618页。

③ 顾廷龙：《吴愙斋先生年谱》，哈佛燕京学社1935年版，光绪十年十一月二十三日条。

④ 同上。

是一副命令口吻，于是提出："就吴之书推考，朝鲜非独立国，实如清国之属邦；果然，则以我国为首之各国条约，均将属奇怪之性质矣。现在本使所议，亦自改变局面，不可不先由此点问起：贵国果否属于清国？"①金弘集不正面回答宗属问题，而反复表示，朝日会谈的结果，不受其他国家的干涉。井上馨得到金弘集的保证，于是同意继续会谈。当天签订《朝日续增条约》即《汉城条约》，主要内容为：

第一，朝鲜国修国书向日本国表示谢罪。

第二，朝鲜国拨支11万元，抚恤日本被打死打伤的人员及填补日本商人被毁被抢的货物损失。

第三，查拿杀害日本矶林大尉的凶徒，从重治罪。

第四，新建日本公使馆及领事馆，由朝鲜国提供地基房屋，并拨交2万元建筑费。

第五，在新建日本公使馆附近，由朝鲜国负责为日本修建护卫兵营。②

该条约于1885年1月9日签字生效。

在双方会谈第三条时，由于日本提出追究杀死矶林大尉的凶犯一事，朝鲜代表乘机提出追拿逃到日本的金玉均等4人归案的问题。这是朝鲜政府从会谈一开始就特别重视的问题。当时井上馨谎称，此事不必写入条约，可于事后由金弘集给一照会，与写入条约无异。③ 条约签字的第二天，金弘集照会井上馨，提出引渡金玉均等4人。但井上馨却又变卦，复照拒绝。其理由是：一、没有提出逃往日本的证据；二、朝日间没有引渡犯人条约；三、此4人若系国事犯，则不能引渡。④

《朝日汉城条约》是一个非常屈辱的条约。日本干涉朝鲜内政，策动叛乱，以军队入主王宫，帮助政变分子挟持国王，杀戮大臣，最后却要朝鲜向日本谢罪，赔费惩凶。这实在是欺人太甚。《济物浦条约》规定日本

---

① 《中日战争》第二册，第515页。
② 《清季中日韩关系史料》第四卷，第1612—1613页。
③ 同上书，第1610页。
④ 同上书，第1611—1612页。

在汉城驻兵，还属于临时性质，而《汉城条约》则使之变成永久性的了。

在甲申政变中，中国军队迅速出动平乱，粉碎了日本的阴谋，是一个胜利。中、朝两方完全可以抓住竹添策动政变一事不放，追究日本的责任，扩大战果，挫败日本的野心。但是，《汉城条约》表明，日本方面处心积虑，适当地把握时机，运用狡诈的谈判策略，不仅逃避了罪责，而且反败为胜。

《汉城条约》的签订，中国负有重大的责任。这固然是与当时中法战争紧张进行、清政府害怕腹背受敌有关。但是，清政府一贯的对外妥协的路线，是造成这一结果的重要原因。当时日本由于力量有限和利益所关，并不愿同中国决战。清政府如果支持朝鲜政府在谈判桌上采取强硬态度，坚持分清是非和追究日方责任，结果当不如此。

二 中日《天津条约》

日本同朝鲜缔结《汉城条约》，只解决了甲申政变造成的日朝关系紧张的问题。由于在朝鲜事件中中日军队直接发生了冲突，中日关系更为紧张。如何处理同中国的关系，是日本朝野关注的焦点。

井上馨使团归国后，日本国内再次掀起反对中国的浪潮。数百名不明真相的日本人包围中国公使馆，将日本驻朝鲜使馆的被焚毁归咎于中国军队。政府和军队内部也分成主和与主战两派。政府中的萨州派和陆海军方面的首脑人物多数主张同中国决战，而伊藤博文、井上馨等长州派官员则倾向依靠谈判解决问题，不愿轻启战端。他们主张和平解决的原因，大约有如下几点：（1）从力量对比上看，没有战胜的把握。当时日本海军力量不如中国，国内经济萧条，通货膨胀，财政赤字居高不下，国内无法支持其与中国打仗。（2）日本政局不稳，增加税收造成民怨丛集，人心思乱，对外战争恐给反对派造成颠覆政权的机会。（3）同中国开战，目的是解决朝鲜问题。但吞并朝鲜，条件还不成熟。首先是朝鲜政府中的亲日派已在政变中损失殆尽，其次是朝鲜人民中普遍存在着强烈的反日情绪，另外，北方的俄国对朝政策越来越积极，俄国如果采取对日本不利的行动，情况将更加复杂化。

但日本的所谓和平解决，并非采取消极政策，而是企图不战屈人。井上馨出使朝鲜时，就曾扬言要追究中国的责任；归国后，在会见中国驻日公使徐承祖时，又提出中国驻军撤出朝鲜的问题。清政府看出日本要中国撤兵的目的是"以遂其煽惑把持之计"，因而电告徐承祖："华兵驻朝，保护属藩，业已有年，又经朝王屡请留防，义难漠视，今该国乱党未靖，尤不能撤。"① 但徐承祖却被井上馨说动，致函李鸿章，主张撤军。② 经过一番试探，井上馨等人感到清政府可以接受谈判，于是开始在日本政府中统一认识。会议数日，日本内阁终于在2月7日达成一致，由明治天皇正式向井上馨外务卿发出了和平了结同中国争端的敕谕。2月8日，井上馨致电驻华公使榎本武扬，阐述同中国谈判的两个要点：一、竹添公使入宫系应朝鲜国王委托，符合国际法原则，因中国将领以兵力对我公使"横暴侵犯"，我政府要求中国政府"对其将领纪以适当之处罚"。二、中日两国从朝鲜撤兵。训令榎本弄清中国政府的态度。③

1885年2月24日，日本政府正式任命参议兼宫内卿伊藤博文为特派全权大使，又以参议兼农商务卿陆军中将西乡从道为辅佐。代表团成员还有海军中将仁礼景范、陆军中将野津道贯、参事院议官井上毅、太政官大书记官伊东已代治、外务权大书记官郑永宁等。西乡从道在政府中属萨州派，他的任命书中只说"差遣至中国，办理公务"，并未明定为副使。他之所以被派往中国，主要是为了平息萨州派及军队中主战派的舆论，"作为伊藤大使的支柱，分担谈判结果的责任，在外交交涉中支援伊藤"④。在派使谈判的同时，日本抓紧进行军事准备，防止谈判破裂。以4月间日本天皇将赴福冈县阅兵的名义，集中广岛、熊本两镇台所属兵力进行演习；海军及各兵工厂也都忙于备战；陆军中将野津道贯随代表团来华，主要目的是察看中国地形，以备他日进兵；⑤ 如果谈判破裂，代表团成员西乡从道将直接赶往汉城，就任驻朝鲜日军的总司令，指挥作战。⑥

伊藤使团2月28日搭乘萨摩丸从横滨出发，3月14日到达天津。此前，清政府由驻日公使徐承祖处得知伊藤使团来华的消息，已于3月11

---

① 《李鸿章全集》，电稿一，第396页。
② 《清季中日韩关系史料》第四卷，第1650—1651页。
③ 《日本外交文书》第18卷第114号，译文见《中日战争》（续编）第九册，第24页。
④ 东亚同文会编：《对华回忆录》，第121页。
⑤ 《清光绪朝中日交涉史料》（356）附件七、附件八，第九卷，第18—19页。
⑥ 田保桥洁：《近代日鲜关系研究》上卷，第1095页。

日正式任命李鸿章为全权大臣，并命令吴大澂会同商议。"上谕"要求李鸿章与日使"在津商议事务，毋庸令其来京"①。日本公使榎本武扬自北京专程到津迎接伊藤，16日在日本领事馆举行酒会为伊藤接风，借机安排李鸿章与伊藤会晤。席间商及谈判日程，伊藤表示要先赴北京，向清帝亲递国书后再谈，此前不拜客，不议公事。李鸿章向伊藤说明本人已奉有全权，但因防务在身，不便离开天津，请伊藤在津商谈。②伊藤表示不递交国书不能商谈，于17日与榎本离津赴京。

伊藤博文来华，一时间传言很多。上海英国人所办《字林西报》说："伊藤来有五款：一、索赔八十万；二、撤朝防军；三、结球案；四、新开口岸；五、重订商约。"在汉城，朝鲜君臣均以伊藤来华"意存叵测"，颇形震惊。这些情况与日本紧张备战的消息一齐汇集到李鸿章那里。嗣因伊藤拒绝披露会谈宗旨，李鸿章顾虑重重，感到局势严重，不可掉以轻心，于是致函总理衙门，阐述他的看法："伊藤等因我有法患，乘机徼利，无理取闹，情甚可恶。若法事速定，彼失所恃，尽可据理驳斥，即稍通融，当易就范，其机关似仍在法而不在倭，高明必能鉴及也。"③为求对日交涉顺利，李鸿章希望尽快与法国妥协，实际上是未曾开谈，先自气馁，中法交涉与中日交涉互相影响，而在这两个方面李鸿章的基本态度都是软弱的。

伊藤博文到北京后，于3月23日通过榎本武扬向总理衙门提出三点要求：一、请求觐见皇帝，亲递国书；二、谈判应在北京进行；三、对李鸿章的全权的含义给以确切的解释，将其有商议、决定、签押权以照会形式通知日方。总理衙门的答复是：由于皇帝幼冲，尚未亲政，不便入觐；李鸿章已被委任为全权大臣，故应在天津会谈。至于对李鸿章全权的确认，总理衙门当时同意给予照会，日后又表示可改为交换谈判笔记的方式，终因日方的坚持，给以照会。④

27日，伊藤到总署呈递国书，庆郡王奕劻等予以宴请。这基本上是一次礼节性的会晤。英国署任公使欧格讷对这样的会晤感到"遗憾"。英

---

① 《清季中日韩关系史料》第四卷，第1652页。
② 《清光绪朝中日交涉史料》（352），第七卷，第13页。
③ 同上书（356）附件一，第七卷，第14页。
④ 《中日战争》第二册，第518—519页。

国不希望日本与中国的会谈破裂，因为那样日本便可能倒向与俄国结盟的法国一边。而英、俄正处于严重对立的状态。欧格讷竭力劝说伊藤与奕劻进行一次会谈，以使日本看到，它同中国在制止"它们经常受到威胁的、来自俄国的侵略"时，"是有共同利益的"[1]。在欧格讷的斡旋下，奕劻、福锟、邓承修30日到日本公使馆拜访伊藤。伊藤正式提出了日方的基本要求，双方有所争论，最后奕劻等转圜说："两国相交以信义，如此阋墙之争，使他国乘机渔利。现大陆北方有雄鹫，瞋目锐爪，睥睨朝鲜。朝鲜为我国藩属，幸贵大臣谅之。"[2] 伊藤对此表示同意。第二天，伊藤离京赴津。

正在这时，抗法前线传来了喜讯。3月24日，老将冯子材等指挥中国军队在镇南关大败法军，29日又乘胜收复谅山。30日，法军败讯传至巴黎，引起茹费里内阁辞职。形势变得对中国十分有利。

在这种情况下，李鸿章开始与伊藤会谈。第一次会谈4月3日在直隶总督衙门举行。日方参加者为伊藤博文、榎本武扬、伊东已代治及郑永宁，中方参加者为李鸿章、吴大澂、续昌及译员伍廷芳、罗丰禄。双方先阅对方全权证书，接着开议。伊藤博文首先发言，直接进入正题，说明日方的意图，大致是：这次商办朝鲜之事，约分两层，一为以前之事，一为将来之事。将来之事，指要求中国撤兵。已往之事也有两点，一是竹添公使受朝王之谕入卫，中国兵忽然攻入，先开枪，应将中国带兵官议处；二是后数日在街市上日本商民受到中国兵士伤害，须请中国赔补损失。伊藤利口善辩，攻势猛烈。李鸿章洞悉伊藤企图嫁祸的用心，针锋相对，依据种种事实，指出：竹添带兵入宫是轻率诡秘之举，所谓朝鲜国王"日使来卫"之谕，实是乱党矫旨，这些往事本可不提，既然对方欲惩办我营将弁，则"不能不将起事情由详细辩论"。至于日本商民受中国兵士伤害一事，李鸿章表示绝无可能，反之，中国带兵官曾将流落街头的妇女护送到仁川。会谈中，李鸿章抱定的宗旨是："我军入宫保护，名正言顺，不可不坚拒力持，虽议至决裂，亦所弗计。"[3] 这时李鸿章真正顾虑的，还

---

[1] 季南：《英国对华外交》，第169页。

[2] 《伊藤博文复命书附属书类北京晤谈笔记》，转引自林子候《甲午战争前之中日韩关系》，第172页。

[3] 《清光绪朝中日交涉史料》（361）附件二，第七卷，第23—25页。

是中法交涉的问题。会谈当天晚上，他得悉法国任命新总理、议会增加军费、增派兵员的消息，① 第二天便致信总署，期望速和："连接西电，法茹相退位，议院因谅山大败之辱，势须主战，似款议一时难就。澎湖为全台门户，澎已被踞，台将不保，若失台后，更无转圜之方，不独长倭人之觊觎，窃用忧煎。"②

4月5日下午，李鸿章等到日本领事馆进行第二次会谈。伊藤再次要求惩办在朝中国营官，表示日本握有入宫保护国王的证据。李鸿章立即将朝鲜国王给吴大澂咨文的副本提交伊藤。这是一件很有说服力的材料。该咨文中称："查十七日之变，乱党金玉均、朴泳孝等请召日兵，恐吓备至，本国王坚持不许，玉均等竟乃自书四字，非本国王之所知也。又闻有署名钤宝之本，此尤不近理。岂有一事而两据，乃出于数十日之后乎？十八日还住旧宫，本国王传谕日公使，即令撤兵而退，宫中上下无不愿撤，该公使托言保护，终不退兵。"伊藤阅过咨文后，虽声称"其中情节不足为凭"，但已不在此问题上纠缠，转而指责中国防营攻打日本兵。李鸿章反驳的理由是：中国营官进宫当日8时即给竹添一信知照，下午3时尚未接到竹添回信，如竹添回信，冲突当可避免。中国防营本有保护王宫之责，受朝鲜官民之请入宫，理所当然。吴大澂、续昌补充说：双方冲突，系日方先开枪，中国被迫还击；且当时国王已逃出宫，日兵既为保护国王而来，为什么要守在王宫？伊藤见这一问题的辩论也无结果，转而指责中国官兵伤害日本侨民，并提交5件"受害人"的供状。李鸿章等坚持第一次会谈中的观点，指出：近来朝鲜兵改换新制服，与华兵相似，且营外多有假冒营兵之人，无法确认即为中国营兵所为。③ 会谈进行3小时而散。

4月7日在水师营务处进行第三次会谈。双方仍就上次所议两事进行辩论，并未提出新的证据，因而不久即陷入僵局。会谈内容由对事实真相、是非曲直的辩难转为对如何结局的讨价还价。最后，李鸿章称："总理衙门来信，述伊藤大人之言，凡有两端：一欲中国撤兵，一欲惩办中国

---

① 《李鸿章全集》，电稿一，第466页。
② 《清光绪朝中日交涉史料》（361）附件一，第七卷，第23页。
③ 同上书（362）附件二，第七卷，第26—29页。

营官。总理衙门谓,营官办事无过,不能惩办。撤兵一节如何商议,属我与伊藤大人和平商办,此外并无第三款,故总理衙门以为此事不难办。"伊藤寸步不让,表示:"我在总理衙门亦曾提及华兵伤害我民人之事,惟恤款一节,未曾明言,三事牵连说下,或总理衙门未听明白,以为只有两事。"在这次会谈中,伊藤半似恭维、半似威胁地称李鸿章"系主和之人,必不愿与日本开仗"①,企图以强硬态度迫使李鸿章就范。李鸿章并无任何让步的表示,这是因为:在此前一天,李鸿章已得知中法和约签字的消息,中方最担心的日法联合夹攻的危险已经不复存在。而且,李鸿章也还没有就谈判如何结局问题向总理衙门请示。

事实上,李鸿章这时已在胸中酝酿着结局的办法。4月8日,他致信总署,报告第三次会谈的情况,提出:"揣度情形,议处营官、赔恤难民两层,纵不能悉如所请,须求酌允其一,俾得转场而固和局。"② 对此,清廷4月10日发来电旨谓:"朝鲜防营并无错误,日使所请惩处断不可行。中日兵均有伤亡,两毋庸议。商民之被害者,谕令朝鲜酌加抚恤,毋任多索,该国频年多事,此项银两可由中国发给朝鲜转付。撤兵一节须妥议。"③

中法签约的消息无异给伊藤博文当头浇了一瓢冷水。他在《复命书》中说:"臣受命之日,清法构兵,势甚紧急。当臣谈判未竟之际,局势顿变,而两国和矣。"④ 可见其沮丧之态。为打破会谈僵局,伊藤于4月8日夜间令榎本往晤李鸿章。榎本问:"连日伊使会议朝事三件,究可应允几件?"李鸿章回答:"彼此撤兵一节,事关永远息争,尚可酌商妥办。至议处营官、偿恤难民二节,或非情理,或无质证,碍难允行。"榎本故意威胁说:"如仅允此件,伊藤拟于25日会议后即启程回国。"李鸿章生气地说:"朝鲜事中国并未办错,其错处全在竹添。若因此决裂,我惟预备打仗耳!"⑤

李鸿章的强硬态度果然奏效。4月10日在直隶总督衙门举行第四次

---

① 《清光绪朝中日交涉史料》(363)附件二,第七卷,第34—35页。
② 同上书 (363)附件一,第七卷,第31页。
③ 同上书 (364),第七卷,第35页。
④ 《中日战争》第二册,第520页。
⑤ 《清光绪朝中日交涉史料》(368)附件一,第七卷,第36页。

会谈，伊藤一开始就有意回避前次的争议，同意首先讨论撤兵问题。撤兵问题虽为日方所提出，其实李鸿章早有此意。庆军远戍异域已近三年，语言不通，生活不便，劳师縻饷，官兵嗟怨，今后势难持久。李鸿章乐得借机将其部队抽回。在第一次会谈刚结束时，李鸿章就向总署表示："撤兵一节彼所注意，但须两国同撤，尚无难妥酌办理。"① 会谈进行得似乎比较顺利，双方都同意撤回，只就一些细节问题有所争议。显然，李鸿章谈判的准备不足，认识非常模糊，将谈判的重点和难点放在了惩处营官及赔恤难民的问题上。伊藤的谈判策略，恰是先在次要问题上纠缠，吸引对方的注意力，以利于在主要问题上讨价还价。中日两国谈判共同撤兵问题，牵涉的是朝鲜的地位以及中朝、朝日关系的历史与未来的根本问题，难度很大，本来是不可掉以轻心的。但李鸿章似乎被伊藤表面上的让步冲昏了头脑，会谈中却有些信口开河。特别是这次会谈结束时，竟大放厥词说："我有一大议论预为言明。我知贵国现无侵占朝鲜之意，嗣后若日本有此事，中国必派兵争战，若中国有侵占朝鲜之事，日本亦可派兵争战，若他国有侵占朝鲜之事，中日两国皆当派兵救护。缘朝鲜关系我两国紧要藩篱，不得不加顾虑，目前无事姑议撤兵可耳。"朝鲜是中国的藩属国，中国有保护属国的责任，面对屡屡称为"永为中土之患"的日本，李鸿章不去强调中国的宗主权，却声称日本应当"派兵救护"，这无异于表明中日两国对朝鲜有同等的权利与义务，是日本多年来一直谋求而不可得的。所以伊藤连忙接下去说："中堂所论光明正大，极有远见，与我意见相同，当谨识勿忘。"②

李鸿章会后大约已意识到所言有失，因令吴大澂就撤兵问题拟订草案四条，于4月11日送交伊藤过目，内容为：

> 一、议定两国各撤驻朝之兵，自画押盖印之日起，以四个月为期。四个月以后中国将驻扎朝鲜各营尽数撤回，日本亦将驻扎朝鲜保护使馆之兵尽数撤回。两国同时办理，不得违逾。
>
> 二、朝鲜练兵各营有中国教习武弁，酌留十余人至二十人为度，

---

① 《清光绪朝中日交涉史料》（361）附件一，第七卷，第22页。
② 同上书（368）附件二，第七卷，第40页。

定立年限，年满再行撤回。

三、以后朝鲜商民或与日本商民偶有争端，如日本派员前往查办，毋庸带兵，或中国有派员查办之事，亦不带兵，免兹疑忌。

四、朝鲜本国如有乱党滋事，该国王若请中国派兵弹压，自与日本无涉，事定之后亦即撤兵回国，不再留防。①

吴案送交伊藤，使中方意图过早暴露在日方面前。伊藤针对吴案，自拟五条，内容为：

一、议定嗣后在朝鲜国内，两国均不得有派兵师、设兵营、占据营地港口之事，以免有两国滋端之虞。

二、前条约款仍与两国交战之权不相交涉。

三、将来在朝鲜国如有中日两国交涉事端，或有彼此一国与朝鲜国交涉事端，两国各特派委员，务依平和便法妥商办理。

四、两国均允劝朝鲜国王教练兵士，足以自护其国，兼保护驻留外国人，又由朝鲜国选他国武弁一员或数员，委以教演练习之事。

五、两国均允将现在彼此派驻朝鲜国兵员于画押盖印之后四个月限内，均行尽数撤回。日本国兵由仁川港撤去，中国兵由马山浦撤去。届时均简委员派往朝鲜汉城，酌订施行。②

4月12日，在日本领事馆举行第五次会谈。伊藤将其所拟五条提请李鸿章阅看。李鸿章认为吴大澂所拟五条"词义甚明"，可以作为谈判基础，于是两案同被提出讨论。

伊藤博文对吴案第四条朝鲜内乱可"请中国派兵"表示反对，对第二条欲留中国教习也坚不同意。对第三条，认为不完整，"如有焚烧使馆等事情节重大者，恐日本亦不能不派兵，但必告知中国"。李鸿章认为，伊藤案第二条"用意殊不可解"，建议修改，日方当即依李意改为："前条约款仍与中日两国交战之权无干。若他国与朝鲜或有战争，亦不在前条

---

① 《清光绪朝中日交涉史料》（369）附件二，第八卷，第2页。
② 同上书（369）附件三，附件四，第八卷，第2、3页。

之例。"作为对这一修改的解释，李鸿章表示，如别国进攻朝鲜，无论其是否针对中国，中国都必派兵往援。接着，李鸿章又提出："万一朝鲜再有内乱之事，该国来请兵，中国必派兵前往为之定乱。此次约内必得说明。"因此建议用吴案第四条。

李鸿章此议引起激烈争论。伊藤博文表示，添上吴案第四条，中国有派兵之权，而日本则无派兵权，是不公平的。李鸿章答称：日本不能与中国比，因为朝鲜是中国属国，中国派兵，亦属不得已。吴大澂补充说：这一条是朝廷的意思，"将来朝鲜或有内乱，请我中国派兵，朝廷不能不允，此次立约岂能禁我以后不复保护朝鲜乎？"伊藤称："若立此条，则首一条为无用矣。"于是李鸿章表示妥协，建议在伊藤案第二条内写上："或朝鲜有叛乱情事，亦不在前条之例。"伊藤仍不满意，认为根据《济物浦条约》，日本在朝鲜本有留兵之权，今与中国立约，日本没有派兵权，也就使《济物浦条约》成为废纸。李鸿章申辩说："日本留兵为保护使馆，中国派兵为保护朝鲜，事各不同。中国本有派兵保护之权也。"为照顾日本与朝鲜已有之约，李鸿章再提一妥协方案，在第二条内添上一句："两国向来在朝鲜所有之权，各不相干。"伊藤更加反对。后来伊藤又提一条："中日两国如经朝鲜请平内乱，各有派兵赴朝之权，惟彼此均应请示。"李鸿章以为不妥，于是伊藤以"议不成我当即回国"相威胁。①会谈不欢而散。

伊藤见李鸿章并无让步之意，于13日中午派日本驻天津领事原敬往谒李鸿章，欲相约当晚进行一次私人交谈，以寻求打破僵局的途径。李鸿章以事务冗杂推脱。李鸿章此时不欲再见伊藤，因为他当时正在致信总署，请求清廷给予指示。

4月15日下午3时，在水师营务处举行第六次会谈。伊藤博文提出一项修正案，共有三条。第一条综合吴案第一条和伊藤案第五条；第二条用伊藤案第三条。第三条为："如将来朝鲜有纷难之事，两国或一国派兵，先互相行文知照。"②此意前次会议临近结束时伊藤已经提出，为李鸿章所否定。双方正议论间，李鸿章接到军机处电寄谕旨，内容为："撤

---

① 《清光绪朝中日交涉史料》（369）附件四，第八卷，第3—5页。
② 同上书（374）附件二，第八卷，第10页。

兵可允，永不派兵不可允，该督务当力与辩论，万不得已，或于第二条内'无干'句下添叙'两国遇有朝鲜重大事变，各可派兵，互相知照，亦不在前条之例'数语，尚属可行。至第四条教练兵士一节，亦须言定两国均不派员为要。"① 李鸿章见军机处的意见与伊藤第三条无甚出入，于是对这一修正案作了几处文字上的修改，也就表示同意了。

接着，伊藤重提惩处营官及抚恤难民二事。双方于是又围绕事件责任问题进行了一番争论。伊藤提出请美国总统仲裁，李鸿章深悉美国偏袒日本的态度，所以表示反对。但李鸿章求和心切，不耐纠缠，终于表示退让，提出可于约款外具一照会，声明由其本人对营官行文申饬，而对日本受害侨民，声明"派员查明，如有确实证据，果系何营何勇滋事，定照军法惩办"②。

4月18日，中日《天津条约》由李鸿章、伊藤博文在天津直隶总督衙门签字。条约内容是：

一、议定中国撤驻扎朝鲜之兵，日本国撤在朝鲜护卫使馆之兵弁，自画押盖印之日起，以四个月为期，限内各行尽数撤回，以免两国有滋端之虞，中国兵由马山浦撤去，日本国兵由仁川港撤去。

二、两国均允劝朝鲜国王教练兵士，足以自护治安。又由朝鲜国王选雇他外国武弁一人或数人，委以教演之事。嗣后中日两国均勿派员在朝鲜教练。

三、将来朝鲜国若有变乱重大事件，中日两国或一国要派兵，应先互行文知照，及其事定，仍即撤回，不再留防。③

李鸿章对同日本签订此约沾沾自喜，梦想"以后彼此照约撤兵，永息争端，俾朝鲜整军经武，徐为自固之谋，并无伤中日两国和好之谊，庶于全局有裨"。④ 其实，这是中国外交史上的一次大失败。

第一，《天津条约》的签订，使日本逃避了罪责。日本驻朝鲜公使竹

---

① 《清光绪朝中日交涉史料》（370）附件二，第八卷，第6页。
② 同上书（374）附件一，第八卷，第10页。
③ 同上书（374）附件三，第八卷，第15页。
④ 同上书（373），第八卷，第8—9页

添进一郎在朝鲜煽动并亲率军队参加政变，企图使朝鲜摆脱中国的宗主权，建立亲日派控制的政权，这是彻头彻尾的侵犯别国主权的行为。竹添再次入朝，是奉有日本政府的指示的，即使政变计划由于形势变化未被政府批准，按照国际法的原则，竹添作为一国外交代表，日本政府必须对其行为负责。中国作为朝鲜的宗主国，接受朝鲜政府的委托出兵平乱，是正当的，中朝两国军民在与日军冲突中造成了严重的人员及财产损失，日本应予赔偿。在正常情况下，中国应支持朝鲜政府向日本声罪致讨，提出惩治竹添、撤销使馆警备队、赔偿损失并保证今后不再发生类似事件的要求。由于形势的原因，这一点没有做到，似亦不必苛求。但在天津谈判中，中国理应坚持弄清是非的立场，追究竹添责任，以与日方无理要求相颉颃。但李鸿章为了达成协议，却同意以约外照会的形式，表示对在朝鲜的中国官兵"行文戒饬"，对日方提出的赔恤难民的请求，表示"如果当时实有某营某兵上街滋事，杀掠日民，确有见证，定照中国军法从严拿办"①，而绝口不谈竹添及日本军队的责任，以及中朝军民的损失。这就等于承认日本武装干涉朝鲜内政、颠覆朝鲜政府的行为是没有错误的，可以不受追究的，而中国反倒成了有错的一方。

第二，《天津条约》使中国对朝鲜的宗主权发生根本动摇。中朝宗属关系是建立在中朝两国共同愿望的基础上的，无须由一个条约来规定，也不必得到第三国的承认。日本在1876年逼迫朝鲜与之签订《江华条约》，声明朝鲜为独立国，用以反对中国的宗主权，中国也从未予以明确承认。在《天津条约》以前，中日双方对朝鲜问题基本上是各持己见，各行其是。《天津条约》使这种状况发生了根本变化。通过条约，日本第一次在朝鲜取得了与中国同等的权利与义务，从而在客观上形成了中日两国共同"保护"朝鲜的局面。中国的宗主权实际上已经被否定。诚如梁启超所说："《江华湾条约》使朝鲜自认非我属国，《天津条约》使我认朝鲜非我属国。"②

第三，《天津条约》的撤兵条款只对中国具有约束力。日本当《天津条约》生效后撤回兵员时，由驻朝代理公使高平小五郎照会朝鲜政府，声

---

① 《清光绪朝中日交涉史料》(374)附件四，第八卷，第15页。
② 梁启超：《日本并吞朝鲜记》，第6页，载《饮冰室合集》第6册。

称:"顷接敝国政府训称,查七月廿一日撤回护卫兵,系遵照明治十五年《济物浦条约》条款,认为勿须警备时暂行撤回者,将来有事再须护卫时,仍得随时派兵,不得因此次撤回护卫,而误认已废前约。"① 朝鲜政府复照表示同意。日本将其撤军解释为依据日朝《济物浦条约》第五款,而不是依据中日《天津条约》第一条,因而保留了随时派兵赴朝的权利。《天津条约》的撤兵、出兵条款均未对《济物浦条约》第五款的内容作出明确的限制,致使《天津条约》只是用来迫使中国撤兵和限制中国派兵,对日本却毫无约束力。

第四,《天津条约》成为九年后日本出兵朝鲜,挑起甲午战争的借口。1894年6月,清政府应朝鲜政府之请赴朝镇压东学党农民起义,日本立即以《天津条约》第三条为借口,出兵朝鲜,并照会清政府,当遭到清政府阻止时,即声称:"日本国所派之兵员乃基于《济物浦条约》,并当其派遣时履行《天津条约》规定之手续。"② 甲午战争的祸根,早在《天津条约》签订时就已经种下了。

---

① 王芸生:《六十年来中国与日本》第一卷,第286页。
② 戚其章主编:《中日战争》(续编)第九册,第208页。

第五章 列强角逐中的朝鲜

第一节 英俄两国在朝鲜的争斗

一 朝鲜引俄自卫

19世纪中叶，沙皇俄国乘中国发生太平天国起义和第二次鸦片战争之机，攫取了中国东北100多万平方公里的土地。俄国的疆域，突然扩展到图们江畔而与朝鲜相接。

在从中国掠得大片土地之初，俄国将主要精力用于对这块新领土的开发。由于缺乏劳动力，俄国煽诱大批朝鲜群众逃入俄境，迫令其身强力壮者服苦役，将老弱幼小者集中在一些村落进行垦殖。仅1869年，被引诱到俄国的朝鲜群众就有7000余人。① 清政府为保护朝鲜利益，曾就朝鲜群众逃俄一事与俄方交涉，但遭到俄方的蛮横拒绝。② 俄国还鼓励俄朝边境的黑市贸易，从朝方购进大批牲畜和粮食，把朝鲜当成其远东新领土的食品基地。③

随着西伯利亚新领土的不断开发，俄国对朝鲜的兴趣变得浓厚起来。1866年1月和1869年5月，俄国军舰一再出现于朝鲜海岸，要求通商，并从事测量。自70年代初开始，国际上就不断有俄国南下的传言。这些传言并非空穴来风。当时俄国在远东的战略意图是：保住在西伯利亚新获取的利益；对中国东北实施包围并进行渗透；由于与日本存在领土争端，并害怕日本势力北进，需要制服日本；为了开拓亚洲市场，需要打开日本

---

① 马洛泽莫夫：《俄国的远东政策》，商务印书馆1977年版，第281页。
② 《清季中日韩关系史料》第二卷，第143页。
③ 马洛泽莫夫：《俄国的远东政策》，第17—18页。

海和朝鲜海峡的通道。① 这就是俄国所谓的"亚细亚使命"。有效地控制朝鲜，是实现以上战略意图的中心环节。同时，俄国在远东的港口海参崴冬季结冰，无法利用，很希望在朝鲜获得一处暖水军港。但俄国并没有立即对朝鲜采取重大的行动，这主要是因为在远东还没有足够的力量。

进入19世纪80年代，远东局势日趋紧张。俄国也加快了南下的准备。沙皇政府在海参崴设立了移民局，加速往边区移民。1882年，开始设计通往远东的西伯利亚铁路，这是向远东扩张的重要一步。1883年，又召开了关于阿穆尔事务的宫廷特别会议，决定把东西伯利亚总督管辖下的远东各省划归阿穆尔地区专设的总督管辖。②

中国由于北部边疆一再遭受侵略，所以对俄国保持着充分的警惕。1879—1880年中俄伊犁交涉期间，俄国在远东集结部队，并派海军上将列索夫斯基率舰队到远东海面游弋。国际舆论盛传俄国将夺取朝鲜的永兴湾。中日两国都不断提醒朝鲜，要警惕俄国的威胁。朝鲜对这位新近才成为邻居的不速之客也深怀疑忌。1882年，朝鲜接受中国的建议对西方国家开放，一为牵制日本，一则为防范俄国。

中国要朝鲜与西方国家订约，尽管目的在于利用西方列强牵制日本和俄国，甚至防范的重点在于俄国，但自此却使俄国与朝鲜发生了正式的关系。起初俄国并不想效法美、英等国与朝鲜海口通商，而向清政府交涉了与朝鲜陆路通商，遭到清政府拒绝。③ 但陆路通商实际上一直以不合法的形式在频繁进行着，所以俄国对海口通商显得并不迫切。直到1884年6月，才派驻天津总领事韦贝赴朝，与朝鲜签订了《朝俄修好通商条约》13款及《附属通商章程》3款。

俄、朝订约前后，朝鲜对俄国的态度已经开始发生微妙的变化。当时正值壬午兵变之后甲申政变之前，亲中国的事大党与亲日本的开化党斗争激烈。开化党标榜民族独立，煽动反对中国的宗主权，以与事大党争夺人心。而事大党方面，闵妃集团一度被大院君将要释放回国的谣言搞得惶惶不可终日，派前营使韩圭稷与日本公使馆联系，企图背离中国而寻求日本

---

① 丹涅特：《美国人在东亚》，商务印书馆1959年版，第400页。
② 纳罗奇尼茨基等：《远东国际关系史》，第一册，第206页。
③ 《清季中日韩关系史料》第二卷，第732—733页。

的保护。此后在中法战争中,中国又接连失利,"天朝上国"的威严一再受到嘲弄。闵妃集团感到中国和日本都靠不住,希望另找援手。于是,一些人开始鼓动朝鲜政府与俄国接近。

朝鲜政府中孕育出的第一个亲俄的小派别,是以前营使韩圭稷和左营使李祖渊为首的。韩圭稷曾任毗邻俄境的庆兴府的府使,与俄国人打过交道。为了达到引导朝鲜亲俄的目的,他向国王进言说:中国对朝鲜没有恶意,但如果朝鲜在处理对日关系中发生过错,中国就有理由设置监国进行干预;而且,如遭外患,中国的力量不足以保朝鲜。日本虽暂时顾忌中俄两国不敢公然吞并,但常有侵占之意,是永久之患。而邻国中只有俄国"据天下形胜,为天下最强,为天下最畏"①。隐然表达了亲俄的意向。经其推荐,国王曾派金光训、申郁先到俄国考察,并约俄使来朝鲜换约。韩圭稷、李祖渊这种亲俄的态度,为日本所洞悉。他们在甲申政变中被杀,是日本为在朝鲜政府中剪除俄国势力而采取的措施。

朝鲜政府迈出亲俄的步子,另有一人关系重大,那就是担任朝鲜政府外务协办兼总税务司的德国人穆麟德。

穆麟德到朝鲜任职,本为李鸿章所举荐。李鸿章以为,穆麟德在中国工作多年,与中国有着良好的关系,可以保证中国对朝鲜的宗主权不受损害。穆麟德到朝鲜后,工作积极性极高,很受朝鲜国王的信任。他不仅掌握着海关的权力,操纵了朝鲜的对外事务,还与闻朝鲜的部分内政。他倡议兴办了一些新式的工商企事业,如玻璃厂、火柴厂、桑场、卷烟局、造币厂、邮局等,但大部分都失败了。他为了讨好奢侈的国王和王室,拿出海关的收入为王室装设近代化的西洋生活设备。起初,穆麟德凡有所举措,还征得李鸿章的同意,后来便不再把中国放在眼里。他发现中日两国在朝鲜的势力过于强大,使朝鲜不易获得独立自主的地位。美国公使福地和英国公使巴夏礼(Sir H. Parkes)到任以后,穆麟德一度策动美、英两国支持朝鲜脱离中日两国的控制,但是美英两国有各自的对朝政策,没有理会他的引诱。1884年春间,李鸿章发现穆麟德"渐形恣肆"②,曾诱令

---

① 《清季中日韩关系史料》第四卷,第1833页。
② 《李文忠公全集》,译署函稿,第十七卷,第51页。

其到天津面加戒饬。穆"归后大怀愤快，必欲与中国相抗"①。此后，他便开始寻求与俄国结托。

穆麟德引导朝鲜投靠俄国的行为，据认为有着更深刻的国际背景，或许与德国外交部的指令有关。德国俾斯麦政府在欧洲为对付法国，极力阻止俄国与法国接近，采取了"引诱俄国熊到远东牧场去"②的策略，"怂恿俄国在亚洲推行积极的政策，以便让俄国把力量调往亚洲，从而削弱其在欧洲的势力"③。天津英领事曾经密告李鸿章，说"俄欲窥朝，德阴袒之"④，并非无稽之谈。

穆麟德初次与俄国搭上关系，是俄国派其驻天津领事韦贝（K. I. Waeber）到朝鲜谈判订约之时。穆麟德于谈判中对韦贝多方协助与讨好，并向韦贝表达了朝鲜要进一步结托俄国的意向。俄国因此对穆麟德颇有好感，以沙皇的名义向其颁发了神圣安娜二级勋章。⑤ 从此，穆麟德就不断向国王宣传朝鲜应引俄自卫的观点。

甲申政变的发生，给朝鲜国王及政府以很大的刺激。政变之前，国王对中国怀有贰心，对日本存在幻想。政变中，中日两国军队发生武装冲突，国王遭日军及开化派挟持，不仅失去国王威仪，行动受到限制，而且几乎是出生入死，惊心动魄。最后日军败北，退至仁川，显示日本也是一座靠不住的冰山。更为令人忧虑的是，中日冲突如果升级，朝鲜就将成为一场大规模冲突的战场。在朝鲜政府会议时，很多官员甚至认为中日在朝鲜开战是不可避免的。穆麟德乘机提出："宜预托俄国，万一中日开战之时，务请其保护我国。"⑥ 国王也后悔当初没有听从韩圭稷引俄自卫的话，所以，惊魂稍定就采取了两条措施：其一，由穆麟德将甲申政变的情况电告俄国驻日本公使达维道夫（A. Davidow），试探其态度。其二，避开政府和外务衙门，与近侍商议后，派亲军前营正领官金镛元、权东寿、赵重

---

① 《清光绪朝中日交涉史料》（390）附件三，第八卷，第30页。
② 蒋廷黻：《中日外交关系，1870—1894》，载《中国社会与政治学评论》（英文），第17期（1933年4月），第88页。
③ 纳罗奇尼茨基等：《远东国际关系史》第一册，第215页。
④ 《清光绪朝中日交涉史料》（390）附件一，第八卷，第27页。
⑤ 《穆麟德传》（P. G. von Möllendorf, Ein Lebensbild）（德文），莱比锡1930年版，第66页。
⑥ 《清季中日韩关系史料》第四卷，第1834页。

治等四人到海参崴与俄国地方官取得联系，求其保护。

穆麟德将甲申政变消息电告达维道夫后，俄国驻日使馆急派公使馆书记官士贝邪（A. Speyer）赴朝鲜了解情况。士贝邪于1884年岁末到达汉城，先与穆麟德频繁接触，继又于1885年1月2日受到国王的接见。士贝邪乘机向国王表示，俄国可向朝鲜提供任何形式的援助。国王也"随口答应"①。但这时两国因尚未换约而不具有正式的关系，士贝邪之来，主要是了解情况，所以双方并未达成具体的协议。

金镛元、权东寿等4人于1885年2月11日从庆兴府入俄，在海参崴会见了俄国东海滨省将军，请俄国出兵保护。东海滨省将军把这一情况电告沙皇政府。俄皇电谕同意朝鲜的请求，"换约派使，当于阳历四月派遣"，"陆地通商专任大臣妥办"②。

据说，俄皇还先后发出过以下的敕谕：一、朝鲜急欲我保护，朕闻其变乱，嗣后将设法防变，急命驻日本使臣前往朝鲜察看情形，随宜保护。二、命在皇城（北京）之大臣出使朝鲜，批准国书陆路通商一事，专任此大臣与朝鲜政府相议，审度利害，务使朝鲜有利无害，防他国之援以为例。三、命东海滨省将军及东海水师诸大将自行驾驶兵船，巡察朝鲜沿海，尽心保护，无使他国侵犯③。金镛元等在海参崴停留半月，在等到俄皇消息后，携带俄地方官给国王的复信返程，于5月间回到汉城。

当金镛元等人秘密赴俄的时候，朝鲜政府还派出了一个公开的代表团赴日，以礼曹参判徐相雨为正使，兵曹参判穆麟德为副使。这是根据朝日《汉城条约》的规定，为甲申政变善后而派出的谢罪使团。使团于2月16日到达东京。穆麟德除公开的使命之外，还负有与俄国驻日使馆秘密接触的使命。徐、穆二人到达日本后，到俄国使馆，表示"中日将撤兵，我大君主致意于贵国，要延教师训练本国之兵"④。此后在东京逗留的两周间，穆麟德多次与俄国公使达维道夫及士贝邪会谈。驻东京英使馆称，俄国东西伯利亚总督的副官达德什科利亚尼（Dadeshkoliani）公爵会谈时也

---

① 《清季中日韩关系史料》第四卷，第1868页。
② 同上书，第1834页。
③ 同上书，第1896页。
④ 《清光绪朝中日交涉史料》（390）附件四，第八卷，第32页。

在侧，此人后来还曾到汉城与穆麟德联络。① 俄国驻日使馆将与穆麟德会谈的内容向彼德堡作了报告，并取得了俄政府的答复。于是，双方协议："俟中日订约撤兵之时，俄国即派军官四名，士官十六名至韩，协助训练军队之事；朝鲜因财力短绌，而愿以不冻港永兴湾租与俄国，以抵付练军军官之薪俸。"② 协议草案还拟定，须得双方政府批准后，俄国再派士贝邪赴朝鲜签署，并议定细则。

徐相雨、穆麟德回国后不久，即发生了英国侵占朝鲜巨文岛的事件。朝鲜派政府堂上严世永与穆麟德乘丁汝昌所统中国军舰前往日本长崎，向英国海军副司令陶威尔将军提出抗议。穆麟德乘机在长崎致电达维道夫，告以协议已经得到朝鲜国王的认可，请按既定计划进行。于是达维道夫决定派士贝邪再度赴朝。

这时，北上使俄的金镛元等回到汉城。事情很快败露。珲春副都统依克唐阿所派密探首先侦知此事。接着，朝鲜政府及外署的官员对这一未曾预闻的诡秘行动也渐有所知。他们深不以国王此举为然，向中国、日本驻朝官员通报了情况，并对国王提出质疑。由于国王矢口否认，朝鲜政府投鼠忌器，故意把此事说成是几个无足轻重人物的个人行动，仅将两名次要分子流配了事。

在这种情况下，朝鲜国王和闵妃集团对引俄一事的态度发生了一些变化，暂时放弃了这一主张。原因是：1. 中日两国均对朝鲜通俄表示严重关切。2. 金镛元事件的被揭露，在朝鲜政府中激起了反对通俄的舆论。3. "引俄论"本因担心朝鲜成为中日两国战场而起，中日两国签订了《天津条约》，在朝鲜马上发生战争的可能性已不复存在，因而贪图苟安的朝鲜国王也就不再坚持投靠俄国。

士贝邪并不了解朝鲜的这些变化，于6月10日来到汉城。他没有通过统理衙门，直接找到穆麟德，两人闭门磋商，制定了一个《俄国陆军教官招聘协定细目案》。穆麟德恐遭政府及外署官员反对而致计划破产，乃将约稿密呈国王，企图先由国王批准后，再交统理衙门钤印画押。但穆

---

① 季南：《英国对华外交》，第199页。
② 统理交涉通商事务衙门编：《俄案》卷一，乙酉年五月二十四日督办金允植照会。转引自林子候《甲午战争前之中日韩关系》，第213页。

麟德所托送呈约稿之人将约稿内容报告了外务督办金允植。金允植将此事通知了左议政金弘集、右议政金炳始，由金炳始等人联名入宫谏阻说："此非小事，万不可轻准。"① 国王见状，态度发生变化，退还约稿，拒见士贝邪，而令金允植与士贝邪会谈。穆麟德此计未成，只好将约稿分送政府有关官员。

6月20日，金允植在统理衙门接见了士贝邪。士贝邪抱怨，穆麟德多次向俄国请求代朝鲜练兵，朝鲜还曾派使去海参崴请求保护，他这次即为此二事而来，却得不到国王的接见。金允植回答说，所言二事，外署均未预闻，估计国王也不会知道。在议及约稿时，士贝邪一面攻击中朝关系，一面甘言引诱说："朝与俄毗连甚近，贵国贫弱，与我国缔交亲密，则欧罗诸国（显指占领巨文岛的英国）自不敢侮。虽有理外来侵，我政府无不设法善处。"在议及俄国拟派军事教官代朝鲜练兵时，金允植表示，国王已面托美国公使代为聘请教师，难以谢绝。士贝邪呶呶不休，坚持要朝鲜政府辞去美国教官，改聘俄人。金允植据理力争，坚决拒绝士贝邪的无理要求。士贝邪无奈，又使出威胁战术，声称："若贵国定邀美师，则是恝待我也。虽明日我当回程，告于我政府及皇帝，公使亦不必来，嗣后必有大相碍之事。""贵国教师必用俄人乃已，贵国虽欲不用，亦不可得！"②

6月22日，由于士贝邪一再要求，国王予以接见。士贝邪提出派送教官一事，说："我国政府已派有员弁，即日可以到此。"③ 国王表示：军事教官已从美国聘请，不能再聘俄人。具体事情，请其继续与统理衙门交涉。

6月24日，士贝邪再到外署，首先向金允植表示，他已问过中国驻朝商务总办陈树棠，陈认为朝鲜聘请何国教师，由朝鲜自主。劝金允植不要忧虑中国的干预。金允植揭露其制造谣言与挑拨离间，说："昨日公与陈总办言及中国人阻止俄教师之来，此言闻于我云，我何尝有此言耶？"士贝邪继续胁迫金允植接受俄国军事教官，声称："若恝于俄而厚于美，

---

① 《李文忠公全集》，译署函稿，第十八卷，第3页。
② 《清光绪朝中日交涉史料》（390）附件四，第八卷，第31—33页。
③ 《清季中日韩关系史料》第四卷，第1869页。

则必有不好之境矣","若惎于俄，则必有目前之患"。金允植则以士贝邪并未持有俄国政府的公文，无法议办公事为由，拒绝士贝邪的要求。士贝邪则进一步恐吓说："若不听我言，则必生大事，日后自当知之，我则惟有气力相加。"金允植反唇相讥，但答应政府对此事再作商谈。

7月2日，金允植与士贝邪在统理衙门进行了第三次会晤。金允植将政府商谈的结果通知士贝邪：朝鲜与各国公平相待，既先请教师于美国，便不能更请于俄国。如果不同意这一看法，可等待俄国公使来朝换约时再议。士贝邪无计可施，只是信口雌黄，叫嚷："公使之来，惟在换约一事，所管各异，不可议此"，"若不相许，公使必不来，岂有受其轻视而派送公使之理耶？公使之来不来，在于此事之许不许也"[1]。金允植不为其所动，士贝邪只好悻悻而退。之后，士贝邪又以辞行的名义到处散布威胁的口风，直到7月7日离开汉城返回东京任所。

士贝邪在朝期间，穆麟德竭力为其奔走说项。当金允植表示与俄订约要同中国商量时，穆说："十中国无如俄国，何恃其不可恃而不恃其可恃？窃为朝鲜危之。此约未成，中国必百方阻之；此约已成，中国亦无如之何。"[2] 在士贝邪遭到金允植驳难时，穆竟不顾其朝鲜外署协办的身份与士贝邪一唱一和，极力证明士贝邪虽未持有公文也可订约。

第一次朝俄密约失败，责任全部被推到了穆麟德身上。朝鲜政府以金允植的名义致书俄国驻日公使达维道夫，称："此次贵国参赞官士贝邪来称，去冬敝邦所派副使穆麟德以敝政府之意要请贵国教师训练士兵，贵大臣至送电信于贵国政府已蒙准许等语。查此事敝政府之所不知也；穆麟德之回，亦未有以此事告于敝政府。敝政府漠然不知，故业经先请美国教师。不然则既请教师于贵国，而再请美国教师，有是理乎？穆麟德虽是政府之官，所带使任自有其职。至请教师一事，未曾受命，故并无公文为据，直不过一时私谈耳……"[3] 此信特派专人送交达维道夫，请其转告俄国政府。

但朝鲜政府仍担心俄国不会善罢甘休。朝俄换约的日期已经迫近，届

---

[1] 《清光绪朝中日交涉史料》(390)附件四，第八卷，第33—35页。
[2] 《李文忠公全集》，译署函稿，第八卷，第3页。
[3] 金允植：《云养集》第十二卷，第39页。

时俄国使臣来朝，必然重提此事。而且，中日两国根据《天津条约》的规定撤兵之后，朝鲜境内空虚，内乱外患，在在堪忧。于是，朝鲜政府派遣吏曹参判南廷哲于7月8日到天津，持国王亲笔信谒见李鸿章，请示方略。南廷哲提出：一、俄国请派教师一事已坚拒，士贝邪怏怏而去，后患滋大，近在目前，而俄国意图，不但针对朝鲜，而实欲与中国为难，不可不未雨绸缪。二、穆麟德私自招俄而来，国王并不知情。国王已撤去其外务协办之职，恐其惹祸更大，未敢立即斥退。请将其召还中国，并推荐一人代办朝鲜海关。金镛元等潜至海参崴与俄人私约一事，国王本欲治罪，但因俄人袒护之，恐启衅，故未追究。三、现在还未到《天津条约》规定的日期，中国已开始撤兵。日本对朝鲜不怀好意，金玉均的阴谋日深，俄国虎视眈眈，又有穆麟德从中招诱，朝鲜必将有事。现今已撤之兵虽不可复还，未撤者请缓撤，到规定期限再议。全撤之后，也请常令一二兵轮来往仁川外海近地。①

针对朝鲜提出的问题，李鸿章作《复朝鲜国王》书，指出：一、士贝邪请派俄国教师一事，朝鲜统署迭次辩驳，思虑深远，以后仍望拿定主见，不可曲意徇从，致贻后患。已催美国速派教师到汉城，可杜俄人借口。二、金镛元等赴海参崴私立之约，既未奉有全权文凭，又未经批准，照万国公法，应视作废纸。将来俄公使若执言责问，断不得误认此约，自贻伊戚。俄正有事于阿富汗，尚无暇东顾，海参崴一带陆兵很少，水师亦不敢大逞，希望朝鲜君臣打消顾虑，坚持定见。如俄兵船来朝诘问，应将金镛元等声罪正法，自可挽回前失。如果继续任用，就是留下祸根。三、穆麟德揽权生事，恃有官权，罢斥之后，则不过是一匹夫，不能为大患。代替穆麟德的洋员，以用美国人为宜。四、建议朝王任贤去邪，金宏（弘）集、金允植、鱼允中三人是忠荩之臣，应信任勿疑。五、暂缓撤兵已经言之太迟，但中国与朝鲜吉凶同患，虽暂撤陆军，仍当酌派军舰轮流驶赴仁川驻巡，以资镇压而壮声援。将来万一有他事变，必再派陆队乘轮东驶，朝发夕至，不致迟误。②

至此，朝俄密约一事暂时平息。但此事给朝鲜政局造成的动荡，却有

---

① 《清光绪朝中日交涉史料》（390）附件三，第八卷，第30—31页。
② 同上书（390）附件二，第八卷，第29—30页。

增无减。

二 英国占领巨文岛事件

1885年4月15日,英国远东舰队正式占领朝鲜南部海域中的巨文岛,引发了朝鲜历史上著名的巨文岛事件,东亚国际关系也因之再起波澜。

巨文岛也称巨磨岛,英国人称之为哈米笆港(Port Hamilton),位于全罗南道的南方,由丽水到济州岛水路的中间,属兴阳县,是由西岛、东岛和古岛组成的一个小群岛。西岛最大,东岛次之。三岛鼎足而立,中间形成一个可以停泊巨舰的天然港湾。这里是对马海峡的门户,扼日本与朝鲜海上交通的要冲,也是俄国在西太平洋的唯一出口,具有重要的战略价值,因而有人称之为东方的直布罗陀。早在1875年,英国驻日公使巴夏礼就主张在巨文岛建立军事基地,储存煤炭和军用物资。他曾命令公使馆书记官普伦凯特(Plunkett)乘军舰到该岛作过实地调查,并写出详细的调查报告,向外交部提出占领巨文岛的建议。英国政府曾一度对占领该岛发生兴趣。

英国占领巨文岛的目的,是为了限制俄国向东方发展。英俄矛盾由来已久。19世纪中叶,俄国为控制黑海海峡,插足巴尔干半岛,与英法发生冲突,在克里米亚战争中被英法联军打得大败。之后,俄国不得不把主要力量用于向中亚和东亚发展。英俄之间在绵亘东西的漫长战线上发生对抗。英国的优势在南方海上,俄国的优势在北部内陆。各展所长,互不相让。1877年,俄国利用巴尔干斯拉夫人起义的时机,向土耳其发动突然袭击,战而胜之,割取了土耳其的领土,并把势力范围扩展到巴尔干半岛。但英国与德奥之间在翌年召开的柏林会议上,却强迫俄国吐出了部分到口的肥肉,予以瓜分。在西亚,英国在1878—1880年发动第二次侵略阿富汗的战争,强迫阿富汗承认英国的"保护"。而俄国在征服中亚三个汗国和土库曼之后,也向西亚扩张,于1884年占领阿富汗边境很近的莫夫,进而与阿富汗发生军事冲突。到1885年初,英俄危机已发展到一触即发的程度。

英国早就注视着俄国在远东的动向。阿富汗危机更促使英国在远东作出反应。国际间早就传说俄国对朝鲜永兴湾怀有野心,后来巴夏礼又风闻俄国企图占据巨文岛。英国海军因此决定，自1884年12月经常派舰到巨文岛观察动静。① 1885年3月中旬，形势骤然紧张，俄国军舰聚泊海参崴，英国远东舰队司令陶威尔（Dowell）开始从各口岸集中军舰。中国口岸的英国军舰多被集中到吴淞口和香港。②

4月初，英国政府以恐俄国军舰从海参崴南下、侵扰香港为由，做出了占领巨文岛的决定。一个星期后，英国远东舰队的军舰就进入巨文岛水域。英国政府打算，如果英俄间爆发战争，英国就以巨文岛为基地进攻海参崴。在进入巨文岛水域的同时，英国还派一艘军舰驻扎朝鲜永兴湾，侦察俄国海军南下的动静，又派两舰停泊大沽口外，以备必要时阻截在津俄国轮船出口。

早在4月6日，总理衙门就已从驻英公使曾纪泽的电报中得知英国占领朝鲜岛屿的消息，该电报说："朝鲜济州当俄师南下之路，俄贪已久，顷英忽据之，必有争吵。"③ 这里把巨文岛误为济州。出现这样的错误是有原因的，因为当时《泰晤士报》所刊赞美英国政府决定的文章中，就犯了同样的错误。④ 曾纪泽大概就是从《泰晤士报》上得到这一消息的。总理衙门在得知此事后，电令曾纪泽弄清英国的意图。4月8日，曾纪泽到英国外交部提出质问，但英方以"水师官现无确信"作答。

李鸿章得知英国占领巨文岛的消息，似乎并未引起震动，也无反对英国占领的打算。4月12日他致电总署，表示自己的看法说："英暂据此备俄，与朝鲜、中国皆无损。"⑤ 据英国署任驻华公使欧格讷称，李鸿章曾向他表示，英国暂时占领巨文岛，中国不会反对，因为如果这两个岛屿一旦落入俄国之手，就再也收不回了。⑥ 李鸿章的主张，与其一贯的外交政策有关，也与中国所处的国际环境有关。中法战争爆发之后，清政府一面在南方同法国打仗，一面又担心北方发生问题。俄国一直是中国在北方的主要威胁，同时俄国又同法国有着同盟的关系。如果俄国从北方发动进

---

① 季南：《英国对华外交》，第192—193页。
② 同上书，第191页；《李鸿章全集》，电稿一，第452、455页。
③ 《李鸿章全集》，电稿一，第471页。
④ 季南：《英国对华外交》，第193页。
⑤ 《李鸿章全集》，电稿一，第476页。
⑥ 季南：《英国对华外交》，第194页。

攻，中国就将腹背受敌。日本是中国北方的又一敌手。中法战争中，日本趁火打劫，策动了朝鲜的甲申政变。李鸿章办外交，一贯主张"以夷制夷"。他注视着英俄矛盾的发展，幻想从英国取得帮助。英俄争夺阿富汗发生危机，李鸿章认为有机可乘。国际间也认为，如果英国一举打败俄国，中国北方的压力就会减轻，甚至可以借机收复大片失地。李鸿章在会见英国新任驻天津代理领事璧利南（Brenan）时，主动提出阿富汗问题，建议中英两国结成同盟。英国这时也同中国公使曾纪泽接洽，建议订立密约。① 正是在这种情况下，发生了英国占领巨文岛的事件。李鸿章认为英国的矛头并非针对朝鲜与中国，而是针对北方的强敌俄国，所以不表反对。

4月15日，英国海军开始实施占领巨文岛。16日，英国外交部密咨曾纪泽："承询英国占据韩墨尔登②海口是否确实……英廷本欲先时此事告知中国，缘见别国有占据此岛之意，英廷不得不急于下手。英廷并不欲行有损中国声望之事，是以甚愿与中国相商立约，不至于该段等处或有损于中国之权利也。"③ 英国占领巨文岛，最担心中国反对。所以在酝酿占领时，就已打算以承认中国对朝鲜的宗主权为诱饵。在此之前，没有任何国家正式承认过中朝之间的这种关系。密咨建议立约，即暗含有这层意思。总理衙门对立约一事甚感怀疑，于4月22日致电曾纪泽："密约保权利，似属空谈。如何办法，希探明电复。"④ 4月27日，曾纪泽照会英国外交部，指出：巨文岛乃朝鲜之属地，而朝鲜不仅是中国的近邻，也是中国的属邦，巨文岛为外国所占，中国不能漠然置之。但据来文所称，英国占据该岛乃暂行之事，又承示以英廷不欲行有损中国声望之事，并愿与中国立约，俾于该岛等处无碍中国之权利。中国国家是以特饬本爵大臣，恳请贵大臣"将英廷欲与中国国家立约式样及如何保护中国权利之处，示知大略"⑤。

曾纪泽认为，巨文岛已经成为英俄两国争夺的对象。中国以自己的实

---

① 季南：《英国对华外交》，第191—192页。
② 即巨文岛。
③ 《清季中日韩关系史料》第四卷，第1856页。
④ 同上书，第1826页。
⑤ 同上书，第1827页。

力而论，无法禁止其中任何一国占领该地。俄国如果占有巨文岛，就能与混同江（黑龙江、松花江下游）口、海参崴等处呼吸相通，这对中国来说是十分不利的。英国现已占据该岛，依靠口舌争辩不可能迫使其马上退还。"如能议订一约，保全中国上邦之权利，则尚不至大伤中国体面。"①于是，在英国外交部所提草案的基础上，曾纪泽与之议订一项协议，主要内容为："英据该岛，中朝允不阻难。惟英据一年后，察该岛岁税若干，每年以税归之高王。高丽入贡中国，安岛（指巨文岛）应派费若干，应于税中除出，送交中国作为贡款，并声明英不得损该岛居民权利。"② 曾纪泽于5月1日将协议内容电寄总理衙门，请示可否照此画押。清政府不同意如此订约，当日即有谕旨称："……属国之地，岂可由我许其占据？且于中取利，尤非政体，倘为他国借口，流弊甚多。此事应若何措置方为妥协，著李鸿章酌议速奏。"③ 可见，清廷在这一问题上头脑是清醒的。

李鸿章与曾纪泽，在不反对英国占领巨文岛问题上，态度是一致的。不过曾纪泽走得更远。李鸿章奉旨后才意识到，此一问题相当复杂，不能随便表态同意英国占领。于是立即致电总署，表示拥护清廷看法，指出："若允英据此岛，俄必将索占永兴湾，日本亦必有词，后患更大。"电中述及："日使伊藤前曾商及，谓英久据于日本尤不利，但恐暂据备俄，可姑待之。"④ 算是对自己先前态度的婉转解释。5月3日，他又听说俄国公使博白傅密谋，如中国允许英占巨文岛，则俄国也将占据朝鲜一岛，于是再次致电总署，请阻止曾纪泽画押。总理衙门于5月3日、4日连电曾纪泽，反对签字。4日电称："此事切勿轻许，致贻后悔。现闻俄使密谋，如许英据安岛，俄亦欲据一岛，且恐日本亦将效尤。是英之发难为无名，徒贻害于朝鲜而利归于他国，甚为不值，希善为说辞，劝令勿为戎首，以利他人。"⑤ 曾纪泽接电，于5月6日照会英国外交部："中国虽欲应贵国政府之要求，然据俄使致总理衙门照会，中国若承认英国占领巨文岛，则俄政府认为有占领其他岛屿或朝鲜王国一部之必要，而日本亦有出于同样

---

① 《清季中日韩关系史料》第四卷，第1826页。
② 《李鸿章全集》，电稿一，第491页。
③ 同上书，电稿一，第492页。
④ 同上书，电稿一，第493页。
⑤ 同上书，电稿一，第494页。

处置之虞。中国政府为避免此等纠纷起见，不能签字于贵国提议之条约，因是希望贵政府勿以占领巨文岛为必要。"① 总理衙门也将同样的意思告诉了英国驻华代理公使欧格讷。

李鸿章本来主张中国不明显介入，让英国与朝鲜直接交涉，以避免与英国发生冲突，认为："朝虽弱小，谅不能无故允许，即允亦当疏报中朝，届时仍可诘责，较为名正言顺。"② 但后来又改变主意，决定采取积极措施，令水师提督丁汝昌带舰赴朝，了解英占巨文岛的真实情况，并对朝鲜进行指导。

丁汝昌带超勇、扬威两舰，赍李鸿章致朝鲜国王信件，于5月5日启行，5月10日到达汉城，谒见国王，并奉上李信。信中论及巨文岛之事指出：英国此举意在防俄，若暂时借驻兵船，定期退出，或可酌予通融，如久假不归，或购或租，断不可轻易允许。香港原不过一小渔村，现已成据南洋咽喉之重镇；巨文岛当东海之冲，焉知英国非别有用心。如借赁与英，必为日人所诘责，俄亦必就近割据别岛，"是揖盗入门，而复开罪于近邻，殊属失策，且于大局甚有关碍，望殿下坚持定见，勿为币重言甘所惑"③。

关于巨文岛被占一事，据朝鲜国王称："先是，日本兵船来报。嗣德员穆麟德言，英人欲借该岛屯煤，请于政府，当以兵船暂时寄泊可置不论；若屯煤驻军，则应守局外之例婉辞复之。至外间传言树旗筑垒等举，并未确知。"④ 可见朝鲜这时对英国占领的具体情形并不明了，也未采取有力措施。在丁汝昌的建议下，朝鲜派政府有司堂上严世永及外务协办穆麟德随丁汝昌乘军舰前往巨文岛，查明真相，并进行交涉。中国驻朝商务总办陈树棠也派帮办商务委员谭庚尧随行。

丁汝昌等5月16日到达巨文岛，见湾内泊有英国军舰6艘，商船两只，山顶上高挂英国国旗。严、穆等到英国飞鱼号军舰上会见舰长麦乞伊，说明朝鲜已听说英国在此岛树旗一事，本欲派员探询，恰值中国军舰巡海，本国大君主商之于丁军门，得乘军舰前来，果见树有英国国旗。质

---

① 王芸生：《六十年来中国与日本》第一卷，第295页。
② 《李鸿章全集》，电稿一，第493页。
③ 《李文忠公全集》，译署函稿，第十七卷，第11—12页。
④ 同上书，第14页。

问麦乞伊树旗何意。麦乞伊答称："树此旗帜是奉水师提督之命。因本国政府探闻俄国欲占此岛，现英与俄有失和之机，故先来暂守此岛，以资保护。"穆麟德声明朝鲜与英俄均系友好国家，英军舰在朝鲜土地上树旗，从公理上讲，是不能容许的，要麦乞伊转达英国政府，并声明要将此事照会各国公使。麦乞伊只说系奉命驻此，有话可到长崎与水师提督去说。①

丁汝昌按预定计划，偕严、穆驶往长崎。18日，严、穆会见了英国远东舰队司令陶威尔，再作质问。陶威尔答称，巨文岛驻军是奉政府之命，估计只是暂住。穆等反驳说：既为暂用，何必树旗？倘他国过而问之，我将何辞以对？陶威尔答应电告英政府核夺。穆等知英政府回音杳不可期，不便久留，于是提出拟致陶威尔一函，令其作一复函，以便持以复命。陶威尔表示同意。② 19日，严、穆等持陶威尔一毫无实际内容的复函回国。

这次风风火火的巨文岛、长崎之行，动用中国军舰，声势不小。其实，除查明占领真相外，对于迫使英国退出巨文岛，不可能起到多少作用。不难看出，这是李鸿章做的一个表面文章。麦乞伊、陶威尔的推诿，本是意料中事。同英国的认真交涉，应该是在伦敦、汉城和北京，通过正式的外交途径。李鸿章对巨文岛事件的主张，表面上与前有所不同，其实并无多大变化。他在5月29日致总署函中说：

> 英国海军实甲天下，彼自知陆兵不能敌俄，故欲以水师扼断海参威之吭而牵制阿富汗之势，即占此岛实非觊觎朝鲜，亦非窥伺北洋。况朝鲜近患在俄与日，而俄日畏英水师之强，断断不敢逼视。

因此，李鸿章的真实想法是："得英船横鲠于其间，亦未始非朝鲜之屏蔽。"但他又认为，这一层意思是不能说破的。中国、朝鲜如果表态允许英国占领，必然给俄日两国造成蚕食朝鲜的口实，无异引狼入室，自遗伊戚。所以中国必须做出不许英国占领的姿态。但是，这种反对又必须是有分寸的，以不与英国结怨为度，这是对抗俄日的需要。他说："惟其不

---

① 《李文忠公全集》，译署函稿，第十七卷，第23—24页。
② 同上书，第24—25页。

许，他日俄日若欲分占，我仍可暗结英以合力谋拒。"①

对于巨文岛问题的前景，李鸿章分析有两种可能。一是英国久据。英国驻天津领事璧利南曾向李鸿章表示："目下不过暂住，但恐英船退去，俄又来占，且英俄即使议和，难保他日无事，此岛实扼东海之冲，须平时设法筹备。"这显然是要赖着不走的意思。第二种可能是占据一段时间后撤走。这可能有两个原因：一是英俄间达成妥协；二是因中、朝、俄、日四国均表态反对，英惧众怒难犯，弃而之他。②

基于这种分析，李鸿章又使出他惯用的"以夷制夷"的策略。他希望朝鲜能对英国的要求提出坚拒。派丁汝昌赴朝，即有此意。后来，更通过"总理朝鲜交涉通商事宜"的袁世凯，指导朝鲜政府同英国进行反复交涉。丁汝昌巨文岛、长崎之行，堵住了俄国、日本的嘴，反过来，又利用英国"惧俄南下"占领巨文岛的借口，迫使俄国保证不侵占朝鲜土地，然后又利用俄国的保证促使英国撤出巨文岛。李鸿章把这种办法称之为"不战而屈人"③。

朝鲜本来对巨文岛一事并不敏感，经李鸿章的提醒，开始重视起来。英国完成巨文岛占领之后，于4月24日由欧格讷自北京致朝鲜一照会，通知已将巨文岛"暂行据守"。该照会首先寄往英国驻朝领事馆，又由英国副领事贾礼士（Charles）转交朝鲜统理衙门。当时，严世永、穆麟德一行尚未回到汉城。朝鲜统署立即作出反应，于5月20日致电欧格讷，提出抗议，并致书贾礼士，指出此举违背万国公法，要英国赶快退出。同一天，朝鲜还致书中国驻朝商务总办陈树棠和各国驻朝公使，通报欧格讷照会内容，请各国公议。陈树棠复书称，须待丁汝昌归来会晤后再禀报李鸿章与欧格讷交涉。德国总领事曾额德复函，对朝鲜表示同情，支持朝鲜与英国"据义论辩，说明不准"。美国代理公使福久复函认为，英国占领巨文岛出自防卫的需要，并非久占。但俄国若闻之，亦将有意于此。建议朝鲜统署致书于海参崴港海军司令官，说明朝鲜反对占领巨文岛的立场。日本代理公使近藤真锄复函称，巨文岛一事损害朝鲜国权极大，英国用以

---

① 《李文忠公全集》，译署函稿，第十七卷，第19页。

② 同上。

③ 同上。

防俄的理由不能成立，朝鲜如果许之，违反局外中立的原则。建议朝鲜将拒绝英国的意思遍告各与国，以释群疑而致公论。①

严世永、穆麟德一行回抵汉城后，朝鲜政府进一步向英国提出交涉，并把抗议书分送汉城各国使领。6月19日，英领事阿苏敦拜访朝鲜外务督办金允植，说明"英国未计划久占巨文岛，只供煤炭的储藏地"。金允植引朝英《修好通商条约》第8款"英国师船所用军装物料及一切饷需各件可在朝鲜各通商口岸存寄"，予以驳斥。②此后，朝鲜方面频频与英方交涉，或请各国使节居中调停，或直接向英国驻华使节提出抗议。袁世凯重回朝鲜任职后，也向朝鲜国王表示"巨文岛自不可尺寸予人"③，指导朝鲜同英国进行交涉。其间，英国曾酝酿过租借或购买巨文岛，由于中朝两国的反对，也由于其国内的不同意见，只好作罢。

英俄阿富汗危机在1885年5月间即已开始缓和，但危机却因巨文岛问题而转移到了东亚。俄国对英国这一行动频频做出反应，并迁怒于清政府。俄国公使博白傅跑到总理衙门大吵大闹，总理衙门以该岛属于朝鲜不属于中国为词对其敷衍。6月7日，俄国具体提出要占领永兴湾，以作为英占巨文岛的补偿。④俄国还扬言要占领离巨文岛不远的对马岛。日本政府为此十分惊慌，在对马岛"兴筑炮台，停泊师船，征兵设防"⑤。此外，英国还担心俄国会在喀什噶尔等地策划"突然行动"⑥。

俄国以及中国、朝鲜、日本对英占巨文岛的强烈反对，不能不给英国造成一定的压力。英俄阿富汗危机解除之后，英国占领巨文岛防止俄国袭击的借口也随之消失。再无限期地赖在巨文岛不走，一时还找不到可以自欺欺人的理由。这时，英国海军内部开始了对巨文岛本身利用价值的检讨。他们的结论是：巨文岛并不如当初想象的那样可以成为良好的海军基地。巨文岛孤悬海上，没有陆地作依托，一到战时，需要调动大批舰只保证其不被敌军击毁，这将分散与削弱英国东亚舰队的巡洋力量。如果将其

---

① 《清季中日韩关系史料》第四卷，第1837—1841页。
② 林子候：《甲午战争前之中日韩关系》，第228页。
③ 《清光绪朝中日交涉史料》(409)附件五，第九卷，第10页。
④ 季南：《英国对华外交》，第200页。
⑤ 《清季中日韩关系史料》第四卷，第1919页。
⑥ 季南：《英国对华外交》，第209页。

建成坚固的自身具有防御能力的要塞，则要花费不赀，得不偿失。鉴于这些情况，在清政府的不断催促下，英国的态度在1885年底便开始松动。12月12日，英国外相索尔兹伯里致电欧格讷，要他询问清政府，如果英国从巨文岛撤走，中国能否保证该岛不被其他国家占领。①

1886年春，驻英公使曾纪泽奉命再度催促英国政府撤出巨文岛。英国为了寻求一个体面的下场，于4月14日以照会答复曾纪泽，大意为："据守该岛系属暂时之举，并无图损中国及属邦体制权利之意，英廷亦不欲久占此岛，但恐他国来占，则损中英两国之利。欲请中国与俄、日各（西）国会商订约，不取朝鲜土地，英愿立即退出。"②

清政府收到英国照会，便有了同俄国交涉的依据。于是，乘中俄商谈图们江划界、俄朝第二次密约等事之机，李鸿章于1886年9月间邀请俄国驻华代理公使拉德仁（N. Ladygensky）到天津。9月12日，双方进行第一次接触，李鸿章将英国4月14日就巨文岛问题致中国的照会交给拉德仁。9月25日，在第二次会谈中，正式谈判巨文岛问题。拉德仁表示，已接到俄国政府电令，"担保俄国国家并无欲取巨文岛或朝鲜它处地方之意"③。李鸿章请拉德仁将此意写成照会，以便据以向英国交涉。但拉德仁认为俄国只能口头承诺，不能出具公文，此系向中国担保，而不是向英国担保。29日，进行第三次会谈。李鸿章提议中俄订立密约，担保互不侵占朝鲜领土。拉德仁表示，俄国外交部来电同意订立密约，密约以彼此照会的形式或订立条款的形式均可。李鸿章告诉拉德仁："可先照会其大意，当说明朝鲜系中华属邦，又为俄罗斯邻境，今俄国情愿担保以后永远不占朝鲜土地，中国亦照复声明绝无占取朝鲜土地之意，彼此便可尽释嫌疑，他人亦不能造言离间。"④拉德仁同意李鸿章先互换照会的办法，认为如须另立密约，等到新的驻华公使履任后，可仍用原照会语意订立两三条画押。

10月1日，拉德仁将所拟底稿送李鸿章，共有三条，主要内容是：一、朝鲜与中国及朝鲜与各国关系保持不变；二、保持朝鲜土地完整；

---

① 马洛泽莫夫：《俄国的远东政策》，第37页。
② 《清季外交史料》第六十九卷，第33页。
③ 《李文忠公全集》，译署函稿，第十八卷，第40页。
④ 同上书，第41—42页。

三、朝鲜国王有自主之权；朝鲜现状如有重大改变，中俄两国须共同协商办法；中俄两国驻朝官员不得与闻朝鲜国政。① 这一照会并未把李鸿章要其表示的意思说清楚，而又塞进了牵制中国及为俄国取得特权的内容，李鸿章当然不能接受，要其另改。10月6日，拉德仁送来修订稿，也是三条，文字虽较前明快，但基本意思并无太大变更。李鸿章告诉拉德仁，只须另拟一简明照会，"声明俄国日后不取朝鲜土地为正义，其余枝节均应删除，免致后来缪戾"。② 拉德仁表示同意，又于10月9日送来第三稿，关键语句是："中俄两国愿朝鲜实在平静，并为捐除误会起见，两国政府约明不改变朝鲜现在情形，并永远不占据朝鲜境内土地。"③ 至此，李鸿章已经认可，便致电总署转奏请旨。但清廷认为，"两国政府约明不改变朝鲜现在情形"之语，仍是隐寓保护之意，对将来处理朝鲜事务"恐多牵掣"④，要李交涉删去此语。李鸿章则认为，俄方"不改变"之说，是惑于中国要变朝鲜为郡县或派大员监国的传言，不含有保护的意思。而改郡县、派监国之事，恐办不到，所以不会发生掣肘之事。有些意思，如中朝宗藩关系，可在复照中讲明补足。以此理由再请转奏。

　　主持总理衙门的醇亲王奕譞首先反对与俄国订约。他在给军机处的信件中称："中俄因韩立约，原恐俄怀他意，若因此被俄牵制，不如不约为愈。盖俄不侵韩，乃其本分应尔，安能与我为上国者相提并论？设牵就立约，无论郡县、监国本不欲办，亦办不到，恐如此次责问之款亦做不到矣。得巨文一时之虚名，失全韩日后之通局，履霜冰至，谅公议亦同此情。法之于越，英之于缅，日之于球，皆自彼发难。中国多事之秋，兴灭继绝，力有未逮，尚不足以为耻。若俄约则无中生有，自我发端而乃堕其术中，自贻伊戚，岂不贻后人訾笑乎？"奕譞主张在拉德仁照会中添入"韩属华，保全周至，苟非干名犯义，断不别有措置；俄与韩通商修睦，亦断无侵扰之心"等数语。慈禧太后10月14日的密旨要李鸿章照奕譞的意见定议。⑤ 但拉德仁却拒绝再作修改，密约一事即告搁浅。10月24日，

---

① 《清季中日韩关系史料》第四卷，第2142页。
② 《李文忠公全集》，译署函稿，第十八卷，第44页。
③ 《李鸿章全集》，电稿一，第728页。
④ 同上书，第730页。
⑤ 《清季外交史料》第六十九卷，第14—15页。

拉德仁向李鸿章辞行时表示，他以往所作说明（不占朝鲜土地）均系传达俄国政府之意，绝不再更改。李鸿章便咨请总理衙门据拉德仁之意要求英国退出巨文岛。

10月31日，总理衙门照会英国公使华尔身（SirJohnWalsham），以拉德仁的谈话为根据，向英国担保"俄国日后不取朝鲜土地"，要求华尔身将此意转告英国政府，即饬军舰撤出巨文岛。[①] 12月24日，华尔身照会总理衙门，已接英国政府复电，同意退出巨文岛。照会后附有拟致朝鲜外务官金允植的文稿中称："查此事现经中国公行担保，以倘能将暂行据守之事停止，中国亦可担保别国不取巨文岛及贵国他处土地之语，是本国退出巨文岛之意益固……至退出巨文岛之期，应候本国水师军门将撤船时日转由本国驻扎贵国总领事官自行奉布。"[②] 照会及致朝鲜文稿，均系华尔身与总理衙门事先商定。1887年2月27日，英国国旗在巨文岛降下，盘踞近两年的英国军舰驶离该岛。

第二节　中日两国对朝关系的调整

一　日本利用中国控制朝鲜的政策

甲申政变之后，日本根据形势变化，对其朝鲜政策进行了调整，开始执行一种与中国"妥协"、利用中国为其服务的政策。

从日本本身来说，其在朝势力在甲申政变中受到沉重打击，损失几尽。朝鲜"举国上下至衔恨日人次骨，群相疏远"[③]，使日本处于无可奈何的软弱状态。同中国在朝鲜的较量使日本进一步认识到，中国势力根深蒂固，要驱逐中国出朝鲜，只有诉诸武力。但日本当时在军事上翅膀还没有长硬，不敢轻于一试。而且，日本当时在外交方面正忙于与西方国家交涉修改不平等条约，内政方面准备制宪，没有余力顾及朝鲜，只好与中国暂时妥协，隐忍等待，俟诸他日。

从国际背景来说，造成日本调整朝鲜政策的原因，则是第一次"俄

---

① 《清季中日韩关系史料》第四卷，第2171—2172页。
② 同上书，第2260页。
③ 《李文忠公全集》，译署函稿，第十七卷，第57页。

朝密约"与巨文岛事件。这两条消息在1885年4月至5月间相继传来，使日本政府大为吃惊。俄国是一个军事大国，扩张主义欲望十分强烈。日本虽然于1875年与俄国签订了《库页岛千岛交换条约》，结束了领土争端，但却时刻害怕俄国势力南侵。日本防范俄国染指，远胜于防华。中日两国在朝鲜虽然势不两立，但在防俄这一点上却又有共同语言。在日本看来，如果朝鲜沦入俄国之手，就阻住了日本北进之路，甚至还将危及日本本土。如果朝鲜仍为中国藩属，则他日仍可攫为己有。英国占领巨文岛，陈兵于日本大门口，虽然不是针对日本，但对日本也是一个相当大的威胁。同时，这一事件的直接后果，是俄国准备采取报复行动。俄国将占领永兴湾以及在巨文岛附近占领墨浦（济州岛）的传言不绝于耳。日本外相井上馨认为，英国占领巨文岛，是"予俄国插手朝鲜以最大良机"，绝望地说，其结果"日本近海将成为争夺之焦点，东亚和平殆不可保"①。不仅如此，日本还得到消息说，俄国为了对抗英国，还策划占领日本的对马岛，已经派遣舰队到对马近海进行过测量。1885年6月24日的《时事新报》在社论《对马之事不可忘》中，重提幕末俄国舰队占据对马的事件，警告说已经出现对马遭受侵略的危机。② 日本政府更加恐慌，急忙在对马整军设防，以备不测。要防止俄国南下，只有与中国妥协，维护中国与朝鲜的宗藩关系，利用中国来对抗俄国。

　　日本对朝政策的转换，还与西方国家的劝说有关。《天津条约》议定中日两国从朝鲜撤兵。撤兵之后，一是很难保证朝鲜不发生内乱。二是朝鲜要雇佣外国军人帮助练兵。这两者都可能给俄国势力的渗入造成机会。一些西方国家对此事特别关注。英国外交大臣索尔兹伯里认为："应提醒中、日两国注意由于俄国军官可能掌握朝鲜军队而造成的危险。"③ 当时德国驻华公使巴兰德也希望朝鲜有一安定的局面，以免德国的利益在那里受到损失。为此，在英国外交部，曾有人提议，同德国采取一致行动。④ 在这样的背景下，1885年5月初，德国驻华公使巴兰德，尤其英国驻华代理公使欧格讷，向日本驻华公使榎本武扬表示对朝鲜问题的忧虑，并建

---

① 信夫清三郎：《日本外交史》上册，第206页。
② 同上书，第207页。
③ 季南：《英国对华外交》，第170页。
④ 同上书，第171页。

议："若日清两国军队自朝鲜撤退，迟早内乱必起，而朝鲜自己对此不能迅速镇压，日清两国亦不能立即干涉时，势必招致他国之干涉，而贻害于未来。如日本采取不干涉主义之政策，不以实力护庇朝鲜，莫如支持清国之干涉政策，却胜于陷入大国之计。"[1] 英国由于其在华利益远远超过其他国家，以及对付俄国的需要，一直采取拉拢中国的政策。在朝鲜，它不派公使，只派由驻华公使管辖的领事，实际是默认中国对朝鲜的宗主权。榎本将英、德公使的这一意见向井上馨作了报告。井上馨5月22日收到报告后，显然采纳了这一建议。

1885年6月5日午后，中国驻日公使徐承祖同参赞杨枢东等应邀到日本外务省谒见井上馨、郑永宁。井上馨出示了日本驻朝代理公使近藤真锄有关朝俄密约的两份密报，接着有如下谈话：

井上：去冬在高时，见朝王年轻不明事理，所赖者左右辅助得人。现在朝鲜当道如尹雄烈等，皆非公忠体国之人。再加穆麟德内结内官，外通俄国，恐于朝鲜社稷不利。即我中东两国亦与有害焉。此事诚为可虑，不得以膜外视之。鄙意本拟请我政府函告朝王，第恐中国见疑，故未敢冒昧。今日请阁下来此一商。

徐承祖：高人之请俄保护，盖因有人逼之，故走此险路。此时只宜以急脉缓就之法治之。若再以势逼之，则益激成其请俄保护之心。阁下具经国之才，如有妙招请告我，由我斟酌可否函告我政府及李相酌办。

井上：中国向于属国之用人行政不大与闻，我早知之。惟此时事势不同，宜稍为变通为是。缘朝鲜弄坏，于我两国均有所损。鄙意以后高廷用人及大政，均嘱其请命中朝，方准黜陟更改。李相功高望重，朝王及高人素所佩服，请李相函告朝王罢尹雄烈等六奸之职，选用正人。如李相心知彼国某人可靠，即荐朝王任用，不许其擅自更动。至穆麟德，宜嘱高王饬其迅速离高，以后高廷雇用美国人，亦须由李相面命函荐朝王。如此则朝王不敢妄为，而权奸亦不敢施其诡计矣。朝鲜社稷及东方大局之安危，皆在贵国肯听愚言变通之一矣。

---

[1] 《中日战争》（续编），第九册，第34页。

井上又云：现在贵国驻朝委员一缺甚为紧要。陈观察树棠忠厚有余，才智不足，似宜更换敏决之员为妥。如贵国更换新员，请嘱其来我敝国一行，一则贵公使得以指授机宜，一则我可与彼面谈，使彼知我国之意，庶到任后遇有要事，自能与敝国驻朝公使和衷共办也。①

井上馨的这一谈话的要点是：一、承认朝鲜是中国的属国，希望中国干涉朝鲜的用人行政。二、驱逐亲俄的德国人穆麟德，由李鸿章荐选一美国人接替其职务。三、中国更派一敏捷干练之员代替陈树棠，以加强对朝鲜的控制。四、中日两国共同保护朝鲜。

日本自1876年强迫朝鲜签订《江华条约》以来，就一直断然否认中朝之间的宗属关系。这时却又含混地承认朝鲜是中国属国，要中国行使宗主国的权利，这不能不说是一大改变。但这种改变只是表面的改变，其实质是中日共同监督朝鲜行政，让清政府在前台表演，由日本在后台控制。同时，这种改变只是口头的改变。李鸿章曾论及此点说："日本相臣伊藤博文向为韩事来津会议，每言朝鲜久为我藩属。嗣榎本公使并述伊藤之意，欲我管理朝鲜外交内政，惜均未有成议耳。是韩所虑者俄、日，而俄、日固明知为我属，特公牍内尚未说破耳。今若明言，彼固未肯明认。"②

6月12日，井上馨电令日本驻天津领事原敬，将其与徐承祖谈话一事先期告知李鸿章。继又训令驻华公使榎本武扬到天津与李鸿章会商。井上馨给榎本训令的要点是：一、为避免"巨文岛事件"的重演，应怂恿中国与英国交涉归还问题。二、韩俄间的关系微妙，韩廷奸臣充斥，亟须改革朝鲜内政，宜向李提出一方案。三、中日共同保护朝鲜的提议，极易被误解为日本已改采承认中国的"属国主义"，应作罢论。③ 在中朝宗属关系问题上，日本唯恐留下口实妨碍将来的进取，于此可见。

7月2日，榎本到天津拜会李鸿章，呈递井上馨所拟《朝鲜政治改革案》，即所谓《朝鲜外务办法八条》。具体内容为：

---

① 《清季中日韩关系史料》第四卷，第1846—1847页。
② 《李文忠公全集》，译署函稿，第十九卷，第32页。
③ 《日本外交文书明治年间追补》第一册，第356—359页。转引自林明德《袁世凯与朝鲜》，第108—109页。

第五章 列强角逐中的朝鲜 173

一、李中堂与井上伯爵密议朝鲜外务主意办法，既定之后由李中堂饬令朝鲜照办，务使其办到。

二、朝鲜国王不得与内监商议国政，应将内监与闻国政之权除去，一切国事均不准内监干预，国王当与其照例委任之大臣商议。

三、朝鲜大臣中必择其最为忠荩者托以国政，国王如有擢用重臣，无论如何必先与李中堂相商，中堂再与井上伯爵斟酌，金宏（弘）集、金允植、鱼允中诸人，皆可托以国事者也。

四、国事之最要者，如外部、兵部、户部事务，均应委托以上所举之忠荩重臣办理。

五、应择美国之有才者一人，令朝鲜政府委用，以代穆麟德。

六、中国驻扎汉城之坐探国政大员，急宜遴派才干较长于现在驻扎之员。

七、中国委派之坐探国政大员，并荐与朝鲜替代穆麟德之美国人，必奉有中堂详细训条，俾晓日后办事主意。其赴朝鲜时，可令其顺途过日，往见井上伯爵。

八、中国坐探国政之大员，必与日本署理公使情谊敦笃，遇有要事，互相商酌办理。①

接着双方开始商谈朝鲜政局，特别提到俄朝密约问题、巨文岛交涉、中朝宗属关系与日本的态度等问题，最后谈到大院君的释放。榎本出示井上馨给其来函，中称："李昰应素有才干，但不喜外交，如果心态已变，不再生事，回助国王，实为良策。"②讽示李鸿章释放国王的生父大院君李昰应。

李鸿章对井上馨的八条建议总体上表示赞同，答复榎本说"井上馨持论甚正"。在给总署的信中也说大部分条目"尚中肯綮"，"顾其立意，似欲护持朝鲜，勿被俄人吞并，洵与中日两国大局有裨。"尽管他未能完全识破井上馨的居心，但也发现井上馨有中日共同保护朝鲜的意思，因而示意榎本："中国于属邦用人行政，向不与闻。日本系朝鲜与国，亦不应

---

① 《清光绪朝中日交涉史料》（385）附件五，第八卷，第25—26页。
② 《李文忠公全集》，译署函稿，第十七卷，第27—28页。

挽预朝鲜外交内政。"同时，他还顾虑："诸要政均请由鸿章遥制，既惧无此权力，若朝王不能遵办，亦断难使其事事办到。况朝鲜外务如与井上馨密议，相距皆远，何从面筹办法？"① 此后，李鸿章对井上馨八条的认识更加明晰，指出其中共商朝鲜外务主意、斟酌用人、中国驻朝委员往见井上馨三条别有用意，"盖明知中国有保护属邦之权、商榷政事之益，而彼径告朝人必置之不理，故欲借以揽权干预，并争雄长"②。

井上馨得知李鸿章的态度后，即于8月15日撤销其八条办法，决定对朝鲜事务采取不干涉主义。9月，在其致天津领事波多野承五郎的训令中，重申此项态度，大意为："我国对朝鲜的政略，必须尽可能地避免干涉，目前惟有注视其自然发展的趋势，暂时持观望态度而已。"③

日本政府1885年11月对"大阪事件"的处理，也反映了日本对朝鲜政策的改变。是年，自由党大井宪太郎等为援助流亡日本的朝鲜开化独立党人金玉均等，组织了一支义勇军，计划携带武器弹药大举渡海，推翻事大党，使独立党掌握政权。他们估计，独立党新政府一旦宣告断绝同清政府的关系，中日之间就可能发生战争。战争一起，既能唤起日本人的爱国心，也能实现内政改革。后来阴谋败露，在大阪受到检举，参与此一事件的自由党员多人被捕。日本政府对"大阪事件"坚决镇压的姿态，反映了日本政府决心避免在朝鲜引发事端。

在朝鲜之外的对华关系上，日本的态度也有所缓和。如日本内务省曾秘密命令冲绳县查勘冲绳县与福州之间的岛屿，并在这些岛屿上树立国标。这是企图侵占中国钓鱼台、黄尾屿、赤尾屿诸岛的一次阴谋活动。冲绳县令西村捨三在查勘后认为，这些岛屿"不仅为清国册封旧中山王使船所稔知，且复各有命名，向为航行琉球之目标，此事至为明显。故此次欲援大东岛之例，着勘查之后即行树立国标，实恐未为妥善"。因而在1885年9月22日呈请内务卿山县有朋对于树立国标问题给以明示。山县有朋倾向于占领这些岛屿，于10月9日提出拟案向井上馨磋商。井上馨在10月21日的复函中指出："查该岛屿与清国国境接近，前经勘查，其

---

① 《李文忠公全集》，译署函稿，第十七卷，第27—28页。
② 同上书，第58页。
③ 《日本外交文书明治年间追补》第一册，第382、390页。转引自林明德《袁世凯与朝鲜》，第110—111页。

面积较大东岛为小，清国对各岛已有命名。近时清国报纸刊登我政府占据台湾附近清国所属岛屿之传言，对我国怀有猜疑，屡促清政府注意。当此之际，公然建立国界标志，势必招致清国猜疑。"① 并指示，查勘之事不要在报纸上刊登消息。井上馨并非无意侵占钓鱼列屿，只是在他看来，与中国妥协，利用中国控制朝鲜、抵制俄国，是一个大政策，有碍这一政策执行的事情都留待以后再办。

日本怂恿中国在朝鲜采取积极干预的政策，是与其认为中国根本不足为惧的观念分不开的。中法战争之后，国际间普遍认为中国加快了近代化的步伐，很快便可强大起来。一贯主张侵略中国与朝鲜的日本政府要角黑田清隆也持相同见解，认为："若至三年后，我国势必不敌，宜在此一二年中速取朝鲜，与中国一战，则我地可辟，我国自强。"为此，黑田与伊藤博文、井上馨展开辩论。伊藤反驳黑田说：

> 我国现当无事之时，每年出入国库尚短一千万元左右。若遽与中国、朝鲜交战，款更不敷，此时万难冒昧。至云三年后中国必强，此事直可不必虑。中国以时文取文，以弓矢取武，所取非所用，稍为变更，则言官肆口参之。虽此时外面水陆各军俱似整顿，以我看来，皆是空言。缘现当法事甫定之后，似乎发奋有为，殊不知一二年后，则又因循苟安，诚如西洋人形容中国所说："又睡觉矣！"倘此时我与之战，是催其速强也。诸君不看中国自俄之役始设电线，自法之役始设海军。若平静一二年，言官必多参更变之事，谋国者又不敢举行矣。即中国执权大官腹中经济，只有前数千年之书，据为治国要典。此时只宜与之和好，我国速节冗费，多建铁路，赶添海军。今年我国钞票已与银钱一样通行，三五年后我国官商皆可充裕，彼时看中国情形再行办理。至黑田云"我国非开辟新地，实难自强"，亦系确论，惟现时则不可妄动。

井上馨也发表意见说："中国之不足惧，人人皆知，无烦多论。至黑

---

① 吴天颖：《甲午战前钓鱼列屿归属考》，社会科学文献出版社1994年版，第103—105页。

田欲即取朝鲜、与中国动兵,此时我国饷糈实来不及。且使我与中高构兵,俄人势必乘机占取朝地,彼时朝未取得,饷已花去,俄反增地,非特中国之忧,我日本与俄更近,东方更无日宁静矣。黑田此议万不可行。"[①]
以上是驻日公使徐承祖所雇日本密探朝必奈报告的情况。日本的基本动向,于此清晰可见。

二 李鸿章1885年对朝鲜的新举措

李鸿章收到榎本武扬转交的井上馨八条建议后,即开始筹划朝鲜问题。7月15日,恰值朝鲜吏曹参判南廷哲持国王亲笔信来天津谒见,于是李鸿章乃作《复朝鲜国王书》,初步宣示了他对朝鲜事务的主张(见本章第一节),此后,又陆续采取了一些措施。这些措施,举其荦荦大端,主要有三条。

1. 推荐美国人到朝鲜任职,取代穆麟德

穆麟德策动朝鲜亲俄,引起中、日两国的愤恨。李鸿章接受井上馨的建议,函请朝王将其斥免。朝鲜国王7月27日罢其外务协办,8月25日罢其海关总税务司。穆麟德仍赖在朝鲜不走,朝王任其为典圜局(造币局)帮办。直到年底,才在袁世凯的压力下,回到中国海关任职。

以美籍人士接替穆麟德,也是井上馨提出来的。洋员的态度,往往与其祖国的利益有关。美国的东亚政策,一直是站在日本一边的,日本便乘机推荐美籍人士赴朝。而李鸿章一向认为美国无贪人土地权利之心,所以对井上馨的提议欣然同意。他把穆麟德原任两个职务分解开来,以两个美国人分别担任,以免洋员权力过重。

总税务司之任,他听从赫德的建议,选中了中国海关总署中美籍副税务司墨贤里(H. T. Merill)。墨贤里赴朝前,到天津谒见李鸿章,李鸿章给以五款"训条",要点是:(1)墨贤里是作为中国海关的一员,奉总税务司赫德的札派,前往朝鲜办理海关事宜,由北洋大臣委令赴朝。(2)墨贤里接任后,应照中国海关的模式整顿朝鲜海关,"一切只遵北洋大臣暨朝鲜统署札文办理,不受其余各员节制"。(3)墨贤里"不得自行擅管分外之事,且不可违背中国保护朝鲜属藩之意,亦不能听别国拨

---

① 《清季中日韩关系史料》第四卷,第2008—2009页。

预"。(4)"总税务司无论何时要墨贤里回中国海关之任,可申请北洋大臣札墨贤里交卸回华。"(5)俸银及生活用项从优议给。① 这五款训条,李鸿章同时寄给了朝鲜国王。其中所规定的墨贤里的角色,是与穆麟德大不一样的。穆麟德虽为李鸿章所推荐,但其职务系朝鲜政府所委任,一切听命于朝鲜。而墨贤里仍为中国海关官员,其职务是赫德札派,要听命于中国。墨贤里虽是美国人,但他是按照赫德的意志行事的。赫德派墨贤里赴朝,交给他的任务是实现"朝中海关的联合",要求墨贤里定期将朝鲜海关统计寄给他,以在中国海关公报上发表。② 赫德企图通过这种方式,实现其个人控制朝鲜海关的野心,并从而支持中国对朝鲜的宗主权。墨贤里到朝鲜后,于是年10月14日被国王敕派总办税务,兼任户曹参议。在赫德的策划下,他对朝鲜海关大事整顿,委派洋员史纳机(J. F. Schoenick 德籍)、帛黎(T. Piry 德籍)、葛雷(E. F. Creagh 英籍)等分任仁川、釜山、元山税务司,又派何文德(J. H. Hunt 英籍)、曾日阿(Fogret 法籍)、李蔚良(英籍)等任帮办,裁撤了一批不称职的人员。通过这次改组,朝鲜海关的人事权完全操纵在赫德手中,朝鲜海关实际上变成了中国海关的附属机构。通过整顿,朝鲜的关税收入在此后数年中一直呈快速上升的趋势。

办理外交事务,李鸿章推荐了曾任美国驻上海总领事的德尼(ON. Denny)。李鸿章称其"忠实公正,熟悉西国律例、公法,素有名望,心地亦厚,为鄙人所深契"③。德尼赴朝之前,先绕道日本东京,拜晤井上馨,表示要在朝鲜实行"对日本政府最有利的政策"④。到朝鲜后,于1886年4月25日被委任为内务协办兼管外交事务。德尼很快便与专横跋扈的袁世凯发生冲突。在8月间发生所谓的"第二次朝俄密约"事件后,德尼到天津向李鸿章告袁世凯的状,请将袁撤回,但李鸿章没有支持德尼的意见。此后,德尼便处处反对袁世凯在朝鲜的措施,鼓吹朝鲜自主,"联美独立"。朝鲜向美国派遣全权公使,德尼是积极策划者之一。

---

① 《清季中日韩关系史料》第四卷,第1944—1945页。
② 《中日战争》第二册,第521—522页。
③ 《李文忠公全集》,译署函稿,第十七卷,第57页。
④ 纳罗奇尼茨基:《美国和1894—1895年间日本对朝鲜和中国的侵略》,载《苏联科学院通报·历史哲学丛刊》,第7卷,第3期,1950年。

当时中国在世界上还没有这种较高级别的使节，他们设想，朝鲜派出全权公使，可能比中国的驻办公使更受尊重，企图以此打击中国的宗主权。尽管遭李鸿章、袁世凯的极力反对，但朝鲜向美国派遣使节一事终于成功了。德尼写过一本《中朝关系论》（China and Korea，1888），批评清政府对朝鲜的高压政策，痛斥袁世凯的傲慢态度，并为朝鲜国王的统治能力辩护。墨贤里认为德尼的观点并非没有偏见，他评论该书说："如果他说中国压制了朝鲜国王，就袁世凯的种种阴谋诡计来看，也未尝没有道理。但是他如果能再写一本小册子，更真实地叙述朝鲜人民如何受他们自己统治者的压迫，也许可以把美国人的同情引导到正当的途径上去。"①

2. 送大院君李昰应回国

释放李昰应也是由日本提出来的，而清政府早有酝酿。囚禁李昰应，本是平息朝鲜党争、稳定政局的一种权宜之计。将国王的生父长期羁押中国，毕竟不是办法，迟早总要送其归国。时过三载，尚未送回，主要是由于闵妃集团的拼命反对，清廷顾虑由此再度引起朝鲜朝廷的争夺和倾轧。甲申政变前夕，由于袁世凯密报"朝鲜君臣执迷不悟，欲乘中法有事，引强邻自卫，即可称雄自主"②，李鸿章就开始考虑对朝鲜国王要有所牵制。未几发生甲申政变，李鸿章即于1884年12月14日向总署提出释放大院君问题，说："国人甚盼大院君回，似应请旨释回，交吴（长庆）、丁（汝昌）等带往，以系属朝人之心，而示羁縻。"③

李昰应自幽禁保定后，一直令其亲信在北京活动，希望释放回国。当得知清政府对其释回有所松动时，便遣其侍者李益瑞，两次抱呈到礼部鸣冤，并请准许老病返国。李鸿章暗示其在保定的长子李载冕回国试探朝王的意向，讽喻朝王派专使来北京"疏恳"。李熙当然希望其66岁的老父结束囚居异国的生活，但闵妃集团和赵氏戚族闻之却大为震惊，坚决不同意。朝鲜表面上派闵种默和赵秉式为正、副陈奏使，但行期一改再改，反映出对此事的踌躇。闵党为阻止大院君回国，派闵泳翊到天津探询李鸿章的真意。李鸿章告以迟早总要回去，希望泳翊到保定探视大院君，借释

---

① 《中国海关与中日战争》，中华书局1983年版，第41页。

② 《李文忠公全集》，译署函稿，第十六卷，第10页。

③ 同上书，第12—13页。

闵、李两家嫌怨。泳翊不肯。正当此时，李鸿章收到井上馨八条办法，便于7月17日致书总署，提出释放大院君的具体设想。

清廷对释放大院君一事本来举棋不定，这时因朝俄密约曝光，对朝鲜政局感到忧虑，于是同意了李鸿章的意见。随后李鸿章召大院君到天津面谈，并派候补道许钤身、津海关道周馥等反复征询其对朝鲜政局的看法。大院君除表明愿退老山林、不再与闻国政外，还请中国依照元朝故事，钦派大臣监国，并阻止闵妃干政。清廷对大院君一向所持锁国主义的外交态度很不放心，但这时大院君的态度已有很大变化，同意开展对外交往，但认为须分别亲疏，防备俄日，结援美国。李鸿章送李昰应回国的本意，是希望对朝鲜政局有所牵制，及见闵、李二氏不相水火的态度，也主张李昰应回国后不要干预国政，请清廷明发谕旨时注意到这一点。① 其间，朝鲜派问议使金明圭、赍咨官李应浚来华，都赋予阻止李昰应回国的使命。金明圭向李鸿章表示，大院君回国为国人所不容，祸乱必起。李鸿章表示，大院君深得民心，只要闵党不激变寻衅，总可相安无事。金明圭建议，或让大院君再拖延三四年回国，或将其流放到朝鲜边地。李鸿章均予驳斥。李应浚是为图们江勘界事赍国王咨文来华，传说他挟重资到北京行贿，阻止李昰应东归。这些都反映出朝鲜戚族对大院君释回的恐惧。朝王见戚族诸般反对无效，不得不派出陈奏使，到北京礼部"恳恩"大院君"赐还"。礼部于9月21日上奏，当即得旨：李昰应准其开释，着李鸿章派员护送回国。

李鸿章即派袁世凯与已革总兵王永胜乘军舰护送李昰应赴朝。一行20余人9月27日启行，10月3日到仁川。登岸后，只见仁川一片凄清，不见来人迎接，袁世凯等只好住进中国商务公署仁川分署中。据悉，朝鲜已委派李寅应为迎接使，但他畏惧开罪闵氏，不敢露面。袁世凯大为不满，两次飞电汉城，朝鲜朝廷才在第二天下午派"中使"、"都承旨"等前后来迎。5日到汉城，李昰应回到云岘宫故居，根据李鸿章、袁世凯的劝告，不得随便发表政见，仅可与外交团答拜应酬。

闵妃集团在大院君抵达仁川的当天，就给他一个下马威，将参加过壬午兵变的金春永、李永植等凌迟，暴尸街头。由此，大院君的10余名随

---

① 《李文忠公全集》，译署函稿，第十七卷，第51页。

从人人自危，逃窜一空。大院君回国不久，朝廷以国王名义颁布一项"敕书"，严禁文武百官与之往来。又公布云岘宫出入的管理办法，实际上是把大院君软禁起来。

显然，释回大院君，不能起到牵制朝鲜政局的作用，反而引起闵氏集团的恐惧与不满，对清政府更加离心离德。

3. 更换驻朝官员

井上馨提出中国驻朝商务委员陈树棠"忠厚有余，才智不足"，很能引起李鸿章的共鸣。这一年，围绕着朝鲜问题，一波未平，一波又起，矛盾错综复杂，李鸿章对陈树棠的工作，显然很不满意。[①] 所以，撤换陈树棠，已是势在必行。

让何人去取而代之，李鸿章是经过悉心考虑的。驻日公使徐承祖向总署提出，可以驻日公使兼任督理朝鲜大臣，而派参赞、领事驻朝，受日本公使节制。李鸿章列举琉球交涉等事，指出日本公使兼管，根本无法办好朝鲜问题，且派参、领照料，"与体制有碍，犹属小事，特恐参领中无此奇才可餍服属邦人心"[②]。李鸿章怀疑这是井上馨的一个阴谋，借徐承祖之口提出，以便从旁预谋。据说吴大澂也有意逐鹿此职，但李鸿章未予同意。实际上，李鸿章看中了袁世凯。

袁世凯初入朝时，年仅23岁，本是无名之辈。但在朝不到三年，已成为朝鲜朝野无人不知的"袁大司马"。他为人狡猾世故，处事机敏果决，大气磅礴，确有其不同凡响之处。其在甲申政变中的表现，尤为世人所瞩目。他的叔父袁保龄，以直隶候补道在旅顺办海防，与李鸿章左右的人物关系很深。袁保龄对其侄有意在人前赞扬，不断通过这些人物送到李鸿章的耳中。于是李鸿章便认定袁是那种能使朝鲜人心"餍服"的"奇才"。

闵泳翊离津前，李鸿章已将袁招至天津，准备令其完成护送大院君回国的任务。袁世凯"激劝闵泳翊往见李昰应，立为释憾交欢"，李昰应、闵泳翊"再四恳令袁世凯驻朝办事，可息争端而免内患"[③]。大概闵泳翊

[①]《清季中日韩关系史料》第四卷，第1868页。

[②]《李文忠公全集》，译署函稿，第十七卷，第58页。

[③] 同上书，第58—59页。

已探得李鸿章要派袁驻朝，故有此表示，并将消息速报闵党。于是朝鲜国王具咨文请委任"熟谙国俗，练达时务，为上下所信"的"袁舍人"赴朝，"借以镇定民心，筹议时务"①。

袁世凯完成护送李昰应归国的使命后回到天津，李鸿章即讽谕驻朝商务总办陈树棠辞职，然后于10月28日正式上奏。奏折声称陈树棠积劳成疾，请求回国调治，需派干员接替，袁世凯胆略兼优，能知大体，是最佳人选。关于袁世凯的职衔，李鸿章提出："陈树棠赴朝之时，尚属商务初开，今则口岸渐增，贸易日盛，各国公使麋集汉城，相机因应，尤赖该员从旁赞画，似宜优其事权，作为驻扎朝鲜总理交涉通商事宜，略示与闻外交之意。"又提出："兹令出使属邦，尤须隆其位望，使之稍有威风，借资坐镇。该员系分省补用同知，拟请以知府分发，尽先即补，俟补缺后以道员升用，并请赏加三品衔。"② 如李鸿章在奏折中所说，派商务委员已不适应形势的需要。但要给派驻官员取一个恰当的名字，却很费斟酌。井上馨提议称"坐探国政大员"，李鸿章没有接受。一则李鸿章不甘心对井上馨亦步亦趋，再则"坐探国政大员"很像一些人主张的"监国"，控制朝鲜的痕迹太露，朝鲜政府未必接受，其他各国也可能反对。曾经考虑过使用"总领事"的名义，也因与宗属体制不合而未用。所以最后只好使用了"驻扎朝鲜总理交涉通商事宜"这样一个极为含混而解释的自由度又很大的名称。

10月30日，清廷同意了李鸿章的奏请。11月24日，袁世凯便赶赴朝鲜上任。

袁世凯在朝鲜的地位，由于其职衔上冠有"交涉"二字，有指导朝鲜外交的权利和义务，所以比陈树棠要高，俨然有"监国"的气象。朝鲜人则笼统地呼之为"袁总理"。但细细推敲起来，袁世凯的级别，在形式上并不比陈树棠高。陈树棠被派驻朝鲜，是根据1882年签订的《中朝商民水陆贸易章程》。该章程中规定中国所派商务委员的地位为："总办、分办委员与朝鲜官员公文往来，自其统理衙门以下均用平行照会，与各国公使、领事照会，均用华文，或附以洋文"，"遇朝鲜公会，各国公使向

---

① 林明德：《袁世凯与朝鲜》，第134页。
② 《清光绪朝中日交涉史料》（410）附件一，第九卷，第13—14页。

以头二三等职分及到任先后为坐次，朝鲜为中国属邦，中国总办委员为宾中之主，应坐于朝鲜官主位之上"①。袁世凯摆放自己位置所可援引的规定，也仅此而已。但袁世凯当然认为自己与陈树棠不可同日而语，所以处处自高其位置。首先是晋见国王的礼仪。陈树棠及袁世凯前在朝鲜时，都是乘舆入宫门，行三揖礼，侧坐。但他复来朝鲜后，却向李鸿章请示，要模仿上年吴大澂、续昌拜见朝鲜国王的办法，行宾主对坐礼。李鸿章回电认为，袁世凯晋见国王的礼节，固然应与各国使节有别，以显示朝鲜是中国属国；但如照吴大澂、续昌的特例，也不合体。要他比照司道谒见亲郡王的办法，"宫门外候请降舆，仍行三揖，侧坐"，如果举行大的典礼、朝会，可以"变三鞠躬为三揖"，认为这样做"不亢不卑，亦能和众"②。其次是参加各国使节会议问题。陈树棠被排在主宾的位置，已优于其他使节，但袁显然认为这还有与各国使节同列之嫌，且无从表现他此来比陈树棠位置更高，所以拒绝亲自出席这类会议，而派一翻译前往。袁的这种态度，引起各国公使议论纷纷。另外，袁的职衔也受到各国使节的关注。美国署任公使福久发现，袁世凯的名片上写的是："H. I. C. M. Resident"③。"Resident"一词，有总理、驻扎官（殖民地总督、办事大臣）、常驻公使等意义。所以美国通过其驻华公使田贝向总理衙门追问袁世凯的身份到底如何，以及不参加外国使节会议的原因。④ 此后，袁世凯一直受到英国以外的各国使节的责难和反对。

综论李鸿章 1885 年对朝鲜问题采取的三大措施，实在是弊大于利。推荐美国人入朝，帮助了美国势力在朝鲜的发展，由于美日之间的互相利用关系，客观上加强了日本在朝鲜的力量。送李昰应回国，激怒了朝鲜戚族政权，使之与中国更加离心离德，时思改图。派袁世凯驻朝的结果，是对朝鲜采取一种乱加干涉的政策，伤害了朝鲜的民族感情。采取这些政策的结果，是使中朝关系陷入更大的危机中。

---

① 《清光绪朝中日交涉史料》（153）附件一，第四卷，第 22 页。
② 《李鸿章全集》，电稿一，第 617 页。
③ 陈志让：《乱世奸雄袁世凯》，湖南人民出版社 1988 年版，第 24 页。
④ 《李文忠公全集》，译署函稿，第十九卷，第 30 页。

第三节　宗主权的加强

一　"第二次朝俄密约"事件

袁世凯护送大院君返抵汉城的第二天，即10月6日，俄国使节韦贝也抵达朝京。韦贝系为交换朝俄通商条约而来，条约生效后即任俄国驻朝公使兼总领事。他向朝鲜政府提交一件俄国外交大臣的照会，其中称："嗣后韦公使当与贵国政府相商边界事宜，并另有事务，此数层应立新约画押。"① 所谓"另有事务"，虽未明言，实即指由俄国"保护"朝鲜之事。"第二次朝俄密约"之说，便由此而起。

韦贝下车伊始，即向朝鲜统署提出种种要求，并施加压力。10月15日，韦贝晋见国王，国王表示，今后"诸事商于贵国政府，一切仰仗事甚多"②。并问俄国军舰能否常驻仁川，何时可来。韦贝回答说，待与政府商定后即可办到。韦贝还携来俄皇为上年朝俄订约颁给穆麟德的衔号勋章。

一段时间以来，朝鲜朝廷中的亲俄倾向再度抬头。原因大约是：一、英占巨文岛以防俄，朝鲜是被侵略的一方，感情上与俄国接近，且朝鲜对中国在巨文岛交涉中的软弱状态不满。二、大院君的释回，使朝鲜戚族感到，中国随时可能撤销对他们的支持，因而只有另找靠山。三、日本大阪事件引起很多谣言，朝鲜认为金玉均要勾结日本人卷土重来。而且中日关系微妙，只有依赖俄国。亲俄派以内务协办闵泳焕（闵谦镐子）、左营使闵应植为首，朝王宠臣洪在羲、内务府主事金嘉镇、金鹤羽都是活跃分子。他们鼓动国王说："引俄保护，他国不敢侮，可自尊为大皇帝，不受人节制。"③ 当时穆麟德虽被免去外务协办和总税务司，但仍任典圜局协办，也向朝王说，引信俄人，即可挟制大院君。韦贝的到来，更使亲俄派弹冠相庆，欢呼雀跃。

袁世凯再度赴朝之前，即已听说穆麟德及第一次朝俄密约之事。所以

---

① 《清光绪朝中日交涉史料》（409）附件六，第九卷，第11—12页。
② 同上书，第12页。
③ 郭廷以：《俄国早期侵韩阴谋的被阻》，见《近代中国的变局》，第210页。

到汉城后，就于10月8日找金允植谈话，要其坚定信心，不怕俄国的恐吓欺诈，俄国正与英国有衅，断无引兵东向之理。10月10日，袁世凯又撰写了名为《摘奸论》的文章，提交朝鲜统署及外交团。这实际上可视为一件照会或备忘录。文章痛斥引俄保护的种种论调，剖析俄国欲借保护之名行鲸吞之实的策略，指出中国的兵力，完全可以保护朝鲜。第二天，袁世凯晋见国王，又反复开导。当时穆麟德曾告诉国王，俄国因中日两国在朝鲜海面有轮船往来，也拟派军舰五六艘来济物浦驻泊。袁世凯指出这是"奸人"从中"播弄恐吓之计"①，请国王放心。国王当晚就让统署开去穆麟德典圜局差使，并与袁商定，如俄使真的强令"保护"，即再由中国派兵入朝。② 朝俄换约后，韦贝去上海就有关事宜与其政府电商，袁世凯乘此间隙于10月23日回到天津。

10月30日，清廷正式批准袁世凯出任"驻扎朝鲜总理交涉通商事宜"后，袁世凯匆匆赶回朝鲜。一到仁川，便找到穆麟德，以李鸿章名义令其回天津。穆无奈，只好离开朝鲜。

至1886年，亲俄派的活动日现频繁。竹山府使赵存斗、金良默、金鹤羽及翻译蔡贤植，经常出入于俄国使馆，在朝廷与韦贝之间穿针引线。韦贝的夫人也不时出入宫廷，与闵妃过从甚密。春夏之交，国王又召回了因赴海参崴订约被发配的申郁先、金光训，与韦贝联络。申郁先之妻通俄语，闵妃让其作自己的翻译，以与韦贝夫人通气息。形形色色的闵妃集团成员频繁地访问圣彼得堡。③ 朝廷的亲俄倾向已经公开化。

在亲俄的同时，朝鲜戚族集团与袁世凯的关系也日渐恶化。这部分是由于袁世凯个人作风所招致。袁重回朝鲜，不知团结笼络闵氏集团，弥合朝鲜统治集团内部的矛盾，一味与金允植等极少数事大党人物交往，态度专横傲慢，颐指气使，遇事干涉，无视朝鲜朝廷的尊严。这不能不招致戚族集团的嫌恶与对抗。但更重要的，则是朝鲜对袁世凯所代表的中国宗主权的厌倦。据袁世凯说，朝鲜"谬欲自主，时派小人唆使各国讪谤中国"。当袁对朝鲜的政治有所建议时，"王闻之心动，即派人请往见。迨

---

① 《清光绪朝中日交涉史料》（409）附件五，第九卷，第10页。
② 郭廷以：《俄国早期侵韩阴谋的被阻》，见《近代中国的变局》，第213页。
③ 陈志让：《乱世奸雄袁世凯》，湖南人民出版社1988年版，第27页。

进谒接谈，寒暄慰问之外，貌似感激，心实猜疑"[1]。

朝鲜政府中亲华的"事大"派，这时只有金允植、鱼允中硕果仅存，他们是戚族政权引俄背华的障碍，所以被视为眼中钉、肉中刺，必欲翦除而甘心。1886年5月，戚族闵泳焕、闵泳韶以弹劾甲申政变中有附逆嫌疑的官员为名，提出金允植、鱼允中曾于甲申冬埋葬乱党朴泳孝的父亲，应以从逆罪论处。于是金、鱼二人被免职，押出城外待罪。袁世凯得知后，即致函朝鲜内署，称述金允植、鱼允中在壬午、甲申两次事变中的功绩，说明埋葬朴父之无罪，并宣称去冬自津来时，曾奉李鸿章指示："恐金、鱼见害于他人，须极力保护，留此忠良以持大局。"[2] 并敦促国王赶快表态，以便将此事向李鸿章禀报。袁世凯这时很想对朝鲜政府采取组织措施，于6月14日电禀李鸿章说："韩欲去金允植，而斥华自主之议决。近日此议颇炽，群小附和趋时，情形日非。署督办徐相雨，欲索巨文岛自荣，隐附群小敌允植，并迎合自主，讥侮中国，以希进幸，故允植尚未回署……由此谬妄恐将难制，乞早筹之。"与袁的愿望相反，李鸿章不主张采取强硬措施，6月18日回电称："韩欲去允植，斥华自主之议决，或因允植与汝踪迹太密，诸事听命，去金即裁抑汝干预之权。各国本谓金系袁党，此等浮言有因。但自主虽有此意，究无实在形迹，未可轻于一发，汝宜慎之。"[3] 在袁世凯的压力下，戚族政权恢复了金允植的职务，但背后却啧有烦言，抱怨中国不应干预。"罢金"是一个信号。"自去金允植而引俄议遂决。"[4] 袁世凯自始即把"罢金事件"与引俄背华联系起来，决非神经过敏。以后事态的发展证明了这一点。

7月25日，在香港隐居18个月刚刚回国的闵泳翊突然谒见袁世凯，向袁密告："韩廷信诸小人愚弄，时派人赴俄使韦贝处求相助保护，为巨文岛亦求俄派船助韩防英。俄使因而愚之，欲要文凭密约。翊苦谏不入，孤掌难鸣，大局将从此决裂。"闵泳翊请袁世凯电禀李鸿章设法，并怀疑"将有保护文凭予俄"[5]。闵泳翊是戚族要员，但他反对引俄背华。大约在

---

[1] 《清季中日韩关系史料》第四卷，第2099页。
[2] 同上书，第2114页。
[3] 《李鸿章全集》，电稿一，第679—680页。
[4] 《李文忠公全集》，海军函稿，第二卷，第6页。
[5] 同上书，第5页。

他看来，中国是无论如何也不可忽视的，背华只能招致戚族的灭顶之灾。袁世凯接泳翊密告，即致电李鸿章，请早做准备，以免落于俄国之后。李鸿章电令德尼调查此事，但德尼回电说，袁的说法没有确实根据，很可能是英国人散布的谣言。① 8月5日，袁世凯再向闵泳翊追问情况。闵泳翊进一步披露说："韩王信廿余小人，时密商于韦贝：'韩将不属于华，如华不允，请俄派兵相助保护。'韦迟疑未许，并云：'恐华先动兵。'韩小人云：'华兵无用，如俄兵来，华兵必退。'韦许以三思再定。"② 据闵泳翊讲，他在朝廷中不敢公开反对引俄，恐遭谋害，所以表面顺从，偷偷来告，打算借助中国的力量尽除群小，有此一变，朝祚庶可持久。袁世凯得知这些情况，联系到甲申政变中朝王的表现，对朝王彻底丧失了信心，认为只有废黜李熙，另立新主，才能从根本上解决问题。第二天，他致电李鸿章，指出解决朝鲜问题，不能"仅除诸小人"，必须"清其本源"，朝鲜国王"时以三千里山河臣服于华为耻，群小因而附和，至蛊惑日深"，因而事情的性质是"韩王首其意而群小附之"。由此他建议："不如待其引俄张露，华先派水师，稍载陆兵，奉旨迅渡，废此昏君，另立李氏之贤者，次以数千兵继渡，俄见华兵先入，韩易新君，或可息事。且此时人心瓦解，各国怨谤，如明降谕旨，再由宪授谕李昰应相助，三五日可定，尚不难办。"③ 李鸿章接报后，已有安排海军快船去朝鲜海面"操巡"的打算，但因局势并无明显变化，故未立即采取重要措施。醇亲王奕𫍽这时也认为事情相当难于把握，曾有"既难无题作文，又虑棋着落后"④ 的感慨。

此后，因义州电报线路发生故障，袁世凯与天津失去联系。这期间，袁世凯从闵泳翊口中得知朝鲜已将求俄保护的文件送交俄国使馆，便催促其抄到文件原文。不久，闵泳翊将所抄文稿送来，全文为：

> 密启者，敝邦偏在一隅，虽独立自主，而终未免受辖他国，我大君主深为耻闷。今欲力加振兴，悉改前制，永不受他国辖制，惟不免

---

① 《中国海关与中日战争》，中华书局1983年版，第8页。
② 《李文忠公全集》，海军函稿，第二卷，第5页。
③ 同上书，第5—6页。
④ 同上书，第3页。

有所忧忌。敝邦与贵国睦谊尤笃,有唇齿之势,与他自别。深望贵大臣禀告贵政府协力默允,竭力保护,永远勿违,我大君主与天下各国一律平行。或他国有所末叶,望贵国派兵舰相助,期以妥当,深所景仰贵国也。肃此仰布,统希雅鉴,敬颂勋安。

    大朝鲜开国四百九十五年丙戌七月日奉敕内务总理大臣沈舜泽致大俄国钦命大臣韦阁下。①

  据闵泳翊说,在年月上面钤有国王印信,沈舜泽名字上也盖有图章。直到8月13日,电报线路始修复。袁世凯一连五电,均于是夕发往北洋,禀报密约文稿、朝俄间种种可疑迹象,以及他本人采取的措施,主张"华出其不意,先发速办"②。

  李鸿章一连收到袁世凯的五封电报,特别是得知朝鲜有求俄保护的密函送交韦贝,感到问题已很严重,一面致电驻俄公使刘瑞芬,请其探商俄国不要接受朝鲜的请求,一面致信醇亲王奕譞。李鸿章在信中提出,事情发展到这种地步,已不能迁就,"恐非诛乱党、废国君无以挽回局势"。但采取直接由中国出兵的方式,有很多负作用。因而打算派曾在朝鲜管理电报的陈允颐,以查看电线为名赶赴朝鲜,与袁世凯、李昰应筹商。如果李昰应有能力发动政变,诛除亲俄派,可于政变后向中国请兵,稳定局势。然后再考虑是否请旨派钦差大臣赴朝,废国王立新君。③ 奕譞将李鸿章信奏呈后,8月17日发布的"懿旨"认为:现时情事未定,应先做好防俄的军事准备,并酌调兵轮到朝鲜海面游弋,等陈允颐和刘瑞芬将办理情况电告后,再请旨办理。④

  在朝鲜,袁世凯于8月14日就"密约"一事向来访的署任外署督办徐相雨提出严厉的质问。徐相雨惊恐万状,归告国王。袁世凯一不做二不休,旋即邀请内署及诸营将来其官邸宴会,席间厉辞责问"密约"之事,并持一捏造的电报,称中国已决定发兵问罪,不日可到。⑤ 朝鲜官员满座

---

① 《李文忠公全集》,海军函稿,第二卷,第7页。
② 同上书,第8页。
③ 同上书,第3—4页。
④ 《李鸿章全集》,电稿一,第699页。
⑤ 王信忠:《中日甲午战争之外交背景》,第103页。

皆惊,纷纷离席入告国王。国王大恐,派领议政沈舜泽、右议政金弘集及内外署诸臣接踵到袁世凯处辩白,表示国王和政府对此事均不知情,肯定是小人假造。袁世凯表示:既然国王及政府不知情,就应将文稿索回;如系假造,就应查办作假者。但朝鲜官员均有难色。8月17、18日,徐相雨、沈舜泽分别照会袁世凯,再次指出,捏造公文送俄国使馆求其保护一事,国王和政府实在不知,多次向俄国公使索要文稿,俄公使甚感诧异,"事出虚妄,盘核无所",请袁世凯转达总理衙门及北洋大臣,以"昭其诬而伸其枉"①。在袁世凯的威逼下,朝鲜政府逮捕亲俄派的金嘉镇、赵存斗、金鹤羽、金养默,以表示解决问题的诚意。由于朝鲜外署一再到俄国使馆催要"密约"文稿,韦贝非常恼火,表示绝无此事,如再问,"将调兵打仗"②,并指责袁世凯不应过问此事。但袁世凯认定朝鲜已送公文给俄国公使,坚持逼迫朝鲜政府索回文稿,如实在无法索回,也要正式照会俄国公使,要求追查此事,并声明该文件"非国王,政府所知","可作废纸"③。当时还传说亲俄派备文与俄,请俄国速派军舰来朝鲜,所以袁世凯非常着急,致电李鸿章请兵说:"诡谋难测,变乱岌岌,凯赤手舌战,虽内急外扰,大局所关,凯不遑计,惟乞宪台速派大员率兵查办,或可挽回。恐俄先入,凯不足惜,大局去矣。"④后来,袁世凯又听到传说,"密约"文稿系蔡贤植亲奉国王面谕送交俄使,蔡贤植已被暗中杀害,因而情绪十分愤激,再致电李鸿章,要求废王,电报说:"鬼域情形,殊可切齿。此时臣民交哄,举国鼓沸,如有五百兵,必可废王,擒群小解津候讯。"⑤

尽管袁世凯认为局势危迫,急如星火,但李鸿章仍按清廷的意见,等待进一步的认证。8月22日,驻俄公使刘瑞芬会见俄国外交部长倭良嘎里,提出朝鲜密函问题。倭良嘎里表示,"未闻朝有求保护之事"、"韦贝并无信来"、"实无此事"。⑥ 25日,刘瑞芬向俄国外交部提出:"韦贝倘

---

① 《李文忠公全集》,译署函稿,第十八卷,第33—34页。
② 《李文忠公全集》,海军函稿,第二卷,第11页。
③ 同上。
④ 同上书,第11—12页。
⑤ 同上书,第12页。
⑥ 《李鸿章全集》,电稿一,第702—703页。

有朝鲜伪文函来，请作为废纸。"① 倭良嘎里表示同意。以查看电线为名派赴朝鲜的陈允颐，带领改装易服的张文宣所部护卫营勇两哨，乘船在仁川登陆后，潜赴汉城。陈允颐看到的情况是："中外人心慌惑，韩甚惧有兵至，李昰应势力已孤，不敢多事。"② 显然，陈允颐对朝鲜局势的看法，与袁世凯迥异，既未发现俄国出兵保护的危险，也不认为有废国王诛"群小"的必要。所以当即与张文宣所部丁勇原船返回天津。首先揭发"密函"一事的闵泳翊，8月20日乘船到烟台。他本是朝鲜国王派往天津"说明真相"的特使，但到烟台后旋即逃往香港。原始的揭发者不在，事情的查处也就无从着手了。同时，密切关注朝俄关系的日本方面，也深不以袁世凯的措置为然。日本驻朝公使高平向其国内报称："韦有此谣无凭，袁闻信即向韩官大动气，明言如真，'我定请我国派兵来办'，致韩人甚慌。"③ 因而伊藤博文请驻日公使徐承祖电告李鸿章，阻止中国派兵船赴朝，认为"谣言无凭，勿激成真"④。鉴于这些情况，李鸿章认为，正确的对策应是"镇定勿扰，以静待动"⑤，不主张派兵声罪致讨。醇亲王奕𫍽对此问题的态度，较之李鸿章更主持重。8月25日发布的"懿旨"反映了他的意见。"懿旨"称："俄外部既称实无此事，韩廷已拿匪治罪，且允备文申叙，非国王政府所知，前文可作废纸等语。有此两节，此事即可不再穷究。惟朝鲜所备之文，必须明晰声叙，盖用国宝，方为确据。著李鸿章督饬妥办。"⑥

中国不再追究"密函"问题，一场虚惊过去，朝廷的气氛终于缓和下来。9月18日，朝鲜派徐相雨到天津，向李鸿章面交国王咨文，为"密约"事辨诬。李鸿章与徐相雨谈话，多方追问"密函"一事，徐坚不承认，并声称金嘉镇等四人无罪。9月22日，朝鲜典圜局帮办李应浚又持朝王咨文到北京礼部。咨文中除申明国王对"密函"一事并不知情等事外，还指出：如真有小人捏造，应永远作为废纸，并已饬令外署照会各

---

① 《李鸿章全集》，电稿一，第705页。
② 同上。
③ 《李鸿章全集》，电稿一，第704页。
④ 同上书，第706页。
⑤ 同上书，第706页。
⑥ 《清光绪朝中日交涉史料》(467)，第十卷，第6页。

国公使，从前此后如有此等不加盖外署印信的文件，均作废纸看待。同时，继续查核奸细。清廷于9月28日发布"上谕"，对朝鲜国王咨文表示认可，并戒饬"嗣后该国王务当屏斥邪佞，亲近贤臣，矢恪恭翼戴之实心，为长治久安之至计"①。

扑朔迷离的"密函"事件已经告一段落，事情真相到底如何呢？清政府、李鸿章对此均信而不疑；后世史家也多信其有。但是，从袁世凯的禀报以及朝鲜政府、俄国公使、俄国政府各方的表态看，此事是疑窦丛生的。俄国公使韦贝到朝鲜之初，确有订立密约之意，朝鲜国王及亲俄派也确有请俄保护的意向。但是，由于英国占领巨文岛，英俄关系发生危机，俄国处于守势，并不想在远东扩大事态，对朝鲜的态度也不再积极，所以韦贝对亲俄派求俄派兵相助"迟疑未许"②。既然韦贝没有口头允诺，朝鲜朝廷怎么能遽尔致函呢？所以朝鲜国王一再否认此事。把此事推到少数亲俄派身上，更是无稽之谈。俄国公使怎么可能抛开国王、政府而与几个地位不高、名不正言不顺的人打交道呢？其实，事情真相不久后即为英国驻朝鲜的代理总领事贝日高（E. H. Parker）所披露。原来，闵泳翊抄交袁世凯的"密函"，是一个伪造的文件，作伪者是前英国驻朝代理总领事贝德禄（E. C. Baber）。贝日高在接替贝德禄职务后清理文件时发现了疑点，接着就对事情进行了调查。他告诉朝鲜海关税务司墨贤里：贝德禄应对事件负全部责任。贝德禄开始时只是传播朝鲜国王书面请求俄国保护的谣言，后来发展到捏造证据，企图坐实假话。墨贤里将这些情况写信告诉了中国海关总税务司赫德。③ 贝德禄为什么要伪造这个文件？贝日高认为是因其"神经失常"。但更大的可能则是，贝德禄企图以此来为英国继续占领巨文岛制造借口。④ 早在8月上旬，德尼就曾向李鸿章报告过他的怀疑："此项谣言或许是从那些想要继续占领巨文岛的人们那儿发出来的。"⑤

关于"密函"事件的细节，现在还无法搞清楚。闵泳翊是否与贝德

---

① 《清光绪朝中日交涉史料》（478），第十卷，第12页。
② 《李文忠公全集》，海军函稿，第二卷，第5页。
③ 《中国海关与中日战争》，第18—19页。
④ 陈志让：《乱世奸雄袁世凯》，第28页。
⑤ 《中国海关与中日战争》，第8页。

禄合谋，还没有证据。但闵泳翊在英国统治下的香港生活了18个月，其回国有无英国的背景，不能不令人怀疑。在闵氏集团中，闵泳翊是唯一反对亲俄的人，他大概已感到朝鲜亲俄派会招致朝鲜的祸乱，故欲假手袁世凯以清君侧。他没有想到袁世凯的主张是废国王、立新君。所以事态的发展使他本人陷入非常尴尬的境地，最后只好再度逃往香港。

"密函"事件发生时，在汉城的很多外国人，包括德尼和墨贤里，都怀疑是袁世凯有意搞阴谋。墨贤里明白真相后纠正了自己的看法，说："看来袁世凯在这件事中并不是个诡计多端的阴谋家，反而变成人家戏弄的傀儡。"[1] 但是，袁世凯在此期间扮演的角色，实在很不光彩。他骄矜浮躁，对传言先入为主，不加分析；对朝鲜君臣玩弄权术，放言恐吓；对李鸿章的禀报语多夸饰，耸人听闻。为了加强对朝鲜的控制，他一再怂恿李鸿章兴兵废王，这可以说是不择手段，不计后果。如果真正实行，定会引起日本、俄国、美国等的反对，朝鲜的局面会更加复杂化。

二 袁世凯在朝鲜的作为

袁世凯以"驻扎朝鲜总理交涉通商事宜"的身份再度赴朝后，直至1894年甲午战争爆发，又在朝鲜任职9年。其间，只有两次短暂的回国。这一段时间，较之他初次入朝所度过的3年，更为漫长。朝鲜的局势，也由于西方国家的介入而日趋复杂。随着通商口岸的开辟，越来越多的朝鲜人对西方文明发生兴趣。一些人便乘视挑拨朝鲜政府摆脱中国的宗主权。部分朝鲜官僚贵族为了各自的政治利益，开始寻求西方国家的支持，于是除了亲日派，又产生了亲俄派、亲美派……在这样复杂的局面中，袁世凯所遇到的困难，远非以前可比。但他始终不避艰险，兢兢业业，奋力支撑，时思有所作为。他坚定地执行了清政府强化中国宗主权的路线，处理各种事情，总是把有利中国宗主权的加强放在首位。袁世凯加强中国宗主权，扩大中国在朝鲜影响的举措，有两件颇有代表性，值得一提。

1. 对朝鲜遣使的干涉

自大院君回到朝鲜，闵妃集团担心地位不保，对清政府的不满情绪日渐显露。加以外国势力的引诱，"离华自主"的舆论逐渐抬头。美国是朝

---

[1]《中国海关与中日战争》，第19页。

鲜"完全自主"的主要鼓吹者。早在1886年，为了打击中国的宗主权，署任驻朝公使福久（G. C. Foulk）就煽动朝鲜向各有约国家派遣全权公使。福久去职后，德尼又多次以此撺掇国王。闵泳翊回国后，也极力附和。① 在这种情况下，朝鲜政府于1887年决定向建交各国派遣使节。

向缔交国派遣使节，这是国际交往中的正常现象。但由于朝鲜在与各国订约时均已声明朝鲜系中国属国，于是便出现了一个如何在驻在国体现这种关系的问题。而朝鲜派使的目的，却是企图变相向世界宣告，它是主权国家，不受清政府的约束。这一行动是经过周密策划的。1887年7月，朝鲜派闵泳骏为出使日本大臣，等闵泳骏到日本后才向清政府报告，先派后咨，以试探清政府的态度。接着又于8月18日正式任命朴定阳为出使美国全权公使，沈相学为出使欧洲五国（英、德、法、俄、意）全权公使（简称"五国使"）。全权公使是二等使节，而当时清政府的驻外使节，一般都是驻办公使，系三等使节。在外交团中，各国使节的位次一般是依外交使节的等级来确定的。朝鲜派出全权公使，目的就是要将其使节置于比中国使节更受尊重的地位，从而表明其摆脱中国宗主权的姿态。

袁世凯起初并未察觉朝鲜派使的深意，后来突然悟到朝鲜使节如与中国使节地位相等，有妨中国的宗主"体面"，因而主张采取限制的措施，建议由总理衙门指示中国驻外使节，订明"无论韩何项使臣，概与华大臣用呈文，往来用衔帖，华大臣用朱笔照会"②，以这种等级区别向各国显示中朝间存在宗属关系。他没有公然阻止朝鲜派使，主要是担心遭到各国外交代表的反对。但后来，英、德两国驻朝总领事及署任日本公使都不以朝鲜派使为然，怂恿中国禁阻，于是袁世凯多次向朝鲜政府提出，派使应商请中国同意，即先咨后派。朝鲜政府则表示，互派使节是朝鲜与各国所订条约的内容之一，条约"既经咨报奏准，则约内所开各节亦皆邀准"③，而且向来派使出洋，均系一面派送，一面咨行，并无先咨后派之例。袁世凯对朝鲜政府的这些辩解均予驳斥。清廷也同意袁世凯的意见，于9月23日电谕："朝鲜派使西国，必须先行请示，俟允准后再往，方合

---

① 《清季中日韩关系史料》第四卷，第2361页。
② 《李鸿章全集》，电稿一，第855页。
③ 《清季中日韩关系史料》第四卷，第2358页。

属邦体制。"① 本来，朴定阳已经治好行装，出城待发，但朝鲜政府不敢违抗谕旨，只好令其暂缓启程，并派赍奏官尹奎濼赴北京请示。

美国对此事立即作出反应。9月27日，美国驻朝公使丹士谟致函袁世凯，引《朝美通商条约》中的有关条款，对干涉遣使一事向中国提出抗议。袁世凯复文辩称，朝鲜与美国订约时，另有照会声明朝鲜为中国属邦，朝鲜遣使，理应向宗主国请示，这纯属中朝两国之间的事情，并不牵涉与美国的关系。接着，美国驻华公使田贝也向清政府提出抗议。总理衙门以"朝鲜为中国属邦，交涉大端例须先行请示"② 予以驳斥。

9月初，清廷发布谕旨，同意朝鲜派使，并申明所派之员"与中国使臣往来，均用属邦体制"。李鸿章则进一步主张，所派之员职衔只能是驻办公使即三等公使，不能用"全权"字样。③ 但朝鲜政府以国王名义具咨称，派使问题早已由外署知照各国使臣，预先报告其政府，以准备接待、现在另改使号，使人见疑，要求仍派全权公使，待"报聘"之事完成后即刻调回，只留参赞代理馆务。李鸿章见阻止不成，只好同意，但提出"三端"作为附加条件，内容是：一、"韩使初至各国，应先赴中国使馆具报，请由中国钦差挈同赴外部，以后即不拘定"。二、"遇有朝会公宴、酬酢交际，韩使应随中国钦差之后"。三、"交涉大事关系紧要者，韩使应先密商中国钦差核示"。④

朝鲜政府争取到清政府同意其派出全权公使后，即于11月12日命令朴定阳赴美，但并未训令其遵守"三端"。朴定阳一行于11月16日在仁川乘美舰启行，1888年1月9日到达华盛顿。他托病不到中国使馆报到，以"未奉明文"为由，拒绝由中国驻美公使张荫桓引见，直接到美国国务院拜见国务卿柏夏（T. F. Bayard），并谒见美国总统克利夫兰（P. G. Cleveland），展开一系列外交活动。⑤ 驻美公使张荫桓见朴定阳不遵守"三端"，骄蹇不逊，恐怕造成外交上的麻烦，便致电李鸿章，请责成朝鲜国王戒饬。于是由袁世凯照会朝鲜政府及外署，就朴定阳扬言"未奉

---

① 《李鸿章全集》，电稿一，第861页。
② 《清季中日韩关系史料》第四卷，第2376页。
③ 《李鸿章全集》，电稿一，第874页。
④ 同上书，第883页。
⑤ 林明德：《袁世凯与朝鲜》，第164页。

明文"一事提出质问,要求立即电饬朴定阳执行"三端"。朝鲜政府先是假作不知,答应立即电饬朴定阳遵办。但接着就又提出"由中国钦差挈同赴外部"一条有失朝鲜国体,要求删除。袁世凯认为,此请恰恰证明,朴定阳的违背"三端",是由于国王的指使,因而予以批驳。但李鸿章的态度则较含混,认为朝鲜使节应先谒见中国使臣,如中国使臣认为没有必要引见,"临时或准通融"①。朝鲜国王于是得寸进尺,派外署督办赵秉式见袁世凯,称接到朴定阳的电报,内容为:"前定三端,本不敢违,惟至美后查探物情,如由华使挈往外部,美廷有意斥退国书,故冒罪违章,姑全使命,待回请罪。"② 国王以此为由,认为派赴欧洲的五国使也将"重违定章",再次要求对第一端变通处理。朴定阳是否真有此电报,不得而知,但其中所陈述的理由,显然是编造的。清廷为顾全宗主国体面,认为不便再作让步,于是有电旨:"三端既经议定,岂容轻易更张?著即电知该国王,恪遵前议办理。"③

清廷态度强硬,朝鲜政府感到问题严重,为了洗刷李熙的责任,只好诿过于朴定阳,并提出要将朴定阳调回,议处其违章之罪。这当然只是一时敷衍之辞。但袁世凯对国王阳奉阴违的态度十分恼火,一再催促处理"朴案"。迟至1888年11月,朴定阳才借口有病,离美回国。途中又在日本盘桓四个多月,以观察国内的动向。朴定阳回国后,朝鲜国王本拟提升其为外署督办,但由于袁世凯坚持追究其违章之罪,国王未能如愿。此后,国王不顾中国的极力反对,屡次授朴以要职,以酬其出使美国之功。

出使欧洲的五国使,最初任命的沈相学不久称病,改任赵臣熙。赵臣熙出使途中经过香港时,曾电请国王解除其职务。国王不允,促其赴任,但他慑于中国的态度,滞留香港,不肯动身。后见修改"三端"无望,乃于1890年初擅自称病返国。朝鲜国王任命朴齐纯代之。但朴齐纯终未成行。

2. 阻止朝鲜向西方借债

朝鲜一向贫穷落后,国库收入不多。1882年朝日《济物浦条约》规

---

① 《李鸿章全集》,电稿一,第916页。
② 《清季中日韩关系史料》第五卷,第2468页。
③ 《李鸿章全集》,电稿一,第917页。

定朝鲜向日本赔款50万元，成为朝鲜的沉重负担。而王室生活又极奢靡，挥霍无度；还打算文明开化，兴办工商实业。所以处处需要资金，财政状况相当困难，不得不举借外债。1882年，为缓解朝鲜的财政紧张状况，李鸿章曾指使唐廷枢从招商局商股内借与50万两白银，年息八厘，分12年还清，条件非常优厚。嗣后，金玉均等访日时，也曾向日本借款17万元。

1885年秋，朝鲜因当年应还日本的10万元赔款没有来源，于是拟向德商世昌洋行举借。德商所提条件十分苛刻，利率一分二厘，以牛皮、金沙收抵，以海关关税担保，还要以雇佣德国轮船运米为附加条件。袁世凯见如此朝鲜吃亏太大，且影响华商的利益，便力劝朝鲜政府拒绝德商，并请李鸿章另筹一笔利息较低的款项贷给朝鲜。此举迫使德商将利息降为一分，附加条件也减为仅允运米一年。但世昌洋行还继续不断地向朝鲜政府兜售商品——铸币机、军火、家具和其他东西，朝鲜欠世昌洋行的债务又很快地累积起来，才一年多的时间，总数就达到20万元之多。1887年初，为了建造通往釜山的电报线，又向世昌洋行借款3万元。

借债并没有给朝鲜带来经济效益。为了应付催还旧债，朝鲜不得不再借新债，从而形成了恶性的循环。1889年5月，朝鲜政府拟向法国借款200万元，一部分用来清偿德、美、日商及中国招商局、电信局的债务，其中包含有收回由中国控制的电信局的用意；一部分用来开矿山、修铁路及兴办其他实业。袁世凯奉清政府意旨对借款一事进行了劝阻。后因法国公使馆的朝鲜佣工殴打朝鲜官绅，法国署任公使葛林德（Collin de Plancy）拒绝交出人犯，朝鲜役吏闯入法国使馆索拿，引起纠纷，借款没有成功。[①] 但朝鲜仍有意向美国或英国借款。

袁世凯见单纯阻止并不能解决问题，便向李鸿章建议由中国筹集资金借予朝鲜。总税务司赫德也建议：中国应照会各国，没有中国的同意，朝鲜不得向各国借款。同时由中国借款给朝鲜，代还外债，以海关收入作抵。[②] 总理衙门倾向于同意向朝鲜借款，但认为必须首先断绝朝鲜向西方贷款之路，否则朝鲜未必愿借。户部尚书翁同龢也认为，为了笼络属邦，

---

① 《清季中日韩关系史料》第五卷，第2623—2624页。
② 《李文忠公全集》，译署函稿，第十九卷，第36—39页。

不妨向朝鲜提供无息贷款。①

　　朝鲜国王受人愚弄，一心摆脱中国的宗主权，担心接受中国的贷款会影响其"自主"目标的实现，所以一直派人与法、美商人接洽借款。1890年，又委派美国人李仙得到日本谈判一笔150万元的借款。不成，李仙得又跑到上海、香港，向各国银行告贷。总理衙门见朝鲜执意向外国借款，于是向各国发表一项声明，反对向朝鲜借款，主要内容是："朝鲜贫而浪费，偿款维艰，各国绅商不宜与该国订立合同，付以巨款。将来如有借债不偿之事，中国不为担保。若各国因欠款而抵据朝鲜海关，中国亦决不允许。"② 各国均知朝鲜经济状况，无意贷与，所以也无异议。只有日本一直反对中国的宗主权，所以声明"借款为该国自理之事"③，否认中国有干预朝鲜借款的权利。由于中国的限制，朝鲜资信的不可靠，朝鲜国王为救急，指使史纳机以一分二厘的高息向洋商借贷10万元，结果竟长期无人肯应。④

　　朝鲜政府因购买轮船欠德国世昌洋行一笔款项，一直未还，至1892年夏，合并利息已达10万元。德商逼债甚急，加息至数分，并截留朝鲜漕米作抵。朝鲜国王拟向日本银行借款，但利息高至二分五厘，实在难以承受，于是不得不采纳一些亲华大臣的意见，通过袁世凯向中国借款。袁世凯欣然乐从，向李鸿章建议，从出使经费中拨出10万两白银，以在朝华商的名义借给朝鲜，由海关作抵。⑤ 李鸿章表示同意。后经反复协商，已草拟合同，决定由朝鲜总税务司出面借款。但这时美国法律顾问具礼（Clarence R. Greathouse）却挑动说：中国像内部朽烂的大树，为防被其压倒，应远远避开它，"如向贷款，是又引近，且将关税抵偿，是以关权尽授华人，终必为华据取，切不可入其术中。"⑥ 朝鲜国王为其所动，谈判一度中止。后经亲华官员的一再进谏，借款终于实现。双方于10月9日签订合同，借款10万两，月息六厘，分80个月由仁川海关拨还。清政府

---

① 《李文忠公全集》，译署函稿，第十九卷，第36—39页。
② 《李鸿章全集》，电稿二，第232页。
③ 《清季中日韩关系史料》第五卷，第2819页。
④ 同上书，第2779页。
⑤ 《李鸿章全集》，电稿二，第482页。
⑥ 《清季中日韩关系史料》第五卷，第3045页。

"阳示羁縻，暗资箝制"① 的目标终于达到了。

朝鲜方面对于这笔低息借款也非常满意。这时，朝鲜还欠日本银行及美国汤生洋行（MorseTownsend. &Co.）合计 14 万元的高利贷款，为清偿这笔债务，于是又向袁世凯提出借款白银 8 万两的请求。袁世凯认为，再贷予 8 万两，由海关扣偿，没有风险，且"贷予愈多，华权愈固"②，因而立即向李鸿章请示，得到同意。双方很快谈妥，于 11 月 24 日签订合同，借款仍为 10 万两（朝鲜需要增加），月息仍为六厘，分 100 个月由釜山海关扣偿。另外，袁世凯还使朝鲜签订了一项附加合同，规定由华商集股购买船只，为朝鲜搬运漕米，每年承运 10 万包，期限 15 年。

这两次低息贷款，使朝鲜的财政困难大为缓解。同时，清朝在朝鲜海关的地位也得到巩固。戚族掌权者开始向袁世凯靠拢，闵妃和国王对中国的态度有很大转变，中国在朝鲜的宗主权，较之以前有所加强。袁世凯不无得意地向李鸿章电告说："王、妃均渐感悟。倘能久定此见，东方事可望渐顺。"③

袁世凯看到向朝鲜借款的实效，因而对为朝鲜筹款缓解财政困难一事更加积极。为使朝鲜清偿各口日本银行的一些零星欠款，他又与上海英国汇丰银行联系，由其作保，使朝鲜得到 5 万元的贷款。但朝鲜对外国资金的需求，并非一时一事。于是袁世凯向李鸿章建议，由矿务局、招商局、海防支应局及出使经费内，筹集数十万两，作为自由资金存入妥实银行，在朝鲜有急需时，以各局名义贷给。袁世凯认为如此则可以巩固中国在朝鲜的宗主权，控制朝鲜的各项利源，防止日本和西方国家攫夺朝鲜的矿山、铁路、轮船等利权。李鸿章对袁世凯的这一建议极表赞成，认为如此则是"于抚字之中，寓钤制之意，果能使朝鲜利权操之自我，外人自无从离间，于驾驭属藩大局，不无裨益"④。但清政府财政也很困难，筹款计划似乎并未完全实现。

袁世凯在朝鲜的作为，涉及政治、经济、外交各个方面。在政治上，他坚持中朝交往中的宗属名分和仪礼规范。李鸿章称赞其"先正属藩之

---

① 《清季外交史料》第八十六卷，第 12 页。

② 《李鸿章全集》，电稿二，第 502 页。

③ 同上书，第 526 页。

④ 《清季中日韩关系史料》第五卷，第 3118 页。

名，以防其僭越，复筹外交之法，以杜其侵欺。凡体制所系，利害所关，或先事筹划，或当机立应，或事后补救，无不洞中窾要"①。在经济上，除阻止向外国借款，还大力发展中国在朝鲜的商务，包揽朝鲜的电信。在外交上，对俄、美等国势力企图左右朝鲜政局的行为进行了斗争。

综观袁世凯再次入朝后的作为，有其不小的成绩。但其所执行的清政府控制朝鲜的政策，却不断引起朝鲜的反感，在一定程度上助长了朝鲜的离心力，增加了朝鲜政局的混乱，给日本以可乘之机。造成这种局面的原因是多方面的，有清政府、李鸿章方面的原因，也有袁世凯个人的因素。

第一，清政府的对朝政策一变再变。从宗属关系来说，朝鲜所习惯的，是那种以封贡仪礼为特点的传统关系。清政府认识到了这种传统关系的落后性，而又无力在朝鲜完全推行国际法所规定的近代宗主权，面对日、俄等国的侵略阴谋，于是采取了派员干涉的政策。这在清代是史无前例的。朝鲜过惯了无拘无束的日子，当然不愿有个近乎"监国"的袁世凯在那里指手画脚。从朝鲜与外国的关系来说，清政府自1882年开始即为了牵制日本而主动介绍各国与朝鲜订立通商条约，但建交后却又因中国的宗主权受到伤害而限制朝鲜与这些国家交往。此事不仅朝鲜政府不能衷心服膺，也激起美、日等国及一些在朝鲜的西方人士的鼓噪。

第二，不注意朝鲜内政的改革。朝鲜政治极为腐败。国王李熙穷奢极欲，宫廷挥霍无度。上行下效，各级官吏多是城狐社鼠，日事朘削。因而国家穷困，民生凋敝，农民暴动层出不穷。袁世凯虽然对此一清二楚，也不断劝告国王李熙励精图治，但从未认真帮助朝鲜进行政治的改革。袁世凯是一个政客，而不是一个政治家。对于朝鲜政治的改良，他并不真正关心。他所关心的，是李鸿章交给他的任务——巩固中国的宗主权。从这一点出发，他的注意力便集中在国王、王妃的向背以及朝鲜各种政治力量的消长上。他多次企图废立国王和铲除闵妃集团，以为用这种简单的办法就可以解决朝鲜专诚侍奉"上国"及政治腐败的问题。由于清政府不同意其鲁莽举动，废立计划无法实现，他只好回过头来，对国王左右的人物多方笼络，或虚与周旋，对国王也是软硬兼施，以求协调关系，而对他们的腐败政治，根本不予过问。所以，朝鲜封建统治的危机日甚一日，终至爆

---

① 《李文忠公全集》，奏稿，第七十四卷，第46页。

发了东学党的农民起义。

第三，不关心朝鲜经济的发展。当时中国国内开展标榜"自强"的洋务运动已20余年，但清政府并未将这一运动推及朝鲜。袁世凯一介武夫，学识有限，对西方事物更缺乏认识，因而，对朝鲜发展近代化经济提不出建设性的意见。而开化思想的传播与日俱增，朝鲜政府也认识到了学习西方先进生产技术、兴办实业的重要。他们从清政府方面不能得到有力的支持，只好求助于穆麟德、德尼、墨贤里、李仙得等西方人士。清政府在西方世界和朝鲜开化派的心目中本来就是落后守旧的。袁世凯不能提倡新鲜事物，而对外国人帮助朝鲜兴办的事业又只知一味反对，这当然会加深朝鲜开化派人士的反感。

第四，袁世凯对待朝鲜政府的态度，大言不惭，盛气凌人，骄纵狂妄，不断实行高压政策，损害了朝鲜的民族感情，引起朝鲜政府的反感。

三 关于"朝鲜中立论"

甲申政变之后，国际间曾经出现过一股"朝鲜中立"的议论。当列强在朝鲜角逐日趋激烈之时，这一舆论的出现值得重视。

所谓中立，是指"永久中立"而言。根据国际法，"永久中立国是这样一个国家，在它约束自己，除为抵抗攻击外，永远不和任何其他国家作战，而且永远不承担任何可以间接使它卷入战争的国际义务的条件下，它的独立和完整永远由国际公约予以担保。"① 在19世纪，欧洲的瑞士、比利时、卢森堡等国，就是这样的由国际公约保证的中立国。

早在1882年，清政府介绍美、英等国与朝鲜订约之后，日本政府曾向驻日本的美国公使表示，愿约美、英、俄、德、法诸国共保朝鲜中立，使成为欧洲之比利时。② 当时正值壬午兵变发生反日事件之后，日本极力破坏中朝之间的宗属关系，所以有此主张。其后，担任日本驻朝公使的竹添进一郎也主张朝鲜中立，这一主张反映了外务卿井上馨的意图。据井上角五郎在《汉城之残梦》中记载："十月，竹添氏再赴任。氏于赴任途中

---

① 《奥本海国际法》上卷第一分册，商务印书馆1971年版，第185页。

② Treat: "*Diplomatic Relations Between United States and Japan, 1853—1895*", Vol. 2, p. 163—165. 转引自王信忠《中日甲午战争的外交背景》，第107页。

语人曰：'余将使朝鲜为一局外中立之邦。'盖使朝鲜如瑞士、比利时之外一永久局外中立国，井上外务卿所常希望者也。"①

甲申政变发生后，日本派出军舰7艘、步兵两个大队赴朝，中国的驻军也有增加。朝鲜局势日趋紧张，中日间似乎随时都可能发生战争。1885年春，当伊藤博文赴中国天津与李鸿章进行会谈之时，驻朝德国副总领事卜德乐（H. Budler）观察到朝鲜政府害怕战争的心理，向外务督办金允植递交一份文件，正式建议朝鲜中立。卜德乐在建议书中介绍了欧洲几个中立国的情况，然后指出："以今朝鲜情形而言，清国劳师糜饷，岁费不赀，驻防于此，推原其故，盖恐藩篱不守，强邻排闼而入，茫无把握，理或然欤？然朝鲜为清国后庭，亦即与俄、日之边界毗连，势不相容，必至争攘，虽千万人驻防于朝鲜何所益？愚以为照泰西成法，而清、俄、日互相立约，永保朝鲜。设或异日他国攻伐，不得借道于朝鲜国，而朝鲜自派数千兵沿境巡逻防查国中，仍与和约各国通商。兹于朝鲜永获厚益，而于清国，可免他国借道，不亦善夫！"卜德乐在建议书中透露，日本也同意朝鲜中立："日使井上前在朝鲜，亦以此法为妙，想日本亦颇情愿。今日特派大使前赴清国，或早与商此法，果行其言，岂不更妙？"卜德乐还征求了日本驻朝公使近藤真锄的意见。近藤告诉卜德乐："此法亦颇善，朝鲜可以无事，三国不致交争，想我日本亦所愿也。且大使井上馨在朝鲜，日间曾谈及，以为此法甚好。"②

朝鲜政府将卜德乐建议的抄本，经驻朝中书潘志俊之手寄交李鸿章。李鸿章对这个建议书的评价是"似与日人通谋，亦足为朝鲜蛊惑"③。李鸿章得到这样的印象并不奇怪。因为卜德乐不仅与井上馨、近藤真锄都谈论过这一问题，取得了日本的同意，而且，更重要的是，建议书中明显地袒护日本，说"日本并不想来朝鲜占地一步"，并指责清政府"不应在朝鲜国而防日本，不然日本可到朝鲜来攻清兵"。其中还有鼓吹朝鲜脱离中国宗主权的话，歪曲事实，说从前朝鲜与英、德、美、日各国立约，"均朝鲜朝廷自主之"。

---

① 转引自王信忠《中日甲午战争之外交背景》，第107—108页。
② 《清光绪朝中日交涉史料》（369）附件五，第八卷，第5—6页。
③ 同上书（369）附件一，第八卷，第1页。

在卜德乐的建议之前，担任朝鲜外务协办的穆麟德，即已向朝鲜提出永久中立问题。① 卜德乐的建议是否是受穆麟德鼓动，尚无证据。但他们同为德国人，对这一观点应该有所讨论。

1885年6月，俄国驻日使馆书记官士贝邪到汉城活动，逼迫朝鲜接受俄国教官为朝鲜练兵。日本对俄国涉足朝鲜极为恐惧。6月21日，日本驻朝公使近藤真锄为此谒见朝鲜外务督办金允植，阻止朝鲜聘用俄国教官，并建议朝鲜采取中立。他说："吾为贵国筹之，无他良法，惟仿照泰西之比利时国，托诸大国立约保护，为中立之国，庶几维持无事。若贵国无事，则中国与日本亦无事矣。此为确论，此时不可失机。"② 近藤还建议金允植先与各国公使商量。金允植虽未表示反对，但认为此事关系重大，不可造次，必须禀报本国政府决定。

英国占领朝鲜巨文岛后，中朝两国不断向英国提出交涉，要求英国退出。1886年4月，英国外交部答复中国驻英公使曾纪泽，提出两条解决办法：一、"倘中朝能保无人来占此口，则英廷可以放心"。二、"倘中朝不肯担保此等责任，英廷欲劝中朝请俄国及别国会商，公订一约，担保不取高丽之地。倘中朝以此办法为然，英廷甚愿入会签名于条约内，并愿立即退出巨文岛"。③ 所谓"别国"，根据曾纪泽给总署的电报，是指日本及各西方国家。④ 这第二条办法，就是要中国邀请有关国家签订一项国际协定，以保证朝鲜主权的完整，也就是使朝鲜成为中立国。

但是，主持总理衙门的醇亲王奕譞等认为，签订一项国际协定，各国未必同意，"且以中国属邦必赖各国公保，立言亦难得体"⑤，以为这是英国借口拖延，因而将英国的答复抄寄李鸿章，密嘱其相机办理。李鸿章后来在与俄国署任驻华公使拉德仁会谈时，取得了俄国不侵占朝鲜土地的承诺，成功地使英国撤出了巨文岛。而于订立公约一事，他认为是不必要的，在致总署电中主张："韩后虑实在俄、日，于他国无涉。俄现与我约

---

① 《清季中日韩关系史料》第四卷，第1867页。
② 《清季中日韩关系史料》第四卷，第1866—1867页。
③ 同上书，第2116页。
④ 《李鸿章全集》，电稿一，第659页。
⑤ 《清季外交史料》第六十九卷，第33页。

明，日必缩手，无须与彼商会。"① 随着英、俄矛盾的缓解，朝鲜中立问题更加缺少推动力，此后便再无人提起此事了。

　　签订一项国际协定保证朝鲜中立，在当时并非完全不具备现实性。当时与朝鲜有关的国家，除中国外，还有英、俄、日、美、德等国。英俄两国互争雄长，由中亚而至远东，僵持不下。英国担心撤出巨文岛后俄国乘机南下，所以主动提出要中国出面请各国签订公约，保证朝鲜土地不受侵犯。俄国虽对朝鲜怀有野心，但英国的势力不可忽视，中日两国更是利害攸关。俄国自度无力与中日英三国抗衡，很愿意与中国订立互不侵犯朝鲜领土的条约。所以，如果朝鲜中立，俄国是不会表示反对的。美国插手朝鲜事务，一直以支持朝鲜"独立"、"自主"为幌子，利用派员充任朝鲜政府的顾问、为朝鲜训练军队以及兴办慈善事业等形式，扩大自己在朝鲜的影响。朝鲜中立，与美国叫喊的"独立"没有冲突，所以美国也不会反对。德国在朝鲜仅有一些经济利益，利害关系较之其他国家为小。朝鲜中立论为德国驻朝副总领事及德人穆麟德所提出。他们虽然未必代表德国政府的意见，但德国政府似也没有反对的必要。日本的情形要复杂一些。吞并朝鲜，是日本的既定国策。日本向外扩张，实现其大陆政策，朝鲜首当其冲。1885年以前，日本把清政府看做是其侵朝的主要障碍。1876年日本逼迫朝鲜签订《江华条约》，首先写入朝鲜是"自主之邦"，目的就是反对中国的宗主权，为其独霸朝鲜铺平道路。日本侵入朝鲜之初，来势汹汹，不可一世。清政府因而加强了对朝鲜的经营。中经壬午兵变、甲申政变，日本在与中国的争衡中一再受到打击。日本逐渐认识到，把中国势力赶出朝鲜，必须依靠一次总的决战，而在此之前，还没有好的办法阻止中国在朝鲜的势力。甲申政变之后，朝鲜又有俄国势力的介入。俄国是扩张欲极强的军事大国，日本一直把它看做是其北进的主要敌人。在这种情况下，日本所考虑的，首先不是进取朝鲜的问题，而是朝鲜不被俄国占有而威胁到日本本土安全的问题。所以日本调整了其朝鲜政策，怂恿清政府采取对朝鲜积极的政策，借以对抗俄国，而本身集中精力于整顿内治，充实国力，扩军备战。所以，甲申政变前后日本一直存在朝鲜中立的舆论，反映的是日本对清政府斗争的信心不足。而1885年6月近藤真锄对朝鲜

---

① 《李鸿章全集》，电稿一，第723页。

的建议,反映的是日本对俄国的恐惧。因而,如果国际上有一股推动力量,日本是有可能参加这一公约的。

朝鲜政府对朝鲜永久中立的方案并未表现出很高的兴趣。卜德乐的建议书提交给朝鲜外务衙门后,外务督办金允植将其转交朝鲜政府。朝鲜政府只将文件录副,而将原本退还,以表示拒绝这一建议。[1] 同年,在美国留学、经过欧洲回国的开化派人士俞吉浚提出,由中、俄、美、日等国签订国际协约,保证朝鲜中立。[2] 但这一意见也未被朝鲜政府采纳。朝鲜长期处于中华宗藩体制中,事大思想深入朝野。这时门户开放还不满十年,虽然政府中有些人对中国的宗主权发生厌倦,开始寻求新的依托,但政府中的事大派仍占优势。而且,朝鲜朝廷占主导地位的思想,是托庇中国或另一外国,过一种苟且偷安的日子,缺乏自立自强的勇气。当时朝鲜国内经济困难,农民暴动时有发生,清政府按照《天津条约》表示撤军,朝鲜国王就感到惶恐不安,生怕发生内乱,因而还不敢设想完全脱离中国的宗主权而独立。

朝鲜永久中立,意味着清政府对朝鲜宗主权的丧失。所以,清廷和李鸿章都反对这一方案。这不能不说是清政府的一大失策。清政府对朝鲜,一无领土要求,二无经济欲望。其利益所在,就是以朝鲜为屏蔽,以保证东部边疆的安全。要做到这一点,可以采取两种方案。一种是把朝鲜变为国际法上名副其实的附庸国,主持其内政外交一切事务,积极经营,使其国富民安,武力雄厚,能抵挡一切外来侵略。另一种便是使朝鲜中立。对前一种方案,国内个别官员曾有过向朝鲜派大员监国的议论,但清政府一直没有真正实行。在这一点上说,清政府是明智的。中国周边的藩属国,这时已被帝国主义抢掠殆尽,只存一朝鲜。中国本土,也遭受着西方列强不同形式的侵略和压迫。清政府实在无力再把朝鲜的事情包下来。当时的国际环境也不容许中国这样做。如此看来,朝鲜中立应该是一个对中国很有利的选择。如果通过一个国际协定使朝鲜的紧张局势得到缓和,使中日俄三方的矛盾受到制约,那么,以朝鲜问题为突破口的甲午战争也许不会发生。日本当然是要发动侵华战争的,但这一战争如果发生在不同的地

---

[1] 林子候:《甲午战争前之中日韩关系》,第197页注121。
[2] 姜万吉:《韩国近代史》,第195页。

点，譬如说发生在南方，战争的结局肯定会有所不同，中国也许不会遭受那么惨重的失败。清政府的决策者奕䜣、李鸿章之流，处理外交问题只懂得玩弄"以夷制夷"的把戏，由于缺乏对国际事务的深入了解，所以死抱住中国最后的一点点宗主权不放，而且畏惧清议，怕落骂名，没有大智大勇促使朝鲜中立。此后，清政府依靠英国的支持，落入日本的圈套，派袁世凯到朝鲜经营近十年，花费不赀，不仅没有达到预期的目的，反而事与愿违，最后在甲午战争中一败涂地。

第六章 日本向大陆扩张野心毕露

第一节 日本对朝鲜的经济掠夺
和"防谷令"赔偿案

一 日本对朝鲜的经济掠夺

甲申政变之后，日本在朝鲜培植的政治势力丧失殆尽，加上列强在朝鲜角逐的日趋激烈，日本于是采取以退为进的策略，引诱清政府加强对朝鲜的控制，以对抗沙俄势力南侵；而在经济上，对朝鲜的渗透和掠夺不仅没有放松，反而更为变本加厉。

1876年日本逼迫朝鲜签订《江华条约》、《通商章程》，取得了开放釜山、仁川、元山三个港口和无关税贸易的特权，并且日本货币得以在朝鲜流通。日本商人于是大量涌入朝鲜。到1883年，釜山、仁川、元山三地的日本居留民就多达2500余人。[①] 日本商人主要从事转口贸易，从中国上海购进英国生产的棉布、棉纱、染料及其他日用品，运往朝鲜销售，而收购朝鲜的大米、大豆、兽皮、黄金等运回日本。日本商人以领事裁判权为护符，在与朝鲜商人的交易中，采取恐吓、威胁、欺诈等手段，甚至施行暴力，大打出手。朝鲜政府也曾准备对这些野蛮的交易进行限制，但日本商人动辄要求其领事馆调派军舰进行威胁。日本政府也或明或暗地支持这些商人的霸道行径。在壬午兵变以前，日本几乎独占了朝鲜的市场，其贸易额直线上升。

---

① 姜万吉：《韩国近代史》，中译本，第252页。

1882 年以前日本对朝鲜贸易额统计表　　　单位：日元

年份	进口额	出口额	总计
1875	59700	68900	128600
1879	566953	677061	1244014
1880	978013	1373671	2351684
1881	1882657	1944713	3827388
1882	1202000	1708000	2910000

资料来源：林明德：《袁世凯与朝鲜》，第188页；姜万吉：《韩国近代史》，中译本，第248、253页。

1882年以后，这一情况发生了变化。由于连年歉收，朝鲜没有多少剩余的谷物向日本出口。而在朝鲜的很多日本富商巨贾，都依赖于谷物生意，因而纷纷破产倒闭。这使得整个日本对朝贸易进入了不景气的时期。同时，壬午兵变和甲申政变之后，清政府在加强对朝鲜宗主权的同时，也开始重视对朝鲜的贸易——当然骨子里还是为强化宗主权服务的，并非贪图经济利益，而是为了与日本商人竞争。袁世凯到朝鲜担任"总理交涉通商事宜"一职后，对发展商务一事非常积极。他集中力量扩张汉城与仁川的商务，增建华商会馆，扩充租界，并尽力招徕华商。华商分散在朝鲜各地，贩卖纺织品、丝绸、化妆品、药品、灯油，而收购兽皮、大豆和黄金。朝鲜的制陶业，大部分为中国人所经营。还有些中国商人在朝鲜投资养蚕、种药等。中国商人的成功，并不完全是依赖清政府的保护。他们比日本人会做生意。特别是他们的钱庄制度，使资金的周转巧妙灵活，贷款利率比日本低，对商业促进尤大。当时中国人所达到的贸易额，如果以人均价值计算，要比日本人高。以1891年的元山为例，日本人商店100家（从业者约600人），其营业额跟中国人的6家商店（从业者约40人）相比，几乎差不多。[①]

这样，甲申政变以后，中国在朝鲜对外贸易中所占的比重，逐渐地与日本接近。从1885年到1892年，朝鲜从清朝进口的商品额，从19%上升为45%；而从日本进口的商品额，则从81%下降为55%。不过，日本从

[①] 许介鳞：《近代日本论》，第82页。

朝鲜的进口，虽然稍有减弱，但仍然对清政府保持绝对优势。

朝鲜与清政府、日本的贸易变化表　　　单位：墨西哥元

年度	从清朝进口	从日本进口	比率 清朝	比率 日本	向清朝出口	向日本出口	比率 清朝	比率 日本
1885	313342	1377392	19	81	9479	377775	2	98
1886	455015	2064353	18	82	15977	488041	3	97
1887	742661	2080787	26	74	18873	783752	2	98
1888	860328	2196115	28	72	71946	758238	9	91
1889	1101585	2299118	32	68	109798	1122276	9	91
1890	1660075	3086897	35	65	70922	3475098	2	98
1891	2748294	3226468	40	60	136464	3219887	4	96
1892	2055555	2555675	45	55	149861	2271628	6	94

资料来源：彭泽周：《明治初期日、韩、清关系研究》，塙书房1969年版。

日本政府对于日本商人在朝势力的衰颓极为关注，不断寻求挽回的办法。1888年夏，日本外务省曾专门就此事征询了驻朝各公使、领事的意见。在各使领的意见中，以驻元山的副领事渡边修所提《恢复朝鲜贸易方案》最为完备。日本外务省因而形成了一项《有关朝鲜贸易书》的文件。[①]

在争夺朝鲜市场的过程中，日本的金融界起了很大作用。日本在朝鲜开设的第一家银行是釜山的私营"第一银行"（1876年），1878年，日本国营"第一银行"的支行取而代之。第一银行先后在元山（1880年）、仁川（1883年）、汉城（1887年）设立分支机构。1890年日本的第十八银行、1892年日本的第五十八银行也在朝鲜设立分支机构。这些银行在日本政府的特别援助下，为从事朝鲜贸易的商船提供贷款，为各种公司和商人代办货物保管、寄货、结算等业务。[②] 日本国营第一银行还超出其商业银行的经营范围，办理朝鲜的关税业务和邮政资金的保管业务。

日本对朝鲜的经济掠夺，以其发达的轮船航运业作为工具。日本邮船会社在釜山、仁川与元山三口都设有分社。三井财团又于1880年在朝鲜

[①] 林明德：《袁世凯与朝鲜》，第191页。
[②] 曹中屏：《朝鲜近代史》，第135页。

创建了汉江汽船会社，1884年创建了"运送局"。日本的轮船公司长期一枝独秀，几乎垄断了朝鲜的航运业。他们依恃其垄断地位，不断对中国商人进行刁难和勒索，因而中国商人纷纷要求清政府自辟航线。清政府从强化宗主权出发，由轮船招商局建立从上海到仁川的定期航班，由东海关、江海关及朝鲜华商给以经费的补贴。日本对仁沪线的开辟极为警觉。日本驻上海领事高平小五郎与驻仁川领事铃木充实分别在两地监视招商局轮的动向。后来他们发现了中国商人为保证航班正常开航不致亏损而订立的"誓约"，把它当成清朝官吏强迫商人为拒绝乘坐日轮所具的甘结，报告给日本政府。日本外务省竟一再企图通过外交途径，由日本驻华公使向清政府提出交涉来解决这一问题。[①] 同时，日本政府给日本轮船公司以补贴，督促他们积极整顿，甚至降低运费，以图挤垮招商局轮。日本的保险公司也在朝鲜设立分公司，为使用本国船只运送的货物办理保险。据统计，1891年，进入朝鲜港口的外国商船，总艘数为1501艘，总吨位为358145吨，其中日本1355艘，311754吨，分别占总艘数的90%与总吨位的80%。[②] 日本航运业的这种垄断地位，确保了其在对朝贸易中的绝对优势。

日本商人为同中国商人竞争，也在不断调整其出口的商品。朝鲜对棉布的需求很多。本来，日本商人从上海购进英国的棉布，运到长崎和大阪，再出口到釜山。进出口差价很大，所以很难和中国商人竞争。于是日本商人就设法开发能打入朝鲜市场的纺织品。日本有一种名为"小巾白木棉"的窄幅楮皮纤维白布，很受朝鲜购买力低下的农民欢迎。于是日本商人就把这种窄幅农村土布运往朝鲜内陆，占领以农民为主要消费者的内地市场。由于这种土布的畅销，日本山阳道一带、大阪、爱知和静冈等地出现了很多专门为朝鲜市场生产土布的专业生产者。[③]

日本还以种种形式掠夺朝鲜的资源。

日本的渔业资源，由于捕捞量大和海上轮船行驶的影响，已日渐贫乏，日本政府因而亟欲取得朝鲜沿海捕鱼的权利。1883年，日朝订立《贸易章程》，其中订有允许日本渔民在全罗、庆尚、江源、咸镜四道沿

---

① 林明德：《袁世凯与朝鲜》，第239页。
② 提亚加伊：《1893—1895年朝鲜农民起义》，三联书店1959年版，第44页。
③ 曹中屏：《朝鲜近代史》，第137页。

海捕鱼的条款。虽然同时订有朝鲜渔民可到日本肥前、筑前、对马等地沿海捕鱼的规定，但这种所谓"互惠"是虚假的。日本渔业发达，渔船规模大，设备好，胜任远洋作业。而朝鲜渔具船只均极简陋，朝鲜渔民只能在沿岸数十里内张网捕捞，没有到日本沿海捕鱼的要求及能力。1884年，在没有制定捕鱼条款细则的情况下，日本渔船便联帆到朝鲜近海捕捞。朝鲜渔民捕捞量骤减，生计受到威胁，因而不断发生阻止日本渔船捕捞的所谓"渔案"。尤其济州岛，居民大多以捕鱼为生，民风强悍，常与日本渔船发生械斗。朝鲜政府虽多次与日本交涉，要求日本放弃在济州一带捕鱼，但日本提出的掠夺朝鲜矿产的交换条件使朝鲜政府更加无法接受。1889年，朝鲜政府被迫与日本签订《通渔章程》。该章程明确规定：日本渔船可在朝鲜东南沿海3海里以内捕鱼；日本渔船捕得之鱼，可在朝鲜海岸贩卖；日本渔船享受领事裁判权，违反章程时，朝鲜地方官无权惩处。[①] 在这一章程的保护下，日本得以有恃无恐地掠夺朝鲜的渔业资源。当时日本大阪的报纸上就写道：朝鲜领海的全部渔业，一定会渐次地转移到日本人手中。[②]

从朝鲜进口黄金，对于日本向金本位转变，建立新型的货币金融体系，发挥了重大的作用。日本人从朝鲜购买黄金，大部分依靠走私，不缴纳税金，也不受海关的管辖。朝鲜政府没有制定保护黄金、白银的政策，而且根据条约，日本的货币在朝鲜市场可以流通。日本正是利用这一点，从朝鲜大批套购黄金。日本还通过在朝鲜发行期票、银行兑换券等不正常的手段，收集黄金。1885—1887年，日本从朝鲜进口的黄金，其数量相当于日本黄金产量的4倍。[③]

甲午战争前日本从朝鲜进口的黄金量　　　　单位：千元

年　度	1872—1881	1882—1883	1884—1885	1886—1887	1888—1889	1890—1891	1892—1893
总进口量	4338	1094	935	2419	1953	643	892

---

① 《清季中日韩关系史料》第五卷，第2680—2683页。
② 提亚加伊：《1893—1895年朝鲜农民大起义》，三联书店1959年版，第34页。
③ 万峰：《日本近代史》，中国社会科学出版社1978年版，第212页。

续表

年　度	1872 —1881	1882 —1883	1884 —1885	1886 —1887	1888 —1889	1890 —1891	1892 —1893
从朝鲜进口量	658	1,093	923	2,207	1,942	642	888
比率%	15.1	99.9	98.7	91.2	99.4	99.8	99.5

资料来源：姜万吉：《韩国近代史》，中译本，第257页。

黄金的大量流失，导致朝鲜没有足够的黄金储备，无法建立近代货币制度，在以后很多年中，都严重阻碍了朝鲜民族资本的发展。

日本对朝鲜的粮食掠夺，更造成了历时数年的"防谷令"赔偿案。

二　"防谷令"赔偿案

1876年日本迫使朝鲜开港以后，日本政府和商人大力推行的政策是从朝鲜进口稻米和大豆。初期，日本商人只能在通商口岸10里之内活动，不能直接到农村收购粮食。于是，在通商口岸便出现了一种被称为"客主"的朝鲜中间商。一些小商贩到农村收购大米、豆类，送到"客主"的商铺中，日本的粮商再从这些中间商那里收购，然后运往日本。根据《朝日修好条规续约》，日本人在通商口岸地区的活动范围，1883年扩展到50里，1884年又扩展到100里。从1885年起，朝鲜又准许外国人到内地旅行。日本商人便乘机直接到内陆农村购买粮食。[①] 由于日本及欧美各国取得对《中朝水陆贸易章程》中国商人内陆行商权"一体均沾"，1887年起日本商人更加毫无顾忌地到内陆农村收购粮食，并逐步控制了朝鲜谷物的流通过程。日本商人及其代理人在春耕前就下到农村，以换取平年产量的一半为条件向农民贷款，秋收后就赶来把分得的粮食运走。日商付出的贷款很少，即使歉年也不吃亏，丰年则可牟取暴利。而且，即使收成不好，这种办法也能保证日本人取得粮食。[②] 就这样，日本逐渐把朝鲜变成了它的粮食供应地。

日本自称"丰收之国"，为什么却如此重视朝鲜大米的进口呢？原因

---

① 姜万吉：《韩国近代史》，中译本，第256页。
② 沙俄财政部编：《韩国志》，日文版，第141—145页。

是多方面的。首先，到1890年为止，出口高价的日本大米，一直是日本资本主义原始积累的主要来源，也是以高米价保证地主利益的重要手段。但是，日本的大米出口，必须在进口廉价的外国米的基础上才有可能。1888年至1893年的5年间，日本平均每年出口日本米约为69万石，另外，平均要进口大米56万石。① 缅甸、暹罗、中南半岛等地的外来米，不但路途遥远运费昂贵，而且不合日本人的口味。因而，价格低廉而又好吃的朝鲜大米，便成为日本争夺的对象。其次，日本资产阶级为了追逐高额的利润，采取了低工资的政策。如甲午战前爱知纺织厂的日平均工资为9分，名古屋纺织厂的日平均工资为7.3分，三重纺织厂名古屋分厂的日平均工资为8.7分，最低工资只有4分至5分钱。② 要使这些工人吃上饭，维持这些劳动力的再生产，就必须维持低米价。因而，进口低廉的朝鲜米，成为日本工业发展的必要条件。朝鲜大米主要是供应日本工业中心地区——大阪和神户工厂的工人。价格只有日本大米价格的三分之一或二分之一。③ 最后，明治维新以后，日本的阶级分化加剧。连口粮都卖了而不得不买米吃的农村贫农和城市贫民增多了，造成社会不安。1889年，日本水稻歉收，接着，1890年小麦又遭受严重灾害，造成米价飞涨。穷民袭击富豪和大米商的"米骚动"在各地发生。为了平息抢米风潮，日本政府在有的地方不得不派出军队进行镇压。由此可知，进口朝鲜大米对日本还起着稳定社会局势的作用。

日本商人把朝鲜的粮食大量运往日本，破坏了朝鲜粮食的供求与流通结构，引起粮食奇缺，粮价暴涨，并波及各种物资的交易价格，严重扰乱了朝鲜社会的经济生活和安定。日本商人从朝鲜运走的，并不是农民的剩余粮食，而是贫苦农民在收获季节出卖的口粮。粮食的输出加速了农村的阶级分化，使农村经济达到了极度枯竭的境地，以致朝鲜粮荒不断，贫苦农民生活日益恶化。朝鲜开港以前，朝鲜的商品粮，已逐渐形成了京畿、黄海、忠清、全罗道地带的流通圈，由汉江沿岸的商人掌握输入京城粮食的独占权。可是由于釜山、仁川的开港，以及后来日商直接到内陆农村采

---

① 井上清：《日本军国主义》第二册，第129页。
② 藤村道生：《日清战争》，上海译文出版社1981年版，第30—31页。
③ 姜万吉：《韩国近代史》，中译本，第256页。

购粮食，原有流通圈被通商口岸为中心的流通圈所代替，造成汉城米谷供应量不足，引起米价腾飞。1882年壬午兵变的导火线为兵士俸米延迟年余发放。日商直接到内地购粮，还影响到通商口岸地区的中间商——"客主"的利益。在日商取得内陆行商权以前，日商所需农产品，一概由中间商供给，这些中间商从中赚取介绍费——"口钱"。而日商直接进入农产品产地，以优厚的资金及从条约取得的特权，垄断内陆市场，排除了中间商的介入，给中间商人以极大的打击。由于上述原因，禁止米谷出口，成为城乡群众及社会各个阶层的共同呼声。

所谓"防谷令"，是朝鲜中央或地方政府禁止谷物输出的命令。这并不仅仅针对输出国外而言，国内一道、一府、一县，均可禁止谷物向邻境输出。就国家而言，这是安定国内粮食市场的需要。就地方而言，这是在遭遇自然灾害粮食歉收时，预防辖区粮食外流，保证当地人民不致因饥荒而生变乱的办法。据统计，朝鲜开港时期（1876—1901年），中央政府和地方官厅共颁布过100件以上的防谷令。[①] 所以，防谷令并不是针对日本而创立的法令。

1889年，咸镜道大豆歉收。该道监司赵秉式于当年9月发布防谷令，决定自10月24日起禁止大豆、大米等谷物的出口，时限为一年。这年日本发生粮荒，日本粮食商人加紧到朝鲜搜购粮食，造成朝鲜谷物市场的紧张。所以，在1890年3月，黄海道监司吴俊泳也发布了防谷令。朝鲜的防谷令遭到日本的强烈反对。日本政府为此采取外交途径同朝鲜政府进行交涉，自1889年至1893年，历时近四年，驻朝日本公使三易其人，而朝鲜的外署督办也因此而一再更换。

当1876年日本逼迫朝鲜签订《江华条约》时，日本还没有大量从朝鲜进口粮食的打算。谈判中朝鲜主张禁止粮食输出，日方只表示，这样将使一向由朝鲜供给粮食的对马岛陷入困境，并未正式反对。6月，日本政府任命外务大丞宫本小一为理事官赴朝，太政大臣三条实美给他的《训条》中，事实上默认朝鲜政府随时得以发布防谷令。[②] 宫本与朝鲜签订的

[①] 姜万吉：《韩国近代史》，中译本，第256页。
[②] 田保桥洁：《近代日鲜关系研究》下卷，第54页。

《贸易规则》第六条规定:"嗣后在朝鲜国诸港,准载米石杂粮进口出口。"① 这一规定虽然为日本从朝鲜进口粮食提供了方便,但它仅限于港口,对各道府县发布防谷令没有制约作用。到1883年,日本驻朝公使竹添进一郎与朝鲜政府代表谈判《朝日通商章程》时,双方对粮食问题都已极为重视。该章程第37款规定:"如朝鲜国因有旱潦兵戎等事,恐国内缺乏粮食,欲暂禁粮米出口,须先期一个月,由地方官知照日本领事官,以便预将其期转示在口日本商民遵照。"② 在这里日本承认朝鲜官厅有发布防谷令的权力,同时朝鲜有先期通知日本领事的义务。

咸镜道监司赵秉式在正式发布防谷令之前的一个月,即9月25日,向朝鲜统理衙门发出将于10月24日施行防谷令的关文。统理衙门接到关文后,于10月11日以督办闵种默的名义照会日本代理公使近藤真锄,要其通知元山领事转知日商,同时同意赵秉式发布防谷令。但近藤接到统理衙门的照会后,却对歉收一事提出怀疑,指示元山日本领事久水三郎查清是否歉收,并告知统理衙门,俟久水领事查清真相后再予答复。10月24日,赵秉式如期发布防谷令。元山日本领事提出抗议。日本商人也以未奉通知为由拒绝接受。赵秉式强制实行,查封了一些商人的货物。直到11月6日,近藤真锄才照会闵种默,以咸镜道当年并无旱涝灾害,未闻歉收为辞,反对发布防谷令。接着,在接到元山日本领事关于咸镜道实施防谷令的报告后,近藤又照会闵种默,声称:"夫案关两国互市,无论有损有益,必须先行商议妥协方可施行,断不容一国擅专也。……今则贵衙门并不待本使商允,辄令实施禁止,致俾我商亏累,自当贵政府任其赔补之责,以谢专擅之咎。"③ 近藤的这一照会,是对朝鲜自主权利的侵犯。根据《朝日通商章程》,朝鲜虽有先期通知日本的义务,但并无征求日本同意的必要。由于日本公使态度强硬,朝鲜统理衙门便饬令赵秉式解除防谷禁令。但赵秉式认为,发布防谷令是地方官厅的权力,且顺应了民情,拒绝解禁。为此,近藤致函闵种默,要求追究赵秉式的责任。至1890年初,咸镜道被迫撤销了防谷令。但日本仍坚持惩罚赵秉式。朝鲜政府先是给赵

---

① 《清季中日韩关系史料》第二卷,第336页。
② 日本外务省编:《日本外交年表并主要文书》上,文书第97页。
③ 《日本外交文书》第二十二卷,第407—408页。

秉式"三等罚俸"的处分，最后不得不将其调离。

事情至此并未结束。因防谷令蒙受损失的日本商人要求赔偿。1890年底，他们通过元山领事久水三郎向近藤真锄提出一个"受害者"40余人的名单。日本外务省也于1891年3月派员到元山做实地调查，但并未向朝鲜政府提出赔偿的要求。日本商人没有达到目的，于是派代表到日本公使馆和外务省进行游说，施加压力。在这种情况下，新任驻朝公使梶山鼎介奉外务大臣榎本武扬的训令，向朝鲜统理衙门提出要求赔偿的照会。① 照会中提出要求赔偿的案件共有两宗。一是梶山新介等40人，金额总计141400余元；二是大塚荣四郎，金额为5700余元。两宗合计为147100余元。从要求赔偿的细目看各共有4项。一是被地方官厅查封没收的货物或罚款；二是收购谷物因禁止外运造成的损失；三是所谓"为该道防谷所生不得已需项"即运动官厅的活动费用；四是以上三项金额的利息及其他利息——"即该防谷之际，我商等阻于禁令，不得购买谷物，而此间令有利资金空致滞囊之利子等合额"②。这是一张由日本商人单方面编造的账单，其可信性大可怀疑。而其索赔范围，也是苛刻到了荒唐的地步，连空口报出的积滞资金都要计算2分1厘的高利息！

对于如此无理的勒索，朝鲜政府当然无法完全接受。而且，这么高额的赔款，朝鲜政府也无力承担。1891年12月12日，双方开始会商，朝鲜方面提出"赔偿金额过大，日商提出的损害证据不充足"，坚持不答应日本的要求。③ 直到1892年8月4日，闵种默才正式照会梶山公使，指出日本所开列的商人损失情况，有的属实，有的则没有根据，因而提出，梶山新介等40人及大塚荣四郎两宗所受损失的实数为60700余元，可予赔偿。④ 这是朝鲜正式表示向日本赔款。但日本商人对这一赔偿数目深表不满，利用国内日益增长的对外扩张思潮，向日本外务省和政界进行宣传鼓动。外相陆奥宗光于是派通商局长原敬赴朝鲜查办。⑤ 10月5日，梶山公使根据外务省的指示，照会朝鲜外署，以日本商人不能接受为由，拒绝减

---

① 《清季中日韩关系史料》第五卷，第3123页。
② 同上。
③ 《日本外交文书》第二十五卷，第304—307页。
④ 《清季中日韩关系史料》第五卷，第3124页。
⑤ 同上书，第3120页。

少赔偿金。① 原敬到达汉城后，也多次与朝鲜外署督办闵种默会谈，施加压力，但无结果而归。后来朝鲜外署督办闵种默离职，由赵秉稷继任，交涉便陷入停顿。

1892年8月，伊藤博文为首相的"元勋内阁"成立后，面临着议会中"民党"反对的严重政治危机。在朝鲜元山的日本商人，认为梶山公使对赔偿问题态度软弱，到处制造舆论，使防谷令事件被"民党"当成了攻击政府的材料，在议会中掀起一场风波，成为日本内部政治斗争的问题之一。自由党议员井上角五郎在众议院向外相陆奥宗光提出质询，并对陆奥的答复表示不满。② 在这种情况下，日本政府决定对朝鲜采取强硬态度，于1892年12月改派极力鼓吹扩张主义的在野政客大石正巳任驻朝鲜公使。

大石赴朝之前，日本报纸即报道，其到朝鲜后拟采取的办法是"驻该国俄使则结以恩，华使则畏以威"③，即采取集中精力打击袁世凯的策略。到朝鲜后，又放出口风，要"连合各国扶韩自主，永不受华凌侮，华遣海关员可逐，五国使可遣"④。袁世凯本来对防谷令案并不关心，及见大石正巳心怀叵测，便决定予以打击，开始指导朝鲜统理衙门与之周旋。大石几次与赵秉稷交涉赔偿问题，赵秉稷都以"已派员往查尚未回复"为由加以拒绝。1893年2月25日，大石正巳照会朝鲜统理衙门，将赔偿额增加利息提高至175700余元，⑤ 并接连向朝鲜政府吵闹，要直接谒见朝鲜国王，出言多恫吓之词。国王要赵秉稷向袁世凯商讨对策，袁世凯指出日本不会因此兴兵，支持其坚决拒绝大石的无理要求。⑥ 袁世凯详细研究了前日本公使梶山所提赔偿要求的账单，发现其第一项所谓直接损失多有夸大，其第二项核算不实，计息过高，第三项日商活动费与第四项利息，朝鲜无赔偿之责。于是主动代朝鲜外署草拟照会文稿，指出，查照朝日两国条约，发布防谷令是朝鲜自有的权力，但前日本公使近藤并不遵

---

① 《清季中日韩关系史料》第五卷，第3125页。
② 林明德：《袁世凯与朝鲜》，第311页。
③ 《李鸿章全集》，电稿二，第524页。
④ 同上。
⑤ 《清季中日韩关系史料》第五卷，第3125—3126页。
⑥ 《李鸿章全集》，电稿二，第530—531页。

从，多方阻挠，又强请弛禁，朝鲜都勉强通融，并处分了咸镜道长官，因而本案已经议结。并综合分析了日方索赔的不实之处，提出朝鲜应负担的赔偿费应为47500余元。① 大石接阅照会后，亲自跑到统理衙门退还照会原文，并肆口辱骂赵秉稷，扬言：不杀袁世凯，不能接受照会。② 朝鲜国王对大石此举极为反感，认为受到极大侮辱，一度令赵秉稷称病，拒绝与大石交涉。在汉城的各国使节也对大石的态度多有批评。谈判陷入僵局，大石无计可施，于4月2日向日本外务省提出，如再交涉不通，请撤回使节，以军舰数艘占领釜山、仁川两口的海关。③ 但日本政府认为，出兵违反《天津条约》，并容易引起西方国家的干涉，主张继续进行和平交涉。外相陆奥宗光训令大石，交好袁世凯，求袁说服朝鲜政府。④ 并派外务省参事官松冈郁之进赴朝，传达日本政府的意图，促进事情的解决。

此前，袁世凯与朝鲜政府已商定，坚持1892年8月闵种默与梶山鼎介达成的赔偿6万余元的协议。4月20日，大石与松冈商请袁世凯居中调停，袁劝朝鲜在6万余元的基础上再加数千元及早结案。⑤ 但大石提出咸镜、黄海两道案件合并处理，非赔偿10万元不能结案。朝鲜政府对大石切齿痛恨，不肯再作让步。大石正已于是再次向日本政府请求批准4月2日所提方案。5月2日，日本阁议决定向朝鲜政府发出最后通牒，如朝鲜政府拒绝日本的要求，就撤馆绝交。⑥ 但日本这时仍没有下定与朝鲜决裂的决心，将限期定为两周，不提赔偿金额，留有转圜的余地。陆奥且指示大石，宜向袁世凯说明日本所提要求是正当的，并愿再减少赔偿数额。⑦ 但大石孤行己意，乘日本陆军参谋本部参谋次长川上操六访朝之机，随之进宫，不顾国际惯例和宫中礼节，直接向国王陈奏防谷令案，并攻击朝鲜外署，要求赵秉稷回避朝日会谈。⑧ 由此大石与朝鲜政府的关系进一步恶化。

---

① 《清季中日韩关系史料》第五卷，第3127—3131页。
② 同上书，第3121页。
③ 《日本外交文书》第二十六卷，第298—301页。
④ 同上书，第316—318页。
⑤ 《清季中日韩关系史料》第五卷，第3162页。
⑥ 《日本外交文书》第二十六卷，第341页。
⑦ 林明德：《袁世凯与朝鲜》，第314页。
⑧ 林子候：《甲午战争前之中日韩关系》，第314页。

5月5日，日本外务省电饬驻天津代理领事荒川已次转交伊藤博文给李鸿章的信件。伊藤在信中提出将赔费降至9.5万元，请李鸿章劝说朝鲜接受。① 同日，李鸿章致电袁世凯，要其"相机劝韩酌增，了此葛藤"②。5月11日，伊藤再次电转李鸿章，"最后通牒"规定的日期（5月17日）已经迫近，届时日使将下旗回国，请李鸿章再作斡旋。当时东学党已经起事，李鸿章答复伊藤："袁道正在调停，但韩内地有土匪滋事，筹办剿抚，无暇料理，须稍缓商催，将来必可设法议结，应令大石不可躁急。且东韩交谊岂可因此小事失和?"③ 并指示袁世凯继续筹商。

朝鲜政府为了避免与大石交涉，派南廷哲改任外署督办，又饬驻日代理公使权在寿向日本提出改在东京谈判，并希望日本调回大石。日本拒绝了朝鲜的要求，在5月17日期限到时，指示大石可以撤馆。5月17日，大石到统理衙门再作交涉，态度有所缓和，提出咸镜道赔费扣除利息减为9.8万元，黄海道减为2万元，共11.8万元。南廷哲表示需要国王批准。但国王不表同意。在18日南廷哲拜会大石时，大石又提出，可将咸镜道一案再减去8000元，共11万元，6万元先付，余款分三年付清。并表示这是最后提案。④ 袁世凯此前曾多次向大石"开诚譬解"，至此，又令人对国王"峻词以劝"，谓："教匪谣疑正甚，倘倭生事，则内忧外侮一时并发，表里受敌，肘腋之变亦在堪虞，恐所失不止数万元，所损不仅失使礼，亟宜捐小愤以维大局。"⑤ 从此朝日双方会谈进程加快，至5月20日，终于达成最后协议，将咸镜、黄海二案以及另外三件小案，统以11万元赔偿费结案。日本政府也即将大石公使召回。

防谷令案的交涉，对日本发动甲午战争有一定的影响。1889年秋1890年夏日本连续歉收引发的经济危机和抢米风潮，使日本政府进一步认识到，朝鲜作为粮食供应基地，对日本有着重要的意义。当然，事情不仅仅是一个粮食问题。黄金是日本从朝鲜输入的另一重要物资，在防谷令事件发生后，输入量也骤然下跌，仅为事件发生前的33%—45%。更进

---

① 《日本外交文书》第二十六卷，第342页。
② 《李鸿章全集》，电稿二，第550页。
③ 同上书，第552页。
④ 《日本外交文书》第二十六卷，第387页。
⑤ 《清季中日韩关系史料》第五卷，第3163页。

而言之，就整个对朝贸易来说，开港初期几乎是日本独占，而在甲申政变之后，中国对朝贸易额一再上升，大有与日本扯平之势。日本要改变对朝贸易的这种被动局面，所以对防谷令事件的交涉格外重视，为了争得区区10余万元的赔偿费，不惜诉诸外交手段，数易公使，两派专员，使交涉一再升级。朝鲜由于有中国的保护，所以在交涉中才不害怕日本的虚声恫吓，敢于针锋相对。交涉经历三年多而没有结果，充分反映了甲申政变后日本在朝鲜的软弱无力状态。最后，日本政府不得不请求李鸿章和袁世凯从中斡旋，才使此案得以了结。而从此开始，日本的战争步伐也明显加快了。就在防谷令赔偿案解决的同一天即5月19日，日本政府公布了《战时大本营条例》和《海军军令部条例》，并制定了《军事参议官条例》。发动甲午战争的军事领导体制，已经出台了。

第二节　日本大陆政策的形成与扩军备战

一　日本大陆政策的形成和对外侵略的舆论

日本的大陆政策，滥觞于明治维新初期。明治政府一成立，天皇发布的诏书中就宣称要"开拓万里之波涛，布国威于四方"。政府首脑大久保利通也在给天皇的奏折中鼓吹"扬皇威于海外而抗衡万国"[①]。此后，日本侵略台湾，迫使朝鲜开国，吞灭琉球，向大陆扩张的意图越来越明显。朝鲜壬午兵变之后，日本首次取得了在国外驻兵的权利，但由于其在朝鲜影响的减弱，开始正式把中国当作假想敌，并为此而整顿军制，扩充军备，并策划"朝鲜独立"。这时，大陆政策基本已经成形。按照这一政策，1884年，日本直接策划并参与了颠覆朝鲜政府的甲申政变，遭到惨重的失败。日本政府痛感尚无足够的力量与中国抗衡，于是采取表面退缩而暗中进取的政策。至1890年，日本的大陆政策完全形成。

大陆政策在19世纪80年代后期完备起来，有一定的舆论基础。19世纪70年代末到80年代初期，以政党活动为主要形式的自由民权运动在日本如火如荼地展开，形成了一个包括士族、地主、自耕农民、工商业者在内的全民规模的政治运动。自由民权派要求召开国会，制定宪法，扩大

---

① 井上清：《日本军国主义》第二册，第12页。

民权，提出了一系列资产阶级民主主义的主张。一些激进的民主主义者还发动了多次武装反抗政府的事件。但是，自由民权派成分复杂，具有先天的软弱性，甲申政变以前，已经在政府的镇压面前，呈现出败退的态势。他们的政治主张，也渐渐由强烈地主张扩展民权而变为扩张"国权"了。1884年10月，一直处于自由民权运动领导地位的自由党宣布解散。其机关报《自由新闻》继续刊行，发表长篇社论《国权扩张论》，分析欧美列强向亚洲扩张的国际形势，论述有必要"在独立权以上扩张国权"，主张"把那些壮年有志之士的热忱由内事转向外事"，为了对外，应停止官民的抗争。[①] 从此，"国权论"便成为日本的一种时髦思潮。

甲申政变发生后，日本政府蓄意掩盖和歪曲事件的真相，把日本驻朝使馆和侨民遭受的损失归咎于中国，煽动反对中国的舆论。日本政府这样做，除了挑起日本人民对中国的仇恨外，还有一个目的，就是企图转移自由民权运动反对政府的斗争矛头于朝鲜和中国，使政府本身从国内的政治危机中解脱出来。这一招果然奏效。继续存在的《自由新闻》发表以"朝鲜处分"为题目的社论，主张"迅速派遣充分之兵力，占领朝鲜京城"，恢复开化派政权，并向中国进行交涉，追究责任，如遭拒绝，不惜诉之于战争。进而又主张，若是显示出日军的勇猛，那么"修改条约就会变得容易了"。福泽谕吉在《时事新报》上撰文，带头主张对中国开战，说要准备天皇亲征，甚至说，如果打败中国，日本就"永为东邦之盟主"，所以"吾辈之躯早不足爱，当挺身战死于北京军中"[②]。立宪改进党的干部藤田茂吉、箕浦胜人、犬养毅、尾崎行雄向参议伊藤博文提交意见书，主张应乘此次事变"干涉朝鲜内政，努力实行吞并"，并表示："与中国之纠纷，乃吾等为国家所最希望者也。"[③] 由此可知，自由民权派的这些政客和知识分子所主张的"国权论"，在很大程度上已经变成一种对外侵略扩张论。

甲申政变之后，日本政府急切地扩张军备。为了给其扩军政策和增加军事预算制造借口，日本政府散布一种日本受到列强威胁的危机感。1885

---

① 远山茂树：《日本近现代史》第一卷，商务印书馆1983年版，第67页。
② 藤村道生：《日清战争》，第15—16页。
③ 远山茂树：《日本近现代史》第一卷，第76—77页。

年3月，在设立国防会议时，参事院所提理由就是："当前东方形势并非太平无事，今后形势变幻莫测"，"如今若不注意着手本国防务，则将祸生不测。"① 不久，英俄两大帝国的矛盾转移到东亚，英国占领了日本眼皮下面的朝鲜巨文岛，同时盛传俄国为对抗英国而欲占领朝鲜的永兴湾，还说俄朝之间订立密约由俄国保护朝鲜。这种紧张局势似乎印证了政府所宣扬的国防危机感。

早就主张对外侵略的福泽谕吉，抓住时机，在3月16日的《时事新报》上发表了著名的《脱亚论》一文，鼓吹日本是高出中国、朝鲜的优秀民族，其优秀之点就在于能够"摆脱亚洲之陋习，引进西洋之文明"。他说："今日如欲成事，则我国不应犹豫不决地等待邻国文明开化，共兴亚洲，而应脱离其行列，与西洋之文明共进退；对待中国、朝鲜之方式，亦不必因邻国之故而特别和善，应按西洋人之对待之法予以处置。"②

自由民权运动的领袖人物樽井藤吉所著《大东合邦论》，表面上看与《脱亚论》有很大的不同，似乎主张日本与朝鲜对等地实行合并，甚至主张采用新的国名叫"大东国"，不用日本国名。但在实质上，字里行间流露出对亚洲国家的轻蔑。他把日本说成是文明开化的"先觉者"，而把朝鲜看作不论是政治、经济或风俗、智能方面都是劣等的民族。之所以要与朝鲜合并，是因为："韩人身躯大、膂力强，故若习我兵制，用我武器，则足以防俄寇。"③

旧自由党的"左派"领袖大井宪太郎等对朝鲜开化党在甲申政变中的失败感到惋惜，对金玉均等流亡者寄予同情，于是组织义勇军，准备携带武器弹药到朝鲜推翻事大党，使开化党掌握政权。1885年11月，事泄在大阪被检举，遭日本政府逮捕，因而被称作"大阪事件"。大井等人的基本设想是，开化党一旦宣告脱离清政府而独立，中国与日本之间就可能发生战争；战争一起，既能唤起日本人的爱国心，也能实现内政的改革。④

政党的活动影响着民众的舆论。1885年10月，柴四郎的国权主义小

---

① 松下芳男：《明治军制史论》下卷，第22页。
② 《福泽谕吉全集》第十卷，岩波书店1958年版，第24页。
③ 依田憙家：《日本帝国主义和中国》，北京大学出版社1989年版，第10页。
④ 信夫清三郎：《日本外交史》上册，第210—211页。

说《佳人之奇遇》一出版，立即成为畅销书。该书指出，强国专事弱肉强食，俄国和德国恃其威势而骄横，英国和法国凭其狡黠而侵略亚洲，结果是，"亚洲北部被强俄所吞并，南方印度臣事于英王，安南隶属于法国，土耳其和清帝国亦颓靡不振，濒于灭亡"。作者呼吁："当今燃眉之急是，与其内张十尺之自由，不如外伸一尺之国权。"在自由民权运动全盛时期，民权小说也盛极一时，而自《佳人之奇遇》问世，国权主义的小说便取而代之了。① 政党、民众中国权主义、对外扩张思潮的泛滥，为日本政府培植军国主义提供了温床。

建立军国主义体制，是明治政府为实现对外扩张而一贯追求的目标。1889 年 2 月，公布了《帝国宪法》。按照宪法的起草人伊藤博文的说法，这部宪法的基本原则是"一国之权力以君主之大权为中心，其他一切权利均由此而来"②。它赋予天皇无限的权力，但对人民的权利和议会的权利却给了严格的限制。宪法的第一条说："大日本帝国由万世一系之天皇统治之。"第三条说："天皇神圣不可侵犯。"第十一条说："天皇统帅陆海军。"第十二条说："天皇决定陆海军的编制和常规兵员的名额。"第十三条说："天皇宣布交战、媾和以及缔结条约。"以伊藤博文名义发布的《宪法释义》解释说，军队的统帅权是"至尊大权，专属帷幄大令"。国防计划、作战计划和用兵等，都被确定为统帅事项。统帅权由参谋总长、军令部长辅佐天皇行使，它不在内阁的职权范围以内。这样，宪法就把军事从政府的国务中独立出去。对于编制权，《宪法释义》解释说，"虽然是由责任大臣辅佐，但也和帷幄之军令一样，属于至尊之大权，并在议会干涉范围之外"。军国主义的御用法学家上杉慎吉认为这样的解释还不够彻底，又以所谓统帅权如果和编制权相分离，则将"导致实际上不能行使统帅权"为理由，主张在发生究竟应属统帅权还是应属编制权问题的疑问时，应按属于统帅权的范围来处理才"最为适当"。军事当局最初的解释是：军部大臣不仅不向内阁会议提出纯粹的军令事宜，而且也不向内阁会议提出军队的编制等其他军政事宜，他可以直接上奏于帷幄，请求天皇批准。上杉的解释支持了军事当局的观点，而使这种做法习以为常。于

---

① 信夫清三郎：《日本外交史》上册，第 210 页。
② 清水伸：《帝国宪法制定会议》，1940 年版，第 119 页。

是，军部便成为首相不能过问的一个行政机关。这是与近代立宪政治中兵政合一的基本原则相违背的。宪法第十三条关于天皇把持外交大权的规定，不仅使国会无法监督外交，助长了秘密外交，而且使日本人民蒙受着这样的危险：于不知不觉中被卷入战争；与国民利害攸关的条约，于不知不觉中被强加于自己头上。①

1889年12月，山县有朋出任内阁首相。山县出身于长州藩士，历任陆军要职，一贯主张统帅权独立和向大陆扩张。1878年他就任日本参谋本部长后，就在参谋本部设立管东局，负责调查库页岛、中国东北、堪察加和西伯利亚的地理和政情；设立管西局，负责调查从朝鲜到中国沿海的地理和政情。参谋本部于1879年派出12名军人以学习语言等名义到中国各地，调查中国的军备和地形，1880年又派福岛安正中尉、管西局长桂太郎和局员小川又次先后到中国收集情况。桂太郎回国后，提出《与清国斗争方案》的调查报告。其内容是设想派三个师团占领大连湾并袭击福州，然后一举攻下北京，迫订城下之盟。福岛安正把关于中国的兵力、素质、士气的调查结果整理为《邻邦兵备略》6册出版。② 1880年11月，山县有朋在向天皇进呈此书的《进邻邦兵备略表》中，针对清政府改革兵制的努力，作出中国将在数年后成为"称霸于世界"强国的估计，主张日本应针对中国加强军备。山县提出："兵强，国民志气始可旺，国民自由始可言，国民权利始可论，交际平行始可保，互市始可制，国民劳力始可积，然后国民之富贵始可守。"③ 主张强兵优先于一切政治经济外交课题的军国主义理论。朝鲜壬午兵变后确定以中国为假想敌，就是担任了参事院议长的山县有朋提出的。④

1888年1月，山县有朋草拟了一份《军事意见书》，其中提出，由于运输通信手段的发展，欧洲更便于侵略亚洲，在不久的将来，英俄在东亚必然对立，"西伯利亚铁路竣工之日，即俄国对朝鲜开始侵略之时"，亦即亚洲"掀起轩然大波之日"。"若东洋发生一大波澜之期不出数年，则

---

① 藤村道生：《日清战争》，第19—20页；信夫清三郎：《日本外交史》上册，第225—226页。
② 信夫清三郎：《日本外交史》上册，第169页。
③ 大山梓：《山县有朋意见书》，原书房1966年版，第93页。
④ 藤村道生：《日清战争》，第13页。

不论退守进战，兵备之完整实不可不谓我国之最大急务。"①

1890年2月11日，山县内阁为纪念2550周年纪元节，决定设立金鸮勋章，以授予未来建立超群武功者。这是日本准备对外发动战争的一个重要信号。为此，驻日本的俄国公使什维奇（D. Schewitch）曾质问日本外相青木周藏：日本目前并无敌国，不存在同别国开战的形势，有何必要制定武功勋章？②

1890年3月，山县有朋又草拟了一份《外交政略论》，在《军事意见书》的基础上，提出了保卫"利益线"的理论，并把朝鲜当作其"利益线的焦点"。他说："吾人须切记，西伯利亚铁路完成之日，即为朝鲜多事之秋；又应切记，朝鲜多事之秋，即东洋发生一大变动之时。然朝鲜独立之维持，有何保证？此岂非对我利益线感触最剧之冲击乎？"③ 山县有朋把这份《外交政略论》与《军事意见书》一起，交由阁僚传阅，目的是用以统一内阁成员的思想。12月6日，山县在第一届国会上作施政演说时，对其保卫"利益线"的理论作了进一步的阐发。他说："盖国家独立自卫之道有二，第一为保卫主权线，第二为维护利益线。主权线是谓国家之疆域，利益线乃指与其主权线之安危有密切关系之区域。""今处列国之间，欲维持国家独立，仅只防守主权线决不可谓完备。必须保护利益线。"④ 按照这种理论，日本认为哪里与其利益有关，就可以出兵到哪里去进行"保卫"。至此，日本的大陆政策已经形神俱备。

为了推行大陆政策，使日本迅速军国主义化，山县内阁还以天皇的名义发布了《教育敕语》。教育领域和军事领域一样，也由天皇直辖，有关教育的法规，都是以不经议会审议的敕令形式发布。通过颁布《教育敕语》，日本政府大树天皇的精神权威，宣扬对天皇的绝对服从，宣扬武士道、神道精神。每逢皇族、华族和官吏的节日、祝祭日，学校都必须举行活动，礼拜天皇像，欢呼天皇万岁，校长捧读《教育敕语》，并作"涵养忠君爱国志气"的训话，齐唱庆祝歌。⑤ 这一措施使日本沿着军事化和军

---

① 大山梓：《山县有朋意见书》，第181页。
② 信夫清三郎：《日本外交史》上册，第236页。
③ 大山梓：《山县有朋意见书》，第197页。
④ 同上书，第203页。
⑤ 远山茂树：《日本近现代史》第一卷，第92—93页。

国主义化的方向迅速发展。

　　日本资本主义发展中的矛盾，对大陆政策的形成并付诸实行，起了重要的促进作用。19世纪80年代初期，日本资本主义才正式起步，但此后发展较快。组成公司的企业由1886年的702个发展到1890年的3092个，增加了4倍多；同一时期，入股的资本由1341万日元猛增到18936万日元，增长了14倍多。① 纺织业是当时日本最发达的产业。从1887年到1892年这5年中，棉纺业的生产设备扩大到5倍，产量增加到9倍，生产率提高到1.8倍。但是，日本狭小的国内市场根本无法消化这些急剧增加的产品。在1890年经济萧条时，日本棉纺联合会决定不计亏损一定要做到每年向中国和朝鲜输出3万件棉纱。但实际上，1890年才输出31件，1892年不过109件。因而，开辟大陆的市场，对日本的棉纺织业来说极为重要。就日本对华贸易的总体来说，1892年日本对华出口（包括香港）为1965万日元，占日本出口总额的21.5%，比1884年增加了大约3倍。日本对朝鲜的出口，1892年为141万日元，虽然只占日本出口总额的1.9%，但也增加了3倍多。② 大陆作为日本资本主义发展销售市场的意义，日益被日本重视。日本是后起的工业国，资本弱小，技术低劣，靠自由贸易是无法和西方资本帝国主义抗衡的。显然，在朝鲜、中国，如果不通过军事占领而形成排他性的贸易圈，就不能形成可靠的市场。同时，大陆作为原料和食品供应地，比起作为商品销售市场，其现实意义更为重大。就拿棉花来说，日本的国产棉花不适于机器纺织，而且产量较小，因而依靠从美国、印度和中国进口。美国、印度的纺织品，是日本对华贸易的竞争对手，进口美棉和印度棉运费高，造成日本纺织品价格上扬，无法同美印纺织品竞争。于是日本纺织业看中了中国和朝鲜是最好的原料供应地。1892年，从中国进口的棉花达到600万日元，同砂糖并列为主要的进口物资。③ 至于日本把朝鲜作为原料和食品的供应地，前面已经述及。早在1889年5月，大阪纺织公司的山边丈夫就在《联合纺织月报》的创刊号上写道："必须向我国西部邻国中国去寻求原棉。"纺织

---

① 依田憙家：《日本帝国主义和中国》，第15页。
② 信夫清三郎：《日本外交史》上册，第246—247页。
③ 同上书，第248页。

联合会理事井上甚太郎也在其著作《棉业论》中鼓吹，为了谋求日本纺织业的稳定发展，有必要在势力范围内谋求获得原料。他说，在日本周围的朝鲜南部、台湾和华南，正是适合种植棉花作物的地区。①

经过1890年的经济萧条，日本一些朝野名士、官僚和资本家进一步宣扬日本的危机感，鼓吹向海外寻求"富源"。1890年，一向鼓吹自由贸易的田口卯吉，以东京府士族授产金为资金创办了南岛商会，开始鼓吹强行向南洋殖民，声称："我四千万同胞已苦于国内无遗利，驱我过剩之人民，注于此丰穰之土，以为南洋经略之地，不亦可乎？"②同年9月，陆军中尉荒尾精在日本参谋本部及政府支持下，在上海成立日清贸易研究所，一方面培养对华商业贸易人才；另一方面进行军事谍报活动。1891年4月，站在政府立场的《东京日日新闻》写道："要知我国人口多于土地，已经进入社会生存竞争的最困难地步"，"因此，一位经济学家愁眉苦脸地说：当前必须扩充殖民厅或制定限制人口的法律等，以期救急，不然社会党共产党之类，难保不接踵而起"③。5月，俄国的西伯利亚铁路正式动工。日本政府进一步煽动危机感和军国主义。副岛种臣和近卫笃麿、陆羯南等官僚和国权主义者成立了东邦协会。曾经阴谋组织义勇队赴朝鲜帮助开化派夺取政权的大井宪太郎，组织了东洋俱乐部。他在政谈会上发言说："若不压制中国之傲慢无礼，则无法进行谈判"，并反问："岂能与中国、朝鲜者流共论东洋之政论，并一一听从之耶？"他主张，应该打倒中国与朝鲜，"由日本掌握东洋之霸权而立于统帅之地位"④。在此前后，榎本武扬也就任了殖民协会的会长。1892年，反对党自由党总裁板垣退助发表《殖民论》的文章，声称：日本的人口不久即将过剩，方今之计不仅增加殖民是当务之急，日本为了同世界富强各国进行竞争，还必须取得海权与商权，为此也大有殖民的必要。⑤这实际是为政府的大陆政策作鼓吹。7月20日的《时事新报》则向政府献策说："我国当前之政略，应使人心转向外界，其方向则在朝鲜"，要求当局"以英明之决断，定朝鲜

---

① 藤村道生：《日清战争》，第27页。
② 远出茂树：《日本近现代史》第一卷，第109页。
③ 井上清：《日本军国主义》第二册，第135页。
④ 信夫清三郎：《日本外交史》上册，第242页。
⑤ 井上清：《日本军国主义》第二册，第135页。

之政略"，以使国民"无暇思及其他"①。自由党完全倒向了政府一边。11月25日，在其《党报》25号上公布了政府建造10万吨军舰的方针，在28号上又宣布，即将召开的第四届国会将"制定扩充海军的大方针"②。在朝日进行"防谷令案"交涉期间，1893年5月，改进党的岛田三郎在一次演说中支持政府的强硬政策，说："大凡如此没有勇气，没有爱国之心，然而身体强壮而柔顺的国家，说它是什么国家才合适呢？除了成为属国之外是没有别的前途的。的确，列为属国是合适的。"他叫嚷说："现在不是谈论区区道理的时候……而是要强行再强行。"③田口卯吉在《东京经济》杂志上撰文说：如果朝鲜迟迟不解除防谷令，就断然同它开战，届时清廷必然出来援助朝鲜，那就把"战争扩展到天津去"。同年10月，他又主张：日韩关系已经无法挽救，应该发动战争，以消除多年的郁结，清政府如果援助敌人，就攻击它。④这年6月，改进党的《报知新闻》也鼓吹，防卫图们江口、元山、釜山和仁川，是日本海军的任务，并提出，应"收买或割占两三个要害之地"。7月，曾主张平民主义的《国民之友》也叫嚷要吞并朝鲜。它认为，为了吞并朝鲜必须同俄国、中国、英国作战，为此，应首先加强同朝鲜经济上的联系，"怂恿三菱将其巨腕伸向鸭绿江头"⑤。

在嘈杂的对外扩张舆论中，大陆政策已经走到战争的边缘。

二 日本的扩军备战

朝鲜壬午兵变以后，日本就已把中国作为假想敌，积极备战。甲申政变以后，扩军备战的步伐进一步加快。

日本的陆军最初学习法国，普法战争中法国战败，因而认为德国军制优越，改学德国。明治初期的军事体制采取镇台制，警察与军队未完全分化，适应了当时武装力量主要对内的需要。为了实施大陆政策，把军队的功能转向对外发动战争，1884年7月进行了改革，取消镇台，而采取野

---

① 信夫清三郎：《日本外交史》上册，第248—249页。
② 同上。
③ 藤村道生：《日清战争》，第29页。
④ 井上清：《日本军国主义》第二册，第129—130页。
⑤ 藤村道生：《日清战争》，第29页。

战师团本位制，被认为"总算筑下了可以从事大陆战斗的基础"①。在陆军相大山岩的恳求下，1885年3月，德国参谋总长毛奇（Von Moltke）推荐所部麦克尔（K. W. J. Meckel）少校出任日本参谋本部顾问，兼任陆军大学教官。麦克尔在三年任职期间，使日本确立了军令机关独立出来的德国式军制，从对外作战的需要出发，指导了陆军的建制和战略战术，并对日本军官进行了野战训练。他特别强调后勤供给的重要，专门讲述战争中兵站的设立和运输的组织，使日本陆军的近代化提高了一大步。根据这种指导思想，甲午战争时期，日本每个师都设有一个辎重营。日军战争的胜利，与此不无关系。

同在1885年3月，参事院通过了设置国防会议。这是一个陆海军联合审议的机构。参事院宣称的设立国防会议的理由是："当前东方形势并非太平无事，今后形势变幻莫测"，"如今若不注意着手本国防务，则将祸生不测"②。

5月，陆军决定设置监军，以保证在战争爆发时，由其变为军团长，立即率领两个师团投入战争。为了使旅团能在战时作为基本的作战单位，还制定和整顿了旅团条例，根据这一条例，法定的兵员不仅有常备军，有补充常备军消耗的预备队，还有常备军、预备队开赴战场后的第二线后备队。经过这一措施，可动员的兵力一下子增加到两倍半，使陆军成为能够出国作战的军队。

陆军的装备也在不断地改良。陆军少佐村田经芳在1880年根据日本人体型设计了回转销栓式单发枪，被称为"村田铳"，经过两次改进，于1884年统一配备给各野战师团。以后又配备了村田式连发枪。这种枪比质量上乘的德国、法国枪还要优良。1884年，大阪兵工厂生产了7厘米口径的青铜野炮和山炮，射程分别为5000米和3000米。稍后又发明了9厘米口径的臼炮，装于炮车上，既便于运载，停车后又马上可以发炮。这些武器装备于陆军，大大提高了战斗力。

海军方面，朝鲜壬午兵变之后，日本就制订了自1883年开始8年内建造48艘军舰的计划。这一造舰计划完全是针对中国北洋水师的力量超

---

① 德富苏峰：《公爵山县有朋传》，原书房1969年版，第794页。
② 信夫清三郎：《日本外交史》上册，第208页。

过日本而制订的。为了适应大陆作战的需要，1884年，海军设立了横须贺镇守府。为了准备在中国南海和黄海作战，1885年3月决定在日本西部建设军港。1886年5月，开始了吴和佐世保两军港的建设工程，并在两地设置镇守府。吴准备建成大陆作战的后方基地，佐世保被当作"最枢要之地"，要"扩大到专供出师准备之规模"①。1886年1月，根据海军卿川村纯义的提议，日本政府向朝鲜租借了釜山港口的绝影岛，建筑海军煤库。在对马岛，配置了三艘新建造的水雷艇，1886年12月，又配备了对马警备队。陆军还把对马建筑成了要塞。

为了对付清政府的北洋舰队，1886年2月，日本以高薪聘请法国著名造舰专家贝尔坦（Louis‐Emile Bertin）担任海军省顾问、海军工厂总监督官。这年8月，中国北洋舰队在朝鲜沿海巡防并航行至海参崴之后，定远、镇远、济远、威远四舰到长崎入坞修理。这给日本彻底了解其早就望而生畏的定远、镇远两铁甲舰的结构性能，提供了极好的机会。针对中国的这两艘大型铁甲舰，贝尔坦此后设计了一组以日本的三处风景胜地命名的军舰，即严岛、松岛和桥立，被称为"三景舰"。严岛、松岛在法国建造，桥立在日本横须贺造船所建造。由于造舰经费不足，三舰均只有4278吨，属于比正规铁甲舰低一等的巡洋舰。但为了配置足以击穿定、镇两舰铁甲的火力，竟安装了各国海军主基铁甲舰还很少用的32厘米大口径长12米的主炮。这是日本军国主义急于进攻中国的生动写照，三景舰因而也成为"世界造舰史上罕见的畸型舰"②。

北洋舰队舰只到长崎入坞修理，给日本以极大刺激。而在这期间，中国水兵上岸活动时，又发生遭受日本巡捕围攻而械斗的意外事件，即所谓"长崎兵捕互斗案"。中国水兵死8人，伤45人，日本巡捕也死2人，伤27人。此案经反复交涉，日本慑于北洋舰队的威力，同意以"伤多恤重"的原则了结。③ 但军方和舆论对这种没有捞到便宜的结果很不满意。长崎事件刚一结束，明治天皇便于3月14日颁布敕谕："立国之务在海防，一日不可缓"，为充实海防，决定拨出内帑30万日元。④ 首相伊藤博文利用

---

① 信夫清三郎：《日本外交史》上册，第209页。
② 同上。
③ 《清光绪朝中日交涉史料》（515），第十卷，第22页。
④ 信夫清三郎：《日本外交史》上册，第212页。

接受天皇赐金的机会，在鹿鸣馆召集有关官员参加的大会上发表演说，呼吁一定要实现建设海上强国的理想，并号召地方有志之士开展海防献金运动。由此，日本掀起了一股海洋扩张热，半年之间，海防献金就达203万日元。

陆军方面，在经过大规模的扩充军备之后，开始制订攻击中国的战略计划。参谋本部第一局局长小川又次大佐接受了这一任务，两度秘密到中国，亲自窥伺形势，并听取驻华日本军官的意见，于1887年2月炮制出一份《清国征讨方略》（即《清国征讨策案》）。这一《方略》，体现了日本陆军进攻中国的指导思想。

《清国征讨方略》分《趣旨》和《进攻方略》两部分。《趣旨》是一段说明《方略》宗旨的文字，其中批评说，日本国内有人认为"我国乃东洋一小国，财源不富裕，于今日以强邻（中国）为敌，取进取计划，乃危道"，这是最不可理解的。认为："应详察邻邦形势，做与之相应之准备，有迅速进取计划，始能鼓舞士气，始能伸长国威，始能富国"。并提出："自今年起，在未来五年间完成准备，若有时机到来，则攻击之。"

《进攻方略》共分三篇。第一篇《彼我形势》。其中提出"分割中国论"："若欲维护我帝国独立，伸张国威，进而巍立于万国之间，保持安宁，则不可不分割清国，使之成为数个小邦国。"之所以要进攻中国，"理由"有二。其一，为防止俄国和西方列强侵略日本本土，要寻找辅助防御物，像英国之于印度那样："我国谋取支那之地，以之为辅助防御物，或以之为印度，则可。"其二，"清国虽老衰腐朽，仍乃一世界大国"，"近来陆海两军已渐有讲究改良之趋势"，"若其实力稍有完备，彼对我国之感情如何，实堪忧虑"。文中还列举清政府对日本侵台、吞并琉球的不满，以及日本在朝鲜事件中遭中国轻蔑、朝鲜怨恨的情况，认为"清国终非唇齿相依之国"。因而提出："乘彼尚幼稚，断其四肢，伤其身体，使之不能活动，我国始能保持安宁，亚洲大势始得以维持。"该篇详细分析了中国陆海军的兵力、财政状况、防御体系及士气，得出结论说："对如此国家，动辄以宽仁相让，实非国家良策。且今日乃豺狼世界，完全不能以道理、信义交往。最紧要者，莫过于研究断然进取方略，谋求国运隆盛。"

第二篇《作战计划》。总体战略是先以海军击败中国海军，然后以陆军攻占北京，并阻击清政府的援军，直至擒获清朝皇帝，使清政府阵头乞降。

为实施这一战略，需投入六个常备师团和两个后备师团共八个师团的兵力。具体部署是：北方五个常备师团和一个后备师团，由海军运至直隶湾，在山海关至滦河口之间登陆。以一个常备师团攻占唐山，牵制天津的兵力。以一个后备师团驻扎山海关，切断东三省的援兵。各以两个常备师团分南北两路入通州，建立根据地，并立即包围北京。南方以一个常备师团和一个后备师团与海军一起进入长江，攻克吴淞后，溯流而上，水陆合力，攻克直至宜昌的所有沿岸要冲城市，在扬州、武昌各设师团本部，占领镇江、南京、安庆、荆州，在南京拥立明朝后裔。此举的战略目标是使长江以南之清军无法北上，并牵制长江以北清军。

第三篇《善后》，是战后对中国进行分割以便于日本统治的方案。有如下要点：1. 下列地区直接划入日本版图：直隶，山西，山东（尤其是含芝罘、威海二港的登州府），河南省黄河北岸部分，江苏省之黄河故道、宝应湖、镇江府、太湖，浙江省之杭州府、绍兴府、宁波府东北，辽东半岛，（盖州以南），舟山群岛，澎湖列岛，台湾，长江沿岸左右十里之地。2. 将满洲之地，即东三省及内兴安岭山脉以东、长城以北，分给清朝，使之"独立"。3. 寻找明朝后裔，使在长江以南建立"王国"，作为日本的附庸国，以镇抚中国人心。4. 在长江以北黄河以南再建一"王国"，作为日本的属国，寻找武圣关羽的后裔或其他名人封以王位。5. 在西藏、青海、天山南麓，册立达赖喇嘛。6. 内外蒙古、甘肃、准噶尔，在日本监视下，由各部落酋长或人杰统治。文件中还有与白人共同瓜分中国的设想："若白人欲乘机夺取清国部分土地，则应仔细审其地形，对于我无害之地，不闻不问。毕竟白人得寸地我得丈地；白人占小部，我占大部。"①

参谋本部海军部也相继炮制出一系列向中国开战的构想。近年来，这些构想有6件在日本福岛县立图书馆被发现。其中包括：（1）海军少佐樱井规矩之左右的《征清方策》（1887年12月30日）；（2）海军少佐岛崎好忠的《对策》（1887年12月）；（3）海军大尉三浦重乡的《对策》

---

① 《清国征讨方略》，《抗日战争研究》1995年第1期。

（无日期）；（4）海军大尉日高正雄的无标题海军作战方案（1887年12月30日）；（5）海军大尉佐佐木广胜的《阐述对策意见》（1887年12月28日）；（6）浪速舰长、海军大佐矶部包义的《对策》（1888年4月20日）。以上除矶部包义外，其余5人均隶属参谋本部海军部。其中樱井规矩之左右为海军部第二局第一科科员，由于科长出差在外，他处于代理科长的位置。岛崎好忠是第二局第二科的科长。三浦重乡是第二局第二科的科员。日高正雄和佐佐木广胜都是第三局第一科的科员。海军部第二局负责海军出师事务，其第一科负责出师的计划，第二科负责沿岸的防御。第三局主管外国谍报，第一科负责欧美谍报。上述这些文件的发现，充分说明参谋本部有组织地讨论了海军进攻中国的构想。

这些作战构想的总体内容，是以攻击渤海湾并进攻北京为中心的。担任制订海军出师计划要职的海军少佐樱井规矩之左右所拟《征清方策》，在这些文件中具有代表性。该方案把日本海军舰队划分为第一舰队、第二舰队及炮舰队。然后由第一舰队、炮舰队与陆军混成旅团组成进攻中国的"前军本队"。其任务是攻破中国的北洋舰队和旅顺军港，使大连湾以西成为日军进攻北京的第一根据地。第二舰队则作为"前军支队"，其任务是防御中国的南洋舰队，确保通往中国的海上交通，解除日军进攻北京的后顾之忧。"前军本队"达到在金州半岛建立根据地的战斗目标后，日军大部队便在直隶抚宁县、洋河口附近登陆，调整态势发动对北京的进攻。樱井的方案，在6年多以后被具体化并应用于甲午战争的实战中。①

为实行上述陆、海军侵略中国的方案，日本的军令机关和军制又进行了一系列的改变。1888年5月，一度废止参谋本部，将原任参谋本部长改称参军，参军之下设立陆军参谋本部和海军参谋本部。陆军在1888年10月颁布了《军队内务书》，进一步要求军队效忠天皇和服从上级，以保证战时能够令行禁止。

对中国发动战争，需要足够的兵力。日本扩军的目标是陆军增加7个师团（8万人），加上预备役、后备役共增加到20万人。② 为此，1889年1月又发布了修改的《征兵令》。这一修改的重要特点，就是免役条款大

---

① 中塚明：《日清战争前的日本对清战争准备》，打印稿。
② 远山茂树：《日本近现代史》第一卷，第100页。

量被削减。原有的户主、嗣子、承继孙等为了继承家系的免役规定完全被废除。大、中学生和外国留学生的免役规定也被废除，改为26岁以下做一年志愿兵。师范学校毕业生一律服6个月的现役。

1889年3月，废止参军制，实行陆海军分开指挥的制度。陆军参谋本部依据新订《参谋本部条例》保留陆军的军令机构性质，海军的军令机构则缩编成隶属于海军大臣的海军参谋部。参谋本部的内部机构也进行了相应的调整，有副官部负责总务；第一局负责军队的动员，编成，战时法规，交通运输；第二局负责作战，要塞及国外情报；编纂课负责兵要地志战史的编纂，外国书籍的翻译等。参谋本部的首长称参谋总长，其地位相当于全军的参谋长，参加最高军事谋划工作，成为继陆、海军大臣之后由天皇直接任命的亲辅职位。

日本海军在建成"三景舰"后，认为仍无法与中国北洋海军抗衡，于是在1888年又提出了第二期五年海军扩张计划，拟建新舰46艘。结果建了秋津洲、大岛、吉野、须磨及龙田等战舰。1890年，海军又提出，拟于20年内造舰23万吨，其中主要包括6艘战舰和6艘巡洋舰。由于财政吃紧，将计划减半，除去正在建造的军舰5万吨，要求政府再批准7万吨的造舰预算。但由于第一届议会中民党的反对，这一计划没有完全实现。1891年，海军大臣桦山资纪重新提出一项计划，拟在9年内建造11000吨级的铁甲舰4艘和巡洋舰6艘，也在第二届议会和第三届议会中遭到抵制。[①]尽管在第四届议会开会之前，首相伊藤博文为扩充海军，向自由党做了大量拉拢和收买的工作，但在第四届议会上，民党占多数的众议院仍然削减了建造军舰的全部经费。为了达到顺利扩充军备的目的，总理大臣伊藤博文与内阁各大臣联名请求天皇裁决，或者解散众议院，或者要求众议院同政府妥协。1893年2月10日，天皇召集内阁大臣、枢密顾问官、贵众两院议长，下达敕谕称："国防一事，苟拖延一日，将遗恨百年"，再次决定今后6年中每年从内帑中拨出30万日元，并同时从文武官员薪金中抽出十分之一上缴国库，以充造舰经费，并要求各方和衷共济。民党屈服于天皇的压力，接受了政府的造舰预算，即建造铁甲舰两只，巡

---

① 远山茂树：《日本近现代史》第一卷，第111页。

洋舰和通信舰各一只。①

由于政府的坚持，甲午战前的四个年度，日本的军费有大幅度的增长。在整个国家财政预算中的比重，1890年度为29.51%，1891年度为27.38%，1892年度为28.67%，1893年度为32.0%。扩张军力的结果，到甲午战争发生时，日本陆军可以动员的兵力已达到220580人，野战炮294门，海军军舰28艘，水雷艇24艘，合计59106吨。②

在扩张军备的同时，日本参谋本部派出大批陆海军将校到中国和朝鲜，网罗散在大陆各地的浪人，利用公开和隐蔽的身份，进行刺探政治、军事情报的活动。日本军方的间谍活动，得到民间右翼扩张主义团体玄洋社的鼎力支持。间谍活动的重点是，刺探中国的兵力分布，勘察中国地形，特别是山东半岛、辽东半岛、京津地区、南方沿海、长江流域、台湾等地的地形，编制地志和军事地图，并搜集一切对华作战所需的情报。

1886年，日本参谋本部派遣步兵少尉荒尾精来华。荒尾精在日本浪人上海乐善堂药店老板岸田吟香的资助下，建立了汉口乐善堂，以卖药经商为掩护，疯狂开展谍报活动。其成员有些为参谋本部所派遣，有些是玄洋社成员。"店员"经常有十七八名，在北京、湖南、四川、天津、福建等地都建有分支机构。为刺探和调查中国的情况，这些人蓄发辫，着中式服装，冒充中国商贩，背负肩挑，四处行商，走遍全中国。1890年，荒尾精又在上海开设"日清贸易研究所"，物色日本青年200名到此进行学习，为对华作战培养谍报人才。

到甲午战争前夕，在参谋本部指挥下，已形成汉口乐善堂、日清贸易研究所、玄洋社三位一体的对中国侦察活动的网络。海军参谋本部也建立起自己的对华谍报系统，获取大量中国海防情报。日本在甲午战争中的胜利，与其详细掌握了清政府各方面的情报关系极大。

日本的战争准备越来越接近成熟。1893年4月，成立了"出师准备品办理委员会"，由陆军省次官儿玉源太郎担任委员长，这已是在为出国作战采取实际步骤了。5月19日，又颁布了《海军军令部条例》。根据这

---

① 远山茂树：《日本近现代史》第一卷，第112页；信夫清三郎：《日本外交史》上册，第250页。

② 林子候：《甲午战争前日本之内政与备战》，见戚其章、王如绘主编《甲午战争与近代中国和世界》，人民出版社1995年版，第290页。

一条例，海军参谋本部改变了以往由海军省管辖的局面，改称海军军令部，成为天皇直属的机关。这显然是为了发动战争便于指挥而做出的决定。同日，天皇批准了《战时大本营条例》。设立大本营，更进一步表明很快就要发动战争。《战时大本营条例》的主要条文是："第一条，在天皇大纛之下设置最高统帅部，称为大本营。""第二条，参谋总长参与大本营帷幄机密，负责制订帝国陆海军宏大作战计划。"① 条例还规定，有关战时统帅事项，不受任何国家机关的限制；天皇的战时军令大权，国务大臣完全无辅佐之责。大本营的幕僚完全由陆海军军官组成，没有文官参加，即使是首相，也不能参与大本营的一切作战计划和作战指挥。② 这样，日本就最终确立了发动战争的领导体制。

　　1893年4月，日本参谋本部次长川上操六亲率一批参谋骨干军官到朝鲜和中国，以休假游览的名义，进行作战的实地调查。他在汉城停留数日，"只身绕汉城城墙一周，似心中筹划着一件事情"③。然后由仁川乘船到烟台，在北京、天津等地活动，经上海回日本，为期3个多月。川上这次实地调查，对日本发动甲午战争至关重要，因为据说"对清国作战计划，于此际已成熟于彼脑海之中"④。川上离华前，曾对日本驻上海领事林权助说："你可以放心。一旦同中国发生事端，就打算把它干掉。"⑤ 川上回国后，陆军大将山县有朋便吸收了他的意见，提出了一份《军备意见书》，编造一种不出十年中国就将被英法俄等列强瓜分的说词，提出：为了防止这种祸端，日本"应做好准备，一有可乘之机，即应主动采取行动，收取利益"⑥。战争准备已经就绪，剩下来的只是寻找发动战争的借口问题了。

----

① 松下芳男：《日本军阀之兴亡》，日文版，第140页。转引自王振坤、张颖《日特祸华史》第一卷，群众出版社1987年版，第23页。
② 信夫清三郎：《日本外交史》上册，第251页。
③ 信夫清三郎：《甲午日本外交内幕》（《陆奥外交》），中国国际广播出版社1994年版，第111页。
④ 松下芳男：《日本军阀之兴亡》，第125页。转见《日特祸华史》第一卷，第24页。
⑤ 信夫清三郎：《甲午日本外交内幕》，第112页。
⑥ 信夫清三郎：《日本外交史》上册，第253页。

第三节 金玉均事件

一 金玉均在日本的流亡生活

甲申政变后，开化派领袖金玉均、朴泳孝、徐光范及同党徐载弼、李圭完、柳赫鲁、郑兰教等，追随日本公使竹添进一郎逃到仁川，企图亡命日本。但竹添却出于害怕追究甲申政变责任的考虑，不同意金玉均等去日本。还通知驻仁川领事小林端一发出布告，禁止日本侨民保护开化派政变分子。金玉均、朴泳孝随日本侨民登上日本邮船千岁丸后，朝鲜官员率军队赶来，要求引渡，并欲强行上船搜捕。金玉均等人赖千岁丸船长的掩护，才得以脱险。到日本后，金等剃发变服，改换姓名（金玉均改名岩田周作，朴泳孝改名山崎永春），寄住在福泽谕吉家中。

金玉均逃日的消息，很快为中国驻日公使黎庶昌侦知。在朝鲜政府看来，金玉均等里通外国发动政变，杀死戚族重臣多人，罪大恶极，必须逮捕归案，绳之以法，否则不仅难平怨恨之气，而且显得朝廷软弱无能。况且，金玉均等本来就是亲日党，与日本朝野有着广泛的联系，逃往日本，必然受到支持，难免有一天死灰复燃，卷土重来，是朝鲜安全的重要隐患。所以，当日本外务卿井上馨到朝鲜谈判甲申政变善后事宜时，朝鲜代表金弘集便于1885年1月8日口头要求日本引渡金玉均、朴泳孝等6人。11日又以照会的形式再次提出要求。井上借口朝日两国间没有引渡罪犯的条约，且金、朴等人系国事犯，拒绝了朝鲜的要求。后来，朝鲜政府为履行《汉城条约》第一款，派修信使徐相雨、穆麟德到日本"谢罪"时，又提出引渡的要求，日本以同样理由再次拒绝。

清政府对金玉均逃往日本一事也相当重视，唯恐金在日本播弄是非，使朝日关系再生风波。中国驻日公使黎庶昌曾于1885年1月4日往访日本代理外务卿吉田清成，表示了上述顾虑。1月12日，黎又致电总署："金玉均逃在东京庆应义塾福泽谕吉家，似宜密嘱朝王执约责日政府查拿，送交朝廷治以国法。"[1] 1月19日清廷在密寄李鸿章的"上谕"中提出："此次朝鲜肇乱，似以金玉均为最，逃往日本之说，驻京日使在总理

---

[1] 《清光绪朝中日交涉史料》(297)，第六卷，第35页。

各国事务衙门谈论并不承认,且有不能与高丽拿人之语,其为有意庇护,已可概见。现在办法,宜向朝鲜国王诘问,令其查明金玉均等究在何处,访拿严办,以平众心。"①

尽管金玉均受到福泽谕吉等民间人士的欢迎和热情接待,但日本政府对他却十分冷淡。在朝鲜再次受挫的日本,这时已准备改变其策略,与中国寻求暂时的妥协,在军事力量壮大起来之前,不在朝鲜采取积极的政策。因而,金玉均已经成为处理对朝鲜和中国关系上的障碍,不再具有被利用的价值。金玉均几次要求会见外务卿井上馨,都遭到拒绝。吉田清成曾向中国公使黎庶昌等表示:"金玉均知为朝鲜歹人,伊固不配播弄,他言不足听,在日亦如未在。"② 这虽然是搪塞之词,但也反映了日本政府打算对流亡的开化派作冷处理的意向。朴泳孝、徐光范、徐载弼见依靠日本以图再起已无可能,于是在5月间转赴美国。金玉均对日本仍有幻想,留了下来。

朝鲜同日本交涉引渡金玉均不成,改而采取诱捕方式。宗室李载元甲申事件中曾被拉入政变政权,朝鲜国王指使其引诱金玉均回国。李载元致信金玉均,对甲申政变失败佯表遗憾,并说国王对金的信任至今毫无改变,约金潜回朝鲜共谋大举。该信由长住日本的朝鲜人张甲福(又名殷奎)送交金玉均。金玉均于1885年夏两次捎信给李载元,提出图谋再举的三策:一、"深结外国中公正且强之一国,始终赖其保护之力",这一条做到了,"便是始事之日"。二、"多结内应之人"。三、带日本人打回朝鲜。他要李载元负责"多结内应"一项,对中国人"外示亲密",对事大党假装"殷勤深结之色",用金钱谋得营使或江华府留守的职位,掌握军队,暗中招募敢死之士,所需活动经费,他可在日本设法筹措。他本人负责在日本的活动。丰臣秀吉时代被掳往日本的朝鲜人,聚村而居,现有7万人,从中随时可以召集千人,打回朝鲜。③金玉均给李载元信共5件,9月3日信中,并有"买枪千支,乘时而动,大事可成"等语。④金玉均的信件证明,朝鲜政府的担心并非过虑,金玉

---

① 《清光绪朝中日交涉史料》(307),第六卷,第40页。
② 《李鸿章全集》,电稿一,第378页。
③ 《译金玉均致沁留书》,见《李文忠公全集》,译署函稿,第十八卷,第21—24页。
④ 《李鸿章全集》,电稿一,第591、595—596页。

均确实准备东山再起。而且还表明，金玉均不会轻易回国，诱回国内捕杀的计划，只是空想。

从1882年春参加绅士游览团赴日本考察开始，金玉均在日本建立了广泛的联系。流亡日本后，金玉均一直利用这些关系，积极开展活动。日本一些积极主张侵略朝鲜的民间或半官方人士，都企图利用金玉均达到他们的目的。据朝鲜密探张甲福的报告和金玉均随员白春培的供状，除福泽谕吉外，与金玉均保持联系并提供支持的还有后藤象二郎、板垣退助、副岛种臣、樽井藤吉等重要人物。[①] 玄洋社的开山头目头山满曾到神户拜晤金玉均，给予经济上的资助，并回到其老巢福冈筹集资金，准备支持金玉均回朝鲜起事。[②]

在日本诸多利用金玉均打朝鲜主意的民间人士中，有一个叫小林樟雄的人，曾任自由党干事，留学法国。中法战争中，自由党首脑板垣退助和后藤象二郎与法国驻日本公使桑克维（Sienkiewiez）协商，企图借款100万美元支持金玉均等发动政变，就是依靠小林从中联络。小林樟雄对流亡日本的金玉均甚表同情，策动原自由党领袖大井宪太郎出面，购买武器，制造炸药，准备举兵渡海，帮助开化派恢复政权。他们在筹措资金中不择手段，竟至唆使流氓在神奈川县、大阪府向乡村公所强抢金钱，以致在1885年11月遭警方逮捕，整个举兵计划也因而暴露。金玉均对大井、小林一派人的做法并不同意，而且这一阴谋并未实施即被粉碎，但消息传开后，却在朝鲜引起很大的震惊，各种各样的谣言也随之而起。驻日公使徐承祖得到消息说："八九天前，有日本乱党用旧式帆船八只，由马关私运炸炮军火等件，诈称压载沙泥，托名开往对洲，实往汉城近处口岸。"[③] 袁世凯也报告说："汉城有日兵扮作小商八十余名，难保非乱党。"[④] 朝鲜国王屡次请求袁世凯派兵保护。根据这些情况，李鸿章命袁世凯、徐承祖分别与日本驻朝代理公使高平小五郎及日本外务省交涉，弄清事实真相，确保不令日本乱党侵扰朝鲜，并拘捕金玉均。后来谣言虽然得到澄清，但

---

① 《李鸿章全集》，电稿一，第591—592、598页。《李文忠公全集》，译署函稿，第十八卷，第25页。

② 林子候：《甲午战争前之中日韩关系》，第343页注二六。

③ 《清光绪朝中日交涉史料》（419），第九卷，第19页。

④ 《李鸿章全集》，电稿一，第585页。

金玉均在日本受到一批民间人士的支持则无可否认。日本政府也感到，金玉均留日，一方面，增加了朝鲜对日本的猜疑，给日本与中国、朝鲜的关系带来麻烦，不利于防俄南下政策的执行；另一方面，民间人士利用金玉均及朝鲜问题鼓噪激荡，非难政府，制造事端，也影响到国内政治的稳定。因而，在拘捕金玉均的问题上有所松动。徐承祖曾一度与日本外相井上馨商定，由日本派人陪金玉均赴上海，然后加以逮捕；日本政府还曾考虑过对金玉均采取驱逐出境的办法。① 但由于顾虑遭到民间舆论的反对及引起其他后果，一直没有实行。

诱捕金玉均的计划迟迟无法落实，朝鲜政府便开始考虑采取暗杀的方式。统理军国事务衙门的池运永，曾为金玉均的门徒，奉派承担刺杀金玉均的任务。恰在此时，驻日公使徐承祖在与日本外相井上馨商讨金玉均问题中，井上同意："惟有请中堂（李鸿章）密嘱韩廷，派人来日将金刺杀较为妥捷。"② 朝鲜在得知日本同意刺金的承诺后，立即派池运永赴日。

1886年2月23日，池运永携带国王的委任状自仁川启程，到神户与张甲福密谋后，于5月间赶到东京。金玉均这时已从福泽谕吉家搬至东京市京桥区枪屋町旅馆居住，恐遭暗杀，深居简出，门禁甚严。池运永写信给金玉均，要求晤面。金玉均为防意外，拒绝与其会见，而派柳赫鲁、申应熙、郑兰教三人出面，与池运永接触。柳赫鲁等伪装已与金玉均有隙，通过软硬兼施的手段，诱迫池运永吐露出谋刺金玉均的真情，表示愿意给以臂助。池运永求功心切，轻信柳赫鲁等，将朝鲜国王命其刺金的委任状，行刺工具手枪、匕首等一一出示。柳赫鲁等又作盟书一纸交给池运永，表示共同刺金的决心。池运永又向柳赫鲁出示了所作《所经大概》一文。其中记述了朝鲜政府指使池运永刺金的详细情况及计划。金玉均掌握了池运永谋刺的全部证据后，便向日本当局举发，并请求保护。池运永遭日本警方逮捕，供出接受密令谋刺的全部情况。

金玉均从池运永所携文件中，发现朝鲜国王是谋杀事件的指使者，而此事又得到了日本的同意，因而致书国王，追述甲申政变曾得国王事先同意的往事，发泄心中的怨愤，并指斥日本"前曾一度热心吾邦国事，追

---

① 《清光绪朝中日交涉史料》(446)，(452) 附件一，第九卷，第25页；第十卷，第1页。
② 《李鸿章全集》，电稿一，第626页。

第六章 日本向大陆扩张野心毕露　239

事势变后，忽弃而不顾，又何足恃乎！"① 金玉均还致书李鸿章，大意为：

> 曩日奸党之要求日廷引渡玉均，相传出自中堂之指使，心实疑之。近又有名池运永者，行止颇可怀疑，其所携之委任状及诸书类等确证，皆落玉均之手。书类中有谓：李中堂为逮捕玉均之故，曾三度致书日廷，日廷两次拒绝，第三次虽仍不赞成拿捕引渡，但云若韩人行刺，日廷决置诸度外，不加诘责。中堂据此谕袁氏，使我政府遣力士来日，政府即委任池运永实行其事云云。玉均窃念谅非阁下之意，当系年少无识之袁世凯所为。玉均颇知阁下之恨玉均，系因往年借助日本兵力之事，然此实因事势所迫，出于不得已耳。贵国为东亚大国，与我国唇齿相辅，玉均岂有故意启衅之理！乃因胸算未及施展，大事中途瓦解，不胜痛叹朝鲜之存亡，关系东亚之安危。阁下何不推大清国皇帝陛下为天下盟主，布公论于欧美大国，与之联络，而使朝鲜为中立国，以立于万全之地位乎？……②

曾经依恃日本的支持对清政府大事抨击的金玉均，这时却做出向李鸿章剖明心迹的姿态，说明他在经历过遭受日本冷遇和遗弃的狼狈处境之后，对日本的信赖发生了根本动摇，有了另谋发展的念头。

6月7日，日本阁议做出两项决定：一、以金玉均"在我邦逗留，不仅使日本政府与有友谊厚情关系之朝鲜现政府起不快之感，且有妨碍我邦治安及破坏外交上和平之虞"的理由，限金玉均15日内离境，否则由神奈川县知事冲守固强制执行。二、训令驻朝鲜代理公使高平小五郎，以金玉均限期离日为理由，劝朝鲜政府召回池运永。③

起初日本政府希望金玉均去美国，愿意资助船票和旅费。金玉均对去美没有兴趣，尚思在日本依靠民间人士的支持有所作为，所以一再拖延。池运永谋刺事件发生后，金玉均迁居横滨市海岸大路法国大旅社（Grand-Hotel）中。这家旅社为法国人所经营，为日本法权所不及。神奈川县知

---

① 王信忠：《中日甲午战争之外交背景》，第128页。
② 渡边修次郎：《东邦关系》，第232页。转引自王信忠《中日甲午战争之外交背景》，第129页。
③ 田保桥洁：《甲午战前日本挑战史》，南京书店1932年版，第18—19页。

事冲守固准备逮捕金玉均，以便强制执行，于是先向法国驻横滨领事提出交涉。法领事经请示驻日公使桑克维，要求金玉均乘法国邮船离开日本，但金玉均没有同意。于是经外务省征得桑克维的同意，神奈川县于7月24日逮捕了金玉均。但在这时，日本政府又改变了将金玉均驱逐出境的主意。早在2月间，日本外务省就在是否将金玉均驱逐出境问题上犹疑不决，主要是顾虑金出境后可能转赴俄国，为俄国所利用。当时在日本确有金玉均与朴泳孝合谋通俄的传言。[①] 大约这一顾虑仍未打消，日本外务省决定将金玉均押送至小笠原群岛。金玉均在得到通知后，以与原来强制离日的指令不合为由提出抗议，并写信给驻日各国公使，请求支持，以便顺利赴美国。但日本警察当局不顾其抗议，将其强制押送到小笠原群岛的父岛上，软禁在隶属于东京府的派出所内，由国库给予每月15日元的生活费。

小笠原群岛天气酷热，瘴湿如蒸，金玉均水土不服，孤苦度岁，身体衰病，日渐不支，于1887年5月向日本政府提出转地居住的请求，但直到1888年7月，才被允准迁往北海道的札幌，每月生活费增至50日元。直到1890年，金玉均才恢复自由，得以到东京居住。

二　金玉均遇刺

1886年8月，当金玉均被押往小笠原群岛之际，朴泳孝等赴美的开化派人士因谋生艰难而返回了日本，从此他们便在东京、京都、横滨等地活动。金玉均1890年返回东京后，尽管由于与朴泳孝意见不合，互相之间很少来往，但对外的印象是开化派又都聚集在了一起。朝鲜政府放心不下，于是再次策划了暗杀的行动。

第二次派出的刺客，是李逸植、权东寿、权在寿三人。1892年5月，朝鲜兵曹判书闵泳韶向李逸植传达了国王的命令，要其赴日行刺，对象除金玉均外，还有朴泳孝、李圭完、柳赫鲁、郑兰教、李谊昊五人。

李逸植以粮商的身份到大阪，为立足，在大阪西城郡曾根崎村251番地娶一日妇为妾。此后不断前往东京，通过各种机会接近金玉均等开化

[①] 日本当局早就有此顾虑，见《李鸿章全集》，电稿一，第626页《寄汉城袁道》，第628页《寄日本徐使》。

党。经过调查，李逸植发现，开化党这六人散居各处，无法一网打尽。而且日本警察监视很严，如被拿获，就将被治以杀人罪。因而，须先物色杀手，以备条件成熟时一举成功。后来遇见曾在日本国立第一银行仁川支行任职的日本士族川久保常吉，结为死党。又结识朝鲜青年金泰元（日名金山元太郎），使打入朴泳孝所创办的亲邻义塾就读，潜伏以备内应。1893年秋，李在东京经人介绍结识朝鲜人洪钟宇。洪钟宇曾在日本居住三年，与金、朴相识，1890年到法国留学，归国中途经东京。李逸植向其说明了来日的目的，并出示国王的委任状，请其效忠国王，共同讨逆。洪钟宇当场宣誓同意。

人手已经够用，于是考虑具体的谋刺方案。由于金、朴极少来往，要等其在一起时再下手，同时将二人杀死，是难有机会的。于是他们决定对金、朴进行分别处理，由洪钟宇把金玉均诱至日本警察管辖权所达不到的上海租界杀死；由李逸植等人在日本寻机刺杀朴泳孝。

把上海租界选作谋刺的地点，是因为李逸植已侦知金玉均有赴中国的意向。金玉均1886年即致信李鸿章，表明心迹，实已对日本绝望，萌生改而依靠中国的念头。1891年李经方任驻日公使（1月29日—9月4日）时，与金玉均多有接触，李经方丁母忧回国，还介绍金玉均与署任公使汪凤藻建立联系。此后，在芜湖闲居的李经方还两次致信金玉均，邀请其到中国访问。金玉均对自己在日本的生活，也有寄人篱下的感慨。他在经济上赤手空拳，一切费用都仰赖福泽谕吉、后藤象二郎等民间人士的资助。金不懂理财，得钱任意挥霍，又常有其他朝鲜流亡者需其周济，所以生活常感拮据。对此，就连支援开化派最为积极的福泽谕吉也有微词。为摆脱这种困境，金玉均在1893年9月就开始做赴中国的准备。他请汪凤藻代为雇请适当人员，教他学习汉语会话，并充当到中国后的翻译。汪凤藻把驻日公使馆的日语翻译吴静轩等二人介绍给他。

1894年2月，李逸植劝诱金玉均说："君居日已十年，终难遂志，若赴清国，依赖与君相知之李经方，迎合李鸿章而作归国之计划，事或可成。"[①] 并说，如到中国，一切旅费可代为筹措，他与上海县小东门外天丰银号有交易往来，可令洪钟宇同往，提出5000元作为活动经费。金玉

---

① 王信忠：《中日甲午战争的外交背景》，第130页。

均信以为真，于是决定前往上海。

1894年3月10日，金玉均与洪钟宇、翻译吴静轩及日本仆从和田延次郎由东京首途，翌日午后到大阪。当晚，李逸植安排洪钟宇到市外的曾根崎村妾家过夜，详细交代了到上海后暗杀的步骤，并交给他便于隐藏手枪、匕首等凶器的朝鲜服一套。3月23日，四人在神户乘客轮西京丸离开日本，27日抵沪，投宿在李逸植为他们在公共租界预订的东和洋行内。东和洋行位置在铁马路大桥北侧，是一幢坐东朝西的三层楼房，为日本商人吉岛德三所经营。金玉均化名岩田三和，和田延次郎化名北原延次郎，同住在二楼1号。洪钟宇化名武田忠一，住3号，吴静轩住4号。

28日晨，洪钟宇假装到天丰银号兑取现金，在外盘桓片刻而归，伪称天丰银号主人因事不在，没有办成。金玉均并未怀疑。下午3时，洪钟宇换上李逸植所给的朝鲜服，来到金玉均的居室。金午睡醒来，正躺在竹床上看书，和田也在。洪钟宇令和田外出购物，待和田出门后，突然掏出手枪，朝金玉均射击，中其左颊。金痛极大叫，洪发第二枪，子弹擦破肚腹。金玉均夺门而走，逃至走廊，洪钟宇再补一枪，中左肩骨下后肋部，奔至东首5号房外，倒地气绝。在一楼的洋行主人吉岛德三与在三楼居住的客人听到二楼枪响赶来，洪钟宇已经逃走。[①]

吉岛德三乃向日本总领事馆和公共租界美国巡捕房报案。日本代理总领事大越成德赶至现场后，以凶杀双方均为朝鲜人，且又发生在公共租界，表示不便审理。美捕房一面召来当地地保，请其通知上海县到场验尸，一面追捕凶犯。洪钟宇逃至吴淞口，29日晨在一客店中被抓获。

是日上午，上海县知县黄承暄与日本副领事山座圆次郎、翻译官加藤义三、速水一孔及英、美捕头等同至东和洋行，对洪钟宇进行预审。洪钟宇毫无惧色，对杀金一事供认不讳。其供词称："金玉均是前为本国权臣，因在朝廷大逆不道，杀死几百人，我亲友也被他杀害，国王恨他有十年了。……我与朋友前在东洋大阪，奉国王命，叫我们忠心下去，把金玉均杀死，以安王心。"[②] 他声称奉王命的文据在朋友处，请将杀金之事电

[①] 《中东战纪本末》，图书集成局1896年版，卷一，第25页；《中日战争》（续编）第五册，第4页。

[②] 《中日战争》（续编）第五册，第3页。

告朝鲜政府。黄承暄经讯问后认为，洪钟宇如确系奉朝鲜国王之命，则不但无罪，而且有功，在事情未得证实前，只好仍由美捕房暂行羁押。并令和田延次郎赶紧棺殓金尸，"暂停七日，然后附船载回"。和田表示，因买的是往返票，须于3月31日返程，届时准备运棺。黄承暄令其"务须停留七日"。和田坚持31日运尸，于是黄承暄向日本领事馆翻译速水一一孔说："和田如必欲载回，须于明日正午，候本县函达贵署。"① 接着，黄便急忙将此事面禀江海关道聂缉椝，并请致电朝鲜的袁世凯查明真相。

日本代理总领事大越成德在得知金玉均被刺一事后，于3月29日将此消息电告日本外务省及日本驻朝公使馆。日本公使馆随即转告朝鲜外署及袁世凯。朝鲜戚族得知金玉均死讯，欣喜若狂，认为是除去了心头大患。他们虽无法判明洪钟宇的身份，但认为洪是功莫大焉的志士，对其被囚禁在上海租界捕房深表关切。30日一早，外署督办赵秉稷即请求袁世凯，饬上海道设法救护。后又决定派驻天津督理从事官徐相乔到沪接洪钟宇及金玉均尸身回国。②

清政府方面，李鸿章在得知此事后，致电上海道聂缉椝，表明中国处理此事的基本态度是："金系在韩谋叛首犯，来华正难处置，今被韩人在租界刺杀，罪有应得，可置勿论。外人如有饶舌，宣直告之。"③ 袁世凯得知金玉均赴沪系由中国驻日使馆人员徐静轩陪同，怀疑汪凤藻与事件有关，但对杀金一事甚表赞同。他知道，金玉均与戚族以外的很多朝鲜大臣有书信往还，其中还包括大院君，如被戚族发觉，必兴大狱，株连多人，因而电请李鸿章饬上海道，"密将金玉均行李检查，凡文迹，均焚之，庶可保全多命"④。

关于洪钟宇和金玉均尸体的处理，朝鲜政府坚持自己的权利，致电上海道称："此金玉均系朝鲜叛臣，脱逃已久，洪钟宇系官员，此案理合解归朝鲜定夺。"⑤ 李鸿章、袁世凯均同意朝鲜的意见。因而聂缉椝便指使黄承暄向公共租界巡捕房交涉引渡洪钟宇及金尸。依惯例，此案应由工部

---

① 《中东战纪本末》卷一，第26—27页。
② 《李鸿章全集》，电稿二，第657—658页。
③ 同上书，第657页。
④ 同上书，第659页。
⑤ 《中东战纪本末》卷一，第27页。

局警方起诉于上海会审公廨进行预审,然后移交上海县审断判决。经过警方起诉的程序,洪钟宇必定被认定有罪,引渡便无法进行。因而聂缉椝便直接与英、美驻沪领事交涉,使他们同意引渡洪钟宇,绕过了诉讼程序。关于金玉均的尸体,日本政府不愿因此刺激朝鲜,指使大越领事,阻止和田延次郎携带回日,而主张在沪就地安葬。由于和田反对,大越便指示日本客轮拒运金棺。和田只好将金棺弃置码头,只身返日。由此,聂缉椝通过与英领事交涉,得以顺利地引渡金尸。4月6日,朝鲜驻津督理从事官徐相乔到沪,聂缉椝便把洪钟宇及金尸移交徐相乔。当时距赴朝鲜的客船航期尚远,聂缉椝便请求两江总督刘坤一派出军舰威靖号专程运送。该舰4月7日开航,4月12日抵仁川。4月13日,朝鲜政府用一汽船将徐相乔、洪钟宇等及金尸运至杨花津登岸。①

在朝鲜政府看来,金玉均所犯罪名为"大逆",例须车裂。日本恐朝鲜政府戮尸,会刺激在野反对派的情绪,乃由外相陆奥宗光指使驻朝公使大鸟圭介提出劝阻。大鸟于4月11日告知朝鲜外署督办赵秉稷说:"金玉均罪虽大,诛之已足,如再戮尸,天下各国将谓太甚。"赵秉稷援例进行了反驳,引起大鸟的不满。袁世凯得知此事,为防止引起朝日之间的纠纷,劝朝鲜待金玉均尸体来后,听凭各仇家私自报复,不必援例车裂。并劝赵秉稷遣人告诉大鸟:"金尸来不过检验,无戮尸意。"② 朝鲜政府同意,只将金玉均的尸体传示八道各邑,姑且不刊登朝报,并迟用洪钟宇,以副日本之请,并免各国诮议。③ 由于日本驻华公使小村寿太郎的活动,北京各国公使也纷纷致电驻朝鲜的使领,请向朝鲜提出劝告,宽免金玉均尸体,并治洪钟宇罪。英国驻华公使欧格讷派员到总理衙门称:"闻韩拟戮金尸,重用洪,恐启日衅,请中国电嘱韩速埋金尸,缓用洪。"④ 4月15日,驻汉城的各国使领开会商议请朝鲜宽免金玉均尸体时,俄国公使韦贝问大鸟:"金究何国籍?"大鸟答称:"仍韩籍。"韦贝与各使领等则表示:"既韩籍,应由韩自办,我辈只可遣人劝商,未便干预其内政。"⑤

---

① 《李鸿章全集》,电稿二,第667—668页。
② 同上书,第667页。
③ 同上书,第668页。
④ 同上书,第669页。
⑤ 同上书,第668页。

不同意日本的强硬态度。

但是，朝鲜国王的承诺并未得到贯彻。各大臣及闵氏戚族力主戮尸泄愤，乃于4月14日夜间将金玉均尸体肢解，将其头与躯干枭示于杨花津，将四肢分枭于各道。

在日本，李逸植等在送洪钟宇、金玉均赴沪后，在大阪积极准备刺杀朴泳孝、李圭完等。3月25日，李逸植与权东寿、权在寿兄弟赴东京，下榻于常住的芝区樱田本乡町云来馆。川久保常吉也前来参预策划。他们决定于26日邀朴泳孝来云来馆二楼客厅，乘机刺杀之。但是，打入亲邻义塾的金泰元泄露了消息。26日，朴泳孝将李逸植召至亲邻义塾，诘问此事。27日，李逸植为打消朴泳孝的怀疑，到亲邻义塾向其进行解释，但朴不为所动。李逸植原与洪钟宇约定，28日杀金。如果金玉均的死讯传来，刺朴就再无可能。于是李逸植决定拼力硬干，28日由他本人前往亲邻义塾会见朴泳孝，再令权氏兄弟闯入行刺。

3月28日晨，李逸植命川久保常吉将手枪两支及日本刀两柄交权氏兄弟，命其如约奔袭，然后前往亲邻义塾。上午9时左右到达。李圭完、郑兰教两人出见，未及数语即将李逸植捆绑起来，并加以责打。不久朴泳孝至，一起审讯李逸植。李逸植供出谋杀金玉均一事。权氏兄弟虽答应按时进袭，但临场又感到毫无把握，踯躅于云来馆中。约11时，郑兰教等二人来云来馆，声言受李逸植之托来取行李。权氏兄弟知事已不可为，乃与川久保常吉逃往朝鲜公使馆。朝鲜代理公使俞箕焕接到权氏兄弟的报告后，照请日本警方协助解决。3月29日，日本警方至亲邻义塾检查，将朴泳孝、李逸植等7人拘留，3月31日移送东京地方裁判所检事局审判。

日本为审理暗杀未遂事件，要求朝鲜公使馆引渡权东寿、权在寿兄弟。朝鲜代理公使俞箕焕认为日方的要求无视"公使馆的不可侵犯权"，不同意引渡。后在日方一再催迫下，于4月1日上午表示要请示本国政府，请延缓一两日。4月2日，日本外务省向朝鲜公使馆发出最后通牒，将引渡权氏兄弟的时间限定为4月3日晨8时为止。同时，陆奥宗光又电饬驻朝公使大鸟圭介直接与朝鲜政府交涉引渡问题。大鸟给朝鲜外务督办赵秉稷引渡的限期是4月4日。朝鲜政府原则上同意交出权东寿等，电饬俞箕焕遵办。但在俞箕焕尚未收到政府电训之前的4月3日上午8时，亦即大鸟给朝鲜政府限期4月4日的前一天，日本警察就强行闯入朝鲜使馆，拘捕了权氏兄弟。

朝鲜代理公使俞箕焕对日本的粗暴做法十分气愤，于4月5日向日本外务省提出强烈抗议，同时以国权遭受侵犯为理由，电请本国政府将其调任。而且，不等政府回电，即携印鉴文件撤回朝鲜。按照国际惯例，一国驻外使节离开驻在国，须事先向驻在国政府通知代理人员，不经通知便离开，表示断绝国交。4月6日，日本外相陆奥宗光电训大鸟圭介，就俞箕焕离日一事向朝鲜政府提出强烈抗议，质问俞的行为是否为朝鲜国王所授权，宣布不欢迎俞继续担任驻日使节，并要求朝鲜政府对其加以惩戒。经袁世凯劝告，朝鲜政府急电令驻日使馆书记官金思纯代理馆务，并将此事通知大鸟公使。继而又照会大鸟，俞箕焕回国未经国王授命。后来，又以国王名义对俞箕焕公开申斥。由日本强行入馆搜捕人犯问题引起的外交纠纷始告平息。①

三　金玉均事件的影响

金玉均赴沪遇刺，正值日本对外硬派标榜扩张国权、发动反政府运动掀起高潮之时。1893年底政府解散众议院，进一步激起了议会对政府的不满。躁动的情绪，使政府担心随时可能发生变乱。福泽谕吉1894年1月在《时事新报》上发表文章，指出："天下人心愈来愈倾向于思变，将使结局极为困难"，警告："如果依然优柔寡断，疑惑不决，则天下之人心业已不堪厌倦，势必导致引起麻烦的国内变故。"建议政府改变这种倾向，大力推行东洋政治策略，"以使国内之人心转向国外"。② 所谓"东洋政治策略"，无非是对外扩张。3月27日，外相陆奥宗光在给驻英公使青木周藏的信中也表示，"国内形势日趋紧张"，而政府"若不做出某种使人心为之一震之事业，则无以镇定喧嚣之人心"，指出，为了内政的需要而求助于外交的成功虽属本末倒置，但时势如此，无可奈何。他的结论是，"既不能发动无故之战争"，则"唯一之指望只有修改条约"。③ 而金玉均被杀，正是在陆奥写这封信的次日。

---

① 林子候：《甲午战争前之中日韩关系》，第356—358页。
② 藤村道生：《日清战争》，第48页。
③ 信夫清三郎：《日本外交史》上册，第257页。

在这样一种背景下，金玉均被杀的消息传到日本，马上激起强烈的反响。一贯支持金玉均的福泽谕吉、尾崎行雄等人在交询社成立了"金氏友人会"，并派斋藤新一郎、冈本柳之助去上海，调查事件真相，企图把金玉均灵柩运回日本。但当他们赶到时，金尸已经引渡运回朝鲜。在东京，金氏友人会派小林胜民等到日本外务省，要求处罚同意将金玉均尸体引渡给中国的上海代理领事大越成德，以给政府施加压力。大井宪太郎、三宅豹三、石井信等人也前往外务省，要求向朝鲜政府交涉，把金尸送还日本。① 金玉均的从人和田延次郎回日后，对金玉均被杀的惨状及金尸处置的过程大加渲染和歪曲。不久，又传来金玉均尸体在朝鲜遭到凌迟的消息。一部分所谓"志士"借机奔走呼号，大事鼓噪。他们散布中国是暗杀金玉均的幕后指使者的看法，扬言这是对日本的侮辱。对外硬派极力宣扬"中韩同罪"论，主张只有打倒伊藤内阁才能迫使政府向中国开战。福泽谕吉发表评论说，朝鲜将金玉均凌迟一事，是"日本人的感情所完全不能谅解的"②。自由党本来站在政府一边，这时也响应对外硬派的主张。其领袖后藤象二郎和中岛信行求见首相伊藤博文，敦促其马上向中国与朝鲜宣战。5月2日，《自由新闻》以"对韩之决心"为题，提出质问："国民养兵是干什么的？难道铸炮、炼剑和建造兵舰是为了当作国家的装饰品吗？"并说："如果我国不能首先在对韩政策方面最后下一大决心，那么就不能摆脱清韩的轻视和侮辱，就不能改变我帝国在东洋的面貌。而今不正是此适当之机会吗？"③

5月20日，金氏友人会乘第六届临时议会开会之机，在东京浅草区本愿寺举行金玉均遗发埋葬仪式，各界人士参加者数千人。这实际上是对中朝两国的一次示威，要求"援朝惩清"的情绪被煽动到了最高点。

金玉均事件也成为5月15日召开的第六届议会上的重要话题。会议召开的当天，众议员铃木充美等35人就向政府提出质问书，主要内容是：

> 为杀害金、朴两人，朝鲜人之渡来我国者，前后三次，无不皆称

---

① 林子候：《甲午战争前之中日韩关系》，第353页。
② 藤村道生：《日清战争》，第49页。
③ 同上书，第49—50页。

王命；而彼等三人本来与金、朴两人并无私怨，因此可以证明，朝鲜政府与此事件必有关系。果如是，应认为朝鲜政府侮辱我国家，妨害我治安。对此朝鲜政府，政府将采取如何措施？①

外相陆奥宗光对这一质询于5月28日进行了答辩，大意是，以往查出朝鲜来日谋刺金、朴的人，我政府均照会朝鲜政府，并查明非出自国王之命，"全为彼辈之捏造"。李逸植所谓"奉诏"问题，也已饬大鸟公使向朝鲜政府查究，朝鲜政府以公文复称："李逸植赝造诏书，潜越邻国，罪不容诛"，言明其为伪书。李逸植正在帝国裁判所受审，待其结束后，"我政府是否不得不采取其他措施，尚无在此预言之必要"。②

铃木对陆奥的答辩感到不满，于5月31日提出再质问书，有30人附议。其中提出四点。其一，针对陆奥所谓王命"全为彼辈之捏造"，追问政府"经过如何调查而证明了"这一结论。其二，李逸植是否奉诏，朝鲜外署的否认不足为据。其三，洪钟宇系李逸植同谋，如诏书系伪造，朝鲜政府应予严罚，今则反予恩赏。其四，针对"审判尚在进行，无预言必要"的说法，指出外交问题不必等司法程序结束。③ 铃木等要求陆奥到议会口头答复，但陆奥于6月1日具答辩书，认为前次答辩已把话说尽，无再答辩的必要。④ 其实，陆奥宗光在此不过煞有介事地做戏罢了。日本政府对谋刺金玉均，从来都未认真追究，而且，1886年刺客池运永赴日，是在得到日本政府同意杀金的承诺后朝鲜政府才派遣的。陆奥表面上不同意议员们的质问，实际上掩盖事实真相，纵容攻击朝鲜的舆论。

5月18日，众议员守屋此助、犬养毅等30余人也向政府提出质问书。并且，守屋此助还就此在议会发表措辞激烈的演说，煽动对中国的仇恨情绪。他说：

日本政府虽以金玉均案为私人之事，但余则认为系日清韩三国间外交上之重大问题。盖因金所购买者为来回票，且虽至上海，但仍寓

---

① 《中日战争》第七册，第7页。
② 同上书，第8—9页。
③ 同上书，第9—10页。
④ 同上书，第11页。

居日人所设之旅馆东和洋行，可知彼实始终欲立于日本保护之下。且此人既被枪杀于中国之上海，检尸手续在事变发生之国内举行，虽属当然；但检尸手续完毕后，上海道台非已决计移交日本人和田延次郎乎？此种移交手续一经完毕，则即成为日人和田延次郎之行李，和田因办理税关手续，作为行李，欲载于日本邮船会社之船上回国。当将运回之际，上海道台之检尸手续已毕，中国官吏自宜视为毫无问题而交于日人和田延次郎，则此后即成为和田延次郎之行李，此物只为个人之私有物，与国家交际及外国关系上，毫无关系。若然，则无登此演坛陈述之必要。但此事适已述及，且为诸君所熟知，实有关涉日清韩三国之重大关系。……中国政府将一度曾交日人和田延次郎之物，以正正堂堂之手续交付之物，毫无正当理由，于暧昧模棱之间取回，用本国军舰与洪钟宇同载赴韩。诸君试思此种举动，非对我日本国加以侮辱乎？非无礼之举动乎？非无礼乎？非侮辱乎？无礼！侮辱！余确信可名此事为侮辱与无礼！①

5月29日，陆奥外相对守屋等人的质问作出书面答复，其结论是："这件事系一个朝鲜人金玉均与另一个朝鲜人洪钟宇之事，因此中国引渡于何人，日本政府无法干涉。"② 表面看来，议员与政府之间对此事的看法有很大的差别，实际则不然。守屋此助等人在提出质问的时候，完全歪曲了金尸处理过程的事实。如前所述，上海县知县黄承暄3月29日允许和田延次郎棺殓金尸运回，并非最终裁定，黄承暄认为有向上海道面禀及弄清事实真相的必要，所以要求和田"务必停留七日"，留出了对此事作不同处理的余地。后来和田私自将金尸移往码头，是违反上海县的指令的。3月30日，上海道接到李鸿章的指示后，令黄承暄照会日本代理领事大越，要求阻止和田运尸，在原定七日期限之内，是完全正当的，也为大越所接受。金尸最终未能运往日本，是因为日本政府不主张将金尸运回，由大越授意邮船公司拒运造成的。对于这些事实真相，陆奥宗光是非

---

① 《日本帝国会议志》，第1529—1530页。转引自王信忠《中日甲午战争的外交背景》，第141、136页。
② 《日本帝国会议志》，第1735—1736页。转引自林子候《甲午战争前之中日韩关系》，第370页。

常清楚的。但他在答辩书中故意回避这些事实，听任谣言蔓延，其居心何在？可以认为，议员与政府，在煽动仇华情绪上，是心有灵犀的。

在向中国、朝鲜开战的煽动中，右翼组织玄洋社扮演了重要角色。玄洋社1881年成立于福冈。福冈地处九州北部，隔对马海峡与朝鲜相望。玄洋社就是取把当地的玄海滩与外洋联系起来的意思，向大陆扩张的欲望隐然可见。玄洋社的基础是一批在明治维新中被剥夺了特权的封建武士及其子弟。他们生活上困难，政治上失意，多次参加反政府的活动。1882年朝鲜壬午兵变后开始改变方向，回到过去曾经主张过的征韩论立场上。金玉均亡命日本后，他们积极扶持，"欲使之成为他日活动之益友"①。金玉均遭暗杀后，玄洋社的铃木天眼、秋山定辅、佃信夫、的野半介等表现出异常的愤怒，说这是日本的国耻，不可置之不理，要为金玉均复仇。在为金玉均举行葬礼的第二天，他们派的野半介访问陆奥外相，提出："清国当局对金玉均之处置，实为日本之大辱，是可忍孰不可忍！我政府应断然向清宣战，以雪清韩加我之国耻，确立我国在韩之势力。"陆奥回答说："若为一他国亡命客之死而宣战，决不可能，君等之言皆系书生之论，恐难遵行。"表面上拒绝了的野的要求，却又说："能不能进行这样的作战，你去问问川上吧！"于是陆奥亲笔写信，介绍的野去见参谋次长川上操六，其纵容之意，至为明显。的野持函往见川上，表明来意说："帝国自明治十五、十七年以来，在韩受清国之侮辱岂止一再。况此次清国政府对金玉均氏之残暴无理，非仅对付一亡命者而已，实可视为怀抱蚕食朝鲜野心而对日本挑战之行为。帝国于此际应发问罪之师，对清采取断然处置。"川上挑动说："根据陆奥君之介绍，知君为玄洋社中之一人。闻贵社为济济远征党之渊薮，岂无一放火之人乎？若能举火，则以后之事为余之任务，余当乐就之。"②的野听后大为所动，马上去找玄洋社的龙头老大头山满和社长平冈浩太郎，请求支持。两人颇加赞许。平冈浩太郎经营实业多年，经济力量雄厚，决定给以资金的支持。于是玄洋社决定派遣内田良平、大原义刚等人去朝鲜，充当对中国开战的放火者，这就是后来出现在朝鲜的"天佑侠"。

---

① 信夫清三郎：《甲午日本外交内幕》(《陆奥外交》)，第103页。
② 《玄洋社社史》，第435—437页。

金玉均事件发生，日本政府并非无动于衷。早在金玉均遭暗杀之前，3月10日，文部相井上毅在致伊藤博文首相的信中就指出："朝鲜政局演变至今之情势，极早筹谋方策，毁弃天津条约，向汉城派遣保护侨民的军队为紧要之事。"① 据当时外务次官林董的《回忆录》说，陆奥宗光之所以决心发动甲午战争，就是由金玉均事件引起的。5月2日，日本驻英公使青木周藏根据陆奥的指示访问了英国外交部，试探英国对朝鲜问题的态度。英国表示不在朝鲜要求权益，但是担心俄国占领朝鲜和取得煤炭贮藏所。陆奥由此认定，日本推行其所谓朝鲜政策，不会受到英国的牵制，于是在5月上旬便指示驻朝公使大鸟圭介回国研究朝鲜问题。而军方一直在做战争的准备，从未稍懈。川上操六除怂恿玄洋社去朝鲜放火，又派遣参谋本部人员去朝鲜收集军事情报，并要寺内正毅大佐等做好出兵的准备。②

金玉均事件是甲午战争的诱因之一。但一个流亡者的被杀，还不足以成为发动战争的借口，所以日本才没有公然挑战。这样一个借口，在金玉均死后不到两个月，在事件本身引起的躁动还没有平息时，就找到了。

---

① 《伊藤博文关系文书》第一卷，文书三〇三。转引自林子候《甲午战争前之中日韩关系》，第371—372页。

② 藤村道生：《日清战争》，第49—51页。

第七章　日本千方百计挑起战争

第一节　东学党起义及中日出兵

一　东学道及其"伸冤"运动

19世纪60年代，在朝鲜南部出现了一个叫作"东学道"的教门组织。创始人崔济愚（1824—1864），庆尚道庆州柯亭里人。其父崔鋈，是一个乡村塾师，道德文章名于一道。崔济愚自幼家境贫寒，16岁又遭父丧。他无以为业，于是遍游名山大川，访师求友。当时李朝的封建统治非常腐败，国政紊乱，外戚专权，人民生活极度痛苦。很多对虐政不满的朝鲜群众投入天主教中。崔济愚目睹这种情形，萌生了从精神上匡救朝鲜民族的念头，于是进入庆尚道梁山郡的千圣山中修道。他经过对儒教、佛教和道教的潜心钻研，忽有所悟，于是对三者各有取舍，在民间信仰的基础上，创立新说，自称此新开之道为"天道"，学为"东学"。所谓"东学"，亦即"东方之学"，是与基督教所代表的西学相对立的。

崔济愚的东学思想，以"至气"即浑元之气为万物的本原，由此引申出以"侍天主"为核心的"人乃天"的基本教理。从1862年起，他以天人为大道的根本，以诚、敬、信为天道的真谛，以守心正气为修道的真诀，开始布道。他还提出了"辅国安民"、"广济苍生"的口号和建立"地上天国"的理想。东学道教义简明，深受下层人民群众的欢迎，因而传播很快，在不到一年的时间里，信徒就发展到3000多人，建立基层机构接所14个。[①]

[①] 曹中屏：《朝鲜近代史》，第144页。

东学道是一种宗教组织而不是政治组织，它主张"无为而化"，反对使用暴力。但是，李朝统治阶级对它的传播却感到十分恐惧，将其斥为邪教。崔济愚本人也被捕入狱，于1864年3月10日以"惑世诬民"之罪在庆尚道治大邱府被斩首。此后，东学道转入地下状态。

崔济愚被捕前，已将其秘法仪规授予门下高徒崔时亨，以备传承。于是崔时亨成为东学道的第二代教主。崔时亨（1827—1898）初名庆翔，号海月，与崔济愚同族。幼年失怙，曾作造纸坊的学徒。1861年跟随崔济愚学道。继任教主后，称海月神师，并遵济愚遗命避于太白山中。躲过风声后，又辗转在三南地区继续传教。1880年，崔时亨收集崔济愚的遗文，以《东经大全》的书名刊印，1883年又增订再刊。因此，东学道的教义得以广泛传播。在崔时亨的领导下，东学道建立了严密的教团组织。其基层组织称作"包"，每包设有"接主"一人；接主之上，又有"都接主"和"大接主"。各教区中，设有教长、教授、都执、执纲、大正、中正六职，辅助各级接主处理教务。90年代初，东学道以庆尚、全罗、忠清三道为中心，逐渐向江原、黄海、平安各道扩展，已经成为一支足以影响全国局势的社会力量。

东学道被朝鲜政府看作黄巾、白莲、太平天国一类组织，悬为厉禁。它的重新崛起，不能不引起当局的注意。1885年，忠清道观察使沈相薰首先对境内的东学道进行镇压，从此，对教徒的迫害频频不绝。1892年赵秉式出任忠清道观察使以后，又多次搜捕东学教徒，并对居住在该道报恩县的崔时亨进行监视。在全罗道，观察使李耕植也派出衙前、军校镇压东学教徒，并随便以"东学"的罪名迫害、敲诈无辜的农民。在这种情况下，东学道中的徐仁周提出，当今罗马天主教会宣教的禁令已被解除，却偏偏严禁东学道，实在无理至极。要求教主崔时亨向观察使请愿，伸教祖崔济愚之冤，为崔济愚建祠堂。开始时崔时亨没有同意。但后来在众多教徒纷纷要求的压力下，终于同意采取一次示威行动。他向各地教首发出通文，要求他们在指定日期率所领教徒到全罗道的参礼驿聚会。1892年12月20日，数千名教徒赶到参礼驿。他们经过集议，草拟了陈情书，到全州递交给全罗道观察使李耕植，要求政府为崔济愚恢复名誉，承认信仰自由，停止对教徒的迫害。李耕植无视教徒的要求，批示："即退，一齐自新，勿再迷惑！"① 教众不服，于25日再上书要求，聚留全州不去，并控诉地方胥吏、军校、土豪劣绅等对东学道教徒的压迫榨取种种罪行。李耕植怕风潮扩大，不得不明令禁止吏胥军校对教徒的迫害。但又以权限关系驳回了为崔济愚伸冤的要求。这引起与会教徒的极大愤慨，徐仁周、徐炳鹤等主张武装教徒，"扫荡政府奸党，攻击朝廷"②，举行起义。但崔时亨等决策者反对起义，下令集会的教徒解散，并决定直接向中央政府陈情。

1893年1月23日，崔时亨根据为教祖伸冤的决议，召集八道教众代表于忠清道报恩县帐内，经过集体讨论，草拟了一份篇幅很长的陈情书，陈述东学道的教义、教祖的冤枉及教徒所遭受的迫害，送交政府。1893年2月，各地教徒纷纷要求到汉城亲自向国王上疏，为教祖伸冤。3月29日，以朴光浩为疏首的40名教众，来到景福宫光化门前，捧疏跪卧在用红巾覆盖的几案上，哭号三天三夜，举行所谓"伏阁上书"。朝鲜成均馆的200余名儒生在政府授意下与之对抗，也举行"上疏"，反对伸冤。朝王以朴光浩等违反上疏制式而拒绝接受，但又下"教旨"说："尔等归家，各安其业，则依愿施之。"③ 又命大员善为劝谕，以示抚慰。朴光浩为首的上疏团只好返回报恩县。

温和的"伏阁上书"虽然失败了，但从这次活动一开始，就有一部分东学道教徒开始以揭帖榜文的形式宣传自己的主张，攻击外国人和基督教，造成很大影响。袁世凯就曾指出，在"伏阁上书"期间，汉城街头"迭有揭帖榜文，沿西人门多端诟詈，称将逐杀。在汉洋人均大恐。日人多携刀昼行，尤骚讹。"④ 英国领事禧在明（W. C. Hiller）因汉城的外交团及侨民人心恐慌，通过袁世凯请求中国调派军舰到仁川，以资镇压。

"伏阁上书"失败，崔时亨的一些弟子非常不满。而地方官宪又以国王不接受上疏为口实，对教徒变本加厉地迫害，有的甚至被逼致死。教众向崔时亨强烈要求再次向当局示威。崔时亨于是再次向八道的教徒发出到报恩县集会的通文。

---

① 田保桥洁：《甲午战前日本挑战史》，第41页。
② 李敦化：《天道教创建史》，1934年版，第53页。
③ 信夫清三郎：《甲午日本外交内幕》（《陆奥外交》），第4页。
④ 《李鸿章全集》，电稿二，第540页。

从4月26日开始,各地教徒陆续来到报恩县,人数有两万多。他们以包为单位,各立竿为标志,修筑石堞,囤积米粮,以作长期斗争之计。他们树起"斥倭洋倡义"的旗帜,日夜聚诵咒法,抨击官宪的不法,指斥时弊,气势冲天,忠清道观察使赵秉式也无如之何。报恩集会使朝鲜政府很感头痛。国王李熙曾打算请清政府出兵帮助镇压,但由于领议政沈舜泽和袁世凯的反对,只好首先采取安抚的办法,罢免忠清道观察使赵秉式和全罗道观察使李耕植,任命赵秉镐为忠清道观察使,户曹参判鱼允中为宣抚使,前往报恩县镇抚。鱼允中到达报恩县后,得悉教主崔时亨态度并不坚决,遂亲赴聚会所帐内,向其宣布国王的"教旨",许诺以后如地方官宪再有非法迫害东学教徒及没收财产的事情发生,一定严惩不贷,劝说教众回家各安生业。与此同时,又调派亲军壮卫营正领官洪启薰率京兵600名携机关炮3门到清州,造成大兵压境的形势。在这种软硬兼施的手段下面,东学道的领导集团开始动摇,下令解散了集会。

在不到半年的时间里,东学道这一宗教组织连续发动了参礼、报恩两次大规模的集会和汉城的"伏阁上书",为教祖伸冤,争取信教自由,反对对教徒的迫害,并提出了"扫破倭洋"等民族主义的口号,在朝鲜产生了广泛的影响。但是,伸冤运动的发展也暴露了东学道这一组织及其领导集团的弱点。运动的失败表明,东学道独立组织的运动已经无法继续下去。

二 东学党农民起义

从1885年到1893年,朝鲜全国爆发了46次以农民为主体的人民起义。这反映了朝鲜民族矛盾以及阶级矛盾空前激化的状况。以日本为首的资本主义列强的经济渗透和侵略,严重破坏了朝鲜的传统的自然经济,造成大批农民和城乡手工业者的破产,导致严重的统治危机和财政危机,使得李朝统治者对农民和广大人民群众的封建剥削更加残酷。朝鲜国王和闵妃集团面对国力日衰、民不聊生的局面,不仅不励精图治,反而更加挥霍无度。王宫中"长夜之宴无日或辍,倡优妓女,演呈百戏,酒池肉林,糜费百万"[1]。上行下效,各级封建官吏和两班贵族,也都竞相以卖官鬻

---

① 林殷植:《韩国痛史》第二编,1915年版,第46页。

爵、鱼肉百姓为能事。东学道的伸冤运动，虽然带有浓厚的宗教色彩，但它达到如此的规模，是以农民对封建统治者的阶级仇恨以及对资本主义列强的排拒为基础的。东学道的大规模集会，已经预示着波澜壮阔的农民大起义的临近。

东学党农民起义在朝鲜近代史上亦称甲午农民战争。它已不再是崔时亨为首的东学道教团组织领导的运动，而是传统的农民起义利用东学道的形式组织的运动。起义的领导者全琫准（1854—1894），字明淑，号海梦，出生于高敞郡一个小知识阶层（"吏属"）的平民家庭里，幼读书史，略通古今，身材矮小而性格刚强。其父全彰赫，为古阜郡衙吏，急公好义，因新任郡守贪得无厌，曾率领农民袭击郡衙，被捕吏逮捕，刑杖乱打致死。全琫准悲痛欲绝，从此时刻不忘为亡父报仇，并救贫济苦。1888年，他接触到东学道，亲耳聆听了崔时亨讲经，于是成为其信徒，后来并成为古阜、泰仁地区东学道的接主。90年代初，他来往于全州、汉城等地，和大院君及一些具有改革思想的人士交往。在1893年的报恩聚会时，他与徐璋玉等人组织了有1万余人参加的"金沟聚会"，试图把报恩聚会引导到政治集会的方向上去，因而遭到政府的通缉。[①]

甲午农民战争首先在全罗道的古阜郡爆发，绝非偶然。全罗道盛产稻米，有朝鲜谷仓之称，历来被李朝官吏视为利源，封建盘剥也特别严重。该道均田使金昌锡就是一个大贪官。时人记载说："是时，湖右沿海连年旱荒，一望陈废……特旨差昌锡均田使，使出资财，贸中租募民耕种，期在民国俱利。然永难清垦，致欠原结，则将移税以督昌锡。昌锡知其意，勒富户诱游手，区地以属之，使自垦，约三五年免税。岁既熟即征之，民大哄。明年，田又废。昌锡遂按去年账簿而征今年税，因成正案。又广报灾结，俵其灾于己庄之荒者，以其余，略沾穷蔀，塞责而止。于是，民力大困，怨诅盈路。"[②] 古阜郡守赵秉甲自1892年上任以后，也模仿上司金昌锡的做法，强行征收已宣布豁免的开垦荒地的赋税，勒索白银达2万两之多。在征收漕米的时候，把征得的上等精米囤积起来，但却以低价收购次米上交国库，以差额肥其私囊。连为其父修缮碑亭和为其母办葬礼，赵

[①] 姜万吉：《韩国近代史》，第220页。
[②] 黄玹：《梅泉野录》，卷一下，韩国国史编纂委员会1955年出版，第109页。

秉甲也分别向农民征派了1000两和2000两银子。1893年末，赵秉甲征调民夫修建万石洑，并侵吞水税，激起东学党农民起义。

由于水稻种植的原因，朝鲜南部地区的农民对水利的依赖特强。水利的主要设施为堰与洑。洑是一种简单的堤堰，以木石土砂构筑而成，用以截堵河水，以备灌溉。堰与洑分国有与民有两种。国有之堰、洑，当地农民可从之引水，但必须相应地交纳水税。这部分税金按规定并不上缴国库，而是留作管理堰洑及水利事业的经费。万石洑是古阜郡的一座国有洑，可供古阜郡和泰仁县农民灌溉。仅从其名称，即可想见其规模。这里的水税一向很高，农民不堪负担，曾多次要求减税。赵秉甲到任后，不仅置农民的要求于不顾，还以万石洑破损太甚为由，征调民夫数万人，进行修整与扩建，在旧洑的下面修筑了一座新洑即"八旺洑"。又向农民征收到相当于700万石稻米的水税，并不用于管理洑及其他水利事业的支出，而是图谋侵吞。古阜郡的老百姓怨声载道。全琫准看到这些情况，便组织40余名农民去郡衙质问赵秉甲，要求减税。赵秉甲不仅不接受农民们的意见，反诬全琫准等是"乱民"，将他们逮捕监禁，非刑拷打，然后驱赶回家。全琫准又组织60余名农民到全州，直接向全罗道观察使金文铉陈情，要求制止赵秉甲的贪墨与暴行，也遭拒绝。于是，全琫准以"金沟聚会"的参加者为骨干，准备发动起义。

1894年2月15日晨，全琫准、金道三、郑益瑞等，率领古阜、泰仁两地的一千余名农民首先袭击了古阜郡衙。郡守赵秉甲仓皇逃到全州。暴动农民打开武库，抢夺了武器，释放了被关押的无辜群众，把非法收缴的税米归还农民，还惩办了一批胥吏衙前。10天以后，起义农民解散回家，全琫准也暂时躲避起来。他与附近的东学道接主联络，酝酿新的行动。

朝鲜政府得知古阜农民起义的消息后，立即采取怀柔政策，将郡守赵秉甲免职并监禁，又给观察使金文铉以处罚。并派原全罗道长兴府使李容泰为按核使，到古阜郡处理问题。李容泰巡察了古阜、泰仁、扶安、高敞、茂长等地，对起义群众只知一味镇压，指使800余名驿卒按黑名单逐村逐户搜捕，焚烧民房，掠夺财物。李容泰的镇压激怒了群众，他们在全琫准的领导下再度奋起。从此，甲午农民战争全面展开。

4月初，全琫准与茂长县等地东学道接主孙和中、金开南、金德明等建立了联系。高敞、兴德、金堤、金沟、井邑、扶安、茂长等地农民纷纷起事。5月4日,全琫准率领起义队伍袭击了泰仁县,驱逐了县监李冕周,然后进占具有粮仓称号的军事要地白山。起义军刚扎下营寨,孙和中、金开南、金德明等人也带领各地义军8000多人前来会师。起义军头裹白巾,手持竹枪,打出了"除暴救民"、"济世安民"的旗帜。起义军定名为湖南倡义军,推戴全琫准为大将,孙和中为副大将,金开南为总管领,金德明为总参谋。起义军发布了著名的白山檄文,宣告:

> ……吾辈举义至此,决非他故。所望拯百姓于涂炭,奠国家于磐石。当内斩贪虐之官吏,外逐横暴之强敌。举凡苦于两班、富豪之民众,与夫受辱于方伯守令之小吏,皆与吾辈同其怨恨,勿少踌躇,勿失时机,其速奋起。若失时机,追悔莫及。①

全琫准还以倡义军大将的名义颁布了《四大名义》,即四项政纲:"一曰,不杀人,不杀物;二曰,忠孝双全,济世安民;三曰,逐灭夷倭,澄清圣道;四曰,驱兵入京,尽灭权贵,大振纲纪,立名定分,以从圣训。"②

湖南倡义军一成军,立即于5月7日攻占了金沟和扶安。农民起义在全罗道迅速蔓延,忠清道怀德、岭南等地的农民也举行暴动。朝鲜政府惊恐万状,任命清州兵使洪启薰为两湖招讨使,带领京兵壮卫营800人,由仁川经海路前往群山浦;并命令全州监营对农民军进行讨伐。全罗道监司金文铉派营将李光阳率全州营兵和数千名褓负商组成的讨伐军进攻白山。5月11日,起义军在黄土岘迎击官军,以巧妙的伏击战术把官军打得大败,金文铉只带领少数残兵败将退回全州。

黄土岘大捷鼓舞了起义军的士气。当天晚上,他们就乘胜攻占了井邑县城。12日,起义军攻占兴德、高敞,13日占领茂长。所到之处,袭击官署,惩办贪官污吏,夺取武器,释放被关押的东学道教民及无辜群众,分钱分粮,烧毁地契,打击土豪劣绅、恶霸地主。起义军又以湖南倡义所、东学倡义所的名义,发布倡义文,称:

---

① 吴知泳:《东学史》,1941年版,第112页。
② 郑乔:《韩国季年史》上,转引自曹中屏:《朝鲜近代史》,第150页。

……现今之臣,不思报国,徒窃禄位,掩蔽聪明,阿意诡容,忠谏之士,谓之妖言,正直之人,谓之匪徒。内无辅国之才,外多虐民之官,民心益变,入无资生之业,出无保躯之策,虐政日肆,怨声相属。……上自公卿,下至方伯守令,不念国家之危殆,徒切肥己润家之计。视诠选之门,以为生货之路。应试之场,以为交易之市。许多货赂,不纳王库,反充私藏,国有累积之债,不念报效,骄侈淫溺,无所忌畏,八路鱼肉,万民涂炭,守宰之贪虐,诚如此之原因。奈何之? 民为国本,本削则国残。不念保国安民之方,外设乡第,惟谋偷生之方,徒窃禄位,岂其理哉! 吾虽草野遗民,但食君之土,服君之衣,不忍坐视国家之危,八路同心,亿兆同议,今举义旗,以报公安民,为生死之誓。今日之光景,虽属惊骇,但切勿恐动,各安其业,共祝升平之日月,皆得沐圣化,则千万幸甚。①

经过10余日的战斗,义军很快壮大起来,发展到1万余人,武器也有了很大改善,很多人扔掉了戈、矛,拿起了快枪。义军所到之处,军纪严明,秋毫无犯。他们在茂长经过几天休整,士气更旺,乃采取避实击虚的策略,向官军力量薄弱的南方发展。5月17日,一举攻占灵光,18日连下法圣浦、九岫浦,20日占领咸平,接着向罗州、灵岩等地前进。与全琫准的倡义军相呼应,忠清道的清州、忠州、公州,京畿道的安城、利川、广州,江原道的原州、洪川、横城,黄海道的海州、信川、载宁、安岳等地的农民也纷纷举行起义。

奉命前往镇抚的两湖招讨使洪启薰,率京师壮卫营800人、野炮两门,自汉城至仁川,将兵员、炮及400箱弹药分载于朝鲜轮船苍龙、汉阳号上,自乘借用中国的军舰平远号,5月8日出港,10日从群山浦上岸,11日即已到达全州。但这支用先进武器武装起来、经过新式训练的部队,士气却十分低落,途中有四成以上的人逃跑,进入全州城后只剩下470人。上年东学道报恩集会时,洪启薰就曾率壮卫营兵600人前去威胁,迫使教徒解散。这次来全州,洪启薰本想重演故伎,但到后一看,起义军声势浩大,他兵单力薄,根本不敢出城迎战。5月19日,朝鲜政府又派总

---

① 信夫清三郎:《甲午日本外交内幕》,第13—14页。

制营中军黄宪周率京兵300人、江华兵500人增援全州。洪启薰得知有援兵接应,才于5月22日从全州出动,25日到达灵光。全琫准农民军得知官军的消息,立即转兵北上。27日,扎营于长城县月坪里黄龙村。官军尾随而至,向正在用餐的农民军开炮射击。农民军起初有一定伤亡,但经奋力拼搏,终获大胜,击毙官军队官李学承,缴获克虏伯炮和机关回旋炮各一门,洋枪百余支。洪启薰率残兵败将退保灵光。

义军知官军援兵将至,并不追击,乃回师北上,于28日从长城出发,越过芦岭,经井邑、泰仁、金沟,于31日到达全州城外的完山。当时,全州监营兵丁大部被洪启薰带走,城中空虚,观察使金文铉紧闭城门,强迫丁壮百姓登城,持枪棒守卫。农民军到达完山的当晚,即用新从官军处夺获的大炮,向城内轰击。城中大乱。观察使金文铉、中营将林泰斗知事不可为,急忙逃出城外,直奔忠清道的公州。判官闵泳升随后亦逃。6月1日,城中居民打开城门,欢迎义军进城,全州遂为农民军所据。

两湖招讨使洪启薰发现全琫准农民军北上直取全州,知已中计,急忙尾追义军北上。当他率兵到达全州城外完山时,全州已在起义军掌握中。洪启薰以龙头岘南侧的高地为据点,向城中开炮,摧毁了祭祀太祖李成桂的庆基殿。城中义军严阵以待,不断出击;各地向全州集结的义军对官军进行反包围,解除了官军对全州的威胁。

全州不仅是全罗道的首府,是朝鲜南部的重镇,而且是李朝王族的发祥地。全州陷落的消息到达汉城,廷臣相顾失色。国王召集元老大臣会议,决定:任命李元会为两湖巡边使,率京兵及平壤兵两千余名开赴公州,阻止那里的农民军北上;任命严世永为三南招抚使,金鹤镇为全罗道监司,协助洪启薰对全州农民军进行"宣抚";照会袁世凯,请中国出兵"助剿"。

三 朝鲜请清政府出兵

向清政府借兵的问题,早在东学道教徒报恩县聚会时就已经提出来了,只是由于朝鲜政府内部认识不统一,所以没有付诸实行。

1893年5月2日,朝鲜国王召集大臣会议,研究对付东学道报恩聚义的措施。会上提出怀柔和镇压相互为用的两套办法。怀柔的办法就是罢免忠清、全罗两道观察使,以赵秉镐、金文铉代之,任命鱼允中为两湖宣抚使前往招抚。在商讨镇压的办法时，朝鲜政府认为，全罗道监营兵力微弱，无法承担如此重任，京畿的防务也不甚坚强，只有借调中国军队代为镇压。会议之后，国王特派内务府朴齐纯往访袁世凯，要求中国调派军舰与陆军驻扎马山浦，以资震慑。袁世凯认为，"调兵骇闻远近，必多骚谣"，东学道"邪教乌合"，不足构成威胁，力劝朝鲜政府镇静以观变。①

由于东学道聚会规模越来越大，朝鲜国王于5月10日再次召集廷臣会议，商讨进一步的对策。当时朝鲜最有战斗力的军队是京师壮卫营。但国王认为，如果把京师的军队调往镇压，就可能导致京城空虚，所以提议向中国借兵。但领议政沈舜泽、右议政郑范朝和左议政赵秉世都一致反对。沈舜泽的理由是，若借中国兵来镇压，就要由朝鲜供给军饷，显然这是一个不小的负担。② 会议没有就借兵问题做出决定，国王放心不下，会后又派朴齐纯与袁世凯磋商。当时汉城谣诼纷纭，有的说金玉均与大院君合谋，有的说日本与东学道勾结。由于朝鲜政府的一再要求，袁世凯的态度有所松动，开始考虑"代剿"问题，提出了"华兵代剿，严约束，毋扰民为上，抚次之，剿又次之"的设想，又向李鸿章建议，必要时调派张文宣、吴长纯所部赴朝助剿。③ 但李鸿章认为形势不致如此严重，没有派兵的必要。当时在仁川有日本两艘军舰，兵弁330人驻泊，北洋海军只留有操江舰和30余名水手，本来驻泊仁川口外的来远、靖远两舰都已撤回。鉴于这种情况，李鸿章才令北洋海军提督丁汝昌派济远、经远二舰及张文宣部官兵120人前往驻泊，聊以震慑，以防万一。后来，由于报恩聚会的东学道教徒逐渐散去，借兵之议便无人再提。

1894年全琫准在古阜郡率众起义，起义很快波及全罗道各地及忠清道。5月4日，各路义军会师白山，成立湖南倡义军，在一周的时间内连下数郡县。5月11日，又在黄土岘把数千全州营兵和褓负商组成的官军打了个落花流水。

两湖招讨使洪启薰率京师壮卫营800人虽已到达全州，但慑于农民军的威势，根本不敢正面迎战，乃于5月14日电达国王，请借外兵，电

---

① 《养寿园电稿》，津院去电，袁世凯致李鸿章，光绪十九年三月十八日。
② 《日省录》，李太王癸巳年三月二十五日。
③ 《养寿园电稿》，津院去电，袁世凯致李鸿章电，光绪十九年三月二十五日、二十六日、二十七日。

文说：

> 窃伏念乱有兵乱，有民乱；学有正学，有曲学。安集之方，备御之策，料无不出自朝家得其宜。现念东学猖獗，或窟于西南，无赖称托蚁附，操守畏缩虎视。大者以万数，小者以千数。初因守令贪墨，生灵涂炭。学不足以为，乱实为忧。有么么防御之军，道师之臣，何以坐视致滋蔓如此。悔之莫及。去年归化者，今日复起。此非但我朝之远虑，亦邻国之羞耻。昨今两度远起王师，民若于兵之往来，不可胜言。圣度如天，大且深，不为罪，更派臣招讨，继有纶旨，恩威并施。一向放肆，若将以逸待劳，此所谓削之亦反，不削亦反，芟除而后止。追东而去西，追西而去东，万无剿灭之道。臣之罪多矣，复命之日将自缚待罪，以顺王法。然而现今之时势，我少彼多，分兵难以摧击。伏乞借外兵助之，使彼徒首尾不能相接，其革信不能相通，彼必势孤，必散，力穷而自解。一举以得全，唯此大条。①

掌握实权的势道闵泳骏在接到洪启薰的电报后与袁世凯进行了密商，并于5月16日觐见国王，启言："贼势去益猖獗，莫可剿灭，据招讨（使）电达，要求清兵来助，恐合时宜。"国王于5月18日晨召集大臣会议，讨论借兵问题。大臣们普遍反对借兵，提出了所谓"三难"的理由：第一，民为邦本，不可剿灭几万生灵；第二，外兵入国内，其危害在京乡各地无所不及，将会动摇民心；第三，外兵入国内，各国公使必然调兵守护使馆，很容易发生衅端，使朝鲜变成战场。他们认为，解决问题的根本办法，首先在于革除弊政，严惩贪官污吏，使人心归化，其次是增派江华兵往助招讨。会上借兵之议被搁置，只决定加派5哨江华兵往援洪启薰。②朝鲜国王对向清政府请兵一事既感为难，而袁世凯这时态度也不积极，认为应该再观察一下动静。③

据推测，袁世凯已将朝鲜政府有请兵动议之事报告李鸿章。5月25

---

① 川崎三郎：《日清战史》第一卷，第170—171页。
② 《日本外交文书》第二十七卷，第498号，《中日战争》（续编）第九册，第183页。
③ 同上书，第516号："请来清兵之说，政府以为难处，且袁氏亦以为观势为之云云。"见《中日战争》（续编）第九册，第194页。

日，李鸿章在致总理衙门的电报中说："韩王未请我派兵援助，日亦未闻派兵，似未便轻动，应俟续信如何再酌。"① 当时朝鲜官军连遭败绩，传说国王准备亲自带兵出征，日本也要派兵前往。清政府关心朝鲜安危，既有请兵之议，当然会对出兵有所考虑。

本来，袁世凯并没有把东学党起义军放在眼里，认为他们是"饥寇负隅，似不能久支"②。但经过一段时间的观察，他开始对朝鲜的局势感到忧虑。他在5月25日致李鸿章的电报中说："匪已戕官据城，自应先剿后抚，而各兵畏缩，惟欲姑息了事，纵能解散，后患尤多。"③ 对官兵镇压不力的这种不满情绪，在他第二天访问闵泳骏时表现得尤为明显。当时袁世凯与闵泳骏有如下对话：

> 袁："为贵国之深远南虞④，诚未细加考虑。"
> 闵："上国与小国患难与共。既有危急之事端，全恃大人之厚意相助。"
> 袁："据云，前此派遣招讨使，以为叛乱指日可平，然而闻及叛乱依然猖獗。贵朝廷文武官员中，堪称招讨之将者仅为洪启勋（薰）乎？"
> 闵："若择其精锐者，不能不即日剿灭乱徒，但因不愿与彼徒相抗，故只能巩固其势。"
> 袁："连拼死抗敌，贼尚且难以讨平，何况不欲抗敌之徒乎？吾闻即于其自汉城出发之日，观察其动静，将无威令，兵无军纪。……虽与贼徒相遇，闻相距十里，则止而不追，此岂为讨贼之道乎？"
> 闵泳骏低首不答。
> 袁："如我用兵，五日可讨平。"⑤

袁世凯当然不会去代替洪启薰，只不过是希望刺激一下朝鲜政府，使之抛

---

① 《李鸿章全集》，电稿二，第678页。
② 同上书，第675页。
③ 同上书，第679页。
④ 东学党起义发生在朝鲜三南地区，故称"南虞"。
⑤ 《日本外交文书》第二十七卷，第501号，《中日战争》（续编）第九册，第185页。

弃以抚为主的政策,整饬军队,实力征剿。

但是,和袁世凯的期望相反,朝鲜官军依旧节节败退。5月31日,农民军终于攻克全州。消息传来,朝鲜满廷震动。朝王急派闵泳骏访问袁世凯,向袁请求说:"方今全州失守,以若朝鲜之兵,难以抗敌。且人才难得其人,望大人特念。"袁表示:"朝鲜有危,吾岂不悉心护之乎?若有难处之端,吾担当矣。"① 这时候,袁世凯见形势危急,朝鲜军队兵疲将懦,终无振作之望,对借兵助戡已变得十分积极。

闵泳骏取得袁世凯的承诺后入宫,朝鲜国王连夜召集时原任大臣会议。闵泳骏出班,启言:"贼势浩大,以若我国之兵,不可剿灭,请借清兵则一战可破。"再次正式提出借兵问题。但诸臣会议的意见是:"今之事势,不必招外兵也。姑观动静行此计为好也。"即反对马上借用清军,表示要进一步观察局势的发展之后再实行这一办法。国王无奈,只好让闵泳骏商请袁世凯前往全州指挥进兵,这理所当然地遭到袁世凯的拒绝。

6月1日,时原任大臣继续商讨。多数大臣仍不同意借兵。他们认为:"清国兵若请来,则曾有约条,日本兵必又出来矣。且饷需难办,后日之患,不可胜言。姑为观察为之。"② 按照中日之间1885年签订的《天津条约》,中国如果应朝鲜政府之请出兵,须先行文知照日本政府。那么日本很可能也会借口出兵。朝鲜大臣中的这一顾虑是很现实的。会上并未就借兵问题做出决议。国王找不到另外的解决办法,于是在未征得多数时原任大臣同意的情况下,便于当天正式决定向中国求援。

袁世凯秘密与国王的代表、内务府参议成岐运商议朝鲜借兵的具体事宜。他当然也会想到日本借机出兵的可能性。但是,由于没有得到反映日本真实意图的情报,他做出了非常错误的判断,认为:《天津条约》关于中日两国向朝鲜派兵问题,只说须先行文知照,并无中国派日本也派的规定。"日如多事,似不过借保护使馆为名调兵百余名来汉。然匪距汉尚远,日兵来,反骚动,韩外署应驳阻,各洋员尤不愿日先自扰。"③

实际上,日本早就关注着朝鲜向中国借兵的问题,以制造出兵的借

---

① 《日本外交文书》第二十七卷,第516号,《中日战争》(续编)第九册,第194页。
② 同上书,第194—195页。
③ 《李鸿章全集》,电稿二,第681页。

口。6月1日，日本驻朝鲜代理公使杉村濬听到朝鲜政府向中国乞援的风说，急派使馆书记生郑永邦访问袁世凯，以"询匪情"为名，试探事情的虚实。郑永邦对袁世凯说："匪久扰，大损商务，诸多可虑，韩人必不能了，愈久愈难办，贵政府何不速代韩戡？"袁答："韩廷亦有此请，我政府冀其习战自强，尚未核准。"袁并向郑永邦试探，按照《天津条约》，应由中国什么衙署知照日本。郑永邦答："由总署、北洋均可，我政府必无他意。"袁世凯得到郑永邦"必无他意"的承诺，觉得对借兵一事已经胸有成竹，乃于当日致电李鸿章，报告朝鲜请兵的情况。电文中说：

> 京兵败，械被夺，韩各军均破胆。昨、今商派京及平壤兵二千人分往堵剿，王以"兵少不能加派，且不可恃"为词，议求华遣兵代剿。韩归华保护，其内乱不能自了，求华代戡，自为上国体面，未便固却。顷已嘱"如必须华兵，可由政府具文来，即代转电请宪核办"等语。如不允，他国人必有乐为之者，将置华于何地，自为必不可却之举。待其文至，应请转总署，电饬驻日汪星使，照约行文日外部，告以由韩所请。……①

朝鲜政府6月1日已经拟好的请援照会，国王虽已同意，但并没有立即发出。原因是朝鲜的元老大臣、领敦宁府事金炳始持反对态度。闵泳骏把前次重臣会议的情况写信告诉了金炳始，并征求其意见。金炳始答复说："匪徒虽难赦，然皆我民，将以我兵剿之。若借他国兵诛讨，我民心当如何？民心易涣散，宜审慎！"金炳始还指出，借用清军，不得不考虑日军接踵而来的问题。② 关于金炳始的这一意见，在袁世凯致李鸿章的电禀中有所反映。6月2日的电文说："闻昨有宵小告王，韩草寇不能自办，遽请华兵代剿，遗各国笑，重百姓怨，且恐倭人生事。应缓请华兵，选将再战。王因惑……是其请兵之说，尚在迟疑。"③

急于引诱中国出兵的日本代理公使杉村濬，见迟迟没有动静，便于

---

① 《李鸿章全集》，电稿二，第681页。
② 郑硕谟：《东学乱记录》上，第8页，《甲午实记》五月初一日。
③ 《李鸿章全集》，电稿二，第682页。

6月3日亲自访问袁世凯,表示"盼华速代戡",并探询中国是否已经同意朝鲜的请求。袁世凯答称:"韩惜民命,冀抚散及兵幸胜,姑未文请,不便遽戮,韩民如请,自可允。"杉村问:"倘请迟,匪至公州,汉城甚危。拟先调兵来防护,华何办法?"袁答:"或调兵护,或徙商民赴仁川,待匪近再定。"杉村提出:"韩送文,请告知,以慰盼念。倘久不平,殊可虑。"杉村濬提出"拟先调兵来防护",意在促使中国出兵,并为日本出兵预留地步。但袁世凯却认定日本大不了"调兵百余名来汉",不仅没有怀疑杉村濬居心叵测,反而认为"杉与凯旧好,察其语意,似无他意"。

同日,在天津,日本领事荒川己次奉陆奥宗光的训令拜晤了李鸿章,所谈与杉村濬"语意略同"。这使得李鸿章也完全相信了日本"必无他意"的保证,毫不隐晦地告诉荒川:"韩请兵,势须准行,俟定议,当由汪使知照外部,事竣即撤回。"① 中国的动向,完全被日本掌握。

国王倾向于向中国求援,但顾虑日本及其他第三国借机出兵,要求闵泳骏和外务督办赵秉稷筹议对策。闵泳骏与赵秉稷商议后,向国王作了报告。君臣有如下对话:

> 闵、赵:"都城二十里内,贼犯之前,各国兵不得下陆。公法所载,则今虽清兵请来,其他外兵不得挥入。"
> 王:"若日本称邻谊,出兵来助,以何对之?"
> 闵:"此亦袁世凯必有涂抹之策,不必烦圣虑。"
> 王:"日前袁氏之言,不无俄兵见机称助之意,此则何以答之乎?"
> 闵:"自有所答之道。"②

袁世凯既认为日本方面"必无他意",闵泳骏、赵秉稷等相信了袁世凯的话,并打消了国王的顾虑。于是,国王于6月3日夜间派内务府参议成岐

---

① 《李鸿章全集》,电稿二,第685页。
② 《日本外交文书》第二十七卷,第516号,《中日战争》(续编)第九册,第195页。

运将以议政府名义签署的请兵照会送交袁世凯。①

清政府接朝鲜乞援的电报后,立即决定派兵赴朝。依照1885年中日《天津条约》的规定,李鸿章于6月6日致电驻日公使汪凤藻,要其行文知照日本外务省。6月7日,汪凤藻照会陆奥宗光,告知中国政府应朝鲜政府之请,按照"我朝保护属邦旧例",派令直隶提督叶志超"选带劲旅,星驰往朝鲜全罗、忠清一带,相机堵剿,克期扑灭,务使属境乂安,各国在韩境通商者,皆得各安生业,一俟事竣,仍即撤回,不再留防"。因照会内有"属邦"的提法,日本外务省官员与汪凤藻"大费辩论",日方欲汪商请清政府"酌改",汪凤藻"正词拒之"。李鸿章也认为在这一点上不能让步,复电汪说:"文内'我朝保护属邦旧例',前事历历可证,天下各国皆知。日本即不认朝鲜为中属,而我行我法,未便自乱其例,固不问日之认否,碍难酌改。"② 于是陆奥在复照中附加一语以示抗议,称:"查来照中有'保护属邦'一语,但帝国政府从未承认朝鲜为中国属邦。"③ 当天夜间,陆奥宗光训令日本驻华代理公使小村寿太郎照会清政府:"因朝鲜国现有变乱重大事件,我国有派兵之必要。帝国政府拟派兵若干。遵照明治18年4月18日贵我两国政府议定条约之款,特此行文知照。"④ 日本的阴谋已露端倪,但李鸿章却麻木不仁,不知变计,依然按照预定计划派兵赴朝。

中国援军分作三批由海路赴朝。首批为太原镇总兵聂士成所统芦防马步军,共910人,携马90匹,60毫米黄铜山炮4尊,及其他弹药,于6月6日晚6时自大沽口乘招商局轮船图南号,在北洋海军军舰超勇号的护卫下启航。8日下午抵牙山湾,9日趁早潮舟行40里抵白石浦,登陆整队,进驻牙山县。直隶提督叶志超所带榆防各营1000余人为第二批,携克虏伯87毫米大炮4门及大批军需弹药等,于8、9两日分乘海晏、海定二局轮,在军舰操江号护卫下启行,9、10两日抵牙山湾。因无驳船,叶志超延至11日下午才上岸抵牙山县,士卒军需直至12日上午10时始全部登陆。第三批,是总兵夏青云所带芦防马队百名,山海关雷营兵百名及

---

① 照会全文载《清光绪朝中日交涉史料》第十三卷,第7—8页。
② 《李鸿章全集》,电稿二,第686—689页。
③ 陆奥宗光:《蹇蹇录》,商务印书馆1963年版,第16页。
④ 《日本帝国会议志》第二卷,第1804页。

步队三百名，本拟由图南号回航后即运赴牙山，但因日本出兵，袁世凯与日本驻朝公使大鸟圭介协商共同撤兵，李鸿章害怕刺激日本，命暂缓载运。直至6月22日，这起部队才由大沽口登乘海定轮船，25日抵牙山。

聂士成部为清军前敌，6月12日先派出弁兵百人持告示前往全州招抚起义农民。告示称：

> 窃照朝鲜全罗道属地方党匪作乱，占据省会，杀伤军民，尔国王发电告急。我中朝爱恤属国，不忍坐视不救，奉谕钦差北洋大臣李奏派本统领率带马步枪炮大队前来征剿。特念尔等本属良善，或一念差失，或为所胁从，岂尽甘心从贼，遽膺大戮，殊堪怜悯。大兵到日，尔等能悔罪投诚，洗心革面，均予免杀；能将首恶擒献，必加重赏。若仍执迷不悟，敢行抗拒，悉杀无赦。①

聂部还张贴有一种申明军纪的告示，内容是：

> 奉宪檄饬，防营远征，保护属邦，并卫商民，自行军旅，纪律严明，今入朝鲜，军令重申，购买物件，照给钱文，如有骚扰，或犯别情，军法从事，决不稍轻，谕示兵勇，各宜禀遵。②

密切注视清军动向的日本间谍立即注意到了这两则告示。后来日本驻朝公使大鸟圭介专门派人持咨文到聂军，询问两则告示的真实性，以后便抓住其中"我中朝爱恤属国"、"保护属邦"的文句，大做攻击中国的文章。

当聂士成派弁兵前往全州招抚起义军的时候，全州的形势已经发生了重大的变化。原来，朝鲜政府请清政府派兵助剿时，没想到日本会借机兴兵。及得到日本出兵的消息，朝鲜政府马上意识到问题严重，立即调整对东学党起义的策略，改"讨剿"为主招抚为辅，为"宣抚"为主征伐为辅，希望及早结束内乱，以消除日本出兵的借口。两湖招讨使洪启薰向东

---

① 聂士成：《东征日记》，见丛刊《中日战争》（6），第2—3页。
② 信夫清三郎：《甲午日本外交内幕》（《陆奥外交》），中译本，第151页。

学党起义军提出议和，声明要惩办恶吏，革除弊政，满足农民的改革要求。全琫准等人在夺取全州后，原准备对起义军进行一次整顿，然后同忠清道一带的农民军会合，直取汉城。但对忠清道农民有较大影响的崔时亨等东学道上层分子反对继续战斗。他们甚至散发通告，声称："借道酿乱，不义也。湖南全琫准和湖西徐璋玉，皆为国家之罪人，师门之逆贼。吾辈当聚力而攻之。"① 在这种情况下，全琫准决定接受政府军的议和建议，以保存实力，等待时机。6月10日，洪启薰和两湖巡边使李元会、全罗道监司金鹤镇一起，到全州与全琫准进行谈判。翌日，双方签订了《全州协议》。其主要内容是：

一、消除教人与政府间之宿嫌，协力庶政；
二、查得贪官污吏之罪目，一一严惩；
三、严惩残暴富豪辈；
四、惩罚不良儒林两班；
五、烧却奴婢文籍；
六、改善七班贱人待遇，白丁不再戴平壤笠；
七、许可青春寡妇改嫁；
八、无名杂税一并勿施；
九、官吏采用打破门阀界限，登用人材；
十、严惩与倭奸通者；
十一、已往公私债务一并勿施；
十二、土地平均分作。②

《全州协议》还允许农民在各郡建立"执纲所"。6月12日，全琫准起义军退出全州。农民军除保留少数骨干武装外，大部分农民军士兵都解甲归田，在本地的执纲所实行"弊政改革"。

四 日本乘机出兵

东学党农民起义爆发后，日本驻朝鲜代理公使杉村濬于5月间迭次向

---

① 吴知泳：《东学史》，第139页。
② 同上书，第126—127页。

日本外务省报告称："东学党之乱，为朝鲜近来稀有的事件，但还不能认为这些乱民具有足以颠覆现政府的力量；根据乱民前进方向看来，将来为了保护我国公使馆、领事馆及侨民，或需我国派遣若干军队前来亦难预料……"① 陆奥宗光早在金玉均事件发生后就决心发动对朝鲜和中国的战争，但他认为此时商议出兵还稍嫌过早，尚应等待时机，因而密令杉村严密监视东学党的动向、朝鲜政府对东学党采取的措施，以及朝鲜政府与袁世凯之间的关系。

对东学党起义特别关注的，还有一直在紧张备战的日本军部。起初，陆军参谋本部次长川上操六指使驻朝鲜使馆武官陆军大尉渡边铁太郎，到接近起义地区的釜山搜集情报。其后，又于5月20日以参谋总长炽仁亲王的名义，派参谋本部部员伊地知幸介去釜山，同渡边铁太郎及釜山总领事室田义文合作研究朝鲜局势。川上操六还与杉村濬保持着书信来往。在伊地知幸介去朝鲜后，参谋本部便秘密开始了战争动员，命令陆军大佐寺内正毅、工兵少佐山根武亮、海军大尉松本和、工兵大尉井上仁郎、骑兵大尉西田治六筹建运输通信部。寺内正毅被指定为该部主任，立即着手制订各种规章，首先会同陆军省，制定了向日本邮船公司借调所需船舶的方针。②

5月30日，伊地知幸介回到东京，从军事的角度报告了东学党农民起义发生后的朝鲜局势。此后，军部内出兵论高涨。以川上操六为核心的扩张主义者叫嚷要乘东学党农民起义之机，用武力铲除朝鲜政府内部的事大党，恢复自甲申政变以来萎缩的日本势力。他们以参谋总长炽仁亲王的名义向政府提出："匪势甚猖獗，韩兵无力镇压。当前的趋势，韩廷必将向清国请求援兵。已知清国亦将接受此请求。若要保护在韩日本臣民，维护帝国权势，我国亦有出兵之必要。"③ 陆奥宗光在从杉村电报中得知朝鲜政府已向袁世凯请求援兵，只是因有些大臣反对而未确定的消息后，于30日、31日连续会见回国休假的日本驻朝鲜公使大鸟圭介，就出兵问题征求意见。大鸟建议：如能抢在中国之前派兵镇压东

---

① 陆奥宗光：《蹇蹇录》，商务印书馆1963年版，第8页。
② 信夫清三郎：《甲午日本外交内幕》，第105页。
③ 日本陆军参谋本部：《明治二十七八年日清战史》，第一卷，第95页。

学党起义，就可取得日后改革朝鲜内政的主导权，为此，需派遣1000名左右的陆军部队。①

当时恰值第六届国会开幕。5月31日，众议院通过了弹劾伊藤内阁的上奏案。上奏案指责政府对外姑息苟安，唯恐失外国人欢心，表示了对内阁的不信任。当天，朝鲜农民军攻陷全州。6月1日，驻朝代理公使杉村濬电报称："朝鲜政府已请求清帝国派遣援军。"② 6月2日，在内阁总理伊藤博文的官邸召开内阁会议，研究解散议会和朝鲜出兵问题。陆奥宗光首先将杉村的电报交阁员传阅，同时提出意见说："如果中国确有向朝鲜派遣军队的事实，不问其用任何名义，我国也必须向朝鲜派遣相当的军队，以备不测，并维持中日两国在朝鲜的均势。"③ 阁员均赞成陆奥的意见。因为他们都意识到，对朝鲜用兵是将国内矛盾转向国外的极好机会。面对众议院的不信任案，要么内阁辞职，要么解散议会。出兵恰可成为解散议会的借口。伊藤博文又派人将参谋总长炽仁亲王及次长川上操六陆军中将请来参加会议。二人到后，立即对出兵朝鲜问题作出秘密决议。

当天晚上，川上操六到外务省拜访了陆奥宗光，并在外务次官林董的列席下，讨论了出兵的方案。他们一致认为，在壬午、甲申两次汉城事变中，日本都以失败告终，这次无论如何要抢在中国的前头。川上推测中国派往朝鲜的兵员为5000人，要求派遣一个旅团，但这并不是通常编制约3000人的旅团，而是一支拥有大约8000兵员、能够完全压倒中国军队的战时编制的混成旅团。川上估计：如果日军在汉城附近取得胜利，中国就要求和；假使中国进一步增兵，日本就再派一个师团，在平壤与中国军队决战。总之，要做好派遣一个师团的准备，并先派出混成旅团。陆奥宗光表示同意。据林董后来回忆，当时会议所讨论的"已不是如何用和平方式解决问题，而是如何发动战争，如何取得胜利"④。

6月4日，袁世凯派译员蔡绍基通知杉村濬，朝鲜政府已正式请求派遣援兵。杉村立即拍发急电报告日本外务省。驻中国代理公使小村寿太郎

---

① 信夫清三郎：《日本外交史》上册，第259页。
② 同上。
③ 陆奥宗光：《蹇蹇录》，商务印书馆1963年版，第9页。
④ 林董：《回忆录》，转引自信夫清三郎《日本外交史》上册，第260页。

报告说，清政府已决定由山海关派兵1500名至朝鲜。驻天津领事荒川己次、驻中国使馆武官陆军少佐神尾光臣以及其他谍报人员，也都分别向外务省和参谋本部报告中国准备出兵的情况。此类电报，一日数至。陆奥得此消息，即命驻朝公使大鸟圭介至外务省，授以训令，要其马上返任。又与海军大臣西乡从道协商，决定派军舰载运大鸟及一支海军陆战队赴朝。在此之前，西乡从道已电令碇泊中国福建省闽江口马祖岛附近的常备舰队司令海军中将伊东祐亨，率松岛、千代田、高雄三舰开往釜山。陆奥又请求西乡令伊东祐亨率松岛、千代田开赴仁川。在参谋本部次长川上操六的授意下，部员陆军步兵少佐田村怡与造于一夜之间完成了混成旅团的编制方案，而为运送这支部队，正在筹建的运输通信部从日本邮船公司借调了10艘轮船。

6月5日，根据"战时大本营条例"，在参谋本部内设立了大本营，并得到天皇的批准。大本营以参谋总长陆军大将炽仁亲王为幕僚长，以参谋次长陆军中将川上操六为陆军参谋，以海军军令部长海军中将子爵中牟田仓之助为海军参谋，以陆军大臣陆军大将伯爵大山岩负责陆军部，以海军大臣海军大将伯爵西乡从道负责海军部，还设有侍从武官、军事内局员、兵站总监部、运输通信部、野战监督部、野战卫生部、管理部等职分和机构。当时有人提出按照惯例设立总督府以统率海陆军的建议，但未被采纳。那么，暂时只打算派出一个混成旅团的陆军和一部分的海军，为什么却要设立一个如此庞大的大本营呢？因为按照战时大本营条例，战时统帅事项不受任何国家机关的限制；天皇的战时军令大权，国务大臣完全无辅佐之责。政府的行为往往受到议会的牵制，而当时的内阁总理大臣伊藤博文在外交上也还有很多顾虑，一时举棋不定。军部要推行导引开战的方针，剥夺伊藤博文及国务大臣参预军事决策的权力，成立大本营显然是一个有效的措施。

当天下午4时45分，大鸟圭介与外务省参事官本野一郎、海军军令部第二局局员海军少佐安原金次，乘巡洋舰八重山号自横须贺港起程返任。警视厅警察20人作为大鸟的护卫随行。行前，海军大臣西乡从道指示八重山舰长海军大佐平山藤次郎，与公使共进退，公使如有请求，除该舰临时搭乘之下士官70名外，且须与停泊仁川之帝国各舰舰长协商，务必使多数陆战队登陆。① 当夜，陆奥宗光电告杉村濬："大鸟公使六月五日午后一时乘八重山舰从横须贺起锚去仁川，有三百名水兵和二十名警察作为警卫随行。但水兵出发一事，在新的训令到达之前不得公开。"② 第二天，杉村通知朝鲜外务督办赵秉稷和袁世凯，大鸟公使已带20名护卫警察出发回任，但对水兵同来一事秘而不宣。

6月7日，中国驻日公使汪凤藻将中国应朝鲜之请派兵赴援一事照会日本外务省。陆奥宗光立即电令日本驻中、朝两国使节宣布日本出兵朝鲜。在北京，日本代理公使小村寿太郎照会总理衙门："本署大臣刻奉本国政府札开，因朝鲜现有变乱重大事件，我国派兵为要，政府拟派一队兵，应照明治18年4月18日我两国政府议定条约之款，行文大清国政府知照。"③ 6月9日，总理衙门复照驳斥："查中国因朝鲜之请，派兵助剿，系保护属邦成例。且专剿内地土匪，事定即回。……贵国派兵，专为保护使署及商民，自无须多派。且非朝鲜所请，断不可进入朝鲜内地，致人惊疑。更虑中国兵队相遇，言语不通，军礼各异，或致生事。即希贵署大臣电达贵国政府为要。"④ 小村寿太郎接复照后，电外务大臣陆奥宗光请示。日本已发兵在途，蓄意挑起冲突，于是陆奥训令小村向总理衙门提出复照，声称："我政府并未认朝鲜是为清国属邦。此次，我国派兵朝鲜是凭《济物浦条约》，而于为之遵照《天津条约》办理在案。其应几多调派，我政府不得不自行定夺。其应如何行动，非所掣肘。无要前往之地，何必前往？至云兵队相遇，言语不通，军礼各殊，或致生事，是我政府所信而不疑。即希清国政府亦已预先防范，其揆一也。"⑤

在汉城，6月7日，杉村濬将日本出兵一事转达朝鲜外署。6月8日，又面见朝鲜外署督办赵秉稷，正式通知日本向朝鲜派兵。赵秉稷强烈要求日本士兵停止登陆。杉村态度蛮横，答称："贵督办虽千言万语，重复其不必要，而我政府既认定其为必要，则不能听从尊说。"⑥ 此后赵秉稷多

---

① 田保桥洁：《甲午战前日本挑战史》，第72页。
② 杉村濬：《明治二十七八年在韩苦心录》，见《中日战争》（续编）第七册，第5页。
③ 《日本外交文书》第二十七卷，第525号，《中日战争》（续编）第九册，第201页。
④ 同上书，第529号，附件一，《中日战争》（续编）第九册，第206页。
⑤ 同上书，第545号，附件一，《中日战争》（续编）第九册，第218页。
⑥ 同上书，第527号，《中日战争》（续编）第九册，第203页。

次与杉村进行口头的和书面的交涉，驻日朝鲜公使金思辙也向日本外务省提出要日本撤兵，但日本的态度毫无改变。

6月9日下午3时，大鸟圭介所乘八重山舰驶入仁川港。稍后，伊东祐亨所率之松岛、千代田二舰也开抵仁川。这时，停泊在仁川港的日本军舰有6艘，即：常备舰队旗舰松岛、千代田、八重山、筑紫、大和、赤城。伊东祐亨到仁川后，立即登上八重山舰会见大鸟圭介，经磋商，决定：大鸟第二天登陆赴汉城，由伊东组织一陆战队随行。于是伊东命各舰联合编成联合陆战队，指定松岛舰副舰长向山慎吉海军少佐为总指挥官兼大队长。全大队包含枪队两个中队和一个野炮队，有官佐28人，士兵405人，携野炮4门。当晚10时左右，大鸟及陆战队全部登陆。第二天凌晨3时集合于日本总领事馆。4时，两枪队在向山慎吉指挥下，护送大鸟，冒雨徒步向汉城进发。当天薄暮，大鸟等在麻浦乘渡船过汉江，由南大门入城，6时45分抵公使馆。炮队自仁川乘汽船顺明号溯汉江而上，下午在龙山登陆，早于大鸟近两小时到汉城。

先是，朝鲜政府6月9日晚得知大鸟到仁川的消息后，为阻止其带兵入城，立即派政府顾问美国人李仙得和外务参议闵商镐连夜赶往仁川。但当他们10日晨到达仁川时，大鸟及陆战队已经出发。朝鲜政府又派外务协办李容植迎阻于途中。李容植在龙山会见大鸟，告以京城平稳，不必率兵入京。虽经激烈争论，大鸟终未同意。联合陆战队除一小队驻于木觅山外，其余均随大鸟入城，其本部设于市川旅馆内。

6月5日宣布开设大本营的当天，天皇就批准了向朝鲜派遣混成旅团。傍晚，参谋本部就向广岛第五师团下达了动员令。师团长陆军中将野津道贯以其驻在中宇品附近的步兵第九旅团，即步兵第十一联队和第二十一联队为主体，外加一个骑兵中队，两个野炮中队，编成混成旅团，以陆军少将大岛义昌为旅团长。在动员的时候，由于时间紧迫，没有按预定计划编成补充队，而是召集了驻地附近的预备役军人。

按照参谋本部的计划，混成旅团的动员于6月10日完成，分两次运往朝鲜。但根据驻华使馆武官神尾光臣的电报，第一批清军将于6月6日乘船从山海关出发。日本大本营唯恐中国军队占据先机，突于6日决定，不等混成旅团编成，先派一个步兵大队出发，进入汉城。野津道贯立即根据大本营命令，令步兵第十一联队第一大队少佐一户兵卫指挥的一个步兵大队和一个工兵小队作为先遣队。先遣队于动员令下达后，以两天半的时间动员完毕，8日傍晚在宇品港登上运输船和歌浦丸，9日起锚。高雄号军舰10日自门司为和歌浦丸护航。6月12日，一户兵卫率队自仁川登陆，13日徒步抵汉城，接替向山慎吉指挥的海军陆战队。

按照原订计划，除先遣队外，属于第一批运送的部队本应于10日至11日乘船，其他部队陆续载送。但在接到清军1000人已经到达牙山的情报后，日本大本营于9日决定加快出兵步伐。于是，混成旅团司令部及已准备好的部队于10日在宇品开始搭乘运输船。6月4日向日本邮船公司租用的10艘轮船中，和歌浦丸已载送先遣队赴朝；于10日夜做好出发准备的只有5艘，即近江丸、熊本丸、远江丸、越后丸、酒田丸。大岛义昌即率此5船于11日从宇品港先发，当天傍晚集中于六连岛，与吉野号护卫舰一起前进。其余部队分乘所余4船即住江丸、兵库丸、仙台丸、山城丸，亦于11日出港，于13日追及先发各船。所有运输船在吉野舰的护卫下于15日入仁川港，16日全部登陆。大岛将旅团司令部设于日本人在仁川开设的水津旅馆中。混成旅团入朝人数近4000人。

第二节　袁世凯与大鸟的撤兵交涉

大鸟圭介返任前，外务大臣陆奥宗光曾于6月4日给以书面训令，主要内容是：（1）日本将出兵朝鲜，一是为保护公使馆、领事馆及日本侨民；二是对中国政府派兵入朝作出反应。日本出兵的依据，从日朝关系来说，有1882年《济物浦条约》第五款和1885年7月18日日本代理公使高平小五郎的照会；从日清关系来说，有1885年《天津条约》第三款。（2）日本军队入朝后，可应朝鲜政府之请平定叛乱，也可应各国公使或领事之请保护各国使领馆及侨民。（3）此外如有急需办理事项来不及请示电训时，可随机处理。① 陆奥这一书面训令，主要目的在于为出兵铺平道路，提供借口，并未也不便将其全部意图说尽。因为当时还在举棋不定的伊藤博文也有指示，要大鸟与袁世凯进行协商，尽可能和平了结。于

---

① 《日本外交文书》第二十七卷，第507号，《中日战争》（续编）第九册，第189—190页。

是，陆奥宗光在大鸟临行前又发出口头训令，露骨地要其把"在韩国取得优势"作为"主要目的"，并且说："向这个方向前进，纵使破坏和平，完全由我负责，所以阁下（指大鸟）即使觉得过激，也无须顾虑，而应采取坚决措施。"外务次官林董参加了这次谈话，感到这种训示"简直等于说要尽量采取开战的办法"。因而，大鸟圭介是带着"表里不一，包含两个主义"的指示回到汉城的。[①]

大鸟圭介回国休假期间朝鲜发生东学党起义，在国内接触的全是日本外务省和参谋本部收到的带有引导开战倾向的情报，以及报纸上连篇累牍的关于朝鲜局势的夸大宣传。所以在他的印象中，朝鲜局势一片混乱，中国军队要乘东学党之乱开进汉城，控制朝鲜。但回任后却发现，汉城平静如前，公使馆和日本侨民毫无蒙受危害之虞；中国军队并无一兵一卒进驻汉城，而是屯居远离汉城的牙山一隅。这完全出乎他的意料之外。

大鸟带兵来汉城，朝鲜政府极为恐惧。在大鸟来汉城之前，朝鲜外署就不断口头及书面与杉村濬交涉，指出：（1）汉城极为宁静，毫无担忧之气氛，且南道乱事已经平定，于此无警之时日本出兵来汉城护馆，是"于已安之地而故扰之，于无警之际而故骚之"。（2）日本派兵护馆，各国势必援例派兵。这不仅危及朝鲜的安全与体面，也有害于东亚的和平。（3）日本兵进入汉城，必使人心惶惶，恐将引起意外弊端。[②] 大鸟在由仁川到汉城的过程中，遭到朝鲜官员的阻止，深深感受到朝鲜政府的不满。到汉城后的情况，杉村濬记述说："综观京城的形势，甚为平静，当然用不着很多的警卫部队。不仅如此，就是先期入京的四百多名水兵，也如平地起风波一样，不仅朝鲜政府感到为难，各国使节也都对我方的举动震惊而抱有异议。大鸟公使见此形势，稍稍改变了原来的想法，及至见到了清使之后，其倾向更加强烈。"[③]

大鸟到汉城后，看到陆奥宗光6月10日给杉村代理公使的电报，得知政府除派遣一户兵卫率先遣队来朝外，又于当日派大岛义昌率混成旅团团部及首批部队渡海，后续部队亦将成行。大鸟从汉城的局势看不出派兵

---

① 信夫清三郎：《日本外交史》上册，第261页。
② 《日本外交文书》第二十七卷，第527号，第541号。
③ 杉村濬：《明治二十七八年在韩苦心录》，《中日战争》（续编）第七册，第7—8页。

的必要，便于6月11日致电陆奥宗光，指出："汉城已平静，暴徒之事无异常，其余大队可暂停派遣，但无论何时应使其作出发之准备。"当天他又接到陆奥电报，得知续发部队也已启行，于是急忙致电陆奥，指出："目前汉城的形势，对于进入过多之士兵，恐无正当之理由可资提出，故不得本使之命令，士兵不许登陆，此意已电训大岛。"6月12日，大鸟再次致电陆奥，进一步指出："使过多之士兵登陆必招致外交上之纠纷。本使认为除必要之士兵外，希皆退向对岛待命。"① 接着他又派使馆武官渡边大尉前往仁川，送信给大岛义昌，表示：目前京城的形势平静，如果大量部队入京，反而有害于安定。②

袁世凯当初力主中国接受朝鲜的请求出兵"戡乱"，根本没有料到日本会借口出兵。当他听到日军将大举入朝的消息后，十分震惊，立即遣人向日本公使馆提出质问，并指使朝鲜外署阻止日军进驻汉城。百端阻止不果，更感问题严重，认为日军"倘竟来，必有他虑，极可危"③，因而电请李鸿章设法制止。李鸿章请英国驻华公使欧格讷调停。欧格讷致电英国驻朝鲜领事及驻日本公使，使之劝阻日本派兵，均无效。袁世凯一度认为中国军队应全力"戡乱"，一旦乱平，"华兵去，日自息"④。这显然是一种很天真的想法，逐渐为日本大兵压境、咄咄逼人的声势所粉碎。袁世凯无奈，只好寻机与日本公使商谈共同撤兵。

忧心忡忡的大鸟圭介，在强大的外交压力下，为了寻求摆脱困境的出路，于6月12日上午拜访了袁世凯。袁世凯乘机提出限制增兵与撤兵问题。双方于是就此进行了两个小时的详细讨论。袁世凯事后向李鸿章电禀了这次会谈的经过：

顷大鸟来谒，谈论二时久，坚谓："实护馆而来，并相机帮韩御匪。"凯婉与商办，相订：今到仁之八百兵，来汉暂住即撤；现在汉之水师兵，候八百到，即回船；续来者毋登岸，原船回日；未发者即

---

① 《日本外交文书》第二十七卷，第531号，第535号，第538号，《中日战争》（续编）第九册，第207页，第209、210—211页。
② 杉村濬：《明治二十七八年在韩苦心录》，《中日战争》（续编）第七册，第8页。
③ 《李鸿章全集》，电稿二，第692页。
④ 同上书，第695页。

电阻。华亦不加派兵来汉。凯询大鸟以"十四船载兵若干"。答："每大队八百，共三队，其各项杂役及随效者又有多名。"凯谓："韩事已渐平，我兵拟早撤，以免暑雨。如闻日遣大兵，自将加兵前来。因相防，必生嫌。倘韩西人伺隙簸弄，或西人亦多来兵，候收渔利，不但韩危，在华日亦必有损。华日睦，亚局可保；倘生嫌，徒自害。我辈奉使，应统筹全局，以利国，岂可效武夫幸多事！我深知必无利，故尚未调一兵来汉。"鸟答："甚是，适有同见。我廷视韩匪大重，骤遣大兵，我年逾六旬，讵愿生事？即电阻后来各船兵。"凯又以宪意劝令少驻汉兵，分留仁。鸟答："我廷原派实不止八百，况一队一将未便分驻仁。韩匪闻贵军至虽逃散，兵仍未解，待事定即全撤，必不久留。"鸟又谓："接津电，闻华发兵两千将来汉。如然，恐彼此撤去又须时。"凯答："我廷闻尔遣大兵，或将加兵来汉，果汝能阻续来兵，我亦可电止加派。"鸟云："我二人即约定，我除八百外尽阻之，你亦电止华加兵。我二人在此，必可推诚商办。"①

会谈中显然已达成一项谅解，即：日本已到仁川的800名先遣队，可到汉城临时接替海军陆战队，然后撤回；海军陆战队400余名撤回海上；续来的日兵不要登陆，原船回日本；未发者不再派出。中国政府也不再加派军队。李鸿章对这一结果非常满意，命令停止派遣续发部队，又电令叶志超、聂士成停止进兵。

当天下午4时，日军800名先遣队在仁川登陆，定于翌日开赴汉城。袁世凯抓住时机，指使朝鲜外署督办赵秉稷向中日两国提出要求共同撤兵的照会。赵秉稷首先于12日晚致函大鸟，提出：

> 汉京原无险虑，因前次贵兵无故调来，反致骚然。政宜立施撤还，借资释疑，方称贵公使处事公允，亦属本督办之所厚望也。何以此次又添多兵陆续进京，以致都下人民转益惊疑？此本督办之尤未可解，尚望贵公使更加三思。先饬在馆海兵亟行撤回，并将抵仁陆兵勿

---

① 《李鸿章全集》，电稿二，第698页。

令前进，以安人心而敦友睦，至所盼祷。①

赵秉稷复于翌日正式照会大鸟，进一步指出：

> 查全州匪徒，前已扫除，日下我京本甚安堵。因贵兵迭次替进，数又过倍，从以人心大骚，风鹤皆惊，各国客民尤多谣疑。此等情形，实有岌岌可危之虑。想贵公使已可亮及，似不待本督办之赘陈也。尚望贵公使立即电详贵政府，亟将来兵从速撤还，实为两国之大幸。②

同时，又致公文于袁世凯，首先指出中国援兵到后，"土匪"闻风胆落，现全州已告克复。在表达谢意之后，吐露"不敢再劳天兵前进"之意，请求中日共同撤兵：

> 日本以天兵来剿，疑忌多端，日前突发五六百兵驻我都下，屡由外署驳论阻止，终不听从，意似必须天兵撤回，始肯同撤。传闻仍有数千兵继来于后。敝都警备素疏，有强敌包藏祸心，入据心腹。东人臣民，危在呼吸，度日如年，人情大骚，不堪设想。幸值该匪已除，冀可解祸。即恳袁总理迅即电禀中堂，酌量援救，非敝邦所敢渎请也。

朝鲜外署给中日两国的照会，给袁世凯与大鸟的会谈增加了一份促动的力量。袁世凯将朝鲜的请求转报李鸿章，李鸿章即令进兵至公州的叶志超"速调所部回牙山，整饬归装，订期内渡，以便派商轮往接。一面函商袁道，催日本同时撤兵，勿再观望迟疑为要。"③

李鸿章、袁世凯都意识到局势的严重性，诚心诚意主张撤兵，但他们的着眼点都在于中日同撤。这时，只有从全州回到牙山的聂士成提出了另

---

① 《日本外交文书》第二十七卷，第550号，附件一，《中日战争》（续编）第九册，第229页。
② 同上书，附件二，《中日战争》（续编）第九册，第230页。
③ 《李鸿章全集》，电稿二，第699页。

外一种中国单方面撤军的思路。他在6月12日请叶志超电禀李鸿章：

> 我军本奉命平韩乱，非与倭争雄也。倭乘间以水陆大队压韩，据险寻衅，蓄谋已久。又敌众我寡，地利人和，均落后着，与战，正堕彼术中。今匪乱已平，正可趁此接队内渡，免资口实，此老子不为人先之谋，亦兵家避实击虚之计。况韩为泰西通商之国，岂容倭人鲸吞？倘仍顽梗，可请英、俄诸国评论曲直，一面调集我海陆各军驻屯北洋、奉天边境，俟秋凉，我陆军出九连城趋平壤以拊其背，海军战舰大队塞仁川以扼其吭，彼时倭师劳而无功，将骄卒惰，可一鼓破之也。否则，倭将先发制我，衅端一启，大局可危。①

李鸿章没有接受他的建议。从甲午战争导致的严重后果来看，也许聂士成的主张是可取的。但当时清政府大阅海军刚刚结束，对自己的力量并没有清醒的估计，要求他们单方面撤军，实际上是行不通的。

6月13日，袁世凯回访大鸟，进一步商谈撤兵问题。袁世凯致电李鸿章报告这次商谈的过程说：

> 顷回视大鸟，告以："照昨订，华勿加兵，日续兵原船回。"鸟云："多兵在船数日，闻须下岸稍憩即回。刻已派参赞杉村专往，与陆将商，如能不登岸尤妙。"凯谓："昨已面订，应毋下岸。"鸟答："必力阻。"凯又劝减在汉八百兵，免韩惧生事。鸟允商酌减。凯又以亚局反复辩论，鸟亦称善。②

大鸟圭介这时与袁世凯的意见仍然基本上是一致的，并且正在为实现撤兵采取实际的步骤。杉村濬回忆说："当时我暗想我国政府派遣如此之多的士兵来此，必是另有用意。如果这样，公使不应不按政府意图行事，只强调朝鲜现状而反对我军登陆，这可能是不可取的。因而我把这个意见向公使提出。公使说：'此时如登岸的士兵太多而惹起麻烦，决不是政府的本

---

① 聂士成：《东征日记》，《中日战争》第六册，第8页。
② 《李鸿章全集》，电稿二，第701页。

意,而且也不是本官所应做的事.'"① 其实,大鸟并非不了解陆奥宗光不惜一切挑起战争的意图,但是,陆奥的意图是通过口头训令的形式给他下达的,而在陆奥给他的书面训令中,这项意图并不明显;而且,总理大臣伊藤博文的指示是要其与袁世凯妥商,尽可能和平了结。在双重矛盾的三种指示下面,大鸟的第一选择,当然是执行陆奥宗光的书面训令。

　　大鸟圭介6月12日与袁世凯达成互相撤兵的谅解后,即致电陆奥宗光,请求停止派遣大岛混成旅团赴朝。大鸟对朝鲜局势的描述和分析是真实的,陆奥不能不予肯定。但是,建立在这种分析之上的要求撤兵的意见,却是陆奥宗光所不能接受的。日本已经迈出了挑战的步伐,决不可能再缩回腿去。陆奥宗光后来谈到这一问题时解释说:"反观我国国内情况,已成骑虎之势,不仅不能中途变更既定的军队人数,且观察中国政府历次的外交,在此期间将施展如何阴谋诡计,以欺骗我国,尚不可知。又据天津北京最近来电传闻,中国为了向朝鲜派遣大批军队,仍在积极进行出兵准备,因此,我政府一方面认为大鸟公使的建议非常恰当,另一方面又实难预料何时发生不测的变化。考虑到在此千钧一发之际,成败的关键完全取决于兵力的优劣,所以决定仍按政府原定计划迅速先将预定的混成旅团派往朝鲜为万全之策。"② 大鸟圭介是在分析了清政府的出兵意图和动向之后作出自己的判断和建议的。陆奥宗光既称这些建议"非常恰当",却又编造一些对清政府的猜疑,以之作为继续出兵的依据,这是非常荒唐的,是典型的强盗逻辑!

　　6月13日,陆奥宗光针对大鸟要求大岛旅团不要登陆、登陆后暂屯仁川不要开赴汉城的建议,电复大鸟:

　　　　按尊意,参谋本部命令大岛将其军队驻屯于仁川。阁下要求禁止士兵进入汉城之理由,乃使清国与朝鲜方面产生一定恐惧,此为最初充分预料之事,并为阁下所知。若大岛部下之兵长驻仁川,恐失入京之机。如何事亦不为,何处亦不往,终于自该处徒然归国,不仅极不体面,又不符合政策。若无特别重大故障,莫如立即进入汉城,岂不

---

① 杉村濬:《明治二十七八年在韩苦心录》,《中日战争》(续编)第七册,第8页。
② 陆奥宗光:《蹇蹇录》,第20页。

佳乎？①

日本虽同意大岛混成旅团暂驻仁川待命，但不仅不同意共同撤兵，反而对大鸟有所指责，坚持日后混成旅团继续进驻汉城。陆奥尚恐大鸟不了解政府的用心，当天又发一电，要大鸟向朝鲜政府要求混成旅团参加平乱，以造成日军入京的口实。电文说：

> 军队之一小部虽有留守仁川之必要，但如六月十三日晨电报中所谈，不管外交上稍有纷议，使大岛部下之主力部队进入汉城，乃为上策。因甚望尽速恢复和平，若清兵尚留驻牙山而未进军时，阁下不妨要求日本兵平定暴徒。对于朝鲜将来之政策，日本政府不得已将采取强硬措施。关于此点，本大臣与伊藤伯爵正商议中。②

陆奥不得不明白说出"将采取强硬措施"的话来，很有"图穷匕首见"的味道。但大鸟认为，镇压所谓"暴徒"并不能为日本军队进入汉城提供借口。军队进入汉城，只能使日本日益陷于危险境地，招致外交纠纷。因而又于14日致电陆奥，申述自己的看法：

> 全罗道暴徒败北，清兵未派至汉城。处此境遇，为保护我使馆及人民，不仅无派遣多数士兵之必要，且清国、俄国及其他各国亦怀疑日本之意图，以至有向朝鲜国派出士兵之虞。故日前事态变化之所以愈益使我陷于危险境地者，乃四千士兵无理入京之事。日本政府实行如斯措施，必有害于我外交关系。然日本政府于遂其出兵之宿愿外，有接受一切变故之决心，此全属论外之事。③

简言之，大鸟是说，如果出兵只是为了保护使馆、侨民，那么还是不要再出兵的好。但如果日本意在挑起事端，不怕引起任何纠纷，那就另当别论

---

① 《日本外交文书》第二十七卷，第543号，《中日战争》（续编）第九册，第217页。
② 同上书，第544号，《中国战争》（续编）第九册，第217页。
③ 同上书，第548号，《中日战争》（续编）第九册，第222页。

了。这后一句话是对陆奥来电中所说"将采取强硬措施"一语的照应。大鸟是在暗示陆奥,他本人亦不固执己见,希望给予更为明确的训示。

6月14日,袁世凯通过日本驻朝鲜使馆的译员转告大鸟:"《津约》仅可照护馆,有定数。乃尔突派大兵,意自有在。尔不撤汉城兵,我牙兵亦应来。惟至甚远,久持蝇集,必有损。现匪已散,剿卫均落空,何苦空相持。我兵本拟即去,因尔兵添,故未便动。倘鸟以大局为念,应与我设法了结,免启他国警,否则,两相持,必遗悔。"① 进一步敦促大鸟与之签订协议,以实现共同撤兵。

6月15日,袁世凯到日本公使馆访晤大鸟。大鸟受到日本政府的压力,必然会考虑如果政府最终不同意撤兵,将来如何转弯的问题。所以这次会谈,双方"驳论半日",不如前两次会谈来得顺利。大鸟已经表示过同意撤兵,眼下还不好陡然变卦。于是双方达成四项协议:

一、日本续发的军队到仁川后,稍事休息即返回国内;中国停止派兵。

二、日本在汉城的1000名士兵立即开赴仁川,其中的四分之三定期撤回,留250名暂驻仁川。

三、中国在牙山的2000名士兵,先撤回五分之四,留400名暂移驻仁川附近。

四、待朝鲜内乱平定后,两国军队一律撤走。

这四条协议的形成,按照常规,表示谈判已趋成熟,下一个程序便应是签署正式文件并换文了。但大鸟这时却以未奉政府命令为由声明"撤事不敢自定",要求双方先拟文草,派参赞官乘快船回国请示,"候复电,即定约,须五六日"②。这表明,大鸟已经准备在接到政府明确指示后撕毁协议。

日本政府要在朝鲜挑起事端的意图,已是司马昭之心路人皆知,日本驻朝公使馆的工作人员,自一等书记官杉村濬以下,也无不明了。杉村6

---

① 《李鸿章全集》,电稿二,第703页。
② 同上书,第705页。

月13日奉大鸟命前往仁川劝阻大岛混成旅团开赴汉城。他一到仁川，便致电外务大臣陆奥宗光，阐述自己与大鸟圭介不同的见解，反对撤兵，表明自己站在陆奥和政府的立场上。他在向大岛旅团长陈述了大鸟公使的意见后，由于"看到新到军人的气氛甚盛，难以达到公使期望的目的，感到有必要及早计划善后之策"，便急忙从仁川返程。① 6月15日袁世凯与大鸟商定四项协议后，公使馆里的"少壮派"对大鸟表面上采取和平了结的态度十分不满，议论纷纷。据说，助理交际官松井四郎面见大鸟，向大鸟提出反对意见。大鸟于是派翻译郑永邦去见袁世凯，表示签订协议一事"不大好办"②。大鸟刚刚说过的话，就这样轻易地一风吹了，可谓食言而肥。至此，袁世凯与大鸟的撤兵交涉实际上已经结束。导致大鸟如此迅速地转向，当然并不仅仅是松井这个年轻人的建议。实际上，6月15日大鸟又收到陆奥要其留兵于朝鲜的电训。③

6月16日晚，杉村从仁川回到汉城，松井立即向其报告了几天来发生的情况，要他催促大鸟圭介改变方针。17日晨，杉村又与参事官本野一郎进行了策划，秘密议定："放弃日清同时撤兵的决议，即使由此而引起与清国之间的战端，也应决定朝鲜的独立问题。"然后杉村找到大鸟，复命之后，以"要否定同时撤兵论，如清国不从，便抛出朝鲜独立论，成败诉诸武力"为宗旨，向大鸟耐心进言。大鸟部分地接受了杉村的意见，即同意放弃同时撤兵论，并据此于17日致电陆奥宗光。杉村等人对这份电报的内容并不满意，称其"宛如画龙没有点睛一样"，"给人以不完整的感觉"④。说穿了，就是没有直接提出"朝鲜独立"、"诉诸武力"之类的看法来。尔后又经参事官本野一郎的说服，大鸟终于向陆奥宗光发出如下电报：

> ……然而，让这批六月十五日到达仁川的三千名士兵由于无事可做而返回又是失策的。因此，必须找一些理由把他们充分利用上。可喜的是袁世凯六月十五日来了，他建议中国和日本同时撤兵。我回答

---

① 杉村濬：《明治二十七八年在韩苦心录》，《中日战争》（续编）第七册，第8页。
② 朝日新闻社编：《日本外交秘录》，第56页。
③ 《日本外交文书》第二十七卷，第552号，《中日战争》（续编）第九册，第232页。
④ 杉村濬：《明治二十七八年在韩苦心录》，《中日战争》（续编）第七册，第10页。

说我要请示，因为我无权决定撤兵。我想借此机会要求朝鲜政府和袁世凯在我们撤兵之前撤出中国军队。如果袁世凯拒绝照我们要求去做，我们可以将此考虑为在中国方面力图维持其在朝鲜的宗主权，拒绝接受我方为维护朝鲜独立所做的努力。由于中国政府这样的行动也严重地影响了我们在朝鲜的利益，我方可以以任何理由用武力将中国军队驱逐出去。如果在所有的睦邻协议都达不成后，且又不损害我们的尊严，我是否可以采取这样有力的措施。立即答复。①

大鸟完全回到了日本政府的立场上，已随时准备用武力攻击中国军队。李鸿章、袁世凯一味寄希望于中日两国共同撤兵，不积极寻找其他解决问题的办法，使得中国在朝鲜的处境越来越被动了。

第三节　日本的开战政策

一　"共同改革朝鲜内政"的圈套

正如日本《报知新闻》的社论所说："若在朝政治家之志只在保护侨民的生命财产，岂须动用数千大军，岂须耗费数百万日元，何须包租北海定期航线的轮船，以致货物积压，给数百万人民带来百般不便，又何须使经济界顿起波澜，各种股票为之价格下跌，无数股票持有者蒙受巨大损失？"② 不言而喻，出兵目的是为了挑起战争。但是，日军在仁川登陆，到汉城驻扎，而清军远在牙山，两军并不接触，一时还难以挑起冲突。东学党起义偃旗息鼓，也使日军失去了以帮助平乱为借口接近清军的机会。"既无迫切的原因，又无表面上的适当借口，双方还不可能开战"，这是使日本军政当局感到苦恼的问题。伊藤博文与陆奥宗光反复商议，一致认为："要想使这种内外形势发生变化，除去实施一种外交策略使局势改观以外，实在没有其他方法。"③

当时的国际舆论对日本非常不利。陆奥宗光对此曾有记述，他写道：

---

① 《日本外交文书》第二十七卷，第560号，《中日战争》（续编）第九册，第241页。
② 《报知新闻》1894年6月21日。
③ 陆奥宗光：《蹇蹇录》，第21页。

"反之,再看驻在朝鲜的外国官员和商民的情况又是怎样? 姑且不论其表面,内心却默认朝鲜为中国属邦,并且相信中国此次出兵是根据朝鲜国王的请求……尤以在汉城、仁川之间驻有士兵七千余名,在他们眼中自然感到惊异和疑惧。他们只看到日本军队早晚不断往来于汉城、仁川之间,却丝毫不知中国驻在牙山的军队行动如何。总之,他们不问我国政府出兵的名义及其用意如何,便妄自断定日本政府平地起风波,蓄意乘机侵略朝鲜。因此,他们对于中国比对日本多表示同情,而且这些欧美驻朝鲜的外交使节和领事等还只凭其臆断分向本国政府报告情况;另有一些外国商人更是妄自揣测,也向其本国报纸通信投稿,所以在中日事件发生的初期,无疑的确已触动了欧美列强的感情。"① 大鸟圭介正是基于这种局势,害怕引起外交纠纷,所以主张与中国一起撤兵。

伊藤博文为首的日本政府要员们,习惯于先察看欧美列强的态度,然后行事。出兵朝鲜,他们更加注意到这一点,特别是重视英、俄两个在东亚有着严重利益冲突的国家的态度,害怕他们插手和干预。但这一顾虑很快便打消了。据日本驻英公使青木周藏的报告,如果日本的行动能防止俄国入侵朝鲜,那么英国不会反对。而俄国目前也无入侵朝鲜的迹象。参谋本部派往朝鲜的福岛安正中佐则分析说,从俄国在西伯利亚的兵力配备情况来看,俄国不可能出兵朝鲜。福岛曾任驻德国公使馆武官,1892年单身一人从俄国彼得堡出发,横穿西伯利亚、蒙古及中国黑龙江各处,长途跋涉1.4万公里,对俄国在远东的军事部署进行了详细调查,因而他的分析极具说服力。陆奥宗光在与俄国公使的直接交谈中也感到,关于俄国出兵朝鲜一事,"目前似乎无须担心"②。

既然打消了列强干涉的顾虑,日本政府便放心地实施它们的"外交策略",亦即为日军赖在朝鲜不走、进一步扩大事态制造借口。

6月14日,在内阁会议上,伊藤博文首先抛出一项亲自拟订的方案,打算在征求阁员的意见后向中国政府提出,内容是:

> 朝鲜内乱,应由中日两国军队共同尽力迅速镇压;乱民平定后,

---

① 陆奥宗光:《蹇蹇录》,第20页。
② 《日本外交文书》第二十七卷,第552号,《中日战争》(续编)第九册,第232页。

为改革朝鲜内政起见，由中日两国向朝鲜派出若干名常设委员，调查该国财政状况，淘汰中央及地方官吏，设置必要的警备兵，以维护国内安宁；整顿该国财政，尽可能地募集公债，以便用于兴办公益事业。

这个方案得到阁员的一致赞同。但陆奥宗光认为，中国政府肯定不会同意这一方案。在实行这一方案之前，必须考虑到，如果中国政府不同意时，日本将采取何种因应之策，是将这一方案投入废纸篓中，还是单独迫使朝鲜"改革内政"，是撤回军队，还是继续驻军朝鲜。陆奥当然是主张采取后一种措施的，因而在第二天的内阁会议上，在伊藤提案以外又提出两项附带条件：

一、"不问与中国政府的商议能否成功，在获得结果以前，我国决不撤回目下在朝鲜的军队"；

二、"若中国政府不赞同日本提案时，帝国政府当独力使朝鲜政府实现上述之改革"[①]。

这一提案在内阁会议上获得通过，后又由伊藤上奏，得到明治天皇的裁可。

当天，陆奥宗光将日本政府关于"改革朝鲜内政"的这一"断然措施"电告大鸟圭介。同清政府的交涉，将由陆奥宗光亲自与中国驻日公使汪凤藻会谈。陆奥要求大鸟圭介严守秘密，同时训示说：

与清国商定此事，于其谈判继续期间，即使以任何借口，亦使我军留驻京城乃极为重要之事。其原因为李鸿章苦心于日本兵之撤退，似乎纵令使清兵退去亦欲遂其目的。作为拖延我军撤回之理由，阁下最公开表现之方法，可将公使馆员或领事馆员派至暴动地方进行实况调查。然而，上述调查尽可能使其缓慢，其报告书故意含有尽力否认

[①] 陆奥宗光：《蹇蹇录》，第22—23页。

和平状态之模样，此为切望之事。①

不仅要继续留兵，还要拖住中国军队，不让李鸿章单方面主动撤军，为此而鬼鬼祟祟，弄虚作假。被一些人誉为"大政治家"的陆奥宗光，玩弄的就是这样卑鄙的小伎俩。

陆奥宗光因为寻得了这样一个"外交策略"而感到兴奋。他在其笔记中回忆说："现在我国的外交显然是百尺竿头更进一步了。今后的一线希望，只系于中国政府能否同意我国的提案。如果中国政府拒绝我国提案，不问其理由如何，我政府皆不能漠视，并由此可断定中日两国的冲突终将不可避免，不得不实行最后之决心。这个决心，帝国政府在最初向朝鲜出兵时业已决定，事到今日就更无丝毫犹豫之理。"②

6月16日，陆奥宗光约见中国驻日公使汪凤藻，口述了日本内阁会议决定的主要内容（不包括陆奥本人所加最后两条），要求汪凤藻转告中国政府。对于日本政府的这一新花招，汪凤藻感到意外，与陆奥宗光进行了辩驳，指出，朝鲜内乱已临近平定之际，出动两国军队是无用之举，"如杀鸡用宰牛之刀"，且中国军队是受朝鲜委托，而日本军队是为保护使馆侨民而来。至于改革朝鲜内政问题，汪凤藻指出："我政府于平定朝鲜内乱后谋求善后之策时，亦不能不与贵国协商。但其应于该国内乱全部平定，两国共同撤兵之后，从长计议。"③ 当晚，汪凤藻将陆奥会晤一事电告李鸿章。

6月17日，陆奥宗光向汪凤藻提交一件正式照会，其中称：

兹因朝鲜有变，日清两国互相戮力以速戡定变乱。一经变乱平定后，为厘革朝鲜国内政，特由日清两国选派常设委员若干，令其查核以下所开各事：

一、查核财政。

二、淘汰京官及地方官吏。

---

① 《日本外交文书》第二十七卷，第552号，《中日战争》（续编）第九册，第232页。
② 陆奥宗光：《蹇蹇录》，第23页。
③ 《日本外交文书》第二十七卷，第553号，《中日战争》（续编）第九册，第234—235页。

三、使朝鲜政府设置所需兵备以保持国内安宁。①

同时，陆奥又电令日本驻华代理公使小村寿太郎向总理衙门提出同样的提案，并电令驻天津领事荒村已次将有关内容详细告诉李鸿章，要求他通过驻日公使尽快作出回答。李鸿章在与荒村会晤时当即予以驳斥，接着便电告汪凤藻："韩贼已平，我军不必进剿，倭军更无会剿之理。乙酉伊藤与我订约，事定撤回。又倭韩条约，认韩自主，尤无干预内政之权。均难于约外另商办法，请直截回复。"②

袁世凯本来寄希望于与大鸟圭介协商两国共同撤兵，但后来发现大鸟并无诚意，而且日本军队源源登陆，其思想发生很大变化，认识到中日两国之间的问题，并非单靠谈判能够解决，必须辅以武力。6月18日，他一连向李鸿章发出4份电报，报告朝鲜的局势，并吁请李鸿章增兵，及请列强调停：

一、"日至仁兵四千余，分驻各国租界内。英员诘之不理，今各国员均愤，约今会议往诘，然日势甚凶悍，各国员姑亦无可如何。再，华嘱毋多派兵，而竟派五千，嘱不入内地，而反请会剿。凯迭与商，均反复，极可恨，恐非口舌所能争。"

二、"凯与鸟订，华不加兵，日续到兵稍憩即回，今卸完船回，意将久驻。且韩余匪以数百兵可除，何须五千兵久驻。韩人迭以公法条约驳诘，各国员亦迭诘，均不理，惟称护馆，自属狡诞。各洋人亦谓，华应预备，未可信日，乞筹备。但日知今年慈圣庆典，华必忍让，倘见我将大举或易结束，否则非有所得不能去也。"

三、"现汉城人心鼎沸，莫可遏止，惟望中国阻退日兵。倘日在仁之四千兵又来汉，汉必逃空，韩王恐亦逃往汉北。闻已密备逃，果尔必大乱。"

四、"迭力阻鸟毋令新兵来汉，伊已允，然前言俱食，后言何可信？况日廷意在胁韩，鸟自不能主，难与舌争，似应先调南北水师迅

---

① 《日本外交文书》第二十七卷，第557号，《中日战争》(续编)第九册，第238页。
② 《李鸿章全集》，电稿二，第704页。

来严备，续备陆兵，一面电汪商办，并由总署酌请驻华各国使调处，或不至遽裂。"①

李鸿章接袁世凯电，在军事上略有部署。一是电令北洋水师提督丁汝昌添调军舰赴朝。丁于翌日派林泰曾率镇远、广丙、超勇三舰赴仁川马山浦。二是电令叶志超将牙山清军移扎马山浦，用意是此处距仁川、汉城均近，易于与汉城通声息，又可与海军互相依辅。后叶志超电复，乱党并未肃清，尚需进剿，以免日军乘机向内地深入，因而清军未向马山浦转移。关于向朝鲜增兵，李鸿章本来害怕因此"积疑成衅，致坏大局"，这时也开始考虑，一旦有急，便调卫汝贵统盛军3000人赴援。② 但李鸿章的主导思想是防止"遽裂"，因而又电饬驻日公使汪凤藻，继续与日本政府交涉撤兵问题，谓："望切商外署、伊藤，重兵宜早抽调回国，否则华亦必遣重兵，恐误大局。"③ 同时积极开展外交活动，运动英、俄等国驻华公使出面调停。

日本这时完全摆出一副咄咄逼人的进攻姿态，一面与清政府交涉"共同改革朝鲜内政"，一面利用朝鲜朝野的惊恐心理，逼迫朝鲜出让权益。6月18日，陆奥向大鸟发出的电训说：

> 对于有关朝鲜问题的我方提议，清国没有同意的迹象，因此，在本国政府和公众的感情没有得到满足期间，不能从现在的地位后退。并利用此机会向朝鲜政府提出以下要求：转让京城釜山间的电线；废止内地对日本人所属商品的非法课税；全部废除防谷令。④

大鸟对此无法理解，认为当务之急是向中国寻衅，挑起事端，从而把中国军队驱逐出朝鲜，不应急于对朝鲜采取措施。其实，陆奥训令向朝鲜索取的这几项权益，最重要的是第一项，即汉城、釜山间的电线。这段电线归日本控制，具有重要的战略意义。6月22日陆奥再致大鸟，进一步指出：

---

① 《李鸿章全集》，电稿二，第709—710页。
② 同上书，第708、712页。
③ 同上书，第710页。
④ 杉村濬：《明治二十七八年在韩苦心录》，《中日战争》（续编）第七册，第12页。

"正如数日前之电训，此时应催促朝鲜政府修复汉城、釜山间之电报线，当该政府拖延其词不作决定时，一方面，由我陆军部队担当其工事；另一方面，可将此事通知朝鲜政府。"① 说明日本一面假惺惺地商谈"共同改革朝鲜内政"，一面在紧张地进行战争部署。

日本驻华临时代理公使小村寿太郎于 6 月 18 日接到陆奥宗光 17 日的训令后，即将训令要点送交总理衙门，共三条：

一、弹压现在叛徒，出可及之力，速复平安整齐。
二、日清两国政府互派委员，将朝鲜国行政、理财之道，应如何更正之处会同讲究。
三、俾朝鲜整顿精兵，自护其国。②

19 日，小村又偕译员赴总理衙门，催促中国政府速作答复。总理衙门大臣孙毓汶、徐用仪、崇礼、张荫桓参加会见，并对日本政府所提方案进行了驳斥，认为：朝鲜乱民主力已散，已不仰赖中国军队之应援，日本兵员进入汉城，徒使人心动摇，且不无激起事端之患。对改革朝鲜内政之说，中国政府断难表示同意。朝鲜虽为中国属邦，中国亦不得对其内政滥加干涉，何况日本仅有邻邦之谊？而且，对朝鲜内政的干涉还有激起国际纠纷之忧。6 月 20 日下午，小村根据陆奥的电训，再次到总理衙门，请训令驻日公使汪凤藻从速给日本政府以答复。

6 月 21 日，汪凤藻根据总理衙门和李鸿章的指示，复照陆奥宗光，坚决拒绝了日本政府的三条无理要求。照会内容也有三条：

一、"朝乱告平，已不烦中国兵代剿，两国会剿之说自无庸议。"
二、"善后办法用意虽美，止可由朝鲜自行厘革。中国尚不干预其内政，日本素认朝鲜自主，尤无干预其内政之权。"
三、"乱定撤兵，乙酉年两国所定条约具在，此时无可更议。"③

---

① 《日本外交文书》第二十七卷，第 370 号，《中日战争》（续编）第九册，第 37—38 页。
② 同上书，第 575 号，附件一，《中日战争》（续编）第九册，第 251—252 页。
③ 同上书，第 576 号，《中日战争》（续编）第九册，第 256 页。

中国政府的拒绝，早在陆奥宗光的意料之中。"共同改革朝鲜内政案"本来就是一个圈套，毋宁说，日本政府正在急切盼望着中国政府的拒绝。陆奥宗光在《蹇蹇录》一书中对此有明白的披露。他说："对于改革朝鲜内政，我最初就认为除了政治上的需要外，是没有其他用意的；同时也绝不认为有以义侠精神大兴十字军的必要。因此，我认为改革朝鲜内政，主要是为了满足我国的利益……而且以此次事件来论，所谓朝鲜内政的改革，毕竟不过为打开中日两国间难以解决的僵局而筹划出来的一项政策，后因事态变化，以致形成不得不由我国单独承担的局面。所以我从开始时就对朝鲜内政之改革并不特别重视；而且对于朝鲜这样的国家是否能进行合乎理想的改革尚抱怀疑。"①

借口总算找到了。就在汪凤藻提交拒绝照会后的当天，日本内阁在首相官邸举行了临时会议。陆军参谋总长有栖川宫炽仁亲王、次长川上操六、海军军令部长中牟田仓之助也参加了会议。随后，内阁成员与军官频繁接触。6月22日召开御前会议，总理大臣伊藤博文等全部内阁成员，枢密院议长山县有朋，参谋总长炽仁亲王等出席，明治天皇亲自主持。会议决议："日清两国之相互合作，已非我国一厢情愿所能为力。"并决定：（1）向中国发出绝交书；（2）增派第二批派遣军，编成足以粉碎牙山清军的混成旅团。② 会后，陆奥宗光便依照御前会议的决定照会汪凤藻，大意为：

> 贵政府不容我剿定朝鲜变乱及办理善后，我政府不能同见，甚以为憾。惟朝鲜朋党相争，内变踵起，究其事变，必于全其自主之道有所阙如。我国于朝鲜利害关系尤重，终不能将该国惨状付之拱视，如措而不顾，不啻有乖交邻之谊，亦背我国自卫之道，所以百方措画，以求朝鲜国安。今而迟疑，则该国变乱弥久弥大，故非设法办理，期保将来邦安而政得宜，竟不能撤兵。我之不轻撤兵，非止遵照天津约旨，亦善后预防之计。本大臣披沥意衷如是，设与贵政府所见相违，

---

① 陆奥宗光：《蹇蹇录》，第29页。
② 信夫清三郎：《日本外交史》上册，第265页。

我断不能撤现驻朝鲜之兵。①

日本政府把这一照会视为向中国发出的"第一次绝交书",可以看出日本已决心扩大事态,挑起战端。

当天,陆奥宗光即决定派外务书记官加藤增雄前往汉城,向驻朝公使大鸟圭介传达御前会议决定的日本单独改革朝鲜内政等事项,并于23日向大鸟发出如下电训:

> 由于和清国政府的谈判未成,即使平定了东学党,日清两国冲突已不可避免。不能单以清兵撤退为理由,使我军从朝鲜撤退。正如我政府向清国政府提议的那样,不得不单独采取措施。有关的详细命令,由加藤书记官带去,待其到达。②

大鸟当时主张,要求中国军队先撤,以此要挟清政府,否定共同撤兵协议,达到日军赖在朝鲜不走的目的。但陆奥却唯恐中国军队真的撤走,那么日本则更加不便向朝鲜增兵,挑衅计划便会落空,所以在加藤未到之前,要大鸟设法拖住中国军队。

御前会议召开的当夜,陆军大将小松宫彰仁亲王秘密访问了海军大臣西乡从道。尔后陆军参谋次长川上操六、海军军令部长中牟田仓之助也参加进来,彻夜商谈,据说时有击案之声传于室外。23日,枢密院召开临时会议,明治天皇亲临,议长山县有朋、副议长伯爵东久世通禧以下各顾问官全体出席。伯爵胜安芳向非极重要事件不至,伯爵副岛种臣也抱病参加,使人感到咨询事项非同寻常。显然,这次会议同样是在讨论日本挑起战端的决策。此后,日本陆海军将校便昼夜忙于出师准备。

根据御前会议的决议,大本营于23日向第五师团长野津道贯发出命令,此前暂缓出发的混成旅团第二批部队于24日正午以前登船完毕。又训令第二批部队的指挥官、第九旅团第21联队长步兵中佐武田秀山,该部队到达仁川后,待已经停留在仁川的第一批部队转移到汉城以后登陆,

---

① 《李鸿章全集》,电稿二,第719—720页;《日本外交文书》第二十七卷,第578号。
② 杉村濬:《明治二十七八年在韩苦心录》,《中日战争》(续编)第7册,第13页。

然后也进入汉城或其附近地区。万一形势发生变化不能在仁川登陆,则改在釜山登陆,然后进入汉城。24 日,这批部队分乘住江丸、和歌浦丸、三河丸、兵库丸、酒田丸、熊本丸、仙台丸、越后丸等八船在宇品港启行,25 日晨抵门司,在浪速号军舰的护送下,27 日抵仁川,28 日登陆完毕。此前,第九旅团长大岛义昌已根据大本营的训令,于 24 日亲率滞留仁川的第一批部队转移到汉城附近的龙山。这样,新编制的混成旅团已全部进入朝鲜,兵员总数达 7600 多人。以这样一支强大的军队为后盾,日本开始有恃无恐地逼迫朝鲜"改革"内政,并进而向中国挑战。

二 日本逼迫朝鲜"改革"内政

日本政府的所谓"改革朝鲜内政",不过是用以促成中国外交冲突的一种手段,陆奥宗光也深知并无真正实行的希望。但大鸟圭介在接到陆奥 6 月 23 日电报,得知日本政府决意单方面改革朝鲜内政后,对日本政府的用意并不特别理解。大鸟圭介等驻朝人员的思路,在 6 月 18 日致陆奥宗光的电报中即已提出,就是以维护朝鲜的独立、反对中国的宗主权为借口同清军开战。他们认为朝鲜始终倾向中国,在这种情况下提出改革朝鲜内政,无助于扭转日本在朝鲜的局面。只有直接挑起同中国的冲突,才能给时局带来转机。因而,大鸟于 6 月 26 日下午 2 时致电陆奥,继续申述这种意见说:

> 由于加藤未至,我尚未正式向朝鲜政府转达您电报中之意见。因采取秘密措施,获得许多情报。我发现朝鲜政府目前已完全被劝说接受中国提出之建议,故我等之计划不必执行。只要朝鲜政府受中国之影响,我们之观点应作出切实有效之改变。我认为目前解决中国宗主权这一问题为绝对必要。同时,由于收到中国将军聂发布之一份宣言,宣言指出他已被派出援助属国,故我已于六月二十六日,通过公函询问袁世凯此事是否属实。是否我可以使用武力采取我认为必要之措施,以对付如上宣言?请速答复。[①]

[①]《日本外交文书》第二十七卷,第 378 号,《中日战争》(续编)第九册,第 41 页。

显然，大鸟仍企图以聂士成告示中有"保护属邦"一类词句为借口，袭击牙山清军，挑起战争。

早在6月20日，大鸟就向朝鲜内务督办申正熙提出谒见国王的请求。朝鲜政府知道大鸟此时请谒，事关重大，凶多吉少，于是借故一再拖延。经反复交涉，直到6月26日下午3时，大鸟才被告知可以谒见国王，遂率书记官杉村濬、书记生国分象太郎入宫。谒见前，内务府参议金嘉镇把杉村濬引入另一房间，提醒说："如果公使在国王面前提出独立论来辩论责难时，那将使国王感到不安，因此，请加以考虑。"① 金嘉镇是前驻日公使，是亲日派的骨干。本来，大鸟请谒，是为了以"独立自主"策动朝鲜脱离中国的宗主权，但在接到陆奥23日的电报后，只好又准备了要求改革朝鲜内政的内容。及听到金嘉镇的劝告，大鸟在谒见中就只好以改革内政为主要话题了。他向国王陈述了改革内政的必要，提出朝鲜方面确定内政改革委员，事先要与其协商。还把早已准备好的有关改革朝鲜内政的汉文意见书上呈国王。国王接受了这一意见书，但表示：日本兵入朝以来，民心惴惴不安，希望日本早日撤兵，"不撤不议"②。

虽然大鸟听信金嘉镇的劝告，未在国王面前就朝鲜独立问题进行纠缠，但在谒见后的当日，却又将一件意见书送呈国王，正式提出日本要保护朝鲜的"独立自主"：

……南乱本属内民，其祸不大，至于清国派兵援之，则祸延入东洋大局，其有事也大矣。故日兵之保护该民，亦事势之不得已也。次如清国已闻乱民平定，犹屹然不撤其兵，则不啻使其事更大，其意实不可测也。且夫初认朝鲜为自主之国，使与各国订结平等抗礼之约旨者，谁耶？盖莫非日本之功矣。然则，日本何有敌视朝鲜之理哉？故若有认朝鲜为藩属，或乘机设乱欲郡县之者，则拒之斥之，以全朝鲜之自主独立，盖我日本所宜任之也。③

---

① 杉村濬：《明治二十七八年在韩苦心录》，《中日战争》（续编）第七册，第13页。
② 《李鸿章全集》，电稿二，第730页。
③ 王炳耀：《中日战辑》，上海书局1896年石印本，卷一，第38页。

大鸟之所以要如此迫不及待地向朝鲜国王提出独立论,是因为他已经向陆奥提出了借中朝宗属问题对清军开战的建议,一旦此议得到批准,他便要马上采取行动。他不过把这一意见书看作采取行动前给朝鲜政府的一项声明罢了。

6月27日,外务书记官加藤增雄终于到达汉城。他携带的陆奥宗光密令的大意是:"如今的形势,从发展看,开战已不可避免。因此,只要在不负被人非难的责任这个前提下,可以采取任何手段,制造开战的口实。这样的事情,作为训令难以用书面指示,特派加藤前去。"① 加藤还带来了他到达马关后陆奥追加给大鸟的训令:

> 训令阁下,应以强硬态度劝告该政府,对朝鲜之行政、司法及财政制度施行实际有效之改革,以保证杜绝日后之弊政。彼时,为强化阁下之论锋,可用本大臣答复清国公使所述之理由。该答复之抄件由加藤向阁下转达。尔后,阁下适当地将此理由向各国公使宣布,以向世界表明:日本政府之措施最为合理。②

加藤携来的密令,给大鸟圭介为首的日本公使馆以极大的鼓舞。大鸟根据自己的理解,把拟在朝鲜采取的行动区分为"独立属邦"与"内政改革"两个问题。具体如下:

(甲)独立属邦问题

第一个办法:将本月六日驻东京清国公使送交我外务大臣的公文抄件,出示给朝鲜政府,弄清该政府对"保护属邦"四字是否承认;

第二个办法:朝鲜政府如果回答我国是自主独立的国家,不是清国的属邦时,我方就迫使朝鲜政府接受:今清兵以保护属邦的名义进入贵国国境,这是侵犯贵国的独立自主权,须使清兵退出,以维护日韩条约的条文,这是贵政府的义务。因此,应及早将其驱逐出去。如单以贵国之力不能完成时,我国愿以武力相助,将其逐

---

① 杉村濬:《明治二十七八年在韩苦心录》,《中日战争》(续编)第七册,第15—16页。
② 《日本外交文书》第二十七卷,第371号,《中日战争》(续编)第九册,第38页。

出。向清国公使则须说明：贵国以保护属邦的名义向朝鲜派兵，这是我政府坚决反对的。因我政府一开始就承认了朝鲜的独立，因而有保护其独立的义务。而且朝鲜政府也公开说明不是贵国的属邦。如是，贵国之兵，确属师出无名，因之理应急速撤兵。如果踌躇不决，在被迫无奈的情况下，我方将用武力予以驱逐。又如果朝鲜政府明确承认是清国的属邦时，我应面见外务督办，说明利害，使其撤回其公文。如果不听从我方意见，我方可公开向朝鲜政府说明，他们违背了友好条约第一款，责备他们订约十七年来欺骗我国的罪行，用武力相威胁，迫使对方谢罪，给我方以满意的补偿。

再则，如果朝鲜政府声称，我国虽然自古以来就被称为是清国的属邦，但确定内政外交则完全自主，是自主的国家。我即向朝鲜政府提出：平定内乱是属于内政的范围，然而清国借保护属邦的名义派兵，是干涉内政。我方就可以提出属邦的实际内含作为理由，再根据第一项条款，逼问韩国朝廷及清国公使。

（乙）内政改革问题

第一个办法，已于二十六日上奏国王，今后将采取以下办法：

第二个办法：改革方案已向政府提出，政府是否接受我劝告实行改革，应敦促其回答。

第三个办法：朝鲜政府如不采纳我劝告，在条件允许的限度内，采用威胁手段，促其实行。[①]

根据上述甲项第一个办法，大鸟于6月28日照会朝鲜外务督办赵秉稷，以中国驻日公使汪凤藻于6月7日给日本外务大臣的照会中有"派兵援助，乃我朝保护属邦旧例"一语，质问朝鲜政府"亦自认其为保护属邦与否"，并限期29日以前答复。与此同时，大鸟为准备同中国冲突，已考虑把侨民中的妇女老幼撤回日本或移往仁川。朝鲜政府接大鸟照会后惊恐万状，不知所措，谋之于袁世凯，袁乃致电李鸿章请设法。29日，大鸟再次照催赵秉稷答复，声称："此事攸关甚重，不可稍事从容，因限本日夜十二点钟务必确复。倘仍宕延，则本公使自有所决耳！"因电报线

[①] 杉村濬：《明治二十七八年韩苦心录》，《中日战争》（续编）第七册，第16—17页。

路不通，李鸿章复电不至，赵秉稷只好以有重要公务入宫为由，请大鸟宽限至30日。30日凌晨4时，大鸟便又照催赵秉稷，要求上午8时即复。朝鲜政府乃于当日复照大鸟：

> 查丙子修好条规第一款内载"朝鲜自主之邦，保有与日本国平等之权"一节，本国自立约以来，所有两国交际交涉事件，均按自主平等之权办理。此次请援中国，亦系我国自由之权利也，与《朝日条约》毫无违碍。本国但知遵守朝日订立条约认真举行，且本国内治外交向由自主，亦为中国之素知。至中国汪大臣照会径庭与否，应与本国无涉。本国与贵国交际之道，只可认照两国条规办理为妥。①

这一复照，为朝鲜政府的美国法律顾问具礼和主事俞吉濬所草拟，并征求了袁世凯的意见。它声明朝鲜"内治外交向由自主"，但并未正面回答大鸟"亦自认其为保护属邦与否"的问题。大鸟对这种含糊其词的回答当然十分不满，准备对朝鲜政府作进一步的质问，以使其答复符合其预先设定的两个办法之一项，然后采取相应的措施。

但在这时，大鸟圭介收到了陆奥宗光对其26日的电报请示的回电，内称："要求撤回聂宣言中'属国'二字，目前于牙山驱逐中国士兵之企图似乎不明智。加藤一到您即向朝鲜政府提出改革建议，不必顾及朝鲜政府之听从与否。"② 本来，日本政府对大鸟圭介6月18日电报中借维护朝鲜独立的名义同清军开战的建议并无反对的表示，加藤增雄携来陆奥的密令，更要求大鸟"在不负被人非难的责任这个前提下，可以采取任何手段，制造开战的口实"，陆奥与大鸟的主张，并无明显的差异。但是，6月25日，当俄国驻日公使希特罗渥奉其政府之命会见陆奥，要求日本从朝鲜撤兵时，陆奥为避免引起俄国干涉，却假惺惺地向希特罗渥表示"无论清国政府有任何举动，日本政府亦不会自行挑起战争"③。若此时向

---

① 《中日战争》（续编）第五册，第21—23页。
② 《日本外交文书》第二十七卷，第385号，《中日战争》（续编）第九册，第54页。
③ 同上书，第620号，《中日战争》（续编）第九册，第292页。

中国军队发动攻击，显然是不策略的。所以陆奥只好致电大鸟，制止其行动。这样一来，大鸟等的"独立属邦问题"的计划，只好暂停执行。为此，公使馆进行了集议，决定：一方面根据陆奥的电训，逼迫朝鲜政府实行内政改革；一方面派福岛安正中佐、本野一郎参事官回国，从军事和外交两个视角说明公使馆的意见。这些意见的主要之点是："今日的形势是日清冲突已不可避免，早日开战对我有利。而开战的口实除朝鲜的自主问题外，别无其他借口，自主问题光明正大，对各国也充分显示了我国的义举。清国虽然土地广阔，但近年来，从其陆海军备来看，表面上还可以，实际上极不完备，不足为惧。"[①]

7月3日，大鸟圭介亲至朝鲜外务衙门访问督办赵秉稷，提交了内政改革的《五条纲领案》，并请转奏朝鲜国王。大鸟在该案说明中提出："贵国最近十余年之经验，兵变民乱屡兴，国势不稳，其影响已波及邻国，或竟不幸招来外兵。此乃贵我两国所共忧者。毕竟因贵国维持其独立之条件，其中缺乏维持国内安宁之兵备而使其势至此者。我帝国与贵国相邻，仅一衣带水之隔，故政事与贸易上之关系非浅，而贵国之变乱影响我帝国利益者实为不鲜。我帝国既见今日贵国之困状，不能就此忽视，则为当然之事。因我帝国此时对贵国之困难等闲视之，不仅违背多年之友谊，且恐因此有害于我帝国之安宁，有损于我帝国之利益。为此，前者帝国政府于东京策划贵国善后方案若干条，并以此向与我国地位略同之清国钦差大臣提议，求得该政府之协同时，该政府决不应之，并对我之协议冷淡相斥。尽管如此，我政府不变初衷，始终遵循其宗旨劝告贵国，欲使确立适合于独立国之政治。"所提五条内政改革方案大纲则为：

一、改革中央政府及地方制度，并采用人才。
二、整理财政，开发富源。
三、整顿法律，改正审判法。
四、为平定国内民乱，保持安宁，设必要之兵备。
五、确立教育制度。

---

① 杉村濬：《明治二十七八年在韩苦心录》，《中日战争》（续编）第七册，第18页。

同时，大鸟还要求朝鲜国王任命最信任的大臣数名作为委员。内政改革的细目，将在朝鲜政府任命委员后再由大鸟提出。①

先是，6月27日，日本内阁御前会议通过了陆奥宗光草拟的迫使朝鲜改革内政的如下要点：

一、明确官司之职守，矫正地方官吏之弊；
二、注重外交事宜，慎择职守人选；
三、公正裁判；
四、严正会计出纳；
五、改良兵制及设立警察之制；
六、制定币制；
七、开交通之便，于釜山、京城及其他地方铺设铁道，各要地架设电线及改造电线。②

接着，陆奥决定派外务省政务局长栗野慎一郎29日赴朝鲜传达阁议的决定。7月5日，栗野慎一郎到达汉城，向大鸟圭介传达了阁议通过的朝鲜内政改革要点。同时，栗野还传达了陆奥宗光的如下训令：应该向朝鲜方面要求"日本也应均沾过去清国人在该国拥有而外国所没有的一切权益"，"迅速办理仁川港填海工程等两国间悬而未决事项"，建议朝鲜选派名门俊秀到外国留学等。③ 由于栗野带来的改革要点与两天前已提交朝鲜政府的改革方案只是大同小异，所以大鸟圭介没有再将这一要点提交朝鲜政府。

朝鲜政府对改革方案及大鸟的蛮横态度极为反感，不仅闵氏家族，连前议政府左议政金弘集等人也表示不能接受改革方案。刑曹参议李南珪甚至以上疏的形式表示：是否实行内政改革是朝鲜政府的自由，绝不允许外国在朝鲜为所欲为。6月29日刚从东京回国的驻日公使金思辙认为"日兵必不能吞韩，惟在虚吓构衅"，劝告国王："我以理坚持，不许干预内

---

① 《日本外交文书》第二十七卷，第396号，附件一，《中日战争》（续编）第九册，第60—61页。

② 《日本外交文书》第二十七卷，第382号，《中日战争》（续编）第九册，第49页。

③ 信夫清三郎：《甲午日本外交内幕》，第234页。

政，伊亦无奈何。"① 但在日本大兵扼住汉城咽喉的形势下，朝鲜政府只好采取拖延政策，一面求助于袁世凯，一面致电驻天津督理徐相乔，向津海关道盛宣怀诉说朝鲜情况，请李鸿章设法干涉。大鸟圭介则一再催促朝鲜政府作出答复。7月7日，大鸟以正式照会的形式诘问朝鲜外务督办赵秉稷，何以迄今不答，并限期8日中午12时以前作出明确答复。朝鲜国王无奈，当晚派赵秉稷往见大鸟，声称已于是日清晨任命内务府督办申正熙，协办金宗汉、曹寅承3人为内政改革调查委员，并设立了内政改革的办事机构校正厅，以敷衍大鸟，拖延时日。8日夜间，朝鲜政府又派员向日方提出："因公开照会麻烦问题颇多，请撤回。"② 这反映了朝鲜政府对内政改革的抵制态度。大鸟对此断然拒绝，并要求与朝鲜委员会晤。

7月10日午后6时，日朝双方在汉城南山麓老人亭举行第一次会议。朝鲜方面参加者为申正熙、金宗汉和曹寅承；日本方面参加者是大鸟圭介、杉村濬及书记生兼译员国分象太郎。大鸟劈头即提出了7月3日所提5条改革方案的细目20余款，并逐款详加解释，至晚上9时，尚未解释到一半。11日午后1时于该处继续会议，大鸟接着解释所余各条。然后又提出一个限期实行案，将以上各款后均注明施行期限。其中有6款"限三日内议妥，准于十日内拟定施行"，10款"准于六个月内拟定施行"，10款"于两年内拟定施行"③。朝鲜委员申正熙表示，内政改革是国家大政，需要慎重从事，不能限定日期。大鸟则威胁说："若过十日，则恐有兴亡。"译员国分象太郎从座位上跳起来，持限期实行案的册子条条指定日期，大鸟也跳起来，声色俱厉。申正熙据理辩驳，指出："大抵今此册子诸条，暗合于我国成宪者甚多，我国方欲申明之，此际贵国以此册督之，则我实修我旧章，而人皆曰贵国'干预内政'云。则我政府实修内政，而将失权利；若政府失其权利，则国非其国矣。然则，宁无国名，决不可失其权利。为今之计，贵国免干预内政之名，我政府之权利自在。然后似为两国之得体也。"④ 大鸟虽然理屈辞穷，但对限期一事并不让步。

---

① 《李鸿章全集》，电稿二，第756页。
② 《日本外交文书》第二十七卷，第396号，《中日战争》（续编）第九册，第60页。
③ 《中日战争》（续编）第五册，第26—27页。
④ 同上书，第28—29页。

大鸟要求"限三日内议妥,准于十日内拟定施行"的改革细目6款,内容是:

一、凡涉内治外交机务统归之议政府掌理,如故六曹判书分责司职,期革世道揽权旧制。内府庶务与治国庶政划然区别,所隶诸官司概不得与闻一切国政。

二、办理各外国交涉商务事宜,攸关綦重,须宜慎之。简一秉重权任重责之大臣掌之。

三、破除历行格式成例,广开录用人才之道。

四、捐纳授官,弊端易生,应痛行禁罢之。

五、大小官吏索取钱物贿赂恶习,宜设法章严禁。

六、在京城要冲口岸间兴修铁路,以及各道州府郡县镇市互联电线,以利来往而灵消息。①

这些条款看似冠冕堂皇,但其中却包含着险恶的用心。其中,第一、二两款是要成立一个在日人控制下的傀儡政府;第三至五款,是借这些名目任用亲日派,排斥掉不同日人合作的官员;第六款,则是为日本即将发动的战争做准备。限期实行本身就是大鸟做的一个圈套。如果朝鲜政府果真于3日内实行这六款条款,则无异于承认日本对朝鲜的全面控制;如加以拒绝,则日本即可以朝鲜政府不具诚意或欺骗日本为借口,进一步采取新的威胁手段,以至于公开使用武力。②

7月10日,朝鲜国王在派人参加老人亭会谈的同时,通过徐相乔送电报给李鸿章,表明心迹,并请设法。李鸿章于11日令盛宣怀嘱徐相乔复电朝鲜国王:

倭困不解,华愤同切。本已备大队进援,惟恐两大交争,以汉城为战场,韩必大受蹂躏。朝廷念及此,故未遽发。若至无可挽回,断不坐视不救。各国多谓倭违背条约公法,英、俄、法、德均不愿调

---

① 《中日战争》(续编)第五册,第26页。
② 戚其章:《甲午战争国际关系史》,人民出版社1994年版,第42页。

停。但倭既照约许韩自主，何以独用兵力勒改韩政？居心可见。乃闻韩廷宵小或有劝王从其议者，殆未知干预内政即不止以属国待韩，祸大莫测，宗社必墟。俄使韦贝亦谓："朝鲜旧制恐难骤改，俄廷不愿与闻。"中堂告以"韩政可改者应劝韩廷自改，不应友邦勒逼"，韦贝意见颇同。闻倭使小村在总署开谈，已请署答以此意。大鸟所索五条，韩须自量，何者断不能改，何者可酌量议改，何者须从缓议改，应先与袁道台密商妥帖，再以大意酌复大鸟。仍令撤兵后详细会议，如其不允全撤，亦须将汉城兵先撤，方能与议。总之，内政只可朝鲜自改，不可听倭人勒改，以保自己权利，庶免后悔。①

李鸿章的这些意见，对踌躇不决的朝鲜政府显然发生了作用。

7月14日，即改革纲目提出的第三日，大鸟圭介要求与朝鲜委员会晤，朝鲜委员以有公务为由要求改期。大鸟又致函申正熙等，催问朝鲜政府是否同意所提限期办理事项。朝鲜方面只得同意第二天晤面。15日下午3时，朝日双方在老人亭举行第三次会议。当大鸟问及朝鲜对日本提案的态度时，首席委员申正熙按照事先准备好的发言稿作了长篇发言，大意是：

> 十年来，朝鲜政府方面亦关心内政改革之必要。当逐渐着手改革尚未收到实效时，南道发生民乱，且其他地方亦屡兴骚动。故此时朝议决定，不可不坚决实行改革。为此，大君主陛下发出严格敕令，继而设立校正厅，任命各委员，一新之政指日可待。今大军屯驻，贵公使催促实行改革之事，略有干预内政之嫌，从而背离修好条约第一条之宗旨。考虑我政府如应允贵公使之请求，唯恐缔约各国援引利益均沾之例，纷纷恣意提出要求时，则有伤朝鲜自主之体面。加之，大军驻屯期间，如民心惊扰不靖，难以达到改革之目的。据此，请贵公使先撤出卫兵，并收回乙号案（即限期催促实行者）。②

---

① 《清光绪朝中日交涉史料》（1116），第十四卷，第16页。
② 《日本外交文书》第二十七卷，第412号，《中岛战争》（续编）第九册，第74页。

这表明，朝鲜不仅不同意日本的改革方案，还进而要求日本撤兵。大鸟对申正熙的发言一一予以辩解，并要求朝鲜政府以公文正式答复。

7月16日，朝鲜外务督办赵秉稷与申正熙等三委员即分别致函大鸟。赵秉稷函中指出，只有日本"先撤留兵以表信睦"，朝鲜对改革内政问题才可"尽心讲求，取次措办"。申正熙等三委员在函中除要求日本撤兵外，还要求日本收回两册改革方案。①

朝鲜政府的这种强硬态度，恰恰是大鸟圭介所盼望的。他要朝鲜以正式公文的形式答复，就是要以此为口实，向日本政府要求采取"第二手段"，即采取断然措施，迅速向中国挑战。他的这一目的，很快便实现了。

三　占领朝鲜王宫事件

其实，大鸟圭介本来就不相信朝鲜能够服服帖帖地按照日本的意图进行内政改革。再说，日本政府本来就是醉翁之意不在酒，无意于在朝鲜实行真正的内政改革。朝鲜虽慑于日本的兵威，于7月7日任命了内政改革调查委员，设立了校正厅，但暗中却又求援于中国及汉城的外交团。大鸟认为，如此久拖不决，一旦采取措施，有陷入朝鲜圈套的危险，因而早在7月10日就致电陆奥宗光，提出如下甲、乙二案，请其采择：

（甲）遭朝鲜政府或明或暗之拒绝时，我则以"朝鲜政府因不修内政，以致屡起变乱或招来外援，实则使我国蒙受危险。我国于政事及贸易上与朝鲜关系甚密，故为自卫而促进朝鲜内政之改革以绝变乱之根据"为口实，以兵威相逼，促其必行。而以兵威相逼之手段，则为我派护卫兵坚守汉城诸门，且守王宫诸门，至彼等服从时，迫使其谈判。

（乙）朝鲜政府如或明或暗拒绝我之劝告时，我则首先以公文阐明"朝鲜政府之拒绝，完全不顾东亚之大局；不与我国提携，共图富强之业，我国于深表遗憾之同时，不能不采取保护本国利益手段"

---

① 《日本外交文书》第二十七卷，附件一，附件二，《中日战争》（续编）第九册，第75—76页。

之决意，并应作如下之要求：一、推广日朝条约中"朝鲜为自主之邦，与日本国保有平等权利"之主张，使历来清韩间所有之宗属关系悉皆废除。按您电训知清韩间宗属问题不可由我提出，且亦有不便向朝鲜强行提出之处。二、按最惠国待遇，我可要求享有其给与清国政府及人民之特权（其中如请于朝鲜国内审判朝鲜人民权利及架设电线等）。直至保证实行上述二条止，我应派兵把守汉城及王宫诸门。①

大鸟的意见，与军部的速战论是吻合的。7月7日，枢密院议长山县有朋在给第三师团长桂太郎的信中透露："现在正绞脑汁想办法，如何乘欧洲大国尚未介入的机会，采取一切足以引起战端的手段。"② 7月9日，驻天津的武官陆军少佐神尾光臣报告说："清国将大军集于平壤，似欲与我一战。"这一报告是虚假的，但对日本发动战争的决心产生了重要影响。神尾光臣一贯搞一些虚实混杂的情报，渲染中国有好战倾向，据日本历史学家藤村道生推测，可能是基于参谋本部的指示。同一天，驻华海军武官泷川具和也从天津报告说，华北一带大雨不断，由于涨水而破坏了铁路，各地的电线也断了，道路泥泞，军队调动困难。而且，"人心动摇不定，军队中也往往听到有发泄不满情绪者"。他主张："可乘之机就在今日，拖延时日使彼稳固基础，非为得策。故谓速战有利。"③ 泷川的这一报告也给战争的决策者以很大诱惑。

带着大鸟圭介交代的特别使命回国的外务参事官本野一郎和陆军中佐福岛安正，也于7月10日到达东京。他们把大鸟圭介及驻朝使馆人员的从速开战的意见向陆奥宗光和陆军参谋本部作了报告，建议日本政府采取积极措施。一直在寻找开战借口的陆奥宗光认为时机已到，便于7月12日向大鸟圭介发出如下电令："目前有采取断然措施的必要，不妨利用任何借口，立即开始实际行动。"第二天即7月13日，陆奥派遣本野一郎和福岛安正再度赴朝，向他们详细解释了上述电令的主旨，并谓："促成中

---

① 《日本外交文书》第二十七卷，第398号，《中日战争》（续编）第九册，第63—64页。
② 信夫清三郎：《日本外交史》上册，第267页。
③ 藤村道生：《日清战争》，第73页。

日冲突，实为当前急务，为实行此事，可以采取任何手段，一切责任由我负之，该公使丝毫不必有内顾之虑。"①

7月16日，《英日通商航海条约》签订。17日，便召开了第一次大本营御前会议。枢密院议长山县有朋奉天皇特旨列席了会议。会议做出了开战的决定。同一天，明治天皇又发布特旨，令枢密顾问官、预备役海军中将桦山资纪恢复现役，接任海军军令部长。原海军军令部长中牟田仓之助主张对中国海军取守势，认为对中国海军发起攻势并非上策，所以被免职。而桦山资纪则是一个激烈的主战论者。他提交大本营的作战计划包括了在三种情况下的作战：（一）日本舰队大胜；（二）日本舰队与中国舰队遭遇，胜负未决；（三）日本舰队大败。在第一种情况下，陆军长驱直捣北京。在第二种情况下，陆军不得已而驻守平壤，舰队行动于朝鲜海峡，坚决挡住中国舰队，继续运输陆军部队，过冬。在第三种情况下，陆军全部撤离朝鲜，舰队困守沿海。②

7月17日，日本外务省收到了大鸟圭介7月10日发出的实行甲、乙两案的建议。但是，在日本内阁中，也有些人为大鸟的主张感到不安，其中包括首相伊藤博文。伊藤虽然同意同中国决战，但主张对挑战借口和时机的选择持慎重态度，担心大鸟对朝鲜采取高压政策会招致如下后果："第一，实行这种高压外交的政策时，不仅要引起第三者的欧美列强指责日本为故意发动无名战争的国家，且恐违背外务大臣曾对俄国政府所作的'不论中国采取任何行动，日本政府亦不先行挑战'的保证；第二，尚未接到中国确向朝鲜增派大军的情报，同时驻牙山的中国军队也没有进入汉城的迹象，如果日本使用较多的军队先行进攻，不仅曲归我国，且有表现我方胆怯之嫌；第三，即使我军企图进攻驻牙山的中国军队，亦应等待朝鲜政府的委托。而使朝鲜政府提出此项委托以前，我国不能不以武力强迫朝鲜，屈从我方的意图。进一层说，我国必须先把朝鲜国王掌握在手中。如果采取这样过激的行动，就要违背我国一向承认朝鲜为自主独立国家的宗旨，也决不能博得世人的同情。"陆奥宗光不同意伊藤博文的看法，但又不敢公然对这些堂而皇之的说法提出异议。为了避免这些议论给开战政

---

① 陆奥宗光：《蹇蹇录》，第69页。
② 信夫清三郎：《甲午日本外交内幕》，第298页。

策造成被动和麻烦，陆奥主张："桌上议论不必多费唇舌，除从实际出发，根据朝鲜局势的演变采取临机应变的措施以外，已经没有再处理其他问题的时间。"① 陆奥心里有底，他已向大鸟发出了促成中日决裂的明确指示，大鸟马上就会在朝鲜干起来。但伊藤及一些内阁阁员仍认为处理这样重大的事件，不可不十分慎重，很多人主张现在应电令大鸟提高警惕。陆奥因而于7月19日电令大鸟："当此之时，阁下应采取认为正当手段……应充分注意不与他国发生纠纷。关于以我兵包围王宫与汉城，如认为并非上策，望勿断然实行。驻天津荒川领事十八日来电称：李鸿章决定将清兵十七营派往朝鲜，其中六营将于七月十九日或二十日自大沽出发。上述派兵之事果真属实，可以认定，清兵之进入朝鲜国，乃清国以兵力与我相敌对。我应对此采取相应之手段。"② 通观电令全文，这与其说是阻止大鸟占领朝鲜王宫，倒不如说是令大鸟迅速采取措施，以掌握与中国决战的先机。

就在陆奥拍发上述电报的当天，即7月19日，朝鲜形势发生了突然的变化。这一天，本野一郎和福岛安正回到汉城。大鸟圭介根据本野和福岛的谈话，得知政府决定开战。于是公使馆对执行陆奥宗光的训令作了进一步的讨论，决定立即对朝鲜采取"断然措施"。

首先，大鸟圭介致函朝鲜外务督办赵秉稷，宣布自即日起由日本自行开工架设汉城釜山间的军用电线。根据1885年《日朝海底电线设置条约续约》，朝鲜政府架设了釜山至汉城的电线（京釜线），以与长崎至釜山的海底电线接通，1888年竣工。该线设备简陋，施工质量差，经常发生故障。日军大举入朝后，自行架设了仁川至汉城的军用电线。剩下来的，便是保证京釜线的畅通问题了。陆奥宗光多次电令大鸟圭介向朝鲜政府交涉京釜线的修整问题。7月7日，大鸟致函朝鲜外务督办赵秉稷，要求朝鲜政府解决京釜线不时阻断问题，提出三条方案：（1）由朝鲜政府架设"坚固完善"的新电线；（2）马上着手修缮旧电线。以上两种情况，日本有电工数百人已在釜山、仁川，可立即相助。（3）如不能早日开工，日本可暂时架设另一新线。赵秉稷7月9日复函指出，大鸟提出日本暂自架

---

① 陆奥宗光：《蹇蹇录》，第68—69页。
② 《日本外交文书》第二十七卷，第414号，《中日战争》（续编）第九册，第79页。

设新线一事，"有损我政府权利，碍难勉副"，"凡系国内设线，自是我政府自行之权，贵公使不应有此越俎之议"，拒绝了大鸟的无理要求。反复交涉，迄无结果。于是，大鸟便于19日致函朝鲜外署的同时，请混成旅团长大岛义昌开工架设京釜间的军用电线。①

同时，大鸟要求朝鲜政府在日本公使馆附近为日军修建可容纳警备兵1000名的兵营。提出这一要求的借口，是1882年日朝《济物浦条约》第五款"日本国于公使馆驻兵，朝鲜国负责兵营的建设与修缮"的规定。

这天发生的另一件大事，就是袁世凯于夜间轻装离开汉城回国。日军进入汉城，给朝鲜政府造成极大压力，朝鲜朝廷越来越不敢与袁世凯公开交往。大鸟圭介态度激变之后，特别是6月28日逼迫朝鲜政府否认中国属邦之后，袁世凯见日本人来势凶横，朝鲜亲日派势力嚣张，而中国军队孤处牙山，认为事已不可为，便于29日向李鸿章连发三电，请求回国。李鸿章正寄希望于俄国的调停，不认为事局不可挽回，鼓励袁世凯坚持下去。总理衙门也对袁世凯的说法持怀疑态度，认为"袁若遽归，日又将引为口实"②，反对其回国。7月2日，袁世凯致电李鸿章，针对日军在朝鲜的实战部署，指出日本蓄谋已久，野心很大，"倘俄、英以力勒令，或可听；如只调处，恐无益，徒误我军机"。对在牙山的叶军，指出其势单孤处，危险性很大，"应迅派兵商船全载往鸭绿或平壤下，以待大举。韩既报匪平，我先撤亦无损"③。这些见解言中要害，李鸿章虽表同意，但并未采取切实措施。7月3日，大鸟向朝鲜提出内政改革方案以后，袁世凯感到坐视日本欺凌朝鲜，有损使节颜面和国体，因于4日再电李鸿章："如大举，应调凯回，询情形，妥筹办；暂不举，亦应调回，派末员仅坐探，徐议后举，庶全国体。"④ 5日又发两电，要求赴津面禀和战大计，推荐唐绍仪代理其职。至此李鸿章为其所动，认为袁世凯"历年助韩拒日，与日夙嫌已深，若调回，以唐暂代，与下旗撤使有异"⑤，商请总理衙门

---

① 《日本外交文书》第二十七卷，第422号，附件一，《中日战争》（续编）第九册，第87—89页。

② 《李鸿章全集》，电稿二，第741页。

③ 同上书，第752页。

④ 同上书，第751页。

⑤ 同上书，第753页。

允其所请。总署态度有所松动，要袁稍待，如留在朝鲜确实无益，可以调回。但 7 日清廷有旨："现在日韩情势未定，袁世凯在彼可以常通消息，且与各国驻韩使臣商议事件亦较熟习，著毋庸调回。钦此。"① 7 月 14 日，袁世凯借口发烧病重，将事务交唐绍仪办理，两天后，又连发三电恳求李鸿章："邀恩拯救，或准赴义、平待轮。"② 又饬唐绍仪代其求情。直到 18 日，清廷终于批准袁世凯调回。

袁世凯回国，大鸟圭介已经受不到任何牵制，更加肆无忌惮。20 日，又向朝鲜政府递交了两份照会，利用《江华条约》中朝鲜为自主之邦的条款，逼迫朝鲜采取背离中国的政治的和法律的措施，以促成中日决裂。日本公使馆将其看作决定和战的"最后通牒"。其一，以中国用"保护属邦"名义出兵朝鲜是无视朝鲜的独立、损害朝鲜的自主权利为名，逼迫朝鲜政府驱逐在牙山的中国军队，内称："贵政府容此以不正名义派来之清兵久驻境内，既侵害贵国独立自主之权利，且将无视日朝条约所载关于'朝鲜自主之邦，保有与日本国平等之权'一节。深望贵政府速令其退出境外，以全守约之责。但事关紧急，务须迅速施行，是为切要！并将贵政府决议之内容，于明后日即本月二十二日止予以答复。倘贵政府拖延答复，本公使自有决意从事。"③ 其二，以中朝之间签订的《商民水陆贸易章程》、《中江通商章程》及《吉林通商章程》认朝鲜为中国属邦为名，要求朝鲜废除中朝间所有这些约章，称："故贵政府为保护贵国自主之权利，并尽对我政府遵守条约之义务，应急速对清国政府发表废除各该章程之宣言，并请将其内容通知我政府。"④ 前一件照会限 7 月 22 日以前作出答复。

如此无理的要求，朝鲜政府不可能给日本以满意的答复。实际上，大鸟圭介也无意于等待朝鲜政府的答复。他是在排定了对朝军事行动的时间表之后，才向朝鲜政府提交照会的。正如公使馆书记官杉村濬所说："当时我方已经预料到朝鲜政府不能作出使我满意的回答。不管他们如何回答

---

① 《李鸿章全集》，电稿二，第 758 页。
② 同上书，第 782 页。
③ 《日本外交文书》第二十七卷，第 422 号，附件三，（一）庚号，《中日战争》（续编）第九册，第 91 页。
④ 同上书，附件四，《中日战争》（续编）第九册，第 93 页。

或者逾期不回答，也都要举事。"①大鸟圭介与日军混成旅团长大岛义昌商定的行动计划是：23日凌晨3时左右，待城门打开后，由日军混成旅团中的一个联队从西门入阙，行军到王官门前，其一部从后门进入，造成前后夹击的形势，然后劫持国王李熙，诱使大院君李昰应出山摄政，改组政府，以傀儡政权的名义宣布废除中朝宗属关系，委托日本军队驱逐牙山清军，直接促成中日军事冲突。

为了实行这一计划，日军事先进行了严密的部署。当日军于6月22日由仁川开进汉城后，就不顾朝鲜外务衙门官员的一再阻止，"置炮于南山烽台，毁城筑路，于下方布阵，并于北岳中腹设炮屯兵"②。这样一来，就把朝鲜王宫完全置于南山、北岳日军炮兵的射程以内了。7月10日大鸟圭介致函陆奥宗光提出占领朝鲜王宫的甲、乙二案时，军事部署早已就绪，只等陆奥一声令下，便要采取行动了。

在这一行动计划中，诱使大院君出山是一个重要环节。大鸟圭介重回朝鲜后，遵照陆奥宗光的指示，千方百计地收买和培植亲日派。开化派分子金嘉镇、赵义渊、权永镇、俞吉濬、金鹤羽、安駉寿等都成为日本侵略政策的支持者。他们幻想通过日本的武装干预实现朝鲜的独立和内政改革。大鸟圭介利用他们在朝鲜政府中进行活动，制造政变舆论。但是，他们这批人自知地位低下，在朝鲜人中没有号召力，难以支撑政变后的局面，于是向日本人献策，"主首先逐退闵氏，推大院君为总理"③。大院君本来具有强烈的排日倾向，后来虽观点发生变化，对日态度较为友好，主张朝中日三国同盟，以维护东亚局势，但也未必甘心为日本人所用。另一方面，大院君因长期遭受闵妃集团排挤打击，不无报仇雪耻之念，"亦并非全无凌云之志"。鉴于这种情况，日本公使馆决定派来朝鲜活动的所谓民间志士冈本柳之助、小川实等对大院君进行工作。

当时在朝鲜的所谓志士，除冈本外，还有熊本自由党的田中贤造、东邦协会的福本日南，以及玄洋社的一些成员。玄洋社成员自5月间得到参

---

① 杉村濬：《明治二十七八年在韩苦心录》，《中日战争》（续编）第七册，第28—29页。
② 金允植：《续阴晴史》上卷，高宗三十一年五月二十一日。
③ 《日本外交文书》第二十七卷，第579号，《中日战争》（续编）第九册，第260页。

谋次长川上操六到朝鲜"放火"的暗示以后，于6月下旬派出铃木天眼、时泽右一、日下寅吉、大崎正吉、内田良平、大原义刚赴釜山，与已经在釜山的田中侍郎、本间九介、柴田驹次郎、千叶久之助、武田范之、白水健吉、葛生修亮、大久保肇、西胁荣助等15人组成"天佑侠"。他们自马山浦到达庆尚道昌原府，在一个日本人经营的金矿上获得一宗开矿用的炸药，又经咸安郡晋州府，到达全罗道淳昌郡东学党本部。他们的本意是挑动东学党反对中国，但未得逞。这时朝鲜形势已发生变化，无须他们再"放火"。"天佑侠"分作两帮，武田范之、内田良平等7人经公州辗转回国，其余8人去汉城，投入那里的日本志士群中，在冈本柳之助等人的领导下，执行日本公使馆和日军的各种任务。

冈本柳之助接受策动大院君的任务后，于7月5日第一次访问大院君，此后经常出入于大院君所居住的云岘宫，并收买了大院君的近侍郑益焕等。大院君既想崛起，又怕上了日本人的当，一直犹豫不决。尽管冈本反复劝说，但直到日本发动政变的时间已经迫近，他还没有明确的态度。22日，大鸟圭介等鉴于形势紧迫，已经没有考虑的余地，打算派冈本把大院君诱出云岘宫。这时云岘宫的官员郑刊跑到日本公使馆献策说："探询国太公的心意，很难认定他已有了决心，万一事到临头踌躇起来，恐怕误了大事。太公有个亲信叫郑云鹏，对他是言听计从，现在被闵氏治罪，囚禁在某洞某人的住宅里已经有七八年之久。如果夜里派人偷偷进去把他释放出来，请他说服太公，事情便可成功。"[①] 郑云鹏跟随李昰应自保定回国后，一直被囚于捕盗厅。于是大鸟圭介令书记生国分象太郎带士兵、警察各10名，把郑云鹏释放出来。这时已是23日凌晨1时。

日军的各项准备就绪后，于22日夜开始行动。夜10时，大鸟圭介、杉村濬、混成旅团长大岛义昌少将、参谋长长冈外史少佐及海陆军武官福岛中佐，上原、新纳、渡边少佐齐集公使馆。半夜12时刚过，朝鲜外务督办赵秉稷向大鸟圭介送交了对20日第一项照会的答复，内称："查我国为自主之邦，保有与贵国平等之权，已载朝日条约，及我国内治外交向由自主，亦为清国之素知各节，我历本年五月二十七日业经照复在案。此次聂军门告示一节，本督办所未及闻知。贵公使既照会袁总理，质询真

---

① 杉村濬：《明治二十七八年在韩苦心录》，《中日战争》（续编）第七册，第30页。

伪，则仍向袁总理辩论可也。至清军久在境内，实因我国请援而来，南匪稍平之后，已屡请其撤回而未即退，亦如贵兵之尚今住留也。方更要唐代办转请中国政府，从速退兵。为此，合行照复贵公使，请烦查照可也。"①这一答复虽然措词委婉，但回避了中朝宗属关系问题，当然为日本所不满。不过，无论朝鲜如何答复，都已经不起任何作用了。

朝鲜的复文一送到，23日0时30分，大鸟圭介立即发出命令，要求日军混成旅团按照事前的计划开始行动。凌晨3时，大鸟按照预定的时间表，向朝鲜外务督办赵秉稷发出最后通牒，声称："今贵督办竟以与贵国无关或所未闻及等语推卸责任，此不独贵国自毁其独立自主之权利，且无视日朝条约'朝鲜自主之邦，有与日本国平等之权'一节，实乃本公使所断然不能同意者。此时，我政府要求贵政府为遵守条约明文，做出满意之答复乃理所当然。事关重要，请急速答复。如贵政府尚不予满意之答复时，将于适当时机，以兵力保护我之权利。"②

接到命令的日军从两个方向向汉城进发。一是日本战地指挥官武田秀山中佐率所属步兵第21联队及炮、工兵若干，由汉城西南的阿岘幕营地出发，一是西岛助义中佐所率第11联队第2大队（队长桥本昌也少佐）自汉城南方的龙山万里仓幕营地出发。拂晓，第21联队自汉城西大门入城，除分兵占据景福宫东方的高地和北方白岳山有利地形外，主力由第1大队长森祇敬少佐指挥，直奔景福宫，沿正门光化门右侧前进，抵达迎秋门（西门）。因城门紧闭，森祇敬令所部以大炮轰毁迎秋门扉楗，全军拥入。森祇敬带兵直入国王所在的勤政殿，诡称为保护国王及王宫而来，将国王李熙监视起来。第1大队一部分日军还袭击了光化门左侧的朝鲜壮卫营，造成内外夹攻的形势。同时，第11联队第2大队到达光化门后，队长桥本昌也少佐率一部迂回到后门彰化门。朝鲜守军为阻止日军进入王宫，开炮轰击。双方展开激战，弹如雨下。战斗持续约15分钟，朝鲜军队死伤10余人，不支败退。日军获胜，拥入景福宫，将第11联队的旗帜插到正门光化门的城楼上。7点40分左右，战斗基本结束。③下午，驻防

---

① 《日本外交文书》第二十七卷，第422号，附件三，（二）辛号，《中日战争》（续编）第九册，第91—92页。
② 同上书，（三）壬号，《中日战争》（续编）第九册，第92页。
③ 朴宗根：《日清战争与朝鲜》，青木书店1982年12月版，第51—52页。

新南营的箕营（平壤兵）兵丁500人向日军发起反击，开进建春门。亲日分子安驷寿出来传达所谓国王的命令，制止箕营的行动。兵士满腔愤怒无处发泄，纷纷脱掉军服，各归乡里。自此，日军完全控制了局面。大鸟圭介又命令日军到汉城各兵营将朝鲜军队全部驱逐，还下令收缴汉城朝鲜军队的武器，夺得各种大炮30门（其中克虏伯山炮8门），机关炮8门，各种洋枪3000余支及其他各种武器弹药。日军还对有500年历史的朝鲜各王宫进行了洗劫，宫中"货宝列朝珍玩法器和宗庙尊罍之属翻捆载委输于仁川港"①。

在云岘宫，对大院君的策动也在彻夜进行。23日凌晨2时许，大鸟命冈本柳之助、穗积寅九郎、铃木重元及翻译铃木顺见再至云岘宫进行劝说，外务省警部荻原秀次郎率警士数人随行。大岛义昌又派出步兵一个中队前往，负责云岘宫内外的警戒，并准备在必要时强行劫持大院君入阙。冈本等至云岘宫后，先与大院君的长孙李竣镕进行晤谈，然后进见大院君。大院君坚不答应。稍后，国分象太郎把新释出的李罡应亲信郑云鹏带来，令其"以利害说服大院君，如不出山则民不得救"。由于郑云鹏的种种劝告，大院君"遂略有出仕之决心"②，但口头上并无明确的表示，他还要等待出山的时机和火候，要和日本人讲一讲条件。当时天已大亮，大鸟本拟强迫大院君入宫，但又怕伤害大院君的感情，造成僵局，乃派杉村濬赴云岘宫再加劝说。杉村濬一见到大院君，便力劝其入宫。大院君根本不听，却故意询问闵妃是否平安。当得知闵妃可能越后墙逃往春川后，面有喜色。杉村濬乘机进言说："今天早晨的这个情况，实在没有多费唇舌的必要。我国政府只是从维护东亚和平着想，劝说贵国进行内政改革。可是闵党政府不仅没有改革的愿望，暗中还予以痛斥，其结果是迫不得已，才导致今天的形势。如今内外的希望都寄于阁下一身，我国希望阁下能出来担此大任。此时如阁下出任，朝鲜便中兴有望，东亚和平亦可维持，否则，贵国社稷安危很难设想。阁下如拒绝我们的劝告，我国便不得不考虑转向别的方案，但愿阁下深思。"冈本、郑云鹏也一齐劝导。至此，大院君面色一改，向杉村提出："贵国此举果真是义举，那就请阁下代贵国皇

---

① 黄玹：《梅泉野录》，高宗三十一年六月二十日条。
② 《日本外交文书》第二十七卷，第422号，《中日战争》（续编）第九册，第86页。

帝立下条约，说明事成之后不割我一寸土地。"杉村表示，他本人虽不能代皇帝立什么条约，但大鸟公使有此权利，他可以代替大鸟行使这种权利。于是大院君说："如果那样，希望你能代替大鸟公使写出决不割我寸土的保证。"杉村提笔写道："日本政府之此举实出于义举，故事成之后，断不割朝鲜国之寸地。"这样，剩下来的便是入宫的程序问题了。大院君虽是国王的生父，但依君臣之分，没有国王的"恩准"是不能入宫的。于是大院君提出："希望你们能从敕使那里想办法得来敕令。"① 杉村急忙派穗积寅九郎去亲日派官员赵义渊家，要其在宫中设法。赵义渊与安駉寿、俞吉濬一齐入宫向国王李熙提出此事。李熙在日军包围之下，完全成了一个傀儡，乃遣官赍密旨至云岘宫请大院君出仕。上午11时，大院君在日军护卫下入阙。

事变之后，困于宫中的国王令外务督办赵秉稷至日本使馆，要求大鸟圭介入宫。大鸟谎称"日韩人轿夫均不足，且不易解决"，至11时始出馆进宫。当大院君从迎秋门进入内殿不久，大鸟也从光化门入宫。大鸟拖到此时进宫，显然是要避开国王李熙，直接与大院君打交道。大鸟事后向日本政府报告其入宫的情况说："此时，大院君亦进入宫内，父子久久相对，互相泣啼。大院君怒斥国王失政，陛下谢之，当时表现出乎意料之戏剧状。不久，大院君走出正堂，对本官说明今日大君主理应接见贵公使，只因繁忙而由其代受进谒之意。并述其受大君主之命，自今将统辖政务，委以就该国内政改革之事可与贵公使协商云云。本官首先祝大君主陛下无恙，然后致大院君执政之贺词。"② 大鸟下午2时离开，在宫中停留近3小时，与大院君商谈了政治改革及大臣的任免事项。大鸟还增派日本卫兵驻守王宫各门，凡无日本公使馆所发之门票者严禁出入。宫内日兵岗哨密布，监视綦严。

大鸟声称，其下令占领朝鲜王宫的直接目的是："第一，促使该国执政者之更迭，使之开启内政改革之端绪；第二，于日清开战前，使改革派控制韩廷以利于我之活动。为达到第一之希望，拟清除以闵泳骏为首诸闵氏之有势力者，使之移住于国王之城外，推大院君建立政府。与此同时，

---

① 杉村濬：《明治二十七八年在韩苦心录》，《中日战争》（续编）第七册，第32—33页。
② 《日本外交文书》第二十七卷，第422号，《中日战争》（续编）第九册，第86页。

举改革派人士参与政务，以奏内政改革之实效。"① 大院君既然已经应日本之请出山摄政，那么他也就只好亦步亦趋地去实现大鸟的这些意图。他首先召金炳始、郑范朝、赵秉世、金弘集、赵秉稷、申正熙、朴定阳等重臣在寝殿附近坐办事务，以稳定人心。亲日的开化派分子赵义渊、安駉寿、金嘉镇、金鹤羽、俞吉濬、权永镇、权在衡等人也集中于一室中，讨论善后之计。但据杉村濬回忆："他们的议论，与其说是创立新式，毋宁说是想趁事变这个机会，装出改革派的面目，获得高官重职。"② 24日，傀儡政权上台伊始，所做的第一件事，就是宣布将一批闵党大臣流放，其中包括内务督办闵泳骏、兵曹判书闵泳韶、宣惠厅堂上沈相薰、江华留守闵应植、统卫使闵泳翊。接着又任命金鹤羽为兵营判书，申正熙为统卫使，赵义渊为壮卫使，安駉寿为右捕盗大将，鱼允中为宣惠厅提调，金嘉镇为外务协办，俞吉濬为外务参议。其中大部分人被称为"日本党"。还决定将金允植、李道宰、申箕善、尹雄烈等被闵妃集团流配的官员释回。③ 25日上午11时，大鸟圭介入宫，向大院君和外务督办赵秉稷重新提起废除中朝之间的条约及驱逐牙山清军问题。在日军武力逼迫下，赵秉稷同意向中国驻朝官员唐绍仪发出废除《水陆通商章程》、《中江通商章程》及《吉林通商章程》的通知。但关于驱逐牙山清军，赵秉稷拒绝出具正式委托公文，大鸟"仅仅得到了一个类似委任状的书面材料"④。

---

① 《日本外交文书》第二十七卷，第429号，《中日战争》（续编）第九册，第99页。
② 杉村濬：《明治二十七八年在韩苦心录》，《中日战争》（续编）第七册，第35页。
③ 朴宗根：《日清战争与朝鲜》，第71页。
④ 杉村濬：《明治二十七八年在韩苦心录》，《中日战争》（续编）第七册，第37页。

第八章　从列强调停到中日宣战

第一节　清政府摇摆于和战之间

清朝当局者对日军大举入朝初无思想准备，反应十分迟缓，在日军已占先机的形势下，只好寄希望于通过谈判促使日本撤军。但日本又抛出"共同改革朝鲜内政"案，为其军队赖在朝鲜不走制造借口，并企图拖住清军，寻机开衅。此案遭清政府拒绝后，日本乃于6月22日向清政府提交了所谓"第一次绝交书"，表示绝不撤兵。驻日公使汪凤藻，在朝鲜的袁世凯、叶志超均主张添拨重兵与日本相抗，但李鸿章担心"我再多调，倭亦必添调，将作何收场耶"①，主张备而不发，而把希望寄托在俄国的调停上。

6月25日，军机处电寄李鸿章谕旨："此次朝鲜乱匪聚党甚众，中朝派兵助剿，地势敌情均非习，必须谋出万全，务操必胜之势，不可意存轻视，稍涉疏虞，派出兵练千五百名，是否足敷剿办，如须厚集兵力，即著酌量添调，克期续发，以期一鼓荡平，用慰绥靖藩服至意。"② 这应看作清廷打算令李鸿章以继续戡乱的名义增兵。当天，军机处又寄李鸿章上谕：

> 李鸿章迭次电信均经总理各国事务衙门呈览。现在日本以兵胁议，唆使朝鲜自主，朝鲜恇怯惶惑，受其愚弄，据现在情形看去，口舌争辩已属无济于事。前李鸿章不欲多派兵队，原虑衅自我开，难于

---

① 《李鸿章全集》，电稿二，第718—719页。
② 《清光绪朝中日交涉史料》（1031），第十三卷，第25页。

收束,现倭已多兵赴汉,势甚急迫。设胁议已成,权归于彼,再图挽救,更落后着。此时事机吃紧,应如何及时措置,李鸿章身膺重任,熟悉倭韩情势,著即妥筹办法,迅速具奏。①

这一上谕,话已说得很明白了,就是催促李鸿章增兵,并拿出统筹方案。这时李鸿章还没有认识到问题的严重性,还天真地让袁世凯劝告朝鲜政府自行革除弊政,以杜绝日本的借口。岂料此后几天,形势急转直下。6月28日,李鸿章接驻英公使龚照瑗电报:"日已在英订造两大铁舰,其坚利为东方海面所无。顷马格里密函:'东方水面之轮,日欲尽雇运兵械,刻在英议买在东海大轮。有契友密告,中日战争在即……'"

当夜,又接袁世凯急电:"日续来兵三千余,下岸加千兵来汉。鸟照诘韩:系华保护属邦否?限明日复。据称,备兵两万,如认属,即失和。韩怯贰难持,乞速设法示。"6月30日,李鸿章接总署电:"二十五日赫德来署言:接上海电,倭有水电船十二支预备出口,不知何往。此船甚利害,应电各海军预防。又龚电,台湾尤紧要等语。应由尊处分电南洋,闽、粤并邵抚知照,不动声色,妥筹防范,以备不虞。"②驻日公使汪凤藻在得知袁世凯电报内容后也致电李鸿章:"日逼我至此,恐乏转圜。如失和,谅须撤使。各口商民共五千余,身家财产应否由署商托与国保护,抑由沪雇船载回,祈商署示遵。"③连日凶讯,使李鸿章在遵照上谕"妥筹办法"的时候,不得不考虑增兵备饷的事情了。

6月30日,李鸿章上《遵旨酌度倭韩情势预筹办理折》,内称:

……体察情形,诚如圣谕,口舌争辩无济于事。至俄使喀希呢自认调处,不过因势利导,原非专恃转圜。倘至无可收场,必须预筹战备。查北洋铁快各舰,堪备海战者只有八艘,余船尽供运练之用。近数年来,部议停购船械,未能续添。而日本每年必添铁快新船一二艘,海上交锋恐非胜算。若就陆路而论,沿海各军将领均久经战阵,

---

① 《清光绪朝中日交涉史料》(1031),(1032),第十三卷,第25页。
② 同上书(1040),(1039),(1041),第十三卷,第27页。
③ 《李鸿章全集》,电稿二,第732页。

器械精利，操演纯熟，合计亦仅二万人，分布直、东、奉三省海口扼守炮台，兵力本不为厚，若令出境援韩击倭，势非大举不办。一经抽调，则处处空虚，转虑为敌所乘，有妨大局。从前防俄防法征调添募多至二三十营，此次外援兼顾内防，更当厚集兵力，需饷实属不赀。应请饬下户部先行筹备的饷二三百万，以备随时指拨。臣久历兵间，深知时势艰难，边衅一开，劳费无已。但使挽回有术，断不敢轻启衅端。其缓急轻重，当随时仰秉宸谟，妥为措置。惟倭情叵测，不得不绸缪未雨，思患预防，冀收能战能和之效。①

李鸿章在这件奏折中向清廷端出了他所经营的陆海军的实底：海军落后日本，难以打赢；陆军力量单薄，不能出击。如他后来所说，"都是纸糊的老虎"②。他建议清廷筹备军饷，厚集兵力，但在备战与"转圜"二者之间，显然他仍侧重于后者。

就在具折的当天，李鸿章还派道员盛宣怀和罗丰禄去见俄国公使喀西尼，探听俄国政府和俄国驻日公使的态度。喀西尼表示："拟再电俄廷并驻日使，令告日必须共保东方和局，或请日派大员来津，会议韩善后事宜，方有收场。"李鸿章当即将这一情况向总理衙门报告，并不无兴奋地表示："如能办到，于无可设法中冀有结束。"③ 但是，不久喀西尼就打发俄国参赞巴福禄来告，已接驻日俄使电报，"谓往晤陆奥，不肯撤兵"。喀西尼以前曾向李鸿章表示："俄皇电谕勒令撤兵，如不肯撤，俄另有办法。"李鸿章向巴福禄问及此事，也未有结果。对于中日俄三国会议善后一事，巴福禄根本未提。④ 这一挫折加强了清廷对李鸿章专门依靠俄国调停的不满。7月1日，军机处再次密寄李鸿章上谕：

前经迭谕李鸿章酌量添调兵丁，并妥筹办法，均未复奏。现在倭焰愈炽，朝鲜受其迫胁，势甚岌岌，他国劝阻，亦徒托之空言，将有决裂之势。李鸿章督练海军业已有年，审量倭韩情势，应如何先事图

---

① 《中日战争》（续编）第一册，第8—9页。
② 吴永：《庚子西狩丛谈》，卷四。
③ 《李鸿章全集》，电稿二，第736页。
④ 同上书，第737—738页。

维，熟筹措置。倘韩竟被逼携贰，自不得不声罪致讨，彼时倭兵起而相抗，亦在意计之中，我战守之兵及粮饷军火必须事事筹备确有把握，方不致临时诸形掣肘，贻误事机。李鸿章老于兵事，久著勋劳，著即详细筹画，迅速复奏，以慰廑系。①

这时英国对调停中日关系也表现出了兴趣。这部分是由于俄国介入的原因。7月1日，驻华英公使欧格讷派英国驻天津领事宝士德访问李鸿章，称其"屡电外部，与驻英倭使商令撤兵，再议善后，又电驻倭英使与说，皆未允"。宝士德并问及："闻俄廷出为排解，有诸？"李鸿章有意利用英俄对立，答称："有之。但俄虽韩近邻，未能无故动陆兵。若英水师雄天下，如我前在烟台看大铁甲船，实为东海第一，应请欧转电外部，速令水师提督带十余铁快舰径赴横滨，与驻使同赴倭外署，责其以重兵压韩无礼，扰乱东方商务，与英大有关系，勒令撤兵，再议善后，谅倭必遵。而英与中倭交情尤显，此好机会，勿任俄著先鞭。"② 李鸿章这些话，真如痴人说梦，可以看出他对列强调停是如何的醉心。欧格讷并未把他的话当回事，根本未向英国外交部报告。但清廷对李鸿章的指责却因而更加严厉了。7月4日的上谕说："倭人肇衅，挟制朝鲜，倘致势难收束，中朝自应大张挞伐，不宜借助他邦，致异日别生枝节。即如英国，处此时势，如出自彼意派兵护商，中国亦不过问，若此议由我而发，彼将以自护之举托言助我，将来竟以所耗兵费向我取偿，中国断不能允。李鸿章此议非但示弱于人，仍贻后患，殊属非计。著毋庸议。嗣后该大臣与洋人谈论，务宜格外审慎，设轻率发端，致误事机，定惟该大臣是问。"③ 李鸿章的话，固然近于荒诞；而清廷的批驳，也认真到了可笑的程度。这反映出清政府当时对世界形势依旧懵然无知。

清廷声称"中朝自应大张挞伐，不宜借助他邦"，是否真的决心备战呢？显然不是。真正的原因是日本又突然表示愿意谈判。

7月3日，日本驻华代理公使小村寿太郎访问总理衙门，表示："韩

---

① 《清光绪朝中日交涉史料》（1051），第十三卷，第29—30页。
② 《李鸿章全集》，电稿二，第739—740页。
③ 《清光绪朝中日交涉史料》（1069），第十四卷，第3页。

事愿两国相商，不甚愿他国干预，以免日后牵制。"总理衙门还听英国公使说："小村已接其外务电，予以商议之权，日内必能开谈。"① 日本突然作此姿态，背景是俄、英两国的介入。日本要以中日直接谈判为借口，抵制俄国提出的"三国会议"方案，并敷衍英国。7月4日，小村寿太郎又照会总理衙门，声称奉有国书，天皇令其亲呈中国皇帝。原来。当年3月9日，是日本明治天皇结婚25年的银婚吉期庆礼，中国曾由总理衙门奏准，由驻日公使汪凤藻向明治天皇呈递了以光绪皇帝名义致送的贺书和礼物。小村拟呈之国书，即为明治天皇就此对光绪皇帝的答谢。又是谈判，又是答谢，把清政府决策者搞得将信将疑，又开始寄希望于同日本直接谈判。

总理衙门与小村寿太郎共进行了两次会谈。第一次是在7月7日，中国方面的参加者有庆亲王奕劻、孙毓汶、徐用仪、崇礼、张荫桓等5人。这实际上是一次预备性会谈。当总理衙门问及小村是否奉有参加会谈或将总理衙门意见电告其政府的训令时，小村闪烁其词，予以否认。这与英国公使所称"小村已接其外务电，予以商议之权"是矛盾的。小村显然是在耍弄花招，准备日后摆脱日本政府的责任。为了引诱清政府上钩，小村主动提出："目前，自朝鲜撤回两国兵员，乃谈判开始之第一着应议定之事项，即对于撤回方法与日期进行必要之协商。"② 总署大臣欣然表示，同意将此作为会谈的首项内容。

两天后，双方举行了第二次会谈。据日方记载，奕劻在谈判开始即提出："目前两国派出众多兵员，第一，使诸外国产生种种疑惑，且难免来自他国之多方干涉；第二，由于两国军队意外之冲突，遂有将破坏两国友好之悬念。故于贵我两国谈判前，互将其兵员撤回，乃目前之急务。"争论围绕两个问题进行。第一，是否尚须留兵"平乱"问题。小村对"朝鲜内乱业已平定"的说法表示怀疑，提出："因此，驻该国之兵员，如不确知内地之实况必不轻易撤回。又根据情况，谈判开始之第一步，为镇压贼兵及保护人民，实际上有驻留多少兵员之必要亦不得不议定之。"孙毓

---

① 《清光绪朝中日交涉史料》（1062），第十四卷，第1—2页。
② 《日本外交文书》第二十七卷，第603号，附件一，《中日战争》（续编）第九册，第275页。

汶据实予以反驳。第二，是否同意先撤兵再谈判的问题。孙毓汶提出："目前两国派兵朝鲜，引起诸外国种种想象，以致欧洲诸国试图干涉之。故为消除此患，只有速撤两国之兵。再者，使贵国撤兵，并非主张不开关于此事件之谈判。首先，第一步实行撤兵；其次，贵我两国就劝告朝鲜国王使其改良内政等事进行协商。"小村表示："我政府绝无拒绝撤兵、不应贵政府请求之意。但如撤兵之后，不知以如何方法实施彼国内政改良及预防以后之国乱之设想时，确信绝不承诺撤兵之事"。实际上，小村仍顽固地坚持日本政府"第一次绝交书"的立场。但他答应将总理衙门的如下意见电告日本政府："现今朝鲜内乱已平定，日清两国所派之兵员，根据天津条约之明文，不仅要立即撤回，而且，两国兵员驻在朝鲜，亦有他国出兵之虑。因此，谈判非于撤兵之后则难以进行"。最后奕劻特别嘱咐小村说："接到贵政府对今日所陈我政府意见之回电后，望速报道之。"①可以看出，总理衙门对日本改变态度充满希望。

但是，很多官员早就看透了日本的叵测居心，主张速行备战。7月12日，就是小村寿太郎在承光殿觐见光绪皇帝并递交答谢国书的这天，清廷分别收到了江南道监察御史张仲炘、翰林院侍读学士文廷式要求设法御敌的奏折。张仲炘在奏折中批评李鸿章"观望迁延，寸筹莫展，始则假俄人为箝制，继则恃英人为调停"，主张"破除成见，一意决战，以弭后患"。② 文廷式也对"事涉数月而中国之办法尚无定见，北洋之调兵亦趑趄不前"的状况进行了抨击，主张"速调万人，或由海道以迫汉川，或行陆路以趋王京，务使力足以敌倭人。如彼有狡然思逞情形，则我军不妨先发，一切可以便宜从事，惟不得借口退兵，致干军法"③。其见解虽不无可议之处，但主张早做准备，争取主动，还是应该受到肯定的。

日本明知清政府不可能也无法在"先撤兵后谈判"这一立场上后退，所以才令小村寿太郎与总理衙门会谈。所谓会谈，也仅仅是为了让总理衙门再重复一下自己的立场，以便借为口实，搪塞英国和俄国，并进而采取走向决裂的措施。果然，在向光绪皇帝致送答谢国书以后仅两天，7月14

---

① 《日本外交文书》第二十七卷，第603号，附件二，《中日战争》（续编）第九册，第276—279页。
② 《清光绪朝中日交涉史料》（1130），第十四卷，第21页。
③ 《清光绪朝中日交涉史料》（1132），第十四卷，第23—24页。

日，小村寿太郎就奉其政府之命向总理衙门提交了如下照会：

> 查朝鲜屡有变乱之事，从其内治纷乱而来。我政府因念今俾该国能更正内治，绝变乱于未萌，莫善于日清两国戮力同心者。缘两国之于该国所有关系原常吃紧也。乃将此意提出（与）清国政府。讵料清国政府定然不依，惟望撤兵，我政府实深诧异。近闻驻京英国大臣顾念睦谊，甚愿日清两国言归于好，出力调停等语。但清国政府仍惟主撤兵之言，其于我政府之意毫无可依之情形。推以上所开，总而言之，清国政府有意滋事也，则非好事而何乎？嗣后因此即有不测之变，我政府不任其责。①

这一照会被陆奥宗光称为向清政府发出的"第二次绝交书"，从此日本开始了实行"断然措施"的"实际行动"。

清廷收到日本的照会，已没有犹豫的余地。总理衙门当即致电李鸿章通报情况，并指出："（日本照会）词意甚为决绝，似无转圜之机。本日已有廷寄，命决进兵之策，战事宜慎，必须谋出万全，希将如何分别先后次第布置之处，先行电复。"李鸿章一味乞求列强调停，对军事漫无布置，得此消息，一下子慌了手脚，致电在朝鲜的袁世凯和叶志超说："嗣后难免不测之变，望加意防备为要。水陆大队布置起程需时，奈何！"②他不愿接受这一事实，在给总理衙门的复电中称："日复虽甚决绝，不知尚有法转圜否？论理即应撤使绝交，惟彼在汉城内外已布置严密，无懈可乘，我仅叶军二千五百在韩孤危绝地，必先遵旨择地扼要移扎，方为稳着。"③

清政府被迫筹备战守，光绪皇帝于7月15日命户部尚书翁同龢、礼部尚书李鸿藻与军机大臣、总理衙门大臣一起会商对策。据翁同龢在其日记中记载，此后两天清廷的动向是：7月16日，"（枢臣）看电报，看奏折。主战者五折。余与高阳（李鸿藻）皆主添兵，调东三省及旅顺兵，

---

① 《清光绪朝中日交涉史料》（1155），第十四卷，第32页。
② 《李鸿章全集》，电稿二，第775页。
③ 同上书，第776页。

速赴朝鲜。余又谓：清厘朝鲜内政，不为失体。此二端皆入复奏。是日军机见起，上意一力主战，并请懿旨亦主战，不准借洋债。传知翁同龢、李鸿藻，上次办理失当，此番须整顿云。又欲议处北洋，又欲明发布告天下，此二事未行。"7月17日，"上至书房，臣入奏昨日事，大致添兵，仍准讲解。上曰：撤兵可讲，不撤不讲。又曰：皇太后谕不准有示弱语。"① 看来，尽管不少官员上折主战，光绪皇帝也"一力主战"，但在枢府大臣讨论时，意见却并不统一，在和战问题上"议无所决"。7月18日，枢府大臣由翁同龢领衔复奏会商结果，其中称：

> 应请谕令李鸿章，即饬派出各军，迅速前进，勿稍延缓。……此次派兵前往，先以护商为名，不明言与倭失和，稍留余地，以观动静。现在倭兵在韩颇肆猖獗；而英使在京仍进和商之说。我既预备战事，如倭人果有悔祸之意，情愿就商，但使无碍大局，仍可予以转圜，此亦不战而屈人之术也。盖国家不得已而用兵，必须谋出万全；况与洋人决战，尤多牵掣。刻下各国皆愿调停，而英人尤为著力……我若遽行拒绝，恐英将暗助倭人，资以船械，势焰益张。且兵端一起，久暂难定。中国沿海地势辽阔，乘虚肆扰，防不胜防；又当经费支绌之时，筹款殊难为继，皆不可不虑者也。然果至无可收束，则亦利钝有所勿计。②

枢臣对同日本打仗顾虑重重。他们担心一旦开战，中国本土会受到日军的侵扰，财政的困难状况也难于支持长期进行战争。他们与李鸿章一样，寄希望于外国的调停，不同处仅在于，李鸿章偏重于依靠俄国，而枢臣们则偏重于依靠英国。因而，枢府所确定的基本政策，是一面进兵，一面和商，并且把主要希望寄托在和商上面。主战的光绪皇帝，对这样一种仍然摇摆于战和之间的政策，也无可如何，只有表示同意。③

先是，7月14日，清廷密寄李鸿章上谕，要其速筹战备，派一军由

---

① 《翁文恭公日记》甲午六月十四日条，十五日条。
② 《清光绪朝中日交涉史料》（1172），第十四卷，第40页。
③ 《翁文恭公日记》甲午六月十七日（7月19日）条："上至书房，今日复奏折上……上意似尚合，云已交军机写寄北洋矣。"

陆路前往中朝边境驻扎，以待进兵。7月16日，清廷又下严旨，要李鸿章将布置进兵一切事宜迅速复奏。当天，李鸿章将其进兵部署电告总署，请代奏，大要是：派总兵卫汝贵统盛军马步6000余人进平壤，提督马玉崑统毅军2000人进义州。均由招商局轮船运至大东沟登岸，再节节前进。另电商盛京将军裕禄，调派记名提督总兵左宝贵统奉军马步八营进平壤，会合各军，图援汉城。牙山叶志超，已拟令其船载移扎平壤。① 后经协商，东三省除左宝贵所统奉军3500人外，还抽调练军马步队1500人，由盛军总统丰升阿统率，一齐准备出师。只有叶志超认为牙山清军乘船向平壤转移不够安全，不如由陆路扼要相机移扎，稍有把握，且可以切断日军汉城、釜山间的通道。他的意见固然有一定道理，但牙山清军势单力孤，随时有遭日军袭击的危险。鉴于这种情况，李鸿章决定派记名提督江自康率仁字等营两千人增援牙山。其实，如果立足于战，从孤悬朝鲜的清军的安危出发，要么就应集中海军兵力，保护牙军撤退或转移，要么就应大规模增兵，集中优势兵力。仅以区区两千人增援，根本不能解决问题。李鸿章之所以没有采取切实有力的措施，是因为他仍存和平幻想。他在7月17日给叶志超的电报中还说："闻日又添兵三千，我去兵愈多，彼必不肯减退。"7月19日，他又致叶志超电："总署正与英、倭议彼此撤兵，再商善后。闻汉城谣惑，汝须格外机密稳慎。"7月20日，叶志超电告李鸿章，日军派兵驰守各要隘，"韩倭皆猜开战在即，汉城更惊"，请抓紧添兵。李鸿章复电却称："日虽竭力预备战守，我不先与开仗，彼谅不动手，此万国公例。谁先开战即谁理诎，切勿忘记，汝勿性急。"② 这些电报对叶志超只能起到麻痹作用。

在此期间，清政府内部的主战声浪日益高涨。太仆寺少卿岑春煊上折指出："为今之计，与其后日添防，老师匮饷，靡有穷期，何若今日临以大兵，示以必战。倘该夷自揣理屈，退兵守约，诚国家之福，设仍相抗，即以一战挫其凶锋。"③ 礼部右侍郎志锐在奏折中抨击李鸿章和总理衙门大臣"一味因循玩误，辄借口于衅端不自我开希图敷衍了

---

① 《清光绪朝中日交涉史料》(1154)，第十四卷，第31页。
② 《李鸿章全集》，电稿二，第785、791、794页。
③ 《清光绪朝中日交涉史料》(1162)，第十四卷，第34页。

事","专恃外国公使从中调处,借作说和之客,以图退兵之计"①,请饬李鸿章厚集兵力,迅速进兵。但这些主战的声音,并未能影响清政府的决策。

筹战既如此,和商又如何呢?日本"第二次绝交书"之后,中日两国的正式协商已不可能。总理衙门仍然把希望寄托在英国的调停上面,并且降低了与日本和商的条件。李鸿章在天津,也重新寄希望于俄国作有力的干涉。在英、俄等国进行调停的同时,李鸿章正设法开辟与日本秘密协商的途径。其实,早在总理衙门坚持"先撤兵后谈判"的原则,表现出强硬态度之时,李鸿章就秘密向日本作出了另一种姿态。这也许是清廷的有意安排。李鸿章派伍廷芳秘密访问了日本驻天津领事荒川己次,要求荒川电告日本政府,愿意派员同日本进行谈判。陆奥对李鸿章表示了与总署不同的态度感到诧异,电训荒川弄清原委。荒川经向伍廷芳探询后复电陆奥:"在我看来,李鸿章好像倾向于同意你的看法中的一些原则来解决朝鲜问题,而不接触宗主国问题。……伍告诉我,李鸿章能解决朝鲜问题而无须考虑北京的态度,并重复了他的要求。"7月16日,陆奥致电荒川,对谈判提出非常苛刻的条件:"尽管李鸿章真的希望建议解决目前这一问题,除非此建议以最明确具体的形式,并通过适当公认的渠道传达给我们外,日本政府将不予考虑。"② 这实际上是变相拒绝了谈判。但李鸿章仍不死心。7月22日,他又派罗丰禄秘密通知荒川,决定派罗丰禄作为自己的特使去日本与伊藤博文联系。并要求日本政府,在罗丰禄到达东京前,在朝日军不要采取敌对行动。陆奥宗光对此反应特别冷淡,虽"不特别反对"罗去日本,但却拒绝作出任何承诺。③ 罗正准备以中国驻日公使汪凤藻有公事召请的名义东渡,日本便在丰岛海面袭击中国海军军舰,从而正式挑起了甲午中日战争。李鸿章幻想的中日秘密交涉也化作泡影。

---

① 《清光绪朝中日交涉史料》(1169),第十四卷,第38页。
② 《日本外交文书》第二十七卷,第599号,第600号,《中日战争》(续编)第九册,第272页。
③ 同上书,第607号,第608号,《中日战争》(续编)第九册,第282页。

第二节 清政府乞请列强调停与干涉

一 求俄干涉的落空

当中日共同撤兵交涉陷于破裂之际，袁世凯感到形势危急，乃于6月18日连电李鸿章增兵，并请驻华各国公使出面调处。李鸿章本来对撤兵谈判充满希望，至此才感到日本决心挑衅，非口舌所能解决问题，但又转而企图依靠西方列强的势力逼迫日本撤兵。

恰巧，俄国公使喀西尼（A. P. Cassini）回国休假，路经天津，于6月20日往晤李鸿章。李鸿章乘机向喀西尼提起：8年前巨文岛事件发生后，他与当时的俄国驻华代理公使拉德仁曾面订协议，保证中俄两国均不侵占朝鲜土地。而"此次日本派兵太多，似有别意，俄切近紧邻，岂能漠视？"李鸿章请喀西尼"速电外部，转电驻日俄使，切劝日与我约期同时撤兵，以免后患"①。据说，李鸿章还向喀西尼透露：英国已提议愿意充当调停者，但中国认为俄国在此次事件中有优先权。喀西尼对调停中日冲突深表同意。在他看来，在朝鲜发生武装冲突，无论哪一方获胜，结果都将是目前均势的打破，对俄国不利。英国出面调停，将进一步加强英国在东亚特别是朝鲜的地位，也直接影响到俄国的利益。俄国出面调停，不用做出任何牺牲，又能大大增加俄国在朝鲜及整个远东的势力。当天，喀西尼即致电俄国外交大臣吉尔斯（N. K. Giers），转达了李鸿章请求俄国出面调停促使日本撤兵的意思，并表示自己的意见："我国决不应错过目前中国要求我们担任调停者的机会。"②

对于喀西尼的行动，李鸿章喜出望外，认为找到了有力的靠山。当时，日本提出共同改革朝鲜内政，逼迫清政府表态。李鸿章于6月21日理直气壮地电示驻日公使汪凤藻，明确拒绝日本的无理要求。当晚，李鸿章到喀西尼下榻的旅馆回访，表示："日以重兵胁议，实欲干预韩内政为侵夺之谋，华决不允。"喀西尼称："俄韩近邻，亦断不容日妄行干预。"

---

① 《李鸿章全集》，电稿二，第713页。
② 《中日战争》第七册，第230页。

还说："使华以来惟此项交涉于俄关系甚重，务望彼此同心力持。"①

俄国外交大臣吉尔斯6月22日收到喀西尼的电报后，当天即上奏沙皇，表示同意喀西尼的意见："我国出面调停，将增加我国在远东之势力，而且必须防止英国干预此事的可能。"② 23日，吉尔斯电告喀西尼，要其暂留天津，与李鸿章商办日、朝交涉问题。又致电俄国驻日公使希特罗渥（M. Hitrovo），通报了喀西尼电报的内容，传达了沙皇意旨：竭力促使日本政府与中国同时由朝鲜撤军。

这时，日本已向中国发出决不撤兵的照会即所谓"第一次绝交书"。李鸿章派盛宣怀将日本照会的大意通知了喀西尼。喀西尼即于6月24日将这一新的情况电告吉尔斯，请求采取措施。③ 但俄国驻日公使希特罗渥接俄皇电旨后却回电说，调停中日关系一事"有极大困难"，还说："英国显然正在等待时机，而一旦我国以任何方式表示援助中国时，英国很可能站在日本一边。"④

6月25日，希特罗渥访问日本外务大臣陆奥宗光，请其说明日本宣称不肯撤兵的原因。陆奥抓住俄国不愿打破朝鲜已有格局的心理，谎称日本不肯撤兵是"欲维持朝鲜独立之地位"，"于朝鲜保持相当之势力均衡"。希特罗渥问及：如中国撤兵，日本是否也同意撤兵？陆奥宗光提出，在中国撤兵的基础上，必须满足如下两个条件，日本才能撤兵："第一，清国政府同意日清协同完成朝鲜改革一事之时。第二，清国政府如以任何理由拒绝关于上述与日本协同之改革措施时，日本将独自维护朝鲜之独立及致力于其政治之改革，清政府保证不予直接或间接干涉之时。"陆奥很清楚，这些条件是清政府无法接受的。他还施展其"外交艺术"，欺骗俄国公使说："第一，日本政府对于朝鲜，于其条约中除包含由维护该国独立，并确保该国之和平安宁之希望所抱之意图外无他。第二，无论清国政府有任何举动，日本政府亦不会自行挑起战争，如不幸而至交战时，

---

① 《李鸿章全集》，电稿二，第715—717页。
② 《中日战争》第七册，第229页。
③ 同上书，第231—232页。
④ 同上。

日本乃不得已而至此者。"①

陆奥的蛊惑性宣传很见效。希特罗渥当天就致电吉尔斯，报告了他与陆奥会晤的情况，一方面袒护日本，否认日本有战争预谋；另一方面又声称："若干其他强国倒很乐于见到我们牵连到远东问题中去。"② 以此反对俄国向日本提出书面劝告。

这时，日本又开始往朝鲜运兵，大鸟圭介开始逼迫朝鲜改革内政，并否认中国的宗主权。袁世凯连电向李鸿章告急。驻日俄国公使与日本政府交涉的消息久等不至，李鸿章十分焦急。30日上午，李鸿章派盛宣怀、罗丰禄往喀西尼住处催问消息。喀西尼告诉盛、罗："拟再电俄廷并驻日使，令告日必须共保东方和局，或请日派大员来津，会议韩善后事宜，方有收场。"喀西尼还表示："俄为韩近邻，欲同会议，只劝韩酌改内政之苛暴者，必不更动朝鲜大局。"③ 这一中、日、俄"三国会议"的方案，纯系喀西尼一厢情愿的空想，并无任何现实性，而李鸿章有病乱投医，竟也很感兴趣。

先是，俄国外交部在6月25日收到希特罗渥报告其与陆奥宗光会晤情况的电报之前，收到了喀西尼24日发出的催问俄廷态度的电报。当天，又收到驻朝公使馆参赞凯伯格（Kerberg）的电报，内容是转达朝鲜政府"希望诸友好国家协同促成目前局势的和平解决"④ 的请求。吉尔斯综核这3份电报的内容，经过3天的思考，决定对调停中日纠纷取慎重态度。对于促使日本撤军问题，他认为应改为从支持朝鲜政府要求中日共同撤军的角度提出。6月28日，他将这一意见上奏沙皇，经沙皇裁可后，即以此意致电喀西尼和希特罗渥。不过，在致希特罗渥的电文中又增加了如下的话："提示日本政府，如果它在与中国同时撤退朝鲜军队一事上故意阻难，则它应负严重的责任。"⑤

显然，俄国政府已经从6月23日致喀西尼和希特罗渥电报的立场上

---

① 《日本外交文书》第二十七卷，第620号，《中日战争》（续编）第九册，第289—292页。
② 《中日战争》第七册，第233页。
③ 《李鸿章全集》，电稿二，第736页。
④ 《中日战争》第七册，第234页。
⑤ 同上书，第287页，(23) 注2。

后退了。我们注意到,俄国外交大臣吉尔斯在收到驻中、日、朝三国外交代表意见各不相同的电报的第二天,即6月26日,向陆军大臣送去一件1888年俄国有关远东问题的特别会议记录。俄国态度的变化,与这一文件密切相关。

1888年5月8日召开的这次特别会议,明确提出俄国在远东的政治利益"主要集中在朝鲜",会议的宗旨就是制定以朝鲜问题为焦点的俄国远东政策。会议经过讨论认为:朝鲜本身虽然是不足道的,但它一旦被邻国之一即中国或日本占有,则可能成为敌视俄国的工具。日本的野心在甲申政变中受到中国打击,直到最近才又关怀到用哪些方法才能保证朝鲜不被中国人所夺取。"日本政策的此种方针,与我们的看法完全符合,我们应该竭力支持东京内阁的此一方针。"中国在南乌苏里地区构成对俄国的威胁。如果中国以出兵朝鲜平乱为借口把军队常川驻扎朝鲜境内,俄国要采取压迫中国的方式:"由海军在中国海面示威,或则我们占领朝鲜沿海任何据点。"[1] 显然,这是俄国在西伯利亚铁路修好以前,对朝鲜鞭长莫及,无力吞并,又要在朝鲜占据一席之地的权宜之计。

吉尔斯在这样一个"尚无理由忧虑中国方面会有挑衅行动"[2] 的时刻,把这一针对中国的文件送交陆军大臣,暗示陆军大臣进行必要的军事准备,说明已决定撤销对喀西尼的支持,而回到由1888年特别会议记录所表达的俄国既定的远东政策上去。

希特罗渥接吉尔斯6月28日电训后,即于6月30日向陆奥宗光提交一件照会,内容是:

> 朝鲜政府以该国内乱业已平定之意旨,公开告知驻该国之各国使臣。并就清日两军撤回一事,请求该使臣等予以援助。本官奉君主皇帝陛下政府之命,劝告日本帝国政府容纳朝鲜之请求,并忠告日本与清政府同时撤回在韩之兵所设障碍一事,负有重大责任。[3]

---

[1] 《中日战争》第七册,第209—216页。
[2] 同上书,第241页。
[3] 《日本外交文书》第二十七卷,第633号,《中日战争》(续编)第九册,第298页。

这件照会的措辞显得很强硬，陆奥一下子给弄蒙了。日本政府这时很怕节外生枝，别滋事端，当然不愿与俄国顶牛。但为了开战已进行了长期的准备，又不甘心废于一旦。经过一段时间的踌躇，陆奥决心排除这种两难局面，坚持开战政策。他想出的摆脱困境的妙方，便是打英国牌，用俄国的宿敌来牵制俄国。陆奥的意见得到了首相伊藤博文的支持。

当夜，陆奥即拍急电给驻俄公使西德二郎，通报俄国照会的内容，并指示："伊藤伯爵与本大臣意见相同，即日本决不遵从俄国之意图。"接着又致电驻英公使青木周藏，令其将俄国干涉之事密告英国外交大臣，并转告"伊藤伯爵及本大臣决不遵从俄国意图之决心"①。

7月1日，陆奥草拟了给俄国的复照，经阁议通过后，又呈天皇裁可。复照针对撤兵问题指出："帝国政府认为，朝鲜国内之形势完全恢复平稳境地，将来又无任何之忧时，日本可撤回目前所在朝鲜之兵员。"②复照措辞虽然十分委婉，但却透露出极为坚决的拒绝态度。

与日本这种柔中寓刚的态度相对照，俄国的态度则是色厉内荏。吉尔斯在收到希特罗渥转来的日本政府的复照后，7月9日电示希特罗渥：

> 请以友好态度告知日本政府，我们很高兴从其照会中获悉日本并无侵略目的，而且一俟日本政府确信朝鲜的安宁业已恢复，新的混乱已无再起危险时，即自朝鲜撤退军队。我们认为，日本应在这些一般原则下立即与中国进行谈判。鉴于我们是处在与朝鲜接境的地位，因之我们对于朝鲜事件不能采取熟视无睹的态度……③

这一电报定下的调子比6月30日给日本的照会一下子低了8度。其中强调"日本并无侵略目的"，可看作是再度提醒日本不要超出其所保证的范围之外而独霸朝鲜；强调俄国是朝鲜邻国，对朝鲜的事情不能旁观，是向日本显示俄国有随时对朝鲜问题发言的权利。这都是为俄国自己争利益，与调停中日纠纷无关。7月13日，希特罗渥即以此电训为基调照复日本

---

① 《日本外交文书》第二十七卷，第639号，《中日战争》（续编）第九册，第301—302页。
② 同上。
③ 《中日战争》第七册，第249页。

政府。陆奥宗光收到复照后的感觉是："俄国政府能这样暂时撤回其已经提出的难题，可以稍为放心。"①

此前，吉尔斯于7月7日致电喀西尼，明确表示俄国"不便直接干涉朝鲜的改革"②，给积极主张出面干涉的喀西尼泼冷水，否定其"三国会议"方案，制止其向李鸿章作任何实质性的承诺。7月10日，吉尔斯又致电喀西尼，声称："我们可能随时要保卫我们的利益，可是我们决不愿意跟随中国与日本干涉今日朝鲜的混乱局面。"③ 喀西尼7月9日接吉尔斯前电后，即知俄国政府决心不采取强硬政策，无可奈何，便派参赞巴福禄等告知李鸿章："顷接俄廷电复，日韩事明系日无理，俄只能以友谊力劝日撤兵，再与华会商善后，但未便用兵力强勒日人。至朝鲜内政应革与否，俄亦不愿预闻。"④ 至此，李鸿章才如梦初醒，认识到求俄干涉已完全落空。

俄国所追求的，是它本身在朝鲜的利益。由于日本势力在朝鲜甲申政变中受挫，中国的宗主权得到加强，所以俄国的方针是利用日本牵制中国。日本出兵朝鲜，可能影响俄国利益，俄廷听信喀西尼之言，以为不难使日本就范，所以打算进行调解，以作向中国讨取报答之资，并防止中国求援英国。但后来陆奥宗光在与希特罗渥谈话中散布的日本维护朝鲜的独立、和平与秩序及日本决不挑起战争的谎言发生作用，且俄国感到也无力使日本撤出朝鲜，于是便以照会进行恐吓，恐吓无效，便只好收场。当时，无论俄国还是其他列强，对中日两国冲突的前景有各种说法，很多人认为日本开始虽可能获胜，但最终会被中国打败。所以俄国宁可听任日本向中国挑战，以削弱中国的势力。万一日本获胜，俄国还可以利用日本对朝鲜"并非出于侵略疆土之意"的承诺，随时向日本进行交涉。俄国的险恶用心，中国的对手也看得很清楚。陆奥宗光写道："如用比喻来说，当时俄国对中日两国的真正企图，如果不能兼获鹬蚌之利，也必须尝到熊掌或鲜鱼的一项美味，只是等待时机而已。"⑤

---

① 陆奥宗光：《蹇蹇录》，商务印书馆1963年版，第40页。
② 《中日战争》第七册，第245页。
③ 同上书，第249页。
④ 《李鸿章全集》，电稿二，第763页。
⑤ 陆奥宗光：《蹇蹇录》，第110页。

二　英国调停的失败

6月上旬，日本出兵朝鲜之初，恰值英国公使欧格讷路经天津，李鸿章即请其电告英国政府，劝阻日本出兵。欧格讷满口答应，果于6月12日致电英国外交大臣金伯利（J. W. Kinberly）。金伯利接电后，于6月14日约见日本驻英公使青木周藏，向其出示了欧格讷的电报，并称："英政府有日本军队长驻朝鲜恐生纠葛之畏。"[①] 态度并不十分积极。

其实，早在收到欧格讷电报之前，英国政府就已经注意到了日本出兵朝鲜及因此可能导致中日冲突的问题，但它所关心的，却首先是俄国对此事的态度。6月10日，金伯利秘密告知青木周藏："目前，如俄国回避一切干涉，英国政府未必毫无顾虑。"青木就此向陆奥宗光报告说："推测上述谈话中该大臣之语气，乃英国政府希望将来关于朝鲜国问题，日清两国不做出不利于英国之决定。与此同时，实际上此次日本之措施，苟直接或间接出于防备俄国之侵入者则可。东方两大国避免战争之事，诚为英国政府之所望。"[②] 青木周藏的推测是有道理的。英国政府对远东局势极为关注，其政策的核心是防止俄国南下。为了阻止俄国侵吞朝鲜，英国采取了支持中国对朝鲜行使宗主权的政策。同时，它也企图利用日本牵制俄国，并因此而加速了同日本进行的修改条约的谈判。英国不希望中日两国间发生战争，因为这样的战争将使远东局势发生动荡，有可能为俄国所乘，还会影响到英国的商业利益。日本出兵朝鲜后，英国不无道理地担心，俄国可能采取纵容日本在朝鲜扩张的政策，因而金伯利急忙向日本作了上述的提醒，企图将日本这股祸水引向防俄。青木周藏敏锐地感觉到，只要日本标榜防俄，则英国不会过分干预其在朝鲜的行动。于是，日本采取欺骗手段，对症下药地做了英国的工作，使英国对日本出兵朝鲜的真实目的丧失了警惕，连英国驻华公使欧格讷都相信了日本的谎言。

但是，日本的欺骗宣传不久便不攻自破了。6月24日，驻仁川的日军开始进入汉城及其附近地区，日军混成旅团后续部队也源源不断地在仁川登陆。英国不能不对中日之间发生冲突的可能性感到忧虑了。为防止中

---

① 《日本外交文书》第二十七卷，第613号，《中日战争》（续编）第九册，第286页。
② 同上书，第612号，《中日战争》（续编）第九册，第286页。

日纠纷使俄国坐收渔人之利，金伯利于6月23日对青木周藏进行了劝说，并提出："希望向日本政府转达我真诚的建议：避免冲突。"①

这时，欧格讷见俄国公使喀西尼与李鸿章频繁往来，深恐中俄距离拉近，对调停中日纠纷的态度也变得积极起来。6月25日，欧格讷会见小村寿太郎，建议："如果日本可能考虑朝鲜独立和防止干扰谈判之基础，王大臣则会考虑这些建议。"小村将其意见电告陆奥宗光。陆奥鉴于俄、英相继提出劝告，不能不暂作周旋，于是在27日复电小村："你可以个人之意见告诉英国公使，尽管中国人以前拒绝了我们的建议，如果他们在互相尊重朝鲜之领土完整和防止叛乱的基础上谈判的话，日本政府还有意考虑中国人之建议。"② 欧格讷得小村回音，即于6月28日到总理衙门，表示他愿出面调停中日冲突。欧格讷反复说明其调停方案为："拟先撤兵，商共保及内政，允则小村电请廷示"，"中国如愿将整理朝鲜内政、同保该国土地勿令他人占据两节，彼此和商，伊即电复外部，令驻日英使催日商办"。在作为谈判基础的两条中，所谓"整理朝鲜内政"，本来就是日本给中国设置的一个圈套。欧格讷提出这一条，显然是企图以牺牲中国的宗主权和朝鲜的主权来使日本撤兵。而"同保该国土地勿令他人占据"，目的虽在防俄，但同时也就承认了日本保护朝鲜的权利。其初，奕劻等人寄希望于俄国压迫日本撤兵，与欧格讷"言不投机"，曾"婉却之"。但一两天后就传来消息说，驻日俄使已与陆奥交涉，但日本不肯撤兵。奕劻"因思此事如能善了，自较用兵易于收束"，便答复欧格讷："中国本意原欲保全朝鲜，但必须无碍中国体制权力，尽可相商。惟（两条）办法有无窒碍，须俟届时斟酌，如果事不能行，仍可罢议。"奕劻也致电征求了李鸿章的意见。李鸿章正担心俄国干涉落空，认为如于中日俄三国会议之外，再搞一个中日英会议，对俄国牵制一下，情形会更好一些，因而主张接受欧格讷的调停。但对'整理朝鲜内政'一条，认为日本提议的内容无法接受。"③

---

① 英国外交文件：《中日战争（1894）》，第28页。转引自戚其章《甲午战争国际关系史》，人民出版社1994年版，第103页。

② 《日本外交文书》第二十七卷，第622号，第623号，《中日战争》（续编）第九册，第294页。

③ 《李鸿章全集》，电稿二，第739、741—742页。

欧格讷当时的思路，是急于促成中日双方和平谈判。总理衙门虽然同意与日本会谈，但是并不同意将"整理朝鲜内政"作为撤军的先决条件，所以给欧格讷的答复是含糊其词、模棱两可的。欧格讷也深知中国不会接受有损中国宗主权的方案。而在日本方面，却又拒绝撤军。为了打破僵局，欧格讷通过驻日代理公使巴柴特（R. S. Paget），于6月30日向陆奥提出：如果日本方面的意向是"仅限于朝鲜国独立及预防变乱，而不涉及属邦问题时"，中国政府将不拒绝就日本建议开始谈判。陆奥答复巴柴特：欧格讷"所提情况彼此矛盾"，令人费解，"但如能清楚地解释上述提议之情况，本大臣可欣然受理之。"① 实际上是拒绝了欧格讷的建议。后经巴柴特多次交涉，陆奥才提出将以下条件作为与中国谈判之基础：

若清国以基于我提案第二项之提案要求与我会谈，日本政府对会谈无异议；若清国不提起朝鲜独立问题，日本国政府可不提起之；撤兵之事，谈判开始时处理；日本国于朝鲜凡有关政治上及通商上事项，与清国享有同样特权。②

所谓"提案第二项"，即经6月15日日本阁议通过的"共同改革朝鲜内政"问题。这是中国很难接受的。更加使清政府难于接受的，是日本在政治上和通商上与中国享有同样特权一条。陆奥这次提出的条件，比起6月27日通过小村给欧格讷的答复又加码了。他是估计中国不可能接受才这样做的。陆奥还通过巴柴特告诉欧格讷："日本的让步是极有限的。"又电示青木："要使英国政府相信，在朝鲜问题上日本屡次上中国的当，这次日本感到不达成一个有关朝鲜之未来安全和有一个良好政府之最后协定，是不能随意撤军的。"③ 可见日本毫无会谈的诚意。欧格讷对陆奥的心思看得很清楚。他致电金伯利说："我刚收到巴柴特先生的一封来电，从中感到日本佯作同意谈判，只不过是为了赢得时间而已。"欧格讷没有使中日之间达成协议的信心，于是建议金伯利出面倡导"由五国

---

① 《日本外交文书》第二十七卷，第635号，《中日战争》（续编）第九册，第299页。
② 同上书，第640号，《中日战争》（续编）第九册，第302页。
③ 同上书，第642号，《中日战争》（续编）第九册，第305页。

（英、德、法、美、俄）进行联合调停。"①

既然中日双方会谈的条件并不成熟，欧格讷理应继续斡旋，以期会谈能够取得成果。否则不如不谈。但欧格讷却急于促成没有英国居间的中日直接会谈。7月3日，欧格讷亲至总理衙门，声称："英外部已电驻倭公使，商允倭外部与我和商，一开议先商撤兵。闻小村已接其外务电，予以商议之权，日内必能开谈。"② 他并未讲明陆奥所提先决条件，给总理衙门造成一个乐观的悬念。

小村寿太郎与总理衙门于7月7日、7月9日共进行了两次接触，尚未就实质性问题进行协商，小村就以需要将总理衙门的意思电告本国请训为名中止了会谈。然后日本却又反诬中国对谈判没有诚意。陆奥宗光以后回忆说："我对此事原来就怀疑中国的诚意，只因没有相当理由不便立即拒绝英国公使的调停，所以采取了暂观其演变的态度。我认为中国使英国公使的调停归于失败，反而可使我国在将来的行动上渐得自由，值得可喜；而且朝鲜近来的局势已经十分紧张，不容因中日两国之会商而拖延时日，莫如乘此机会与中国断绝关系为上策。"③ 由此可以看出，日本一直在寻找与中国决裂的机会，而欧格讷急切而不负责任的调停，适为日本利用，反倒加速了中日关系的破裂。

欧格讷并未就此罢手。他又企图实现其"联合调停"的计划，并为此而拟订提案。7月12日，他到总理衙门，提出四条办法征求清政府的意见，即：1."改革朝鲜内政。" 2."派大员赴朝鲜商办。" 3."两国共保朝鲜，不许他国占其土地。" 4."日本商民在朝鲜与中国商民一律看待。"④ 这其实是拿日本的无理要求来逼迫清政府让步。而清政府这时仍坚持对朝鲜问题的一贯立场，没有妥协。清政府的这种立场，欧格讷本来就很清楚。他的有欠公允的调停方案本身，就决定了调停不可能成功。调停不仅没有缓解矛盾，反而将清政府推向更加被动的外交地位。由于僵局无法打破，欧格讷的五强联合调停的设想，当然也就无法进行下去了。

---

① 《中日战争（1894）》，第39页。转引自戚其章《甲午战争国际关系史》，第107—108页。
② 《清光绪朝中日交涉史料》（1062），附件一，第十四卷，第1—2页。
③ 陆奥宗光：《蹇蹇录》，第42页。
④ 《清光绪朝中日交涉史料》（1148）附件一，第十四卷，第29—30页。

英日修改条约的谈判进行得却格外顺利。如果英国真心实意地促成远东和平，修约谈判正是其对日本施加外交压力的好机会。但它没有这样做。英国把拉拢日本对抗俄国放在了首位。日本执行"把英国政府拉向我们一边"①的策略，以降低精糖进口的关税及反俄叫嚣引诱英国。于是双方紧锣密鼓，订于7月14日在新约上签字。日本正是在这样的情况下，打着英国调停失败的幌子，向清政府发出了"第二次绝交书"。7月16日，英日两国终于在新修订的《通商航海条约》上签了字。金伯利在签约的祝词中说："此约之性质，对日本来说，远胜于打败清帝国之大军。"②英国与日本签约之举，客观上支持了日本发动战争。

当然，英国政府主观上仍认为中日冲突会为俄国所乘，所以在日本发出"第二次绝交书"后，还在寻求调解的途径。而清政府虽然知道战争已不可避免，但因军事准备尚未就绪，很希望争取一些时间，并尽最大可能避免战争。7月16日，欧格讷再至总理衙门，启发清政府继续与日本谈判，总理衙门当然表示同意。于是欧格讷致电巴柴特，要其对日本政府进行斡旋。同时派使馆翻译到天津与李鸿章会晤，议定4条办法：1."平定变乱。"2."为进行内政改革及兵制、财政革新，任命协同委员，该委员向各自政府报告。但清政府仅劝告朝鲜国王使其改革，而不能强迫其采用之。" 3."日清两国共同担保朝鲜国土之安全。" 4."日清两国于朝鲜国，在通商上有相同之权利。但不记入'政事上'之文字。谈判开始便商定撤兵一事，不提出属邦论。"③ 显然，清政府做了很大让步。

7月17日，巴柴特到日本外务省访陆奥宗光，手交一件备忘录，提出："如果陆奥先生送上和解之保证，谈判仍可恢复。"④ 这时，大鸟圭介已经向朝鲜政府提出了最后通牒，日本已决定随时制造借口开战。在日方看来，这时既无继续伪装及敷衍的必要，也无从容会商的时间。但是陆奥又感到，英国毕竟是不可忽视的，公然拒绝英国的调停，有失外交上的礼节，所以未予断然拒绝。于是，巴柴特便于7月19日将李鸿章同意了的四条办法正式向陆奥宗光提出来。

---

① 《日本外交文书》第二十七卷，第626号，《中日战争》（续编）第九册，第295页。
② 信夫清三郎：《日本外交史》上册，第267页。
③ 《日本外交文书》第二十七卷，第604号，《中日战争》（续编）第九册，第279页。
④ 同上书，第664号，《中日战争》（续编）第九册，第315页。

清政府的让步，出乎陆奥的意料之外。陆奥一心促成决裂，便提出如下使清政府无论如何也难于接受的修正案：1．"目前，朝鲜之事较之最初日本向清国提议时大有变化，故清国协同委员之所为，应限于将来之事。对日本已单独着手之事，不得干涉。两国政府必当约定竭尽全力使朝鲜国王采纳改革一事。"2．"将'政事上'之文字记入"。第 2 条的含义，就是对朝鲜要写入在政治上与中国享有同等之权利。修正案还要求中国限期 5 日内答复，并禁止中国在此限期内增兵，否则"日本可视其为威吓之措施"。①

日本的蛮横态度，英国也看不下去了。因此，金伯利于 7 月 20 日电示巴柴特向日本政府提出照会，对日本的态度进行抗议。7 月 21 日，巴柴特向陆奥宗光提交备忘录称："日本政府此次对中国政府之要求，不仅与日本政府曾经言明作为谈判基础之处相矛盾，而且超越其范围之外。今日本政府已单独进行此事，且丝毫不许中国政府过问，实系蔑视天津条约之精神。因之，如果日本政府坚持此项政策，以致发生战争，日本政府应对其后果负责。"② 这一备忘录措辞严厉，很像俄国 6 月 30 日向日本所提照会的强硬态度。但陆奥宗光早就看透了英国没有认真干预的决心，所以在 7 月 23 日交付巴柴特一件备忘录，针对英国的指责进行了狡辩，然后提出："若英国政府将因此次纠葛所生之结果仅归责于日本政府，相信日本政府绝不承当。"③ 从而拒绝了英国的劝告。

陆奥的判断是准确的，英国并没有采取切实措施保证远东和平的决心，接到陆奥的答复以后，"对于这个答复再没有提出任何异议，成为俗语所说的忍气吞声的样子而告终"④。

7 月中旬，欧格讷所作"联合调停"的努力失败以后，英国还曾提出过一个中日在朝鲜划分中立地带的方案。7 月 14 日，金伯利致电欧格讷："从目前看来，中日两国从朝鲜撤军是没有希望了。请你向中国建议：作为防止两国冲突、为谈判争取时间的应急措施，两国可以都不撤军，但双

----

① 《日本外交文书》第二十七卷，第 605 号，《中日战争》（续编）第九册，第 280 页。
② 陆奥宗光：《蹇蹇录》，第 45 页。
③ 《日本外交文书》第二十七卷，第 673 号，《中日战争》（续编）第九册，第 322—323 页。
④ 陆奥宗光：《蹇蹇录》，第 45—46 页。

方须分开各占一方，从而避免冲突。"金伯利并向青木周藏提出了这一建议，请其立即电告日本政府。① 7月16日，金伯利接见驻英公使龚照瑗，又提出同一问题。据龚致李鸿章电称："金顷云：中要日退兵再议，日要议定再退，欲再作调停法，日驻汉城兵退扎浅莫坡，中兵请酌驻何处，空汉城，两兵驻离城远近相埒再和商。嘱先电中堂酌商。总署如可，速电复，密转达，即公出此议。"浅莫坡系济物浦英文 Chemulpo 回译之讹，即仁川。金伯利的意见是要日军从汉城退出，驻扎仁川。但到第二天即17日，金伯利的意见又有改变，主张汉城、仁川均不驻兵。龚照瑗的电报这样说："金云：欲劝倭驻汉城、浅莫坡兵均退出，与中商各驻兵所，再议结。"② 清政府对英国的这一调停方案极表赞成，只是担心日本不肯听从英国的调停。7月18日，金伯利通知青木周藏：中国已同意划区占领的建议。并郑重声明："时局已到了危急时刻，我急切盼望日本政府接受我的建议，迅速与中国达成协议。"③

直到7月21日，陆奥宗光才收到青木周藏7月19日通过彼得堡线路发出的电报。陆奥立即回电，声称"达成非正式协议之日期已过"。他还以7月19日向中国提出的修正案为借口，拒绝考虑英国的提案，扬言："在通过英国公使向中国呈递我之对中国建议之修正案，并给他们五天时间做最后答复之前，现在就不可能去考虑另一个计划。"④ 由此，在朝鲜划分中立地带的调停也就宣告失败。

朝鲜的气氛越来越紧张，几乎可以闻到火药味了。7月23日，在英国措辞严厉的照会被拒绝之后，英国马上考虑到保护自身的利益。巴柴特奉金伯利之命致函陆奥宗光，声称："如日清两国间发生战端，乃至妨碍上海交通，因该港为英国利益之中心，其关系颇大，因而所受之损失亦最大。故日本国与清国开战时，事先请帝国政府允诺，不向上海及其通路作战时之运动。如阁下对此事做出迅速答复，则为本官所深谢。本官于此向阁下深表敬意。"长期以来，国际社会一直有中、英订有秘密盟约的传闻。至此，已完全可以证明中英之间并无密约。而且，英国低声下气的请

---

① 戚其章：《甲午战争国际关系史》，第114页。
② 《李鸿章全集》，电稿二，第786—787页。
③ 戚其章：《甲午战争国际关系史》，第117页。
④ 《日本外交文书》第二十七卷，第671号，《中日战争》（续编）第九册，第318页。

求，等于默许了日本向中国开战。陆奥当天就答复说："遵来意，如不幸，日清两国间虽启兵端，帝国政府亦不向上海及其通路为战时之运动。"① 当天，日本军队就在朝鲜围攻王宫，挟持国王，正式引发了甲午战争。

三 美国及其他列强的态度

日本出兵朝鲜后，朝鲜政府十分恐慌，反复同日本交涉无效，乃在美国顾问的策划下，电令其驻美公使，请求美国政府调停。据美国国务卿格莱锡（W. Q. Gresham）称："朝鲜政府由其驻美京公使声明：其国境内存在大批中日军队，严重威胁了它的独立；它不能够保护自己；它在巨大危险当中希望我政府作无私的建言及友谊的调停。"② 在此之前，格莱锡已从驻华代理公使田夏礼（Jr. C. Denby）的报告中了解到，日本出兵朝鲜造成了远东形势的危机，"流血将是不可避免的"。

美国在东亚一直把日本当作其合作伙伴，支持日本在朝鲜的进取。但是，美国也担心，东亚的战争危机会危及它自身的利益。正如美国总统后来在给议会的咨文中所回顾的："日清两国间的战争不会给美国的政策以任何危害。但是，它对于这两个国家中不断增长的我们的通商利益的妨碍，以及居住、滞留于清国内地的我国国民可能出现的危险的增大，却值得我们深思。"③ 基于这种考虑，美国国务院于6月22日电示其驻朝公使喜尔（M. B. Sill）："鉴于美国对朝鲜及其人民的幸福的友好关心，兹奉总统之命，训令你尽力设法，保全和局。"④

6月24日，朝鲜外务督办赵秉稷致函驻汉城的各国外交代表，请出面敦促日本撤兵，其中称："在日本与朝鲜和平相处的时候，朝鲜境内保留这样多的日本武装军队是不合乎国际法的。国王指示我，请求对具体情况完全了解的各国代表们，依据条约出面作友谊的调停，使现在的情况获

---

① 《日本外交文书》第二十七卷，第734号，第735号，《中日战争》（续编）第九册，第381—382页。

② 《中日战争》第七册，第441页。

③ 信夫清三郎：《甲午日本外交内幕》，第200页。

④ 泰勒·丹涅特：《美国人在东亚》，商务印书馆1962年版，第420页。

得和平的解决。"① 本来，赵秉稷只想请美国出面斡旋，但由于顾虑其他国家的抗议，所以也向其他国家提出了请求。喜尔由于接受了国务院的训令，所以便与俄、英、法的代表一起，向日、中双方的代表大鸟圭介和袁世凯发出了联合照会，要求日本与中国同时从朝鲜撤兵。但大鸟圭介在6月25日的复照中称："撤退日本军队，完全由日本政府来决定，我只能遵示把你们的照会呈递给我的政府而已。"② 因此，由喜尔领衔的这次汉城外交团的调停没有发生任何作用。

美日间的联手关系，使美国驻朝公使喜尔和驻日公使谭恩（E. Dun）带上了偏见。他们都相信了日本的欺骗宣传。6月28日，谭恩致电国务院称："关于朝鲜问题，日清关系非常危险。但是，日本政府希望和平地处理这个事态。"6月29日，美国政府还收到喜尔的如下电报："日本似对朝鲜采取非常诚恳的态度。看来日本只是希望去除其清国宗属羁绊，然后援助这个弱小的邻邦，支持民众进行带来和平、繁荣和开化的改革，加强其作为独立国家的地位。这种动机取得了朝鲜官员中较有教养的阶层的欢心，我相信美国是不会不赞成这样做的。"③ 两位公使的态度影响了格莱锡。对于出面调停撤军问题，这时又犹豫了。据美国外交文件记载，6月28日，朝鲜国王电示驻美办理公使："日本公使本日拜访宫廷，请求我指示首相或外交大臣开一会议来改革我们的政治制度。这似乎是一个严重的事件。他拒绝撤退日本军队。立即去晤见国务卿，向他说明开一个强有力的（国际）会议以调整困难及避免冲突，是极重要的。"④ 朝鲜公使当天便造访格莱锡，转达了政府的意见。6月29日，格莱锡在同日本公使建野乡三为别的事情谈话终了时，将朝鲜公使请求美国调停一事告诉建野乡三，并指出："由于我们政府间多年来存在着极友好的关系，我觉得可以冒昧地说，倘若日本亲切地、公正地对待它的弱邻的话，美国将觉到愉快。朝鲜无所依靠的情形博得我们的同情。""本政府对日本及中国均怀真诚的、尊重的情感，而日本显然决定要与中国在朝鲜土地上作战，对

---

① 《中日战争》第七册，第430页。
② 同上书，第434页。
③ 信夫清三郎：《甲午日本外交内幕》，第219页。
④ 《中日战争》第七册，第436页。

第八章　从列强调停到中日宣战　　*341*

此事没有比我们更觉遗憾的了。"① 这种漫不经心的劝告,并未引起日本的重视。

7月3日,田夏礼致电格莱锡:"朝鲜局势危险,冲突逼近。中国不顾日本的侵略行动,表示了和解的态度,请求英国、帝俄斡旋,谋求和平解决。"但7月5日谭恩给格莱锡电报的调子则显然不同。谭恩称:"日本在根据1885年条约派去第一批军队后,听到中国派遣大批的军队,这使日本有必要增加军队;'叛乱'是由于官吏的腐败及压迫;日本要求在朝鲜作根本的政治改革,以为将来和平的保障,并且曾提议与中国联合行动来达到这个目的,中国政府拒绝了这个提议;日本否认对朝鲜领土有企图;它将不顾中国如何而进行改革;美国在北京、东京方面的斡旋,可能使谈判重开。"② 谭恩的报告力图否认日本的侵略意图,冲淡朝鲜的紧张气氛,是不符合事实的。但这也给格莱锡以中日冲突可以调解的悬念。田夏礼报告的英、俄出面斡旋一事,显然也对他有所触动。

7月5日,驻美朝鲜办理公使接到本国政府的电报,称:"京城各国代表曾开会。日本公使不愿撤退日军。请求美国总统调整这种困难。"该使向格莱锡提交照会,转告了这一电报的内容,请求美国政府"指示其驻中国、日本及朝鲜的代表们,用他们的力量来避免任何冲突,并要求各该国军队尽速撤退"③。格莱锡告诉朝鲜公使说:美国同情他的政府,希望看到它的主权受到尊重,但是我们必须保持对它及其他国家一个公平的中立态度,我们仅能以友谊的方式予日本以影响,我们绝不能够同其他国家联合干涉。④

在这样的情况下,格莱锡于7月7日向谭恩发出如下电训:

> 朝鲜国变乱尽管业已归于平定,但日本拒绝撤兵,并要求对该国内政施行急剧改革,合众国政府闻之深表遗憾。且清国有希望日清两国同时撤兵之事,如有上述要求更引起他人之注目。合众国政府对日本、朝鲜两国怀有深厚友谊,故希望朝鲜国独立并尊重其主权。若日

---

① 《中日战争》第七册,第442页;《日本外交文书》第二十七卷,第628号。
② 同上书,第437、422—423页。
③ 同上书,第436—437页。
④ 同上书,第441—442页。

本起无名之师，以不堪防守之邻国为兵火之战场，大总统痛感失望。①

谭恩7月9日早晨接到这一电训后，当天即将此意照会陆奥宗光。

美国的照会并没有引起日本的恐惧。陆奥宗光对美国的脉搏把握得很清楚，他说："美国是一向对我国抱有深厚友谊和善意的国家，尤其从该国的根本政策来看，也不愿干涉在远东地区所发生的问题。所以美国的劝告，除出于人类普遍爱好和平的希望及难以拒绝的恳求外，显然别无他意。"② 当天他便复照美国公使谭恩：

> 帝国政府目前对于朝鲜国所谋求者，绝不在于启衅，而只期待该国秩序之安宁及国政之善良。故本大臣向阁下保证：帝国政府绝不采取不尊重该国独立及主权之措施。……清国出兵朝鲜，虽应朝鲜政府之请，为援助其平定变乱之事，但帝国政府之派兵乃基于条约权利而应有之自卫。然清政府竟以该变乱业已归于平定为借口，提议日清两国同时撤兵。但据帝国政府所见，激起该变乱之原因不仅尚未完全消除，而其变乱亦尚未归于平定。且观察目前形势亦不能安心。故帝国政府此时无撤兵之理，并确信撤兵非为上策。但根据朝鲜国情形，帝国政府欣然期待我兵得以撤回时期之到来。③

陆奥就这样以伪善的态度拒绝了美国的劝告。

先是，李鸿章曾通过美国驻天津领事李德，请田夏礼致电美国政府，请美约同各国劝日撤兵。7月8日，田夏礼致电格莱锡称："李总督请求美国主动催促各国联合起来，要求日本撤退朝鲜的军队。"④ 格莱锡接电后，将已电训驻日公使与日交涉一事告知中国公使杨儒。李鸿章从杨儒来

---

① 《日本外交文书》第二十七卷，第652号，《中日战争》（续编）第九册，第308—309页。
② 陆奥宗光：《蹇蹇录》，第48页。
③ 《日本外交文书》第二十七卷，第653号，《中日战争》（续编）第九册，第309—310页。
④ 《中日战争》第七册，第437—438页。

电中得知这一消息，非常高兴，即于7月12日电示杨儒："日兵万二千围汉城，内外勒逼韩改革内政。俄、英力劝照约撤兵再商，未允。望晤外部，仍嘱电催驻东使会各使力劝，共保和局为要，否则，势将决裂。"① 7月13日，杨儒到美国国务院晤谢格莱锡，按李鸿章的电示提出了请求。格莱锡称："中堂欲美排解，甚慰本怀。当可电驻日美使，力劝共保和局，但美不愿会同俄、英各国，恐各国别怀意见，于事无益。"② 这不过是搪塞中国公使的话。从此，美国没有再对日本作任何劝告。美国当时还没有在东亚扮演重要角色的精力，它也害怕俄、英等欧洲国家在这一地区力量的加强会影响其利益，所以最终还是决定支持日本，由日本为其侵略利益开辟道路。

除俄、英、美外，其他西方列强对日本出兵朝鲜也态度各异。法国的态度比较暧昧。自中法战争开始，法国就一直拉拢日本，以对付中国。由于俄法同盟的关系，法国在国际舞台上甘心跟随俄国之后，附和俄国的见解。但由于英俄角逐激烈，法国也不愿采取明显见忌英国的行动。俄、英相继出面调停之后，为了敷衍中国，7月3日，法国外交部长阿诺托约晤中国代办庆常，提出："法颇愿调停，不知中愿意否？"庆常即以"足征睦谊"之语表示欢迎。阿诺托接着说："但须两处立言，其轻重即往请总统酌定。"③ 约定第二天中午面告。7月4日，阿诺托依约再晤庆常，态度便发生了变化，称："已请总统示，即劝日与中和商。英、俄先出调停者，缘商务界务有关，皆议院喜与闻。法出于睦谊，一面探商英、俄再作办法，请勿宣。"显然表示不肯作有力的干涉。由于驻法公使龚照瑷奉李鸿章之命催问法国到底作何办法，阿诺托在7月7日接见龚照瑷时强作剖白说："如英、俄强劝，日亦不听。现英、俄相忌，倘法言过激，恐不利中。英、俄有关韩商、界，望和结，语甚激。法若出公议，当随英、俄后。"④ 法国驻华、驻日公使在法国政府这种指导思想下，对中国冲突的表态到底有多少分量，已经是很清楚的了。

李鸿章也曾乞请德国调停，7月10日致电驻德公使许景澄："德在东

---

① 《李鸿章全集》，电稿二，第767—768页。
② 同上书，第777页。
③ 同上书，第751页。
④ 同上书，第757、761页。

方商务攸关，似未便坐视，望商德外部，电饬驻日、韩各使，力劝日撤兵，再与华商办善后。否则将开衅，恐扰大局。"① 德国在朝鲜有商业利益，所以并不希望中日之间在朝鲜发生战争。但它也顾虑到，"英、俄两国是对于朝鲜生存问题最有关系的，而这个问题可能引起两国利益之冲突"，所以意存观望，答复中国公使说"我们无干涉之任务"，只同意训令其驻北京与东京的公使，"参加其他各大国公使为和平解决中日纠纷所作的努力"②。

对于德、法两国驻日公使的态度，陆奥宗光记述说："德、法两国公使最初在表面上虽有'迅速寻求妥协办法、解决中日两国争议，实为维护东亚和平之良策'云云，但在与我私人会见时却说：'为使中国从过去的迷梦中觉醒过来，到底非有人给以当头一棒不可'云云，以暗示倾向我国之意。特别是法国公使阿尔曼曾说：'将来有以日法同盟维持东亚大局和平之必要。'总之，直到后来这两个国家突然改变态度成为俄国的同盟、提出辽东半岛问题为止，对日本的态度总算是友好的。"③

第三节 日本正式挑起对中国的战争

一 丰岛海战

为了发动战争的需要，日本天皇决定预备役海军中将桦山资纪恢复现役，接任海军军令部长。桦山上任后，即于7月19日对海军舰队进行了整编，将原来的警备舰队改为西海舰队，并将常备舰队和西海舰队合组为联合舰队，任命海军中将伊东祐亨为司令官。为了阻止清军增援牙山，大本营当天便向伊东祐亨发出命令："贵司令官当率领联合舰队，控制朝鲜西岸海面，在丰岛或安眠岛附近的方便地区，占领临时根据地。"④ 同一天，陆奥宗光通过英国代理公使巴柴特向中国提交了实系"最后通牒"的修正案，限5日内答复，并禁止中国在此限期内增兵。7月24日是限

---

① 《李鸿章全集》，电稿二，第764页。
② 孙瑞芹：《德国外交文件中有关中国交涉史料选译》第一卷，商务印书馆1960年版，第1—2页。
③ 陆奥宗光：《蹇蹇录》，第48—49页。
④ 藤村道生：《日清战争》，第79页。

期的最后一天。海军大臣西乡从道向陆奥宗光提出："若日本舰队在最后通牒期满后，与中国舰队遭遇，或中国有再增兵的事实，而立即开战，在外交上有无为难？"陆奥果断地说："从外交顺序来说并无任何妨碍。"①这就获准，7月25日以后如遇中国舰队，即可开战。

7月20日，日本大本营接到北洋舰队将赴牙山的情报。桦山资纪于是携带参谋总长有栖川宫炽仁亲王的密令，由横须贺乘船前往联合舰队聚泊的佐世保。22日下午5时，桦山资纪抵达联合舰队司令部后，即传达了到朝鲜海面伺机袭击北洋舰队的命令。在此之前，伊东祐亨已召集各舰长开会，研究了舰队的编队问题，并决定联合舰队23日起锚，向朝鲜海峡进发。

23日上午11时，联合舰队第一游击队吉野、秋津洲、浪速三舰率先出发。接着是作为本队的松岛、千代田、高千穗、桥立、严岛五舰。第二游击队的葛城、天龙、高雄、大和四舰殿后。其他舰船再随其后。舰队按照预定的航路行进，先向朝鲜全罗道西北端的群山海面驶去。桦山资纪乘高砂丸舰，为离港的舰队鼓劲。每一舰队驶近高砂丸，桦山均命令在桅樯上高悬信号："发扬帝国海军荣誉。"第一游击队旗舰吉野以信号回答："全力以赴。"本队旗舰松岛回答："坚决发扬荣誉。"第二游击队旗舰葛城回答："待我凯旋而归。"护卫舰主舰爱宕回答："不必担心。"下午4时20分，舰队全部离港。

7月24日下午5时20分，舰队绕过朝鲜半岛的西南端，抵达黑山岛附近时，伊东祐亨命令第一游击队前进侦察。命令说：若牙山湾附近有弱小的清国舰队，则不可与之交战；若有强大的清国舰队，则立即予以击败。这实际上是说，只要遇到中国舰队，就立即予以攻击。"是强大还是弱小，不交战是不能判断的。这使人很为难。但是，无论如何都要进击，这就是执行命令的实质。"② 25日早晨4时半，第一游击队到达安眠岛，然后向丰岛方向继续行驶。这时，本队和第二游击队等随后分路继进，于当天下午2时在群山湾会合，暂时驻泊于此。

7月中旬日本向中国发出"第二次绝交书"以后，李鸿章被迫筹备战

---

① 陆奥宗光：《蹇蹇录》，第70页。
② 信夫清三郎：《甲午日本外交内幕》，第345页。

事，决定卫汝贵、马玉昆、左宝贵、丰升阿等统马步万余人由北路进义州、平壤，江自康率仁字等营2000余人增援牙山。增援牙山，随时有遭受日本海军袭击的危险。所以李鸿章决定租用爱仁、飞鲸、高升三艘英国商船，装运增援部队，而由北洋舰队护航。运兵船到牙山口后，兵士需换乘驳船，进口70里才能上岸。牙山口只备有民船30只，每只可载30人，往返一次需时两天。前船驳完，再渡后船。因而三船分期由塘沽起碇：爱仁21日下午开，飞鲸22日傍晚开，高升23日清晨开。当时爱仁号上载有清军两营并长夫150人，共1150人；飞鲸号上载有清军、长夫近700人及大批辎重；高升号上载有清军官兵、随行人员约1200人。

7月22日晨，北洋水师提督丁汝昌命济远率广乙、威远由威海出发，担任护卫爱仁、飞鲸等船的任务。李鸿章本来命丁汝昌亲率海军大队到牙山一带海面巡护，但到23日上午又改变了主意，结果舰船大队未能出海。23日，济远等3舰开抵牙山。24日晨4时，爱仁船到口，6时起卸，8时返航。下午2时，飞鲸船到，济远、广乙两舰帮助卸船。威远舰早晨往仁川送电报，下午5时半始归。威远管带林启颖报称："念一日汉城韩倭已开仗，电线已被截断，往见英兵船主罗哲士，据云：'倭大队兵船明日即来。'"① 济远管带方伯谦见开战在即，急命两舰抓紧帮助飞鲸驳运马匹、米石等物上岸；又因威远是木船，不堪炮击，且航行缓慢，令其先驶离牙山口，到大同江一带等候。飞鲸船上兵员虽少，但四营辎重全在上面，卸驳非常吃力，直到25日早晨4时左右，飞鲸船上物资大部分上岸，方伯谦不敢再耽搁，率济远、广乙返航。

日海军联合舰队第一游击队25日凌晨到达丰岛西南方的长安堆附近，没有发现预定在牙山湾会合的原停泊于仁川的八重山、武藏、大岛3艘日舰，于是继续向丰岛海面行进搜索。丰岛是牙山湾外的一个岛屿，正当牙山湾之冲。岛北水深，可航巨轮，为进出牙山湾的必经之路。是日天气晴好，能见度很高。6点30分，日舰遥见有两艘轮船从丰岛方向喷烟而来。后发现为军舰。第一游击队司令官坪井航三即命令各舰准备战斗，并快速向目标接近。7时22分，在相距5000米时，日舰分辨出两船为中国军舰济远和广乙。坪井航三命令编好战斗信号，拿在信号兵手里。因此处水路

---

① 《中日战争》第六册，第84页。

狭窄，小舰队突然西行至宽阔海面，然后再面向济远、广乙北行。在双方相距3000米时，日军旗舰吉野发出战斗信号，并率先向济远舰开炮，其他两日舰也相继向中国军舰发起炮击。中日甲午战争的帷幕于是拉开。

战斗打响，日舰"聚攻济远，密如雨点"①。三艘日舰共拥有22门速射炮，火力很猛。济远并无速射炮，以旧式后膛炮还击，多次击中敌旗舰吉野。激战中，济远舰帮带大副沈寿昌、枪炮二副柯建章等多人阵亡。广乙后至，也立即投入战斗，被敌舰浪速、秋津洲围住。在敌舰猛烈炮击下，广乙受重伤，舰体向一侧倾斜，官兵死30余人，伤40余人，退出战场，驶撞朝鲜西海岸浅滩。

8点30分，济远见广乙退出，寡不敌众，乃全速西驶，以图逃避。吉野、浪速尾追济远，秋津洲则追击广乙。济远见日舰穷追不舍，乃悬出白旗，后又加悬日本旗，以迷惑敌人。9时许，载运第三批清军的英国商船高升号从浪速右舷通过，向东驶去。浪速在追击济远中，命令高升轮停驶。此时，中国运输舰操江号与高升号相距约3英里。操江是奉命往牙山运送军械饷银的，由塘沽出发，经烟台、威海卫开往朝鲜，途中与高升号不期而遇，遂结伴同行。操江见高升号为日舰所截，乃转舵回驶。这时，秋津洲见广乙撞毁，已回归本队，便去追击操江。操江无战斗力，至下午2时许，终为日舰所掳。船内20万两饷银及大量军械，全部资敌。

坪井航三命令浪速舰监视高升号，本身则继续追击济远。12时38分，吉野距济远只有2000米时，向济远猛烈发炮。济远舰水手王国成等以尾炮反击吉野，"第一炮击中倭船舵楼，第二炮亦中，第三炮走线，第四炮中其要害，船头立时低俯"②。吉野受伤，不敢再战，掉头东逃。

英国商船高升号在浪速舰的武力威逼下不敢继续开行。浪速舰长东乡平八郎怀疑船内装有清军，10时左右派军官到高升号上检查。船长高惠悌出示执照，证明该船为英国商船。但日本军官不予理睬，命令高惠悌跟随浪速开行。本来，高升号完全可以要求开回出发地大沽，因为船出发时尚未宣战。但高惠悌在日本的武力面前竟表示了服从。日本军官离舰后，高升号上的中国官兵坚决反对做俘虏。英国船长因不肯合作而被清军看管

---

① 《李文忠公全集》，电稿，第十六卷，第35页。

② 《中日战争》第六册，第65页。

起来。日舰坚持要高升投降，经过近3个小时的交涉，中国官兵表示绝不屈服。下午1时，日舰浪速突然向高升轮发射鱼雷，并向高升猛烈炮击。中国官兵以步枪进行了反击。半个小时后，高升号沉没。中国官兵死难者870余人。英国船长高惠悌及船员10余人获救，船员60余人（英国5人）葬身海底。

二 成欢之战

7月19日，日本通过英国公使向中国发出"第二次绝交书"之后，当天，大本营便秘密训令在朝鲜的混成旅团长大岛义昌，如果中国增派军队，准许大岛自行处理，亦即要其相机挑起战争。20日，大本营又向大岛义昌发出如下训令："清兵若有增加，以其一部留守汉城，继续执行原来的任务，若敌军没有增加，应以主力击败当前敌军。"① 接到这一训令后，大岛义昌马上进行准备，把步兵第21联队第2中队派往临津镇，命令他们守备该地。命令在仁川的该联队第3大队，以其第11中队留守于仁川，守备兵站，其余部队与野战医院一起转移到梧柳洞。另外还部署了汉城的守备，进行了南进的准备。21日和22日，大本营又通知大岛义昌，中国的盛军四、五营于18日由陆路向朝鲜进发。混成旅团于是决定开赴牙山向中国军队发起进攻。②

但这时驻朝公使大鸟圭介认为，应首先解决朝鲜政权的问题，即实施包围朝鲜王宫、建立傀儡政府的计划，而对中国军队的进攻应该在此之后。他请大岛义昌延缓一二日再进军牙山。7月23日凌晨1时20分，即日军包围王宫数小时之前，大岛义昌给参谋总长炽仁亲王的电报说："因公使之求，当于明晨包围王宫。战斗恐难避免。义昌本意拟于敌兵未抵大同江之前即将牙山清兵击破，然依通知之景况，无其暇。故待确认彼等上陆之时，当移主力于临津江附近。然若确有余暇，或仍进军牙山。义州电线今夜当断于我手。"③

日军完成对王宫的占领以后，7月24日，混成旅团得到情报说，中

---

① 信夫清三郎：《甲午日本外交内幕》，第298页。

② 同上书，第324页。

③ 中塚明：《中日甲午战争之开战与"陆奥外交"》，见戚其章、王如绘主编：《甲午战争与近代中国和世界》，人民出版社1995年版，第315页。

国增派的军队近期将到达平壤和牙山。大岛义昌认为,再拖延下去对日本不利,于是决定25日出兵牙山,以便消灭那里的清军后,快速返回,从而赢得对付北方清军的时间。大鸟圭介则在努力为混成旅团进犯清军寻找一个适当的名义,即以朝鲜是独立国家为名,逼迫朝鲜政府出具请求日本代为驱逐清军的公文。7月25日这天,尽管没有等到朝鲜政府的委托,大岛义昌还是率领混成旅团的主力出发了。这支部队包括步兵第11联队和第21联队的4个大队,共15个中队;炮兵第5联队第3大队,骑兵第5大队第1中队,工兵第5大队第1中队,以及辎重兵和卫生队,共4000余人。前锋为陆军少佐谷志正纲率领的第21联队第3大队。

日军当时没有兵站设施和运输军需品的手段,每人只带了一天的口粮就出发了。没有朝鲜政府的正式委托,便无法征集夫马和粮食。朝鲜地方官民敌视日军,不肯给他们提供食物和夫马。当晚,日军前锋宿水原,大队宿果川。由于前日所征集的朝鲜夫役全部逃走,26日,日军前锋未能成行。因之,大队长谷志正纲引咎自杀。

大岛义昌在日军行前督促大鸟圭介,"尔今旅团在途中饿死与否",完全系于是否收到朝鲜政府的公文。① 但大鸟就此同朝鲜政府的交涉并不顺利。大鸟7月25日致陆奥宗光电报说:"外务督办向本使送来公文,请本使代朝鲜政府促使驻牙山清兵撤退。"② 但两天后在其致陆奥的函中却又说:"基于我之请求,撤回驻牙山清兵一事,朝鲜政府业已应允,并于25日本官入宫时,以外务督办名义代为办理。因其文体不当,正在协商改正中。"③ 可见电报所述不实,直到7月27日,朝鲜政府也没有提供合乎日本要求的公文。据杉村濬说:"25日午前11时,大鸟公使进宫,在大院君面前和赵外务督办详细讨论的结果,仅仅得到一个类似委任状的书面材料。大院君和赵督办都是亲中国派,给这个材料时踌躇不决也是必然的。"④ 朝鲜重臣金允植对大鸟入宫逼索公文的情况则记载说:"不请召外督办,使为照会,言明我国与中国章程均为废纸。督办持难,日兵皆拔剑上殿,不得已而许之。又讨票据一张言:'在牙山之清兵,准日公使代

---

① 藤村道生:《日清战争》,第86页。
② 《日本外交文书》第二十七卷,第424号,《中日战争》(续编)第九册,第95页。
③ 同上书,第423号,《中日战争》(续编)第九册,第94页。
④ 杉村濬:《明治二十七八年在韩苦心录》,《中日战争》(续编)第七册,第37页。

办',亦不得已书给。"① 如此看来,大鸟所讨得的,根本不是正式的公文,甚至连委任状都算不上,只不过是一张措辞勉强的条子。这样一张条子的内容,无法向汉城的外交团及朝鲜官民公布,其寻找所谓"正当理由"的企图显然没有实现。不得已,大鸟只好于 26 日以书面形式笼统地通知大岛义昌:"关于促使牙山清兵撤退事,昨 25 日,朝鲜政府由外务督办署名签发,请求代为办理。望知悉后采取适当措施。"②

大岛混成旅团 27 日到振威,28 日凌晨到达素沙场,始探知中国军队大部已撤离牙山,而移驻成欢驿。日军于是在素沙场设营,当晚制订了作战计划。

7月24日,江自康率援军抵达牙山,牙山清军总数增至3800余人。这时,叶志超接到李鸿章电报:"倭声明,我添兵到韩,即作杀倭人论。又有分队攻牙意,若彼来扑,自应迎击。"③ 于是叶志超、聂士成开始筹划御敌。经叶志超同意,聂士成部决定移扎成欢驿,以防堵南犯的日军。

成欢驿在平泽、稷山两县之间,东西两面皆山,有纵横两条驿道在此交叉,北走振威,东达稷山,南行偏东到天安、公州,西行南拐到牙山。成欢北距素沙场 10 余里,中间横有一条安城河,由东向西流入牙山湾。河的南北岸,均为水田与池沼,俨然泽国。中间只有一条大道可以通行。跨河为桥,名曰"安城渡",是南北要隘。7月 26 日凌晨 2 时,聂士成率武毅军副中、老前、练右等营驰赴成欢布防,构筑工事。当晚得知日军在丰岛海面袭击北洋军舰并击沉高升号的消息。27 日,因聂士成之请,叶志超又派江自康、许兆贵各率一营到成欢,成欢清军总数达到 2800 人。这时南犯的日军已经逼近,警报频来,中、日探骑已在振威以南遭遇,开枪互击。28 日晨,叶志超自牙山到成欢,与聂士成商量战守之策。聂士成主张叶志超移军公州,以便绕道北上,他说:"海道已梗,援军断难飞渡,牙山绝地不可守。公州背山面江,天生形胜,宜驰往据之。战而胜,公为后援;不胜,犹可绕道而出。此间战事当率各营竭力防御,相机进止也。"④ 叶志超于是亲率一营赴公州,留一营在牙山,以截击经牙山进兵

---

① 金允植:《续阴晴史》上,高宗三十一年六月二十六日条。
② 信夫清三郎:《甲午日本外交内幕》,第 344 页。
③ 《李鸿章全集》,电稿二,第 805 页。
④ 聂士成:《东征日记》,《中日战争》第六册,第 9 页。

的日军。聂军则抓紧部署，严阵以待。

当天晚餐时，聂士成接到日军夜间将要来袭的情报，即传令各营饱食以待。饭后，下达作战命令：为防日军从右翼涉水过河，令帮带冯义和率精锐300人前往河岸边树林间潜伏，伺敌人渡河过半即出击；令武备学生周宪章、于光炘等带精壮士兵数十人，前往安城渡南岸，在振威至稷山的大道侧潜伏，令帮带聂鹏程领兵4哨伏于成欢驿道西侧沟畔，由营官魏永训率500人为接应；左翼由翼长江自康率所部扼敌赴牙山之路，右翼由许兆贵率400人驻成欢东角；令哨官徐照德率百人伏于山侧，并在山顶瞭望，何方有警，即悬灯为号。"部署毕，慷慨誓师。众感奋，皆愿决一死战。"①

日军的部署，以左翼为主攻，由大岛义昌亲自率领，下含9个步兵中队、一个炮兵大队和一个骑兵中队，目标是清军右翼；以右翼为犄角，由武田秀山中佐率领，下含4个步兵中队和一个工兵中队，任务是牵制清军左翼。29日凌晨0时30分，日军左翼先遣队首先出发，过前哨线，接着右翼出发，凌晨2时过前哨线。

日军右翼第一梯队前卫部队在松崎直臣大尉率领下首先在安城渡过河。过河后，右转弯，便发现道路被淹没。通过一片沼泽地，便是农家水田。日军在水田间的小路上前进，不久便迷了路。这时，日军右翼均已渡河，大部分已过沼泽地。前卫尖兵到田边一小村即佳龙里问路，恰巧周宪章、于光炘等正埋伏在该村。清军突然发起攻击，子弹从农家的窗边门缝飞向日军。松崎急令日军后退至水田，再退至沼泽地，双方展开对射。日军右翼第二梯队也赶来参战。时山龚造中尉率领的一个分队稍稍落后，因为急于赶到前方攻击清军，时山与士兵29人一齐陷入泥淖中溺死。在激战中，日军中队长松崎直臣被击毙，山田四郎中尉被击伤，士兵也死伤多人。后来，日军发现清军人数很少，便发起冲锋，清军虽拼死抵抗，终因众寡悬殊，周宪章等20余人壮烈牺牲。

在右翼强行通过安城渡及进攻佳龙里之际，大岛直接指挥下的日军左翼得以从容接近了清军右翼的堡垒，并布置好了炮兵和步兵的阵地。一切就绪后，凌晨5时，日军开始向清军右翼第一堡垒炮击，清军也以步枪竭

---

① 聂士成：《东征日记》，《中日战争》第六册，第10页。

力应战。日军以野战炮将第一堡垒轰毁后，发动冲锋，将堡垒攻占，又向第二堡垒进攻。日军右翼也向清军左翼的堡垒发起进攻，占据了两个堡垒，然后左右翼实行包抄夹攻。清军"人自为战，莫不以一当十"，"自寅至辰，枪炮之声不绝，死伤积野，血流成渠，而敌愈聚愈众，布满山谷。我军四面受敌，犹复决命争首，抢占山头，轰击不辍"。聂士成在战斗中"驰骤枪林弹雨中，往来策应，见军火垂尽，不得已率众溃围而出"①。

聂士成率军突围后，与叶志超军相遇，又分头绕道朝鲜东海岸，于8月下旬抵达平壤，与左宝贵、马玉昆、丰升阿、卫汝贵等军会合。日军占领成欢后，直趋牙山，抢夺大量清军物资，于8月5日返回汉城。

三　中日宣战

李鸿章在派兵北南两路赴朝增援的时候，还在寄希望于列强的调停。7月22日，喀西尼派参赞巴福禄晤李鸿章，称："接韦贝电，屡商大鸟，调处不允。日兵在汉城筑炮台、守城门，作据城状，商民逃尽，使馆不安，已电请国家派兵驱逐。喀拟亦电本国酌办。"李鸿章听后大喜，对巴福禄说："贵国如派船，我海军提督亦可派往会办。"②第二天他致电丁汝昌，批评丁汝昌"人有七分怕鬼"，并说："将来俄拟派兵船，届时或令汝随同观战，稍壮胆气。"③24日，李鸿章又被告知，俄国打算与英国并商同法、德、美等国联合调停，令日本退兵。李鸿章询问俄国派兵一事，巴福禄答称："未接复。我国家既与英等同出调处，似不以派兵为急。"④7月25日，英国公使欧格讷到总理衙门说："昨晚接俄国喀使电，谓伊奉其政府命，令伊会同我商量保全和局，先将中日在朝鲜之兵分开。""现在英、俄之外，又约德、法、意三国同办此事，合力逼着日本讲理，谅亦不敢不从。"⑤李鸿章得知这一消息，又把希望寄托在列强联合调停上。

直到7月26日中午，李鸿章才得知日本包围朝鲜王宫发动政变的消

---

① 聂士成：《东征日记》，《中日战争》第六册，第10页。
② 《李鸿章全集》，电稿二，第801—802页。
③ 同上书，第805页。
④ 同上书，第808页。
⑤ 《清光绪朝中日交涉史料》(1230)附件一，第十五卷，第23页。

息。李鸿章虽称日本"狂悖已极",但并不想立即作出反应。因为他仍然醉心于列强的干涉,认为"各国当动公愤也"。当天下午,传来了日本海军在牙山口袭击中国军舰的消息,李鸿章隐忍不发,致电驻日公使汪凤藻,说:"英、俄与法、德、意又合力令日退兵,未知何如。"① 对联合调停还抱有幻想。27日晨,李鸿章接方伯谦电禀,得知丰岛海战及高升号被击沉的确凿消息,才将实情电奏,中称:"华倭现未宣战,倭船大队遽来攻扑我巡护之船,彼先开炮,实违公法。""至高升系怡和船,租与我用,上挂英旗,倭敢无故击毁,英国必不答应。"② 至此,李鸿章仍未建议向日宣战,而希望英国采取武力干涉之策。

这时的清廷,对是否宣战也在犹豫不决。26日下午,奕劻接李鸿章电,得知日本兵在朝鲜"围宫拘王",即派章京舒文、俞钟颖往英国公使馆,表示:"日本如此举动,无理已极。本衙门拟即以开衅失和论,布告各国。缘欧大人久有调处之意,故各堂特令我们专来相告。"欧格讷答复说:"尚未闻有拘韩王之说,似与北洋大臣所报情形较轻。中国若即照会各国,未免可惜。我意可稍缓数日,即此数日内中国亦可妥速布置。我今日尚与各国大臣商量,拟请华兵退至平壤,日本兵退至釜山,日本如不听话,各国均不能答应。"③

27日,光绪皇帝本拟召见军机大臣,研究向日本宣战以及布告各国。但奕劻晋见时报告了欧格讷的态度及建议。欧格讷言之凿凿,颇为诱人。同时,清廷又接驻英公使龚照瑗来电,报告来自英国外交部的消息:"今倭横劲稍松,前有'五日内中运兵作杀倭论'一语,已自收回。"④ 次日便是光绪皇帝的寿辰,尽管当天清廷已得到日本袭击北洋军舰及击沉高升号的消息,但还是决定依从欧格讷之言,稍缓时日。当天,总署致电李鸿章,征求对布告各国照会的意见:"汪使应否即撤,抑俟布告各国之后?希电复。至布告各国照会,必应及时办理,本署已拟稿。此事在我理直气壮,可以详细声叙,其应如何措辞,以臻周密,希将尊见详电本署,公酌

---

① 《李鸿章全集》,电稿二,第812—813页。
② 《清光绪朝中日交涉史料》(1241),第十五卷,第27页。
③ 同上书(1234)附件一,第十五卷,第25页。
④ 《李鸿章全集》,电稿二,第813页。

缮发。"① 28日晨，李鸿章复电总署："倭先开战，自应布告各国，俾众皆知衅非自我开。似宜将此案先后详细情节据实声叙。钧署拟稿必臻周妥。内属国一节，朝鲜与各国立约时，均声明在先，各国虽未明认，实已默许。可否于文内轻笔带叙，斯我先派兵非无名，后来各国调停议结，亦暗伏其根。汪使应撤回，日驻京使及各国领事应讽令自去。倭土货多赖华销，应檄行各关暂停日本通商。"② 日本已经挑起战争，既不容许清政府缄默，也不能不中断邦交了。但清廷接李鸿章复电后，当天并无表示。29日，清廷电令驻日公使汪凤藻下旗回国。直到30日，才向各国发出照会，揭露并谴责日本挑起战争。照会最后指出："此则衅由彼启，公论难容，中国虽笃念邦交，再难曲为迁就，不得不另筹决意办法。想各国政府闻此变异之意，亦莫不共相骇诧，以为责有专归矣。"③

30日这天，总理衙门还接到李鸿章来电："小村已否出京？按照公法，两国开仗失和，应令敌国公使、领事限二十四点钟出境。"于是，于31日照会日本代理公使小村寿太郎：日本首先开衅，致废两国修好之约，此后与之已无可商之事，殊为可惜。"此即讽之使去之意。"④

日本政府7月28日始从外国电讯中得知丰岛海战的消息。在未接到战报、情况尚不清楚的情况下，日本内阁即召开会议，故意颠倒黑白，说"清国军舰于牙山附近向帝国军舰开炮"，并以此及中国增兵朝鲜为由，决定向英、法、德、俄、美、意各国公使发出通告，拒绝再与中国谈判。⑤ 这是恶人先告状、企图推卸战争责任的伎俩。7月31日，陆奥宗光照会驻日本各国代表，宣布中日之间进入战争状态："帝国政府为使帝国与清国之间引起之争议，正当合理并永远协调，尽管用尽种种光明正大之手段，但此种尽力未奏其效之事，业已了然。故在下为完成任务，于此光荣向阁下通告，帝国与清国之间现已进入战争状态。"⑥

8月1日，清廷颁发上谕，宣布与日本开战。

---

① 《清光绪朝中日交涉史料》(1248)，第十五卷，第29页。
② 同上书(1252)，第十五卷，第31页。
③ 同上书(1262)附件一，第十五卷，第34页。
④ 同上书(1267)、(1277)，第十五卷，第35、38页。
⑤ 《日本外交文书》第二十七卷，第684号，《中日战争》(续编)第九册，第330页。
⑥ 同上书，第687号，《中日战争》(续编)第九册，第331页。

同一天，日本天皇也发表同中国宣战的诏书。诏书颠倒黑白，混淆是非，强词夺理，企图欺骗日本人民及国际舆论。其实，战争早已挑起，这一纸诏书，只不过是一块掩盖侵略者丑相的遮羞布罢了。

第九章　甲午战争以后的中、日、朝关系

第一节　日本的吞并朝鲜之路

日本派军队占领朝鲜王宫之后，即强迫新组成的亲日政府废除与中国签订的一切条约。留在朝鲜代替袁世凯办事的唐绍仪及各口岸的中国理事官纷纷下旗回国。中日两国正式宣战后，日本于8月26日逼迫朝鲜签订了《朝日盟约》，旨在"撤退清兵于朝鲜国境外"，声称日朝两国对于中国已处于"攻守相助"的地位，要朝鲜在日军"进退"及"预筹粮饷等诸项事宜"上，"必须襄助与便，不遗余力"[①]。

9月中旬，日军对驻扎平壤的清军发动总攻击，清军败北，向鸭绿江溃逃。至9月底，清军全部撤出朝鲜。在平壤溃败的同时，中国北洋舰队在黄海海战中也遭受重创。此后，日本按照预先的部署，把战火烧到中国本土。清朝军队先后在东北、山东战场上抗击日军，奋战近半年。腐朽的清政府没有抗战到底的决心，置朝野坚持抗敌的呼声于不顾，派李鸿章到日本，与日本签订了丧权辱国的《马关条约》。该条约在第一款便规定："中国认明朝鲜国为完全无缺之独立，故凡有亏损独立自主体制，即如该国向中国所修贡献典礼等，嗣后全行废绝。"[②] 日本割断中朝宗属关系的目的终于达到了。《马关条约》还规定，中国割让辽东半岛、台湾全岛及所有附属岛屿给日本；中国向日本赔款白银2亿两；日本人可在中国通商口岸从事各项工艺制造；中国开放沙市、重庆、苏州、杭州为商埠等。

[①] 《日本外交文书》第二十七卷，第706号附件，《中日战争》（续编）第九册，第341页。

[②] 王铁崖编：《中外旧约章汇编》第一册，第614页。

《马关条约》使中国沦入任人宰割的境地，使中国人民进一步跌入了苦难的深渊。

甲午战争期间，俄国一直密切关注着远东事态的发展。随着日本在战场不断取得胜利，俄国越来越感到，局势的变化将影响到俄国在远东的进取。《马关条约》签订后，俄国立即联合德国与法国对日本进行联合干涉。1895年4月23日下午，俄、德、法三国公使同至日本外务省，各自向外务次官林董宣读了本国政府措辞强硬的照会，要求日本放弃占领辽东半岛。日本收到三国联合干涉的照会后十分惊慌，第二天一早便举行御前会议，讨论对策。此后，日本倾尽全力进行外交活动，反对三国干涉，但未获成功。日本政府意识到："如无以武力一决胜负的决心，单凭外交上的折冲是不起什么作用的。"① 5月5日，日本政府不得不宣布接受三国劝告，放弃辽东半岛。11月8日，中日两国在北京签订《辽南条约》，中国以3000万两白银的重大代价，收回辽东半岛。

甲午战争爆发后，朝鲜政府在日本刺刀逼迫下进行了"内政改革"，但只不过是任命了一批亲日派的官员，发布了一批改革条文而已。大院君虽然利用日本的力量击败了自己的政敌闵妃集团，但他对日本并非完全俯首帖耳地表示顺从。他与亲日的开化派存在着尖锐的矛盾。闵妃的势力也在明里暗里进行活动。东学党农民军痛恨日本的侵略及政府的卖国，再次揭竿而起，发动了反日武装斗争。他们控制着三南地区及京畿道的大部和黄海道的一部，逐渐向汉城推进。儒生们再次掀起反日的上疏运动。他们指斥金弘集、金嘉镇等主持内政改革的官员为"八奸"，攻击改革为"卖国谋"。由于朝鲜的内政改革没有达到日本的要求，日本国内掀起了指责驻朝公使大鸟圭介的声浪。在这种情况下，1894年10月，日本政府任命内务大臣井上馨为驻朝特命全权公使，赴朝接替大鸟。

1894年10月26日，井上馨到达汉城，10月28日在谒见朝鲜国王时，即指责朝鲜改革不力，"徒然优柔寡断"，"三月之久，一事不得实行"②。井上馨认为大院君是朝鲜按照日本意图进行改革的障碍，因而

---

① 陆奥宗光：《蹇蹇录》，第165页。
② 《日本外交文书》第二十七卷，第469号，《中日战争》（续编）第九册，第142页。

"以排斥大院君作为第一件大事"①。闵妃一派的安駉寿、李允用乘机揭发大院君企图煽动东学党农民军进攻汉城。日本还发现了国王、大院君等人通过平壤监司与清军将领保持联系的信件。井上馨便以此为据,逼迫大院君退隐。井上同时提出《内政改革纲领二十条》。这一纲领有两个突出的特点:一是实行政权归一,由国王统掌,反对政出多门,明文规定大院君与王妃均不得干预国政,削减了军国机务处的权限;二是规定各衙门必须聘用外国顾问官。井上馨制定这样的条文,是企图由控制国王及由日本顾问控制各衙门的办法,达到控制朝鲜的目的。井上馨还在12月中旬将参加甲申政变流亡日本的朴泳孝安排到朝鲜内阁,任内务大臣,用以控制朝鲜政府。这一届政权被称为第二次金弘集内阁。内阁根据井上馨的意旨制定了《洪范十四条》。1895年1月7日,朝鲜国王和王世子被迫率领王族以及文武百官到宗庙宣布《洪范十四条》和誓文。

日本的高压政策使朝鲜王室由愤怒而产生了另找靠山的念头。特别是俄、德、法三国干涉"还辽"成功的消息传来,俄国在朝鲜的势力愈益加强,闵妃为首的亲俄派呈死灰复燃之势,越来越不把日本放在眼里。井上馨见日本独霸朝鲜的局面难以为继,便于5月19日致电陆奥宗光,要求政府"赐暇"归国,以便商议新的对朝政策。井上馨6月7日离朝后,俄国公使韦贝乘机加强了对闵妃一派的工作。宫内美国顾问李仙得(Charles W. Le Gendre)也劝告朝鲜国王联俄。这时,政府中以西方列强为背景的贞洞派与亲日派矛盾激化。7月6日,闵妃集团以朴泳孝有"图谋不轨的嫌疑",免去其内务大臣的职务,迫使其出逃,然后又罢免了一批亲日的官员,建立了以李范晋、李完用等贞洞派官员为核心的第三次金弘集内阁。井上馨自日本返任后,为了防止国王和闵妃进一步倒向俄国,不但没有对政权更迭的既成事实表示反对,反而采取了对国王、王妃怀柔的新政策。闵妃一派深知,井上馨态度的变化,只是"因为害怕俄国的一时权宜之计"②,因而更加倒向俄国一边。

为了扭转在朝鲜的颓局,阻止俄国势力的进一步发展,日本改派陆军中将三浦梧楼赴朝,取代井上馨任驻汉城的全权公使。三浦在赴韩之前,

---

① 《中日战争》(续编)第七册,第54页。
② 同上书,第99页。

即已决定采取非常手段除掉闵妃，认为这是切断俄国公使韦贝与朝鲜王室联系的唯一手段。到朝鲜后，便立即策划"弑妃"阴谋。在朝鲜，有一支日本将校代为组训的训练队。朴泳孝任内务大臣时，曾企图以他所直接掌握的这支部队取代直属王室的侍卫队守卫王宫。朴泳孝出逃后，屡有解散训练队的传言，因而造成了侍卫队与训练队两支部队的对立。三浦梧楼决定利用这一矛盾，策动训练队拥戴被井上馨软禁的大院君入宫，打算在这一行动的掩盖下实行其阴谋。而承担这一行动的主力，是马屋原务本少佐指挥的日本军守备队步兵第18大队。担任宫内府顾问的冈本柳之助再次去游说大院君。李昰应为报私仇，利令智昏，再次成为日本军国主义者阴谋活动的工具。10月8日凌晨3时，日本军守备队第1中队与朝鲜训练队一部自大院君别墅孔德里出发，拥护李昰应直奔景福宫。此前，日军第2中队已占据王宫北部各门，第3中队守住正门光化门及其两侧。第1中队到达后，日军冲入宫中，击败宫中侍卫队。日本驻朝使领人员和浪人近50人冲入国王和王妃的寝殿坤宁殿和玉壶楼，杀死宫内大臣李耕植和宫女多人。在严密搜索中，日本顾问冈本柳之助发现了闵妃，残忍地揪住她的头发。闵妃竭力反抗之中，腰部被刺进数刀，倒在血泊中。为了消灭罪证，闵妃的尸体被浇上汽油焚烧，埋在山中。当天，三浦梧楼又强迫国王改组内阁。亲日派再度上台，国王被软禁。这一事件被称作"乙未事变"。

三浦梧楼通过"乙未事变"击败亲俄派后，又强制傀儡政权进行所谓"改革"。金弘集内阁颁布的新法，受到朝鲜各阶层群众的普遍抵制。特别是《断发令》的实行，更激起人民群众的极大愤怒。以《断发令》的颁行为契机，一场轰轰烈烈的反日爱国义兵运动爆发了。运动首先从朝鲜中南部地区开始，很快蔓延到全国。这场以儒生为领导、以农民为主体的武装斗争，使日本侵略者和亲日的朝鲜政府惊恐不安。他们赶忙采取镇压的措施。

当朝鲜的军事主力亲卫队和日本驻汉城的守备队纷纷开往各地镇压义兵运动的时候，俄国公使韦贝抓住日本势力空虚的时机，与亲俄派一起策动了一场新的政变。1896年2月10日，俄国以加强驻朝公使馆的防卫为名，调海军陆战队120人携大炮进入汉城。第二天，受俄国策动的国王，乘坐宫女的轿子，与王世子一起迁入位于贞洞的俄国公使馆。此事史称

"俄馆搬迁"。国王李熙在俄国公使馆宣布逮捕金弘集为首的投靠日本的五大臣。结果，金弘集、郑秉夏等被处死，俞吉濬、赵义渊、张博等逃亡日本，鱼允中被义兵处决，金允植被流放。亲日内阁一朝倾覆，以尹容泰为总理大臣，李完用、李范晋为核心的亲俄内阁宣告成立。

日本不敢向俄国采取强硬措施，于是表示希望通过外交协商来解决问题。1896年5月4日，日俄两国驻朝公使小村寿太郎与韦贝签署了《小村－韦贝备忘录》。该备忘录肯定了在俄国公使馆成立的朝鲜新政府是合法政府，因而也就承认了俄国在朝鲜的政治优势；更重要的是，《备忘录》还规定俄国在朝鲜有与日本完全相等的驻兵权。而日本也通过这一双边协定巩固了所获得的基本权益。不久以后，日本政府又派山县有朋赴俄，利用参加沙皇尼古拉二世加冕典礼的机会，与俄国外交大臣罗拨诺夫会谈，并于6月9日签订了《山县－罗拨诺夫协定》。该协定的公开条款继续强化了《小村－韦贝备忘录》中对朝鲜共同"保护"和"监督"的原则；而其秘密条款则意在分割朝鲜，划分各自的势力范围。此后，俄国对朝鲜的军事、经济渗透与控制明显加强。美、英、法、德等国也都乘机攫取了相当的经济权益。

随着德国强占中国的胶州湾，俄国也于1898年3月强租旅顺、大连，并取得了南满铁路的铺设权。为了巩固在中国的侵略利益，俄国开始谋求与日本在朝鲜的妥协。1898年4月25日，日本外相西德二郎与俄国驻日公使罗森签署了《西－罗森议定书》。该议定书在第三款中规定："俄罗斯帝国政府承认日本在朝鲜的工商业企业非常发达，并承认侨居朝鲜的日本臣民数量很多，绝不妨碍日朝两国工商业关系的发展。"① 这是俄国首次承认了日本在朝鲜经济发展中的特殊利害关系。以此为契机，日本明显加快了对朝鲜实施"保护国化"政策的步伐。

日本为了达到独霸朝鲜并进而侵略中国的目的，积极向朝鲜北部发展，把夺取京义铁路的控制权乃至中国南满铁路的控制权作为其外交政策的中心。俄国虽然通过《西－罗森议定书》对日本作出让步，但并不是要退出朝鲜。由于俄国一直把朝鲜北部视为自己的势力范围，因而日俄在朝鲜北部的矛盾斗争加剧。日本为对抗俄国，于1902年1月与英国签订

---

① 信夫清三郎：《日本外交史》上册，第302页。

了《同盟条约》。俄国也不示弱，继续在朝鲜北部和中国东北地区扩张势力。从1903年8月开始，日俄两国为协调在朝鲜和中国东北的利益进行谈判，直到年底，双方没有取得一致意见。早在三国干涉"还辽"时，日本政府就已经以"卧薪尝胆"为口号，以俄国为假想敌，开始执行十年军备计划。至此，日本认为条件已经成熟，于是决定对俄一战。1904年2月8日夜，日本舰队袭击旅顺口俄国舰队，从而引发了日俄战争。

此前，朝鲜高宗见日俄战争不可避免，乃于1月23日断然向各国政府宣布了局外中立。然而，日本侵略军无视国际公法，于2月9日悍然在仁川登陆，把朝鲜置于日本军事占领之下。2月23日，日本公使林权助与朝鲜署理外部大臣李址镕签订了《韩日议定书》。《议定书》第四条规定："倘因第三国之侵害，或因内乱"，朝鲜皇室[①]或领土完整"陷于危险时"，日本"可速取临机必要之措置"，朝鲜为使日本易于采取以上行动，"与以十分便利"，日本"得临机占用军略上必要之地点"[②]。《议定书》打着保证朝鲜"独立"的幌子，使日本攫得了内政、外交上一系列特权，使日军侵占朝鲜国土合法化。

随着战局的发展，日本于5月19日逼迫高宗李熙发布《敕宣书》，宣布废除与俄国签订的一切条约。8月22日，日本又强迫朝鲜签署了《外国人佣聘协定》，即《第一次韩日协约》。该《协定》规定朝鲜政府须招聘由日本政府推荐的一名日本人为财政顾问，日本政府推荐的一名其他外国人为外交顾问。从此，在朝鲜政府中确立了顾问政治体制，朝鲜的内政外交全部为日本控制。

日本在日俄战争中战胜，在美国的调停下，日俄两国于1905年9月5日签订了《朴次茅斯和约》。《和约》规定："俄国政府承认日本国于韩国之政治、军事、经济上均有卓绝之利益，如指导保护监理等事，日本政府视为必要者即可措置，不得阻碍干涉。"[③] 这就是说，俄国不得不听任日本对朝鲜采取任何强占的措施。在此之前，1905年4月8日，日本内阁做出了变朝鲜为日本保护国的决定。7月27日，日本通过与美国签订

---

① 朝鲜于1897年10月改国号为"大韩帝国"，国王改称"皇帝"。
② 王芸生：《六十年来中国与日本》第四卷，第187页。
③ 同上书，第201页。

《塔夫脱–桂太郎会谈备忘录》，使美国同意其自由处置朝鲜。接着，英国又于8月12日在签署的《第二次英日同盟条约》中，同意日本在朝鲜行使"指导管理及保护之权利"①。得到这些西方列强的同意，日本已无所忌惮，于是抓紧实行使朝鲜变为保护国的计划。

10月27日，日本政府正式通过了《关于确立韩国保护权的阁议决定》，确立了依靠武力强行"保护"的方针，并决定向汉城增兵。11月9日，日本枢密院议长伊藤博文以慰问朝鲜皇室的名义到达汉城，一面策动朝奸要求日本"保护"，一面强迫高宗接受事先拟好的《韩日协商条约》草案。但李熙坚持不同意伊藤的无理要求。11月17日下午，日本逼迫朝鲜内阁全体成员进宫举行御前会议。称病不出的高宗也被逼迫出席会议。这时，汉城的各个城门都被日军守住，王宫也被日军团团包围。伊藤、林权助逼迫御前会议通过《条约》，逐个要求阁僚表态。参政大臣韩圭卨反对签约，伊藤博文令日本宪兵将其强行拖出并监禁。李熙也受到日本军警的监视。学部大臣李完用、外部大臣朴齐纯等五大臣表示屈服。次日凌晨1时半，以日本公使林权助和朝鲜外部大臣朴齐纯的名义签署了条约，史称《乙巳保护条约》或《第二次韩日协约》。高宗没有在条约上签字，也没有加盖国玺，所以这是一件非法的条约。《乙巳保护条约》共5条，主要内容是：1. 日本负责处理朝鲜的外交事务；2. 非经日本政府介绍，朝鲜"不得订结有国际性质之任何条约或约束"；3. 日本在朝鲜设统监一名驻扎汉城，"管理关于外交之事项"，"有亲谒韩国皇帝陛下之权利"。②由此，朝鲜彻底沦为日本的"保护国"。12月21日，伊藤博文被日本天皇任命为第一任统监。根据日本天皇发布的敕令及《统监府及理事厅官制》，统监实际上总揽了朝鲜内政外交的一切大权。

1906年2月1日，高宗通过汉城的报纸声明他并未批准缔结《乙巳保护条约》，呼吁国际社会进行干预。伊藤博文对此大为恼火，采取了"肃清宫禁"的措施，使高宗与外界反抗势力几乎处于完全隔绝的状态。1907年6月，第二届国际和平会议在荷兰海牙举行。李熙秘密派使前往参加该会，揭露日本侵略朝鲜的罪恶行径，争取国际社会的援助。此事被

---

① 王芸生：《六十年来中国与日本》第四卷，第210页。
② 王芸生：《六十年来中国与日本》第五卷，第5—6页。

日本统监府发觉。伊藤令朝鲜卖国内阁向海牙和平会议宣称，密使所持委任状是伪品，从而使朝鲜寻求国际支持的努力归于失败。同时，日本政府决定抓住这一事件大做文章，逼迫李熙退位。7月19日，李熙被迫下诏，宣布"军国大事令皇太子代理"，但日本统监府与卖国内阁立即宣布高宗退位。高宗第二子李坧被日本扶上王位，是为纯宗。7月24日，伊藤博文与傀儡内阁头子李完用在日本统监府签订了《第三次韩日协约》，并称《丁未七款条约》。该条约规定，日本统监具有对朝鲜高级官吏任免的同意权、任命日本人为朝鲜官吏的决定权和对朝鲜司法的控制权。《条约》的"附录照会"还决定解散朝鲜的军队，任命日本人为中央政府与地方官署各部次官及其他一些部门的重要职务。由此，日本对朝鲜的统治由"顾问政治"进入"次官政治"的阶段，朝鲜的主权已丧失殆尽。

朝鲜早已成为日本事实上的殖民地，但毕竟还保有一个国家的外壳。日本政府为了实现其明治维新以来成为大陆国家的梦想，决定吞并朝鲜。1909年3月，日本外务大臣小村寿太郎将外务省起草的《韩国合并案》提交首相桂太郎。7月6日，日本内阁做出《关于合并韩国的决定》："在适当的时候，合并韩国。并把它作为日本帝国版图的一部分。必须确立加强韩半岛上日本势力的切实方法。"[①]内阁还制定了《对韩政策大纲》，决定强化日本在朝鲜的军队、宪兵和警察等镇压力量，扩大日本在朝鲜的权力，扶植亲日分子，以利于向合并后的体制过渡。10月26日，已改任枢密院议长的伊藤博文在哈尔滨火车站被朝鲜爱国青年安重根刺死。日本利用这一事件，加快了吞并朝鲜的步伐。12月4日，日本黑龙会指使朝鲜卖国贼李容九，以所谓一进会100万会员的名义，抛出日本顾问武田范之起草的《合并宣言书》与《请愿书》，以造成朝鲜人自愿合并的假象。1910年5月，日本政府任命陆军大臣寺内正毅兼任朝鲜统监。在其赴任前夕，日本内阁于6月3日通过了《合邦以后对韩国的施政方针》。这个方针规定，朝鲜在被吞并后，实行总督制，由军人总督总揽一切政务，不实行日本宪法。

1910年8月22日，朝鲜统监寺内正毅与朝鲜卖国政府内阁总理大臣李完用签订了《关于合并韩国条约》。《条约》共有8个条款，其中规定：

---

① 姜万吉：《韩国近代史》，第210页。

"韩国皇帝陛下将关于韩国全部之一切统治权，完全永久让于日本国皇帝陛下。"《条约》还规定，使朝鲜王室"各按其地位，受相当之尊称，享有威严及名誉，并约供给充分之岁费"，向合并有功的朝鲜人"授以荣爵，且与年金"；保护遵守日本统治法规的朝鲜人的人身财产安全，委派忠实于日本的朝鲜人出任官吏等。① 该条约于29日公布，同时，李坧宣布退位。日本处心积虑40年，终于实现了吞并朝鲜的夙愿。而日本则把朝鲜当成跳板，开始了更加疯狂的侵华活动。

第二节 甲午战后的中朝关系与日本侵略延边

甲午战争爆发后，中国与朝鲜的外交关系中断。中国侨民事务，由英国驻朝总领事馆代为办理。未及回国的商民，备受日本人及朝鲜官宪的欺凌。有目击者记述说："华人之未归者，累累如丧家之狗，其归而半途受窘者，尤狼狈不堪枚举"，"华民在韩危如累卵，不独日人欺侮，即韩官民亦鄙贱而揶揄之"②。1895年12月，清政府为保护在朝鲜的华商，决定派唐绍仪为朝鲜通商各口华民总商董，"遇有交涉事件，商请英总领事妥为办理"。总商董一职虽系官派，但"与出使无涉"③，形式上仅为华商的代表，属民间性质。

1896年6月间，朝鲜国王派员访唐绍仪，提出要派宠臣下元圭作为驻华公使赴北京，请订约款。唐绍仪以当时朝王仍住在俄国使馆中接受俄国保护，"无独立之权"为辞，予以拒绝。清政府得知朝鲜一再要求复交的情况后认为，《马关条约》既已承认朝鲜为自主之国，如其援各国通例派员来华修约，或让俄国驻华公使代为陈请，中国无拒绝之理。因而决定："批准商订通商章程，准设领事，不立条约，不遣使臣，不递国书，中国派总领事一员，驻扎韩城，代为使事。"④ 至当年11月20日，清政府正式决定，札派唐绍仪为驻朝总领事。

但朝鲜方面却一直要求正式派使。1898年5月，唐绍仪致电总理衙

---

① 王芸生：《六十年来中国与日本》第五卷，第312—313页。
② 《中日战争》（续编）第六册，第415、422页。
③ 《中日战争》（续编）第五册，第467—468页。
④ 《清季中日韩关系史料》第八卷，第5160页。

门，再次转达朝鲜政府的要求："朝鲜尤盼与中国订约，派使驻京。"于是，总理衙门根据唐绍仪的建议，于7月间奏请简派公使前往朝鲜。7月25日，清政府决定派安徽按察使徐寿朋作为钦差大臣赴朝，其使命是"作为全权大臣与韩国外部酌议通商条约事宜"①。

1899年1月25日，徐寿朋到朝鲜汉城，不久后将拟好的通商条约草稿递交朝鲜外务大臣朴齐纯。自2月15日开始，徐寿朋与朝鲜议约代表朴齐纯举行会谈，历时5个月，至7月18日双方始将《中韩通商条约》的条款议定。经呈请总理衙门核查奏准后，9月11日，徐寿朋与朴齐纯在条约文本上签字。《中韩通商条约》正约共15款，主要内容是：两国互派使节及领事；两国贸易进出口交纳税钞，均照两国海关章程，享最惠国待遇；两国通商口岸租界内准赁屋居住或起盖栈房；两国各享有领事裁判权；准两国人民持照往内地游历；两国船只海上相互救助；有关禁止或限制鸦片、红参、米、武器进出口的办法等。② 清政府批准《条约》互换后，即于12月11日任命徐寿朋为出使韩国大臣。徐寿朋在驻使任内，建立了汉城总领事馆及仁川、釜山、镇南浦等处的领事馆，完善了各地华商商董制度，依照条约对华商进行保护，为中朝之间贸易的恢复和发展打下了基础。

1901年2月，徐寿朋奉调回国帮助总理衙门办理对外交涉事宜，朝鲜馆务由参赞许台身暂行代理。6月底，清政府正式任命许台身为出使韩国大臣。

1910年8月日本吞并朝鲜后，中国政府与朝鲜政府之间形式上的关系也已不复存在。但是，中朝两国的关系却进入一个全新的阶段，即两国人民相互支持、共同反对日本侵略的阶段。

日本吞并朝鲜的消息传到中国，激起中国人民的极大愤怒，很多进步人士对朝鲜人民的遭遇寄予同情，对朝鲜人民的反日斗争给予声援。在文化界，一批揭露日本灭亡朝鲜的著作相继问世，如梁启超的《朝鲜灭亡之原因》、《日本并吞朝鲜记》，李芝圃的《朝鲜亡国史》等。这些著作对揭露日本的侵略野心，激发中朝两国人民的抗日斗志，发挥了积极作用。

---

① 《清季中日韩关系史料》第八卷，第5133、5160页。
② 王铁崖编：《中外旧约章汇编》第一册，第909—913页。

伟大的民主革命的先驱孙中山，在辛亥革命以后对朝鲜人民的反日斗争给予了热情的支持。

朝鲜沦亡后，很多反日义兵队伍、反日独立运动的领导人在朝鲜国内无法立足，因而转移到国外继续进行斗争。中国成为这些朝鲜爱国者的大本营和积蓄抗日力量的基地。他们主要活动在中国东北和上海两地。在东北，一些反日义兵队伍在延吉、长白、抚松、临江、通化、辑安、桓仁、宽甸等地建立根据地，不断进入朝鲜半岛，袭击日本的殖民机关。1910年，朝鲜新民会成员、独立运动领导人李始荣、李相龙在柳河三源堡组建"耕学社"，垦荒造田，筹措资金，并创办"新兴讲习所"。独立军的领导人徐一等也在汪清县组建"重光团"，招募爱国青年进行军事训练。这些活动成为朝鲜三一运动后东北朝鲜独立军蓬勃发展的重要基础。上海是关内朝鲜独立运动者最为集中的地点。这些朝鲜爱国者在从事反日独立斗争的同时，积极参加了中国人民的反帝反封建斗争。如原大韩自强会成员申奎植在1911年流亡上海后，参加了孙中山领导的同盟会。申奎植、朴殷植、申采浩、金奎植等与中国革命党人一起组织"新亚同济社"，社员发展到300多人。该社挑选朝鲜青年到上海的学校学习，为反日事业培育人才；还选派朝鲜青年到保定、天津、南京、湖北、云南等地的军事学校学习，以培养反日武装斗争的骨干。申奎植还和朴殷植组建"大同辅国团"，创办《震坛》，宣传反日爱国思想。1918年，吕运亨、金奎植、张德秀等在上海成立了新韩青年党。此后，一批朝鲜爱国者从朝鲜国内、苏联、美国汇聚上海。1919年4月10日，大韩民国临时政府在上海宣告成立。

在中国的朝鲜爱国者得到了中国人民的全力支持，他们中很多人也对中国人民的反帝反封建斗争做出了重要贡献。中朝两国人民在斗争中结下了牢不可破的友谊，谱写了光辉的篇章；经过30多年共同的拼搏，终于迎来了对日斗争的最终胜利。

结 束 语

回顾历史，我们清楚地看到，近代中日关系与朝鲜问题紧密相关。

1870年日本派柳原前光来中国要求建交订约，真实用心在于朝鲜：首先取得与中国平行的地位，然后再逼迫朝鲜与之订约，可使朝鲜自然列于日本的下位。1871年中日两国签订《修好条规》，清政府坚持在第一条中写入"即两国所属邦土，亦各以礼相待，不可稍有侵越"的话，就是为了防止日本侵略朝鲜。所以，近代中日关系的开篇，就与朝鲜问题密不可分。此后的中日关系，直到甲午战争，除日本侵略台湾、吞并琉球外，主要是围绕着朝鲜问题的交涉展开的。日本坚持侵略朝鲜，和中国反对日本侵略朝鲜，成为这一时期中日交涉的主要内容。

日本对朝鲜的侵略，是为明治政府的大陆政策所规定的。明治政府一成立，就把向大陆扩张确定为基本的国策。朝鲜是其最为接近的大陆国家，因而日本必然把朝鲜当作实现其大陆政策的第一目标。

《江华条约》是日本推行大陆政策迈出的第一步。这一条约不仅为日本侵入朝鲜，对朝鲜进行经济掠夺、政治控制提供了方便条件，更重要的是，《江华条约》第一款写入"朝鲜国系自主之邦，保有同日本国平等之权"，使日本达到了否定中朝之间既有宗藩关系的目的。日本此后对朝鲜的交涉，都是直接谈判，反对中国居间或参与。日本一直把"朝鲜独立"问题当成法宝，用以反对中朝同盟，煽动反对中国的情绪。"朝鲜独立"还是日本1894年发动侵朝侵华战争的主要借口。

朝鲜的壬午兵变虽然直接起因于内政问题，但日本侵略及所造成的朝鲜社会的贫困化和动荡，是这次兵变发生的主要原因。日本利用壬午兵变发生之机向朝鲜派出了军队，并在全军进行了对朝作战的动员。兵变平息后，日本强迫朝鲜签订《济物浦条约》，取得了一大笔赔款，扩大了商务活动的范围，但最重要的是取得了在朝鲜驻兵的权利。这是日本首次取得在国外驻兵之权，是日本推行大陆政策迈出的第二步。此后，日本政府纵容报刊大造反对中国的舆论，并以中国为假想敌进行扩军备战。

两年后，日本利用中法战争之机，在朝鲜策划了甲申政变。政变很快被中国驻朝军队及朝鲜军民平息。在外交上极为被动的情况下，日本不但避免了朝鲜追究其责任，还迫使朝鲜签订《汉城条约》，向其谢罪赔款，为其修建兵营，使汉城驻兵永久化。嗣后，在1885年2月中日两国举行的天津谈判中，日本肆其狡谋，与清政府订立了撤兵协定即《天津条约》，通过该约第三条"将来朝鲜国若有变乱重大事件，中日两国或一国要派兵，应先互行文知照"的规定，第一次在朝鲜取得与中国同等的权利，从而形成中日两国共同保护朝鲜的局面。这是日本推行大陆政策成功迈出的第三步。

另一方面，经过甲申政变，日本在朝势力受到沉重打击，损失殆尽。在无可奈何之中，日本进一步认识到，同中国在朝鲜的较量，必须诉诸武力。在军事准备未臻完善以前，只有隐忍等待，以屈求伸。同时，东亚局势由于俄、英争衡及其他列强的介入而日趋复杂。日本害怕俄国势力南侵，远胜于防华。在日本看来，如果朝鲜沦入俄国之手，就阻住了日本北进大陆之路，甚至还将危及日本本土。由于本身在朝鲜软弱无力，因而采取与中国暂时妥协，利用中国控制朝鲜、抵制俄国的政策。

日本在采取从朝鲜表面退缩政策的同时，暗中却秣马厉兵，加快了同中国进行决战准备的步伐。陆、海军都根据大陆作战的需要进行了装备，并制订了对中国作战的具体方案。为了战争的需要，日本在1889年颁布的《帝国宪法》中确立了军国主义的体制。为了给大陆扩张政策提供理论依据，山县有朋内阁抛出了保卫"利益线"的理论，并把朝鲜当作其"利益线的焦点"。山县内阁还以天皇名义发布《教育敕语》，对日本人民实施精神统治，使日本沿着军国主义的方向迅速发展。至此，日本已经基本做好了大陆作战的准备。朝鲜"防谷令"事件一发生，日本便准备挽回在朝鲜政治、经济上的颓势。1893年4月，成立了"出师准备品办理委员会"。在防谷令案解决的当天即5月19日，公布了《战时大本营条例》和《海军军令部条例》。而"金玉均事件"又给日本政府提供了一个为疯狂的军国主义思潮火上浇油的机会。朝鲜东学党农民起义一发生，日本便抓住时机，出兵朝鲜，制造种种借口，终于导致开战。这是日本推行大陆政策成功迈出的第四步。甲午战争以后，日本又经过10年的时间，击败俄国，一步步实现了独吞朝鲜的夙愿，并以朝鲜为基地，疯狂进行侵华活动。

中朝两国是唇齿相依的友好邻邦。中国清朝与朝鲜之间存在着传统的宗藩关系。清政府一向尊重朝鲜的主权，任其自理，从不乱加干预。清政府对日本侵略朝鲜早就有所警惕，曾多次提醒朝鲜注意对日本的防范。云扬舰事件发生后，日本逼迫朝鲜开国，并派森有礼使华试探清政府的态度。清政府不了解大院君下台后朝鲜对日本的强硬态度已发生变化，碍于中朝传统关系的旧例，拒绝了日本请中国派员赴朝的要求，听任朝鲜自行与日本谈判。结果，朝鲜与日本签订了《江华条约》，取得了"自主之邦"的虚名，却招来无穷的祸殃。

《江华条约》之后的一段时间，日本仅仅在朝鲜开埠通商，清政府并未加以过问。李鸿章受森有礼、副岛种臣等人"并力拒俄"说词的欺骗，曾有过"联日"的幻想。1879年4月，日本吞并琉球后，清政府对日本的野心才有了清醒的认识，并感到日本下一个吞并目标将是朝鲜，因而开始筹划朝鲜问题。清廷接受丁日昌的建议，饬李鸿章劝告朝鲜向西方国家开放，借以牵制日本。从此，清政府的朝鲜政策转趋积极。李鸿章成为处理朝鲜问题的主要负责人。1882年，李鸿章成功地介绍美国与朝鲜订约。此后，英、德、意、俄、法、奥等国也相继与朝鲜订约。这些条约尽管仍系不平等条约，但比较起来不甚苛刻。通过介绍西方国家与朝鲜订约，中国与朝鲜的宗藩关系得到西方国家的默认。

朝鲜发生壬午兵变，清政府得知日本派军舰赴朝的消息后，从实际出发，迅速作出反应，派军入朝，平息了士兵起义。从有效阻止了日本对朝鲜的军事干涉一点来说，清政府的这种处理，坚决果断，占尽先机，是一次胜利。这次事件表明，清政府对宗属关系的处理，已不再拘泥于成规和惯例，而开始采取强化宗主权的措施。清政府对士兵起义的镇压，是非正义的；而逮捕一向亲华拒日的李昰应，也无异于挖掉自己在朝鲜的一项重要基础。在朝日谈判善后问题时，清政府的代表马建忠给朝鲜代表以指导，有些是有益的。然而在日本要求于汉城驻兵问题上，马建忠虽告诉朝鲜代表"万不可许"，但又提出，日本公使"为保身之计，随带若干弁兵，在馆内驻扎，尚无不可，惟不宜列入款内"，表现出妥协态度。朝鲜代表在此基础上再作退让，竟致在《济物浦条约》中写入了日本公使馆置兵员备警的条款，开日本大陆驻兵的先河。这是朝鲜对日外交的一大败笔，不能不说与马建忠的态度有极大关系。

日本在朝鲜驻兵，引起清政府的高度警惕。为了抵制日本对朝鲜的进一步渗透和干涉，李鸿章采取了一系列突破传统中朝宗属关系的措施。这些措施有利于扼制日本在朝势力的扩展，但也使日本加紧了争夺朝鲜的准备。特别是中日两国军队同驻朝鲜，更增加了紧张的气氛。

日本策划的甲申政变发生后，中国驻朝军队在朝鲜军民的配合下进行反击，与参加政变的日军发生冲突，一举粉碎政变，取得对日军事斗争的重大胜利。但在为善后而进行的外交斗争中，中国却是失败的。首先，在朝日之间汉城谈判时，中朝两国完全可以抓住日本公使竹添进一郎策动政变一事，追究日本的责任。但清政府依照一贯的妥协路线，害怕扩大事态，没有向朝鲜政府提出坚决的要求，致使政变中受日本之害的朝鲜，事后反倒受到日本的追究。在中日两国在天津举行的谈判中，李鸿章依然对日本的野心和实力没有清醒的估计，迂腐笨拙，竟与日本签订了《天津条约》，等于向世人宣告中日两国共同保护朝鲜，从而使中国对朝鲜的宗主权发生了根本的动摇。在中日签订《天津条约》时，并未宣布废除朝日《济物浦条约》中的派兵条款，因而，《天津条约》的撤兵条款只对中国有约束力，日本仍可依据《济物浦条约》随时派兵。9年后，清政府应朝鲜政府之请赴朝镇压东学党起义，日本立即以《天津条约》为借口出兵朝鲜，遭清政府抗议后，却解释为依《济物浦条约》出兵，而履行《天津条约》规定的手续。甲午战争的爆发，《天津条约》已肇其端。

甲申政变之后，列强在朝鲜的角逐趋于激烈，英日两国都企图"借华拒俄"。李鸿章抓住这一机遇，派袁世凯以"驻扎朝鲜总理交涉通商事宜"的职衔驻朝，使之与闻朝鲜的内政外交，强化中国的宗主权，努力挽回已经丧失的权利。袁世凯在朝鲜波谲云诡的复杂环境中，不避艰险，奋力撑持，在政治上坚持中朝交往中的宗属名分和仪礼规范；在经济上为朝鲜筹集资金，阻止向外国高利借贷，发展中国在朝鲜的商务以对抗日本；在外交上，对俄、美等国势力企图左右朝鲜政局的行为进行了斗争。在甲午战争之前，尽管有来自各个方面的挑动，但中朝关系的发展基本是平稳的,"上国"观念在大部分朝鲜人中仍然是根深蒂固的。这都说明了清政府对朝政策有成功的方面。但是,清政府对传统封贡关系的改变,也使朝鲜的民族感情受到伤害。袁世凯一介武夫,对朝鲜政府态度倨傲,颐指气使,引起不少人的反感。特别是,清政府没有从根本上帮助朝鲜自立自强,清除腐败,革新政治,兴建实业,振兴经济,不能满足朝鲜近代化的时代要求,也就不能使朝鲜的有识之士衷心服膺。

当清政府耗费精力,为维持朝鲜局势的稳定和中国的宗主权而疲于应付的时候,日本却在这近十年的时间里完成了侵朝侵华的一切准备。清政府满足于在朝鲜表面的胜利,却丧失了对日本的警惕。北洋海军自1888年成军以后,竟未再添一船一舰。甲午战败的命运已经注定。

朝鲜东学党农民起义爆发后,朝鲜恳请清政府出兵。袁世凯只想到为朝鲜排难解纷、扶危定倾的义务,却没有料到日本早已包藏祸心。在日本驻朝使馆欺哄手段的助成下,他电请李鸿章派兵赴朝。此举铸成大错,日本立即借机出兵。日本按照既定的开战政策,对中国和朝鲜步步紧逼。清政府在形势发展到不得不背水一战的时候,却仍然摇摆于和战之间。特别是集军事、外交大权于一身的李鸿章,不能实力备战,却一直醉心于乞求列强调停。清军由于没有充分的准备,没有决战的信心,所以当日本挑起战争之后,一败再败。清政府的腐朽和消极避战,最终导致了与日本签订《马关条约》的惨痛结局。

中国、朝鲜、日本三国,在地理上共处东亚,或山水相连,或一衣带水、一苇可航;在人文上有着相同的中华文化传统,即所谓"同文同种";在进入近代以后,同受西方资本帝国主义的压迫。按说,应该在对抗西方列强的斗争中互相携手,互相支持。但日本在明治维新以后,计不出此,却走上了一条与帝国主义列强相互勾结侵略周边国家的道路。这就是日本所标榜的"脱亚入欧"。沿着这条道路,日本取得了极大的成功,迅速发展壮大起来,成为一个经济、军事大国,跻身于西方列强的行列。其代价,就是中国、朝鲜山河破碎、民不聊生的悲惨局面。日本在甲午战争以后,特别是吞并朝鲜以后,对中国的侵略更加疯狂,大规模的侵华事件就有七八次之多。特别是1937年发动全面侵华战争之后,日本军队血腥屠杀中国人民,野蛮残酷,惨无人道,超过中国历史上任何一次外敌入侵。亚洲其他国家的人民,对日本军国主义的侵略罪行,至今也仍然痛心疾首，记忆犹新！善有善报，恶有恶报，日本军国主义在第二次世界大战中走到了尽头，战争狂、扩张狂、掠夺狂受到了应得的惩罚。

　　光阴荏苒，世事变迁，东亚地区发生了沧海桑田的巨大变化。中国、朝鲜半岛两国都早已以崭新的风貌自立于世界民族之林。日本也在一败涂地之后又迅速崛起，在世界经济上处于领先的地位。现在的东亚，充满了生机与活力，成为世界上经济增长最快的地区。和平与发展是时代的主题，那种侵略与被侵略、压迫与被压迫的关系，已经成为历史。但是，历史不应该被忘记。"以史为鉴，可以知兴替。"事实上，对于中国和朝鲜半岛两国的人民来说，历史的梦魇刚刚过去。而日本社会中目前出现的一些情况，又不能不引起他们新的忧虑。就拿日本历史学界来说吧。第二次世界大战之后，日本史学界的大多数学者，对日本接连侵朝、侵华直至发动太平洋战争的历史进行了严肃的批判。但是，在甲午战争过去100年、第二次世界大战结束50年之后的今天，在日本，却出现了否定日本侵略的种种奇谈怪论。否定"南京大屠杀"者有之，主张卢沟桥事变是"偶发事件"者有之，主张甲午战争是"由于偶然的原因而发生的非计划、非预谋的事件"的说法也出笼了。日本政界出现的否认日本侵略、为军国主义招魂的大量言行，更是众所周知的事实。"历史是当前的历史"，歪曲历史，反映的是当前日本政治生活中的一种动向。深受日本军国主义之害的各国人民，对此当然不能无动于衷。因而，日本如果真正希望发展同中国、朝鲜半岛及其他亚洲国家的友好关系，必须对其侵略的历史作出深刻的反思，真正向受害国的人民悔罪，坚持走和平发展的道路，取得谅解和信任。

　　回顾这一段历史，我们中国也有很多值得记取的教训。中国是一个亚洲大国，在古代，曾经对世界的发展做出过巨大的贡献。在进入近代以后，中国落后了，成为被压迫民族，但直到甲午战争以前，在亚洲事务中的作用仍然不可忽视。甲午战败，中国走到任人宰割的地步，固然有难以抗拒的外部原因。但是，内部原因却是更为重要的原因，这就是清政府的腐败。当清朝统治者发现处于数千年来从未有过的大变局中，已经远远落后于西方国家之后，如果急起直追，锐意改革，中国是有条件像日本那样走到世界前列的。而清政府虽然也搞了"洋务运动"，搞了一些枝枝节节的改良，但却坚持腐朽的封建制度，没有改弦更张的决心，没有接受新制度的勇气，使历史的机遇一次又一次地丧失，以致中国的近代化一直没有走上健康发展的轨道。中国的国力越来越差。在那个弱肉强食的时代，"落后就要挨打"，贫穷的中国是难以避免任人蹂躏的命运的。今天，我们应该倍加珍视中国人民遭受帝国主义百年压迫得到的这一宝贵经验，坚持改革开放，自尊自爱，自强不息，搞好国家的四个现代化建设。自己国家的事情办好了，才能对世界做出更大的贡献。

国际上有一种说法：21世纪是东亚的世纪。这句话既反映了东亚的发展为世界所瞩目的事实，也反映了一些人对亚洲国家国际地位提高的嫉视。东亚地区各国为了共同的繁荣和发展，应该更加密切地团结和协作。为了使这种团结协作建立在坚实的基础上，重温历史是非常必要的。

后 记

甲午战争史专家戚其章先生多次谈及,"近代中日关系与朝鲜问题"这一课题有进一步研究的必要。后来,他正式提示我从事这一题目的研究。我不揣谫陋,欣然从命。五年以来,时作时辍,现在总算完成了这篇习作。戚其章先生在本书写作过程中给我很多指导与督促,初稿写成后,又予逐字审阅,提出了详细的修改意见,并为本书赐序。在此,谨向戚其章先生表示衷心的感谢。本书的出版,得到人民出版社乔还田先生的鼎力支持。同事刘晓焕先生在文献资料方面给予我很多的帮助。在此一并敬致谢忱。书中错误及疏漏之处在所难免,敬希赐正。

1997年5月于山东社会科学院